資治通鑑

第十九册

後梁均王乾化三年癸酉十二月起
後晉齊王開運二年乙巳七月止

卷二百六十九
至二百八十四

中華書局

資治通鑑卷第二百六十九

端明殿學士兼翰林侍讀學士太中大夫提舉西京嵩山崇福宮上柱國河內郡開國公食邑二千六百戶食實封一千戶賜紫金魚袋臣 司馬光 奉敕編集

後學天台 胡三省 音註

後梁紀四 起昭陽作噩（癸酉）十二月，盡強圉赤奮若（丁丑）六月，凡三年有奇。

均王上

乾化三年（癸酉、九一三）

1 十二月，吳鎮海節度使徐溫、平盧節度使朱瑾帥諸將拒之，拒王景仁也。帥，讀曰率。遇于趙步。趙步，瀕淮津濟之處，南直壽春紫金山。吳徵兵未集，溫以四千餘人與景仁戰，不勝而卻。景仁引兵乘之，將及於隘，隘，烏介翻，險狹之處爲隘。吳吏士皆失色，左驍衛大將軍宛丘陳紹援槍大呼，援，于元翻。呼，火故翻。曰：「誘敵太深，可以進矣。」誘，音酉。躍馬還鬬，衆隨之，梁兵乃退。溫拊其背曰：「非子之智勇，吾幾困矣。」幾，居依翻。賜之金帛，紹悉以分麾下。吳兵既集，復戰於霍丘，梁兵大敗；王景仁以數騎殿，吳人不敢逼。殿，丁練翻。王景仁本吳之名將，吳人素畏之，故不敢逼。梁之渡淮而南也，表其可涉之津；立表以記淺。霍丘守將朱景浮表於木，徙置深淵。朱景，霍丘土豪也，吳用以爲將，守霍丘。浮表於木者，徙梁所立之表，其下接之以木，立諸深淵以誤之。及梁兵敗還，還，從宣翻。望表而涉，溺死者太半，吳人聚梁尸爲京觀於霍丘。觀，古玩翻。

2 庚午，晉王以周德威爲盧龍節度使，兼侍中，以李嗣本爲振武節度使。先是，周德威以破夾寨之功帥振武，今以平燕之功徙帥盧龍，以李嗣本代帥振武。歐史義兒傳，嗣本本鴈門張氏子。

燕主守光將奔滄州就劉守奇，劉守奇藉兵於梁以取滄州，事見上卷上年。涉寒，足腫，史炤曰：釋名曰：腫，鍾也，寒熱氣聚也。且迷失道，至燕樂之境，燕樂縣，後魏置，治白檀古城。唐長壽二年徙治新興城，屬檀州。宋白曰：燕樂、密雲二縣皆漢虒奚縣地。樂，音洛。晝匿阬谷，數日不食，令妻祝氏乞食於田父張師造家。師造怪婦人異狀，詰知守光處，詰，去吉翻。并其三子擒之。癸酉，晉王方宴，將吏擒守光適至，王語之曰：語，牛倨翻。「主人何避客之深邪！」并仁恭置之館舍，以器服膳飲賜之。王命掌書記王緘草露布，緘不知故事，書之於布，遣人曳之。魏、晉以來，每戰勝則書捷狀，建之漆竿，使天下皆知之，謂之露布。露布者，暴白其事而布告天下，未嘗書之於布而使人曳之也。文心雕龍曰：露布者蓋露板不封，布諸觀聽也。

晉王欲自雲、代歸，自幽州取山後路，歷雲、代等州至晉陽。趙王鎔及王處直請由中山、眞定趣井陘，王處直、王鎔欲晉王取道中山、眞定，各展迎賀之禮。趣，七喻翻。王從之。庚辰，晉王發幽州，劉仁恭父子皆荷校於露布之下。荷，下可翻，又音何。校，爻教翻。易曰：荷校滅耳。註云：校者，以木絞校者也，即械也；校者取其通名也。守光父母唾其面而罵之曰：「逆賊，破我家至此！」守光俛首而已。俛，音免。甲申，至定州，舍于關城。丙戌，晉王與王處直謁北嶽廟；北嶽廟在恆山之大茂山；恆山在定州曲陽縣西北。是日，至行唐，行唐，漢南行唐縣，後魏曰行唐，唐屬鎮州。九域志：在州北五十五里。趙王鎔迎謁于路。

四年（甲戌、九一四）

1春，正月，戊戌朔，趙王鎔詣晉王行帳上壽置酒。鎔願識劉太師面，上，時掌翻。劉守光既囚其父仁恭，請於梁，以太師致仕，故王鎔因而稱之。晉王命吏脫仁恭及守光械，引就席同宴；鎔答其拜，又以衣服鞍馬酒饌贈之。饌，雛戀翻，又雛晥翻。己亥，晉王與鎔畋于行唐之西，鎔送【章：十二行本「送」下有「至」字；乙十一行本同；孔本同；張校同。】境上而別。

2丙子，【張：「子」作「午」。】蜀主命太子判六軍，開崇勳府，置僚屬，後更謂之天策府。更，工衡翻。

3壬子，晉王以練紤劉仁恭父子，凱歌入于晉陽，紤，充夜翻，縶縛之也。戰勝得國而歸，故奏凱歌。丙辰，獻于太廟，自臨斬劉守光。守光呼曰：呼，火故翻。「守光死不恨，然教守光不降者，李小喜也。」事見上卷上年。王召小喜證之，小喜瞋目叱守光曰：瞋，昌眞翻。「汝內亂禽獸行，亦我教邪！」行，下孟翻。王怒其無禮，先斬之。怒其無禮於舊君也。守光曰：「守光善騎射，王欲成霸業，何不留之使自效！」其二妻李氏、祝氏讓之曰：讓，責也。「皇帝，事已如此，生亦何益！」【章：十二行本「益」下有「妾請先死」四字；乙十一行本同；孔本同；張校同；退齋校同。】即伸頸就戮。守光至死號泣哀祈不已。史言劉守光畏死，婦人之不若。號，戶高翻。王命節度副使盧汝弼等械仁恭至代州，刺其心血以祭先王墓，然後斬之。以劉仁恭叛其父也。晉王葬其先王於代州鴈門縣，後名爲建極陵。刺，七亦翻。

或說趙王鎔曰：說，式芮翻。「大王所稱尚書令，乃梁官也，大王既與梁爲讎，不當稱其官。且自太宗踐阼已來，無敢當其名者。唐太宗自尚書令卽帝位，後之臣下率不敢當其名；唐之將亡，始以授藩帥。今晉王爲盟主，勳高位卑，不若以尚書令讓之。」讓，遜也。鎔曰：「善！」乃與王處直各遣使推晉王爲尚書令，晉王三讓，然後受之，始開府置行臺如太宗故事。唐太宗置行臺事見高祖紀。

4 高季昌以蜀夔、萬、忠、涪四州舊隸荊南，興兵取之，涪，音浮。先以水軍攻夔州。時鎭江節度使兼侍中嘉王宗壽鎭忠州，蜀置鎭江軍節度，領夔、忠、萬三州。夔州刺史王成先請甲，宗壽但以白布袍給之。成先帥之逆戰，帥，讀曰率。季昌縱火船焚蜀浮橋，招討副使張武舉鐵絙拒之，唐昭宗天祐元年，張武以鐵絙鎖峽。絙，戶登翻。船不得進。會風反，荊南兵焚溺死者甚衆。

乘順風以縱火船，風反故自焚。季昌乘戰艦，艦，戶黯翻。蒙以牛革，飛石中之，折其尾，中，竹仲翻。折，而設翻。季昌易小舟而遁。荆南兵大敗，俘斬五千級。成先密遣人奏宗壽不給甲之狀，宗壽獲之，召成先，斬之。

5 帝以岐人數爲寇，數，所角翻。二月，【章：十二行本「月」下有「甲戌」二字；乙十一行本同；孔本同；張校同；退齋校同。】徙感化節度使康懷英爲永平節度使，鎮長安。感化軍，陜州。梁初徙佑國軍於長安，尋改爲永平軍。懷英即懷貞也，避帝名改焉。

6 夏，四月，丙子，蜀主徙鎮江軍治夔州。

7 丁丑，司空兼門下侍郎、同平章事于兢坐挾私遷補軍校，校，戶教翻。罷爲工部侍郎，再貶萊州司馬。

8 吳袁州刺史劉崇景叛，附于楚。崇景，威之子也。劉威與楊行密同起於合肥，有戰功，歷方鎮。楚將許貞將萬人援之，吳都指揮使柴再用、米志誠帥諸將討之。此都指揮使盡統諸將，非一都之指揮使。帥，讀曰率。

9 楚岳州刺史許德勳將水軍巡邊，楚之岳州東北皆邊於吳。夜分，夜半爲夜分。南風暴起，都指揮使王環乘風趣黃州，王環乃一州之都指揮使。趣，七喻翻；下同。以繩梯登城，徑趣州署，執吳刺史馬鄴，大掠而還。還，從宣翻，又如字。德勳曰：「鄂州將邀我，宜備之。」自黃州還岳州，舟過鄂州城外，故許德勳畏之。環曰：「我軍入黃州，鄂人不知，奄過其城，奄，忽也。彼自救不暇，安敢邀我！」乃展旗鳴鼓而行，以示不恐。鄂人不敢逼。

10 五月，朔方節度使兼中書令潁川王韓遜卒，軍中推其子洙爲留後。癸丑，詔以洙爲節度使。

11 吳柴再用等與劉崇景、許貞戰於萬勝岡，大破之，崇景、貞棄袁州遁去。

12 晉王既克幽州，乃謀入寇。秋，七月，會趙王鎔及周德威於趙州，南寇邢州，李嗣昭引昭義兵會之。楊師厚引兵救邢州，軍於漳水之東。楊師厚自魏州引兵救邢州。晉軍至張公橋，晉軍出青山口至張公橋，在邢州龍岡縣界。按薛史，唐末，葛從周敗晉軍于沙河，追至張公橋。沙河縣在邢州南二十五里，而邢州治龍岡則可知矣。裨將曹進金來奔。晉軍退，諸鎮兵皆引歸。諸鎮兵，謂燕、趙、潞之兵。八月，晉王還晉陽。

13 蜀武泰節度使王宗訓鎮黔州，黔，其今翻，又其炎翻。貪暴不法；擅還成都，庚辰，見蜀主，多所邀求，言辭狂悖。悖，蒲昧翻，又蒲沒翻。蜀主怒，命衞士毆殺之。毆，烏口翻。戊子，以內樞密使潘峭爲武泰節度使、同平章事，峭，七笑翻。翰林學士承旨毛文錫爲禮部尚書，判樞密院。

峽上有堰，或勸蜀主乘夏秋江漲，決之以灌江陵，毛文錫諫曰：「高季昌不服，其民何罪！陛下方以德懷天下，忍以鄰國之民爲魚鼈食乎！」蜀主乃止。

14 帝以福王友璋爲武寧節度使。前節度使王殷，友珪所置也，懼，不受代，叛附於吳；九月，命淮南西北面招討應接使牛存節及開封尹劉鄩將兵討之。冬，十月，存節等軍于宿州。九域志：徐州南至宿州一百四十五里。牛存節不徑攻徐州而南屯宿州，據埇橋之要，所以絕淮南之援也。吳平盧節度使朱瑾等將兵救徐州，存節等逆擊，破之，吳兵引歸。

15 十一月，乙巳，南詔寇黎州，蜀主以夔王宗範、兼中書令宗播、嘉王宗壽爲三招討以擊之。丙辰，敗之於潘倉嶂，斬其酋長趙嵯政等；敗，補邁翻。酋，慈秋翻。長，知兩翻。嵯，才何翻。壬戌，又敗之於山口城；十二月，乙亥，破其武侯嶺十三寨；黎州南界有潘倉、武侯等十一城。路振九國志：王宗播出邛崍關至潘倉，大破蠻衆，追奔至山口城。則潘倉在邛崍之南，山口城又在潘倉之南也。辛巳，又敗之於大渡河，按九域志，黎州三面阻大渡河，南面至大渡河一百里，東南面至大渡河一百二十里，西南面至大渡河三百里。俘斬數萬級，蠻爭走渡水，橋絕，溺死者數萬人。宗範等將作浮梁濟大渡河攻之，蜀主召之令還。蠻地深阻，不欲勞師遠攻，驅之出境而已，此蜀主之志也。

16 癸未，蜀興州刺史兼北路制置指揮使王宗鐸攻岐階州九域志：興州西南至階州五百一十里。及固鎮，固鎮在青泥嶺東北。薛史地理志：鳳州固鎮之地，周顯德六年升爲雄勝軍。破細砂等十一寨，斬首四千級。甲申，指揮使王宗儼破岐長城關等四寨，斬首二千級。

17 岐靜難節度使李繼徽難，乃旦翻。為其子彥魯所毒而死，彥魯自為留後。

貞明元年（乙亥、九一五）是年十一月方改元貞明。

1 春，正月，己亥，蜀主御得賢門受蠻俘，大赦。初，黎、雅蠻酋劉昌嗣、郝玄鑒、楊師泰，雖內屬於唐，受爵賞，號㚋金堡三王，史炤曰：㚋，大也，多也。今按㚋音丁么翻，蠻語多也，大也。唐書黎、邛二州之西有三王蠻，蓋莋都夷、白馬氐之遺種。楊、劉、郝三姓世為長，襲封王，謂之三王部落。疊甓而居，號㚋舍。至宋，又有趙、王二族，并劉、郝、楊謂之五部落，居黎州之西，去州百餘里，限以飛越嶺。其居疊石為㚋，積糗糧器甲於上。族無君長，惟老宿之聽。往來漢地，悉能華言，故比諸羌尤桀黠。而潛通南詔，為之詗導；鎮蜀者多文臣，雖知其情，不敢詰。詗，古迥翻，又翾正翻。詰，去吉翻，窮問也。至是，蜀主數以漏泄軍謀，數，所具翻。斬於成都市，毀㚋金堡。自是南詔不復犯邊。復，扶又翻。

2 二月，牛存節等拔彭城，王殷舉族自焚。考異曰：莊宗列傳朱友貞傳云：「乾化四年十一月拔徐州，殷自燔死。」五代通錄、薛史紀及王殷傳皆云貞明元年春，今從之。

3 三月，丁卯，以右僕射兼門下侍郎、同平章事趙光逢為太子太保，致仕。

4 天雄節度使兼中書令鄴王楊師厚卒。師厚晚年矜功恃眾，擅割財賦，選軍中驍勇，置銀槍效節都數千人，給賜優厚，欲以復故時牙兵之盛。魏博自田承嗣置牙兵，至羅紹威而除，楊師厚復置之。帝雖外加尊禮，內實忌之，及卒，私於宮中受賀。畏其逼而幸其死。租庸使趙巖、租庸使自唐中世以來有之。五代會要：梁置租庸使，其班在崇政使之下，宣徽使之上。判官邵贊判官，租庸判官。言於帝曰：「魏博爲唐腹心之蠹，二百餘年不能除去者，去，羌呂翻。以其地廣兵強之故也。羅紹威、楊師厚據之，朝廷皆不能制。陛下不乘此時爲之計，所謂『彈疽不嚴，必將復聚』，言彈疽者必不畏病疽者之疼，盡彈去其膿血，然後新肉生而病已，不則將復結聚也。醫工彈疽用砭石。安知來者不爲師厚乎！宜分六州爲兩鎮以弱其權。」考異曰：莊宗列傳：「辛相敬翔、租庸使趙巖、判官邵贊等爲友貞畫策，分魏博六州爲兩鎮。」薛史無敬翔名，今從之。帝以爲然，以平盧節度使賀德倫爲天雄節度使；置昭德軍於相州，割澶、衞二州隸焉，相，息亮翻。澶，時連翻。以宣徽使張筠爲昭德節度使，仍分魏州將士府庫之半於相州。筠，海州人也。二人既赴鎮，朝廷恐魏人不服，遣開封尹劉鄩將兵六萬自白馬濟河，白馬津在滑州。以討鎮、定爲名，實張形勢以脅之。

魏兵皆父子相承數百年，曰數百年者，言其來也久，非必實經歷數百年也。族姻磐結，不願分徙。德倫屢趣之，趣，讀曰促。應行者皆嗟怨，連營聚哭。己丑，劉鄩屯南樂，南樂本唐魏州昌樂縣，後唐避獻祖諱，改曰南樂，史因而書之。九域志：南樂縣在魏州南四十四里。先遣澶州刺史王彥章將龍驤五百騎入魏州，屯金波亭。魏兵相與謀曰：「朝廷忌吾軍府強盛，欲設策使之殘破耳。吾六州歷代藩鎮，兵未嘗遠出河門，按舊唐書，魏州城外有河門舊堤，樂彥禎築羅城，約河門舊堤周八十里。一旦骨肉流離，生不如死。」是夕，軍亂，考異曰：莊宗列傳：「二十七日，劉鄩屯南樂，遣龍驤都將王彥章以五百騎入魏州，是夜三鼓，魏軍亂。」是月辛酉朔，薛史紀云己丑魏博軍作亂，蓋莊宗列傳「九」字誤爲「七」字耳。縱火大掠，圍金波亭，王彥章斬關而走。詰旦，亂兵入牙城，殺賀德倫之親兵五百人，劫德倫置樓上。有效節軍校張彥者，自帥其黨，拔白刃，止剽掠。校，戶教翻。剽，匹妙翻。

夏，四月，帝遣供奉官扈異撫諭魏軍，許張彥以刺史。彥請復相、澶、衞三州如舊制。請罷昭德軍，復以相、澶、衞三州隸天雄，如舊制。異還，言張彥易與，還，從宣翻，又如字。易，以豉翻。但遣劉鄩加兵，立當傳首。帝由是不許，但以優詔答之。使者再返，彥裂詔書抵於地，戟手南向詬朝廷，左傳：公戟其手。杜預註曰：抵徙屈肘如戟形。陸德明曰：抵，音紙。鄭玄曰：人挾弓矢，戟其肘。孔穎達正義曰：謂射者左手弣弓而右手彎之，則戟其肘。謂德倫曰：「天子愚暗，聽人穿鼻。諭之以牛，爲人穿鼻旋轉，前卻一聽命於人，以鼻爲所制也。今我兵甲雖強，苟無外援，不能獨立，宜投款於晉。」款，誠也。遂逼德倫以書求援於晉。

5李繼徽假子保衡殺李彥魯，考異曰：蜀書劉知俊傳，「保衡」作「彥康」。今從薛史。自稱靜難留後，難，乃旦翻。舉邠、寧二州來附。叛岐附梁。詔以保衡爲感化節度使，以河陽留後霍彥威爲靜難節度使。

6吳徐溫以其子牙內都指揮使知訓爲淮南行軍副使、內外馬步諸軍副使。爲徐知訓以驕橫不終張本。

7晉王得賀德倫書，命馬步副總管李存審自趙州【章：十二行本「州」下有「引兵」二字；乙十一行本同；孔本同；張校同；退齋校同。】進據臨清。五月，存審至臨清，劉鄩屯洹水。臨清在魏州北，洹水在魏州西。賀德倫復遣使告急于晉，復，扶又翻。晉王引大軍自黃澤嶺東下，魏收志，樂平郡遼陽縣有黃澤嶺。隋改遼陽爲遼山縣，唐帶遼州。與存審會於臨清，猶疑魏人之詐，按兵不進。德倫遣判官司空頲犒軍，頲，他鼎翻。犒，苦到翻。密言於晉王曰：「除亂當除根。」因言張彥凶狡之狀，勸晉王先除之，則無虞矣。王默然。已諭其意而不形於言，慮有窺聽而洩軍機也。頲，貝州人也。

晉王進屯永濟，永濟縣在魏州北數十里。張彥選銀槍效節五百人，皆執兵自衛，詣永濟謁見，王登驛樓語之曰：語，牛倨翻。「汝陵脅主帥，殘虐百姓，帥，所類翻。數日中迎馬訴冤者百餘輩。我今舉兵而來，以安百姓，非貪人土地。汝雖有功於我，不得不誅以謝魏人。」遂斬彥及其黨七人，餘衆股栗。王召諭之曰：「罪止八人，餘無所問。自今當竭力爲吾爪牙。」衆皆拜伏，呼萬歲。明日，王緩帶輕裘而進，令張彥之卒擐甲執兵，翼馬而從，擐，音宦。從，才用翻。翼者，翼馬左右而從行。仍以爲帳前銀槍都。晉王遂以銀槍效節軍取梁，而亦以銀槍效節軍取禍。衆心由是大服。

劉鄩聞晉軍至，選兵萬餘人，自洹水趣魏縣；趣，七喻翻。晉王留李存審屯臨清，遣史建瑭屯魏縣以拒之，九域志：魏縣在魏州西三十五里。王自引親軍至魏縣，與鄩夾河爲營。河，漳河也。漳河過魏縣，亦謂之魏河。

帝聞魏博叛，大悔懼，遣天平節度使牛存節將兵屯楊劉，考異曰：牛存節傳，「楊劉」作「陽留」或「陽劉」。今從唐裴度傳及薛史諸人傳。爲鄆聲援。會存節病卒，以匡國節度使王檀代之。

8 岐王遣彰義節度使劉知俊圍邠州，霍彥威固守拒之。先是李保衡叛岐附梁，梁以霍彥威代鎭邠州。

9 六月，庚寅朔，賀德倫帥將吏請晉王入府城慰勞。既入，德倫上印節，帥，讀曰率；下同。勞，力到翻。上，時掌翻。印，天雄軍府印；節，天雄旌節。請王兼領天雄軍，王固辭，曰：「比聞汴寇侵逼貴道，比，毗至翻。故親董師徒，遠來相救；又聞城中新罹塗炭，故暫入存撫。明公不垂鑒信，乃以印節見推，誠非素懷。」德倫再拜曰：「今寇敵密邇，謂劉鄩之兵逼魏州也。軍城新有大變，人心未安，德倫心腹紀綱左傳：秦伯納三千人以衞晉文公，實紀綱之僕。爲張彥所殺殆盡，形孤勢弱，安能統衆！一旦生事，恐負大恩。」王乃受之。德倫帥將吏拜賀，王承制以德倫爲大同節度使，遣之官。德倫至晉陽，張承業留之。大同軍北臨極邊，賀德倫新附，張承業不欲使其有城有兵，故留之。爲承業後殺德倫張本。

時銀槍效節都在魏城，猶驕橫，魏城，魏州城。橫，戶孟翻。晉王下令：「自今有朋黨流言及暴掠百姓者，殺無赦！」以沁州刺史李存進爲天雄都巡按使。沁，牛鴆翻。考異曰：莊宗實錄云爲軍城使，存進傳云都部署。莊宗列傳及薛史存進傳皆云天雄軍都巡按使，今從之。有訛言搖衆及強取人一錢已上者，存進皆梟首磔尸於市。梟，堅堯翻。磔，陟格翻。旬日，城中肅然，無敢喧譁者。存進本姓孫，名重進，振武人也。

晉王多出征討，天雄軍府事皆委判官司空頲決之。頲恃才挾勢，睚眦必報，睚，五戒翻。頲，他鼎翻。眦，士戒翻。納賄驕侈。頲有從子在河南，從，才用翻。此河南謂大河之南。頲密使人召之，都虞候張裕執其使者以白王，王責頲曰：「自吾得魏博，庶事悉以委公，公何得見欺如是！獨不可先相示邪！」揖令歸第；是日，族誅於軍門，兩敵對壘，而越境通私書，誅之，宜也，族之，過也。以判官王正言代之。正言，鄆州人也。

魏州孔目吏孔謙，勤敏多計數，善治簿書，晉王以爲支度務使。唐節鎮多兼支度等使，至其末世，藩鎮署官有爲支計官者，有爲支度務使者。治，直之翻。謙能曲事權要，由是寵任彌固。爲孔謙以掊克亂唐張本。魏州新亂之後，府庫空竭，民間疲弊，而聚三鎮之兵，戰於河上，殆將十年，三鎮，幷、魏、鎮也。供億軍須，未嘗有闕，謙之力也。然急徵重斂，斂，力贍翻。使六州愁苦，歸怨於王，亦其所爲也。史卒言之。

張彥之以魏博歸晉也，貝州刺史張源德不從，北結滄德，乾化三年楊師厚、劉守奇北略，滄德遂附于梁。南連劉鄩以拒晉，數斷鎮、定糧道。或說晉王：數，所角翻。斷，都管翻。說，式芮翻。「請先發兵萬人取源德，然後東兼滄景，則海隅之地皆爲我有。」晉王曰：「不然。貝州城堅兵多，未易猝攻。易，以豉翻。德州隸於滄州而無備，若得而戍之，則滄、貝不得往來，九域志：德州西南至貝州二百三十里，東北至滄州亦二百三十里。二壘既孤，然後可取。」二壘，謂滄與貝也。乃遣騎兵五百，晝夜兼行，襲德州。刺史不意晉兵至，踰城走，遂克之，以遼州守捉將馬通爲刺史。

秋，七月，晉人夜襲澶州，陷之。九域志：魏州南至澶州一百四十里。按九域志之澶州乃漢乾祐元年所徙之澶州也。宋白曰：澶州本漢頓丘縣地，在魏州南，當兩河之驛路。唐武德四年分魏州之觀城、頓丘兩縣置澶州，取古澶淵爲名。貞觀元年州廢，大曆七年田承嗣又奏置。漢乾祐元年移就德勝寨舊基，頓丘縣隨州移於郭下。此時澶州猶治頓丘舊州城，今德清軍之頓丘鎮卽其地。刺史王彥章在劉鄩營，晉人獲其妻子，待之甚厚，遣間使誘彥章，間，古莧翻。誘，音酉。彥章斬其使，晉人盡滅其家。晉王以魏州將李巖爲澶州刺史。考異曰：莊宗實錄作「李嚴」，今從薛史。

晉王勞軍於魏縣，因帥百餘騎循河而上，覘劉鄩營。勞，力到翻。帥，讀曰率；下同。上，時掌翻。覘，丑廉翻，又丑豔翻。會天陰晦，鄩伏兵五千於河曲叢林間，鼓譟而出，圍王數重。王躍馬大呼，帥騎馳突，所向披靡。裨將夏魯奇等操短兵力戰，重，直龍翻。呼，火故翻。披，普彼翻。操，七到翻。自午至申乃得出，亡其七騎，魯奇手殺百餘人，傷夷遍體，會李存審救兵至，乃得免。王顧謂從騎曰：「幾爲虜嗤。」用漢光武之言。幾，居依翻。嗤，丑之翻。皆曰：「適足使敵人見大王之英武耳。」魯奇，青州人也，王以是益愛之，賜姓名曰李紹奇。

劉鄩以晉兵盡在魏州，晉陽必虛，欲以奇計襲取之，乃潛引兵自黃澤西去。晉人怪鄩軍數日不出，寂無聲迹，遣騎覘之，城中無煙火，但時見旗幟循堞往來，騎，奇寄翻。覘，丑廉翻，又丑豔翻。堞，達協翻。晉王曰：「吾聞劉鄩用兵，一步百計，此必詐也。」更使覘之，乃縛芻爲人，執旗乘驢在城上耳。得城中老弱者詰之，云軍去已二日矣。晉王曰：「劉鄩長於襲人，劉鄩取兗州，克潼關，皆以掩襲得之，故云然。然以智遇智，則必有窮者，若鄩之襲晉陽，則智窮矣。短於決戰，計彼行纔及山下。」相、魏之西皆連山。亟發騎兵追之。會陰雨積旬，黃澤道險，堇泥深尺餘，士卒援藤葛而進，堇泥，黏土也。深，式禁翻。援，于元翻。皆腹疾足腫，【章：十二行本「腫」下有「或墜崖谷」四字；乙十一行本同；孔本同；張校同；退齋校同。】死者什二三。晉將李嗣恩倍道先入晉陽，城中知之，勒兵爲備。鄩至樂平，糗糧且盡；樂平距晉陽二百五十里耳。糗，去久翻。又聞晉有備，追兵在後，衆懼，將潰，鄩諭之曰：「今去家千里，深入敵境，腹背有兵，山谷高深，如墜井中，去將何之！惟力戰庶幾可免，不則以死報君親耳。」衆泣而止。幾，居依翻。不，讀曰否。周德威聞鄩西上，上，時掌翻。自幽州引千騎救晉陽，至土門，鄩已整衆下山，自邢州陳宋口踰漳水而東，屯於宗城。九域志：宗城縣在魏州西北一百七十里。鄩軍往還，馬死殆半。

時晉軍乏食，鄩知臨清有蓄積，欲據之以絕晉糧道，自宗城東行，邪趣臨清數十里。宋白曰：臨清，本漢清泉縣地，後魏太和二十一年於此置臨清縣。德威急追鄩，再宿，至南宮，南宮縣在冀州西南六十二里，東南趣臨清亦數十里。遣騎擒其斥候者數十人，斷腕而縱之，斷，音短。腕，烏貫翻。使言曰：「周侍中已據臨清矣！」考異曰：薛史：「德威聞劉鄩東還，急趨南宮。知鄩軍在宗城，遣十餘騎迫其營，擒斥候者數十人，皆剸刃於背，縶而遣之。既至，謂鄩曰：『周侍中已據宗城矣！』鄩軍大駭。」按剸刃於背，其人豈能復活而言！今從莊宗實錄及薛史莊宗紀。又，鄩見在宗城，而云周侍中據宗城，蓋臨清字誤耳。鄩軍大駭。詰朝，德威略鄩營而過，入臨清，鄩引軍趨貝州。時晉王出師屯博州，劉鄩軍堂邑，趨，七喻翻。九域志：博州在魏州東一百八十里；堂邑在博州西四十里。宋白曰：堂邑屬博州，本漢清、發干二縣地，隋置堂邑，因縣西北有漢堂邑故城以名縣。周德威攻之，不克。翌日，鄩軍于莘縣，九域志：莘縣在魏州東九十里。劉鄩見晉軍在博州，移軍而西，漸逼魏州。宋白曰：莘本春秋之衞邑，漢爲陽平縣，後周改陽平爲清邑縣；大業改清邑爲莘縣，因古地名也。晉軍踵之，鄩治莘城，塹而守之，自莘及河築甬道以通饋餉；莘縣東距大河二十餘里，渡河而東，南卽鄆、濮之境，故築甬道屬河以通饋餉。甬道，夾築垣牆，以防晉人之衝突抄截。治，直之翻。晉王營於莘西三十里，煙火相望，一日數戰。

晉王愛元行欽驍健，從代州刺史李嗣源求之，嗣源不得已獻之，以爲散員都部署，都部署之名始見於通鑑，後遂爲行軍總帥之稱。薛史曰：時有散指揮，名爲散員，命行欽爲都部署。賜姓名曰李紹榮。紹榮嘗力戰深入，劍中其面，未解，中，竹仲翻。高行周救之得免。王復欲求行周，重於發言，密使人以官祿啗之，復，扶又翻。啗，徒濫翻。行周辭曰：「代州養壯士，亦爲大王耳，爲，于僞翻。行周事代州，亦猶事大王也。考異曰：周太祖實錄：「晉王密令人啗之利祿，行周辭曰：『總管用人亦爲國家，事總管猶事王也。予家昆仲脫難再生，承總管之厚恩，安忍背之！』」按明宗實錄，此年猶爲代州刺史，天祐十八年始爲副總管。此言總管，蓋周太祖實錄之誤。代州脫行周兄弟於死，事見上卷乾化三年。行周不忍負之。」乃止。

10 絳州刺史尹皓攻晉之隰州，八月，又攻慈州，皆不克。按九域志，絳州西北至隰州五百一十四里，隰州西南至慈州一百六十里。王檀與昭義留後賀瓌攻澶州，拔之，執李巖，送東都。按歐史職方考，梁無昭義軍。參考賀瓌傳，蓋爲宣義留後也。「昭」當作「宣」。先是，晉襲取澶州，以李巖守之。帝以楊師厚故將楊延直爲澶州刺史，使將兵萬人助劉鄩，且招誘魏人。誘，音酉。

11 晉王遣李存審將兵五千擊貝州。張源德有卒三千，每夕分出剽掠，剽，匹妙翻。州民苦之，請塹其城以安耕耘。存審乃發八縣丁夫塹而圍之。貝州管清河、清陽、武城、經城、臨清、漳南、歷亭、夏津八縣。

劉鄩在莘久，饋運不給，晉人數抵其寨下挑戰，數，所角翻。挑，徒了翻。鄩不出。晉人乃攻絕其甬道，以千餘斧斬寨木，梁人驚擾而出，因俘獲而還。

帝以詔書讓鄩老師費糧，失亡多，不速戰，鄩奏：「臣比欲以奇兵擣其腹心，比，毗志翻，近也。擣其腹心，謂欲襲取晉陽也。還取鎮、定，期以旬時再清河朔。十日謂之旬時。無何天未厭亂，淫雨積旬，糧竭士病。又欲據臨清斷其饋餉，而周楊五奄至，馳突如神。斷，音短。周德威小字楊五。臣今退保莘縣，享士訓兵以俟進取。觀其兵數甚多，便習騎射，誠爲勍敵，未易輕也。勍，渠京翻。易，以豉翻。苟有隙可乘，臣豈敢偷安養寇！」帝復問鄩決勝之策，復，扶又翻；下同。鄩曰：「臣今無策，惟願人給十斛糧，賊可破矣。」劉鄩欲以持久制晉。帝怒，責鄩曰：「將軍蓄米，欲破賊邪，欲療飢邪？」乃遣中使往督戰。

鄩集諸將問曰：「主上深居禁中，不知軍旅，徒與少年新進輩謀之。夫兵在臨機制變，不可預度。少，詩照翻。度，徒洛翻。今敵尚強，與戰必不利，柰何？」諸將皆曰：「勝負當一決，曠日何待！」鄩默然，不悅，退，謂所親曰：「主暗臣諛，將驕卒惰，吾未知死所矣！」劉鄩量敵慮勝，未爲失計，特掣其肘使不得遂其本謀耳。他日，復集諸將於軍門，人置河水一器於前，令飲之，衆莫之測。鄩諭之曰：「一器猶難，滔滔之河，可勝盡乎！」勝，音升。衆失色。

後數日，鄩將萬餘人薄鎮、定營，鎮、定人驚擾。晉李存審以騎兵二千橫擊之，李建及以銀槍千人助之，鄩大敗，奔還。晉人逐之，及寨下，俘斬千計。劉鄩欲掩鎮、定之不備，而爲晉人所敗，鄩之計又窮矣。

12 劉巖逆婦于楚，楚王殷遣永順節度使存送之。

13 乙未，蜀主以兼中書令王宗綰爲北路行營都制置使，兼中書令王宗播爲招討使，攻秦州；兼中書令王宗瑤爲東北面招討使，同平章事王宗翰爲副使，攻鳳州。秦、鳳二州時皆屬岐。

14 庚戌，吳以鎮海節度使徐溫爲管內水陸馬步諸軍都指揮使、兩浙都招討使、守侍中、齊國公，鎮潤州，以昇、潤、常、宣、歙、池六州爲巡屬，軍國庶務參決如故；史言徐溫外據重鎮，內制吳國之權。留徐知訓居廣陵秉政。此速徐知訓之死也。

15 初，帝爲均王，娶河陽節度使張歸霸女爲妃，即位，欲立爲后；后以帝未南郊，固辭。古人相傳，以爲郊見上帝，然後代天子民。九月，壬午，妃疾甚，册爲德妃，是夕，卒。

康王友敬，目重瞳子，重，直龍翻。瞳，音童。自謂當爲天子，遂謀作亂。冬，十月，辛亥夜，德妃將出葬，友敬使腹心數人匿於寢殿；帝覺之，跣足踰垣而出，召宿衞兵索殿中，索，山客翻。得而手刃之。壬子，捕友敬，誅之。

帝由是疏忌宗室，專任趙巖及德妃兄弟漢鼎、漢傑、從兄弟漢倫、漢融，咸居近職，參預謀議，每出兵必使之監護。監，古銜翻。巖等依勢弄權，賣官鬻獄，離間舊將相，間，古莧翻。敬翔、李振雖爲執政，所言多不用。振每稱疾不預事，以避趙、張之族，政事日紊，紊，音問。以至於亡。史言梁有自亡之由，非晉能亡之也。

16 劉鄩遣卒詐降於晉，謀賂膳夫以毒晉王；事泄，晉王殺之，并其黨五人。

17 十一月，己未夜，蜀宮火。自得成都以來，寶貨貯於百尺樓，悉爲煨燼。貯，丁呂翻。煨，烏回翻。諸軍都指揮使兼中書令宗侃等帥衞兵欲入救火，蜀主閉門不內。恐有乘救火爲變者。史言蜀主之猜防。庚申旦，火猶未熄，蜀主出義興門見羣臣，以安衆心。命有司聚太廟神主，分巡都城，言訖，復入宮閉門。火未熄，未敢弛備。復，扶又翻。將相皆獻帷幕飲食。

18 壬戌，蜀大赦。

19 乙丑，改元。此書梁改元貞明也。考異曰：吳越備史云：「正月壬辰朔，改元，大赦。」今從薛史末帝紀

20 己巳，蜀王宗翰引兵出青泥嶺，克固鎮，九域志：鳳州河池縣有固鎮。與秦州將郭守謙戰於泥陽川；九域志：成州栗亭縣有泥陽鎮。蜀兵敗，退保鹿臺山。今成州東十里有鹿玉山。辛未，王宗綰等敗秦州兵於金沙谷，敗，補邁翻。擒其將李彥巢等，乘勝趣秦州。趣，七喻翻。興州刺史王宗鐸克階州，降其刺史李彥安。甲戌，王宗綰克成州，擒其刺史李彥德。蜀軍至上染坊，秦州節度使李繼崇遣其子彥秀奉牌印迎降。宗絳入秦州，九域志：秦州東南至鳳州三百二十里，西南至成州二百六十五里；成州西南至階州二百五十里。「宗絳」當作「宗綰」。表排陳使王宗儔爲留後。陳，讀曰陣。劉知俊攻霍彥威於邠州，半歲不克，是年五月劉知俊攻邠州。聞秦州降蜀，知俊妻子皆遷成都；知俊解圍還鳳翔，終懼及禍，夜帥親兵七十人，斬關而出，庚辰，奔于蜀軍。帥，讀曰率。爲劉知俊爲蜀所殺張本。考異曰：十國紀年：「知俊奔秦州，庚戌來降。」按上有甲戌，下有癸未，必庚辰也。

王宗綰自河池、兩當進兵，會王宗瑤攻鳳州，癸未，克之。蜀遂有秦、鳳、成三州之地。宋白曰：河池縣漢屬武都。華陽國志：河池一名仇池。按仇池山在成州界，今河池縣屬鳳州，去縣稍遠；今縣所處謂之河池水，故以名縣。兩當，漢故道縣。水經云：兩當水出陳倉縣之大散嶺，西南流入故道川。又河池縣有兩當水，西北自成州界入，東南流入故道水。縣取水爲名。或曰：縣西界有兩山相當，故名。九域志：河池在鳳州西一百五十五里；兩當在鳳州西八十五里。

21 岐義勝節度使、同平章事李彥韜知岐王衰弱，十二月，舉耀、鼎二州來降。岐置義勝軍以授溫韜，見二百六十八卷太祖乾化元年。彥韜卽溫韜也。乙未，詔改耀州爲崇州，鼎州爲裕州，義勝軍爲靜勝軍，復彥韜姓溫氏，名昭圖，官任如故。

22 丁未，蜀大赦；改明年元曰通正。置武興軍於鳳州，割文、興二州隸之，以前利州團練使王宗魯爲節度使。

23 是歲，清海、建武節度使兼中書令劉巖，時以邕州爲建武軍。以吳越王鏐爲國王而已獨爲南平王，南平王，郡王也。表求封南越王及加都統，帝不許。巖謂僚屬曰：「今中國紛紛，孰爲天子！安能梯航萬里，梯航，謂梯山航海。遠事僞庭乎！」自是貢使遂絕。使，疏吏翻。

二年（丙子、九一六）

1 春，正月，宣武節度使、守中書令、廣德靖王全昱卒。廣，國名；德靖，謚也。全昱，帝之伯父。

2 帝聞前河南府參軍李愚學行，行，下孟翻。召爲左拾遺，充崇政院直學士。衡王友諒貴重，李振等見，皆拜之，愚獨長揖，帝聞而讓之，曰：「衡王於朕，兄也，朕猶拜之，卿長揖，可乎？」對曰：「陛下以家人禮見衡王，拜之宜也。振等陛下家臣；臣於王無素，謂先無過從之雅。不敢妄有所屈。」久之，竟以抗直罷爲鄧州觀察判官。

3 蜀主以李繼崇爲武泰節度使、兼中書令、隴西王。

4 二月，辛丑夜，吳宿衞將馬謙、李球劫吳王登樓，發庫兵討徐知訓；知訓將出走，嚴可求曰：「軍城有變，公先棄衆自去，衆將何依！」知訓乃止。衆猶疑懼，可求闔戶而寢，鼾息聞於外，鼾，下旦翻，鼻息也。聞，音問。府中稍安。壬寅，謙等陳于天興門外，楊行密以揚州牙城南門爲天興門。諸道副都統朱瑾自潤州至，至自徐溫所。視之，曰：「不足畏也。」返顧外衆，舉手大呼，呼，火故翻。亂兵皆潰，史言吳兵畏服朱瑾。擒謙、球，斬之。

5 帝屢趣劉鄩戰，趣，讀曰促。鄩閉壁不出。晉王乃留副總管李存審守營，守莘西之營也。自勞軍於貝州，勞，力到翻。勞圍張源德之軍也。聲言歸晉陽。鄩聞之，奏請襲魏州，帝報曰：「今掃境內以屬將軍，屬，之欲翻。社稷存亡，繫茲一舉，將軍勉之！」鄩令澶州刺史楊延直引兵萬人會於魏州，延直夜半至城南，城中選壯士五百潛出擊之，延直不爲備，潰亂而走。詰旦鄩自莘縣悉衆至城東，與延直餘衆合，李存審引營中兵躡其後，李嗣源以城中兵出戰，晉王亦自貝州至，與嗣源當其前。鄩見之，驚曰：「晉王邪！」引兵稍卻，晉王躡之，躡，尼輒翻。至故元城西，隋元城縣治古殷城，唐貞觀十七年併入貴鄉，聖曆二年又分貴鄉、莘縣置元城縣，治王莽城，開元十三年移元城治魏州郭下，故有故元城。古殷城在朝城東北十二里。與李存審遇。晉王爲方陳於西北，存審爲方陳於東南，鄩爲圓陳於其中間，陳，讀曰陣。四面受敵；合戰良久，梁兵大敗，鄩引數十騎突圍走。梁步卒凡七萬，晉兵環而擊之，敗卒登木，木爲之折，環，音宦。爲，于僞翻。折，而設翻。追至河上，殺溺殆盡。鄩收散卒自黎陽渡河，保滑州。

匡國節度使王檀密疏請發關西兵襲晉陽，去年五月王檀代牛存節屯河上。帝從之，發河中、陝、同華諸鎭兵合三萬，出陰地關，奄至晉陽城下，晝夜急攻；城中無備，發諸司丁匠及驅市人乘城拒守，城幾陷者數四。幾，居依翻。張承業大懼。代北故將安金全退居太原，安金全從晉王克用起於代北，故云故將。往見承業曰：「晉陽根本之地，若失之，則大事去矣。僕雖老病，憂兼家國，言晉陽若陷，則國破家亡。請以庫甲見授，爲公擊之。」爲，于僞翻。承業卽與之。金全帥其子弟及退將之家得數百人，帥，讀曰率。將，卽亮翻。夜出北門，擊梁兵於羊馬城內；梁兵大驚，引卻。昭義節度使李嗣昭聞晉陽有寇，遣牙將石君立將五百騎救之；君立朝發上黨，夕至晉陽。按九域志，上黨至晉陽五百餘里。輕騎疾馳，朝發夕至，何其速也！梁兵扼汾河橋，汾橋在晉陽城東南汾水上。君立擊破之，徑至城下大呼曰：「昭義侍中大軍至矣。」呼，火故翻。李嗣昭鎭昭義，官侍中，故稱之。遂入城。夜，與安金全等分出諸門擊梁兵，梁兵死傷什二三。詰朝，王檀引兵大掠而還。詰，去吉翻。還，從宣翻，又如字。晉王性矜伐，以策非己出，故金全等賞皆不行。虞書曰：汝惟不矜，天下莫與汝爭能；汝惟不伐，天下莫與汝爭功。晉王矜伐而有功者不賞，此其所以能取天下而不能守天下也。

梁兵之在晉陽城下也，大同節度使賀德倫部兵多逃入梁軍，張承業恐其爲變，收德倫，斬之。張承業之權略，烏可以宦者待之哉。

帝聞劉鄩敗，又聞王檀無功，歎曰：「吾事去矣！」

6三月，乙卯朔，晉王攻衞州，壬戌，刺史米昭降之。又攻惠州，刺史靳紹走，擒斬之，復以惠州爲磁州。唐天祐三年以「磁」「慈」聲相近，改磁州爲惠州，是時政在朱氏。晉既取之，因復舊州名。靳，居焮翻。晉王還魏州。

7上屢召劉鄩不至，己巳，卽以鄩爲宣義節度使，劉鄩既喪師，懼罪不敢入朝，梁亦懼其反側，就以滑帥命之。爲明年鄩入朝左遷張本。使將兵屯黎陽。

8夏，四月，晉人拔洺州，以魏州都巡檢使袁建豐爲洺州刺史。

9劉鄩既敗，河南大恐，鄩復不應召，復，扶又翻。由是將卒皆搖心。帝遣捉生都指揮使李霸帥所部千人戍楊劉，癸卯，出宋門，宋門，大梁城東面南來第二門，梁改名觀化門，而時人不改其舊，呼曰宋門；晉天福三年改仁和門。其夕，復自水門入，大譟，縱火剽掠，剽，匹妙翻。攻建國門，建國門，大梁宮城正南門，太祖所起也。宋白曰：大梁皇城南爲建國門。帝登樓拒戰。樓，謂建國門樓也。龍驤四軍都指揮使杜晏球按歐史，晏球本洛陽王氏子，少遇亂，爲盜所掠，汴州富人杜氏得之，養以爲子，冒姓杜氏。後歸唐，賜姓名曰李紹虔，尋復本姓名曰王晏球。以五百騎屯毬場，賊以油沃幕，長木揭之，揭，其列翻，舉也。欲焚樓，勢甚危；晏球於門隙窺之，見賊無甲胄，乃出騎擊之，決力死戰，俄而賊潰走。帝見騎兵擊賊，呼曰：「非吾龍驤之士乎，誰爲亂首？」晏球曰：「亂者惟李霸一都，餘軍不動。陛下但帥控鶴守宮城，遲明，臣必破之。」帥，讀曰率。遲，直利翻，待也。既而晏球討亂者，闔營皆族之，以功除單州刺史。唐末以太祖生於碭山，改單州爲輝州。是時復以輝州爲單州。單，音善。

10 五月，吳越王鏐遣浙西安撫判官皮光業自建、汀、虔、郴、潭、岳、荆南道入貢。吳越界西南盡衢州。按九域志，自衢州界西南至建州四百四十五里，自建州西至汀州九百三十里，自汀州西至虔州五百五十里，自虔州西至郴州六百六十里，自郴州東北至潭州四百九十八里，自潭州東北至岳州三百八十五里，自岳州西北至荆南四百三十里。光業，日休之子也。皮日休見二百五十四卷唐僖宗廣明元年。郴，丑林翻。

11 六月，晉人攻邢州，保義節度使閻寶拒守；帝遣捉生都指揮使張溫將兵五百救之，溫以其衆降晉。

12 秋，七月，甲寅朔，晉王至魏州。

13上嘉吳越王鏐貢獻之勤，以其取道回遠，數千里至大梁也。壬戌，加鏐諸道兵馬元帥。朝議多言鏐之入貢，利於市易，市易者，以所有易所無，相與爲市也。朝，直遥翻。不宜過以名器假之；翰林學士竇夢徵執麻以泣，坐貶蓬萊尉。蓬萊，本漢黄縣，唐神龍三年更名，帶登州。夢徵，棣州人也。

14甲子，吳潤州牙將周郊作亂，入府，殺大將秦師權等，大將陳祐等討斬之。

15八月，丁酉，以太子少【章：十二行本「少」作「太」；乙十一行本同。】保致仕趙光逢爲司空兼門下侍郎、同平章事。

16丙午，蜀主以王宗綰爲東北面都招討，集王宗翰、嘉王宗壽爲第一、第二招討，將兵十萬出鳳州；以王宗播爲西北面都招討，武信軍節度使劉知俊、天雄節度使王宗儔、蜀天雄節度使鎭秦州。匡國軍使唐文裔爲第一、第二、第三招討，將兵十二萬出秦州，以伐岐。出鳳州之兵指寶雞以攻鳳翔，出秦州之兵指隴州。

17晉王自將攻邢州，昭德節度使張筠棄相州走；晉人復以相州隸天雄軍，去年梁分相州爲昭德軍。相，息亮翻。以李嗣源爲刺史。考異曰：劉恕廣本云筠奔東都，授左衞上將軍。莊宗實錄：「命李存審入城招撫，除昭德軍額，仍舊隸魏州，徙洺州刺史袁建豐爲相州刺史。」按上四月，筠已遣人納款于晉，此復云走者，蓋始者文降，今爲晉兵所迫故走耳。筠既降晉，今還猶得將軍者，蓋潛通款於晉，梁朝不知耳。明宗實錄云：「八月，張筠走，移帝爲相州刺史，九月爲安國節度使。」而莊宗實錄云：「時袁建豐爲相州刺史。」按明宗實錄建豐傳云戰胡柳陂，建豐猶爲相州，乃是天祐十五年十二月。蓋明宗初爲相州，移邢州後方除建豐，莊宗錄誤書在張筠走下耳。晉王遣人告閻寶以相州已拔，又遣張溫帥援兵至城下諭之，寶舉城降；告之以相州已拔，則彼知邢州之勢孤；示之以張溫已降，則彼知援兵之望絕；閻寶於是不能守矣。帥，讀曰率；下同。晉王以寶爲東南面招討使，領天平節度使、同平章事；天平時屬梁，晉命閻寶遙領。以李存審爲安國節度使，鎮邢州。邢州，梁保義軍；既入于晉，自此遂改爲安國軍。考異曰：王溥五代會要、薛史地理志、樂史寰宇記皆云「梁建保義軍，唐同光元年改爲安國軍。」而莊宗、明宗實錄列傳、薛史存審傳皆云「此年授安國節度使。」恐是纔屬晉即改軍額，會要等書誤云同光元年。

18 契丹王阿保機帥諸部兵三十萬，號百萬，自麟、勝攻晉蔚州，陷之，虜振武節度使李嗣本。契丹攻蔚州，自麟、勝出詭道以掩晉不備也。按麟、勝至蔚州，中間懸隔雲、朔，「蔚州」恐當作「朔州」。考異曰：開元中，振武軍在朔州西北三百五十里單于都護府城內，隸朔方節度使。乾元元年置振武節度使，領鎮北大都護、麟·勝二州。後唐振武節度使亦帶安北都護、麟、勝等州觀察等使，石晉以後皆帶朔州刺史。據此乃治蔚州，不知遷徙年月。遣使以木書求貨於大同防禦使李存璋，存璋斬其使；契丹進攻雲州，存璋悉力拒之。雲州即大同軍。

19 九月，晉王還晉陽。王性仁孝，故雖經營河北，而數還晉陽省曹夫人，歲再三焉。數，所角翻。省，悉景翻。曹夫人實生晉王。晉王事生母者重，事嫡母者輕，異日太后、太妃尊號倒置，皆根於心而發於事者。

20晉人以兵逼滄州，順化節度使戴思遠棄城奔東都；河朔盡歸于晉，滄州孤絕，戴思遠不能守。滄州將毛璋據城降晉，晉王命李嗣源將兵鎮撫之，嗣源遣璋詣晉陽。晉王徙李存審爲橫海節度使，鎮滄州，滄德自此屬晉，復改順化爲橫海，從唐舊也。以嗣源爲安國節度使。嗣源以安重誨爲中門使，晉王封內，凡節鎮皆有中門使，其任卽天朝樞密使也。委以心腹，重誨亦爲嗣源盡力。重誨，應州胡人也。爲，于僞翻。爲安重誨爲嗣源佐命張本。薛史曰：安重誨，其先本北部酋豪，父福遷，爲河東將，救兗、鄆而沒。

21晉王自將兵救雲州；行至代州，契丹聞之，引去，王亦還。以李存璋爲大同節度使。

22晉人圍貝州踰年，去年八月晉圍貝州。張源德聞河北諸州皆爲晉有，欲降；謀於其衆，衆以窮而後降，恐不免死，不從；共殺源德，嬰城固守。城中食盡，噉人爲糧，乃謂晉將曰：「出降懼死，請擐甲執兵而降，噉，徒濫翻。擐，音宦。事定而釋之。」晉將許之，其衆三千出降，既釋甲，圍而殺之，盡殪。殪，壹計翻。考異曰：莊宗實錄：「賊將張源德固守貝州，既聞河北皆平而有翻然之志，詢謀於衆；羣賊皆河南人，懼其歸罪，不從，因殺源德，噉人爲糧，固守其城。王師歷年攻圍，賊既食竭，呼我大將曰：『今欲請罪，懼晉王不我赦。我將衿甲持兵而見，已卽解之，如何？』報曰：『無便於此者。』賊衆三千，衿甲出降。我將甘言喻之，俱釋兵解甲。既而四面陳兵，皆殺之。」歐陽史死事傳曰：「晉王入魏，河北六鎮數十州之地皆歸晉，獨貝一州，圍之踰年不可下。城中食且盡，貝人勸源德出降，源德不從，遂見殺。」按源德若以不降而死，其衆當卽降於晉，豈得猶拒守與晉邀約而後出哉！明是衆懼死不降耳。今從莊宗實錄。余謂若如通鑑去取，則張源德非一心守死者，不得與於死事傳。晉王以毛璋爲貝州刺史。於是河北皆入於晉，惟黎陽爲梁守。黎陽臨河，梁兵聲援猶接，又劉鄩守之，所以能自固。爲，于僞翻。

23 晉王如魏州。

24 吳光州將王言殺刺史載肇，「載」，恐當作「戴」。吳王遣楚州團練使李厚討之。廬州觀察使張崇不俟命，引兵趣光州，趣，七喻翻。言棄城走。以李厚權知光州。崇，慎縣人也。

25 庚申，蜀新宮成，在舊宮之北。

26 天平節度使兼中書令琅邪忠毅王王檀，多募羣盜，置帳下爲親兵，己卯，盜乘檀無備，突入府殺檀。節度副使裴彥帥府兵討誅之，軍府由是獲安。帥，讀曰率。

27 冬，十月，甲申，蜀王宗綰等出大散關，大破岐兵，俘斬萬計，遂取寶雞。己丑，王宗播等出故關，至隴州。故關，大震故關。丙寅，保勝節度使兼侍中李繼岌畏岐王猜忌，岐置保勝軍於隴州。帥其衆二萬，帥，讀曰率。棄隴州奔于蜀軍。蜀兵進攻隴州，以繼岌爲西北面行營第四招討。劉知俊會王宗綰等圍鳳翔，岐兵不出。會大雪，蜀主召軍還。還，從宣翻，又如字。復李繼岌姓名曰桑弘志。弘志，黎陽人也。

28 丁酉，以禮部侍郎鄭珏爲中書侍郎、同平章事。珏，綮之姪孫也。鄭綮見二百五十九卷唐昭宗乾寧元年。考異曰：薛史梁末帝紀無珏初拜相年月。此年十月丁酉，以中書侍郎、平章事鄭珏兼刑部尚書、平章事，至貞明四年四月己酉，又云以中書侍郎、平章事鄭珏兼刑部尚書。疑貞明二年拜相，四年轉刑部尚書也。本傳云：「累遷禮部侍郎，貞明中拜平章事。」唐餘錄均帝紀：「貞明二年十月丁酉，禮部侍郎鄭珏爲中書侍郎、平章事。」今從之。又高若拙後史補云：「珏應一十九舉方捷，姓名爲第十九人，第行亦同；自登第凡十九年爲宰相。」今按珏光化三年及第，自光化三年至此年纔十七年矣，又不可合。

29 己亥，蜀大赦。

30 晉王遣使如吳，會兵以擊梁。十一月，吳以行軍副使徐知訓爲淮北行營都招討使，及朱瑾等將兵趣宋、亳與晉相應。趣，七喻翻。既渡淮，移檄州縣，進圍潁州。

31 十二月，戊申，蜀大赦，改明年元曰天漢，國號大漢。

32 楚王殷聞晉王平河北，遣使通好；好，呼到翻。晉王亦遣使報之。

33 是歲，慶州叛附于岐，慶州本岐地也，蓋因去年李保衡以邠寧附梁，遂爲梁有。岐將李繼陟據之。詔以左龍虎統軍賀瓌爲西面行營馬步都指揮使，將兵討之，破岐兵，下寧、衍二州。衍州，岐李茂貞置，在寧、慶之間。宋廢衍州爲定平鎮，屬邠州。考異曰：薛史賀瓌傳：「貞明二年慶州叛，爲李繼陟所據，帝命左龍虎統軍賀瓌爲西面行營馬步軍都指揮使兼諸軍都虞候，與張筠破涇、鳳之衆三萬，下寧、衍二州。」此非小事，而末帝紀、李茂貞傳皆無，惟瓌傳有之，今以爲據。

34 河東監軍張承業既貴用事，其姪瓘等五人自同州往依之，晉王以承業故，皆擢用之。承業治家甚嚴，有姪爲盜，殺販牛者，承業立斬之；王亟使救之，已不及。王以瓘爲麟州刺史，承業謂瓘曰：「汝本車度一民，與劉開道爲賊，劉開道必指劉知俊也，知俊爲梁開道指揮使，又嘗鎮同州。車，尺遮翻。慣爲不法；今若不悛，慣，古患翻。悛，丑緣翻。死無日矣！」由此瓘所至不敢貪暴。

35 吳越牙内先鋒都指揮使錢傳珦逆婦於閩，自是閩與吳越通好。珦，虛亮翻。好，呼到翻。

36 閩鑄鉛錢，與銅錢並行。

37 初，燕人苦劉守光殘虐，軍士多歸於契丹；及守光被圍於幽州，事見上卷。其北邊士民多爲契丹所掠；契丹日益強大。契丹王阿保機自稱皇帝，國人謂之天皇王，以妻述律氏爲皇后，置百官；至是，改元神册。考異曰：紀年通譜云：「舊史不記保機建元事。今契丹中有曆日，通紀百二十年。臣景祐三年冬北使幽薊，得其曆，因閱年次，以乙亥爲首，次年始著神策之元，其後復有天贊。按五代契丹傳，自耶律德光乃記天顯之名，疑當時未得其傳，不然虜人恥保機無號，追爲之耳。保機，虜中又號天皇王。」虜庭雜記曰：「太祖一舉併吞奚國，仍立奚人依舊爲奚王，命契丹監督兵甲。又滅勃海，虜其王大諲譔，立長子爲勃海東丹王，號人皇王。自號天皇王，始立年號曰天贊，又曰神册，國稱大遼。於所居大部落置樓，謂之西樓，今謂之上京；又於其南木葉山置樓，謂之南樓；又於其東千里置樓，謂之東樓；又於其北三百里置樓，謂之北樓；太祖四季常遊獵於四樓之間。」又曰：「阿保基變家爲國之後，始以王族號爲橫帳，姓世里沒里，以漢語譯之謂之耶律氏。賜后族姓曰蕭氏。王族惟與后族通婚；其諸部若不奉北主之命，不得與二部落通婚。」歐陽史曰：「阿保機用其妻述律策，使人告諸部大人曰：『我有鹽池，諸部所食。然諸部知食鹽之利而不知鹽有主人，可乎？當來犒我。』諸部以爲然，共以酒會鹽池。阿保機伏兵其旁，酒酣伏發，盡殺諸部大人，遂立，不復代。「阿保機稱皇帝，前史不見年月，莊宗列傳契丹傳在莊宗卽帝位、李存審守范陽後；漢高祖實錄、唐餘錄皆云阿保機設策併諸族，遂稱帝，在乾寧中劉仁恭鎮幽州前，薛史在莊宗天祐末。按紀年通譜，阿保機神策元年歲在丙子，乃莊宗天祐十三年，梁貞明二年，似不在天祐末及莊宗卽位後。編遺錄開平二年五月太祖賜阿保機記事猶呼之爲卿，及言「臣事我朝，望國家降使冊立」，必未稱帝，安得在劉仁恭鎮幽州前！唐餘錄全取漢高祖實錄契丹事作傳，最爲差錯。不知其稱帝實在何年，今因其改年號，置於此。

述律后勇決多權變，阿保機行兵御衆，述律后常預其謀。阿保機嘗度磧擊党項，党項在磧西。磧，七迹翻。党，底朗翻。留述律后守其帳，黃頭、臭泊二室韋乘虛合兵掠之；黃頭，室韋強部也；臭泊，室韋以所居地名其部。述律后知之，勒兵以待其至，奮擊，大破之，由是名震諸夷。述律后有母有姑，皆踞榻受其拜，曰：「吾惟拜天，不拜人也。」晉王方經營河北，欲結契丹爲援，常以叔父事阿保機，以叔母事述律后。以晉王克用與阿保機結爲兄弟也。

劉守光末年衰困，遣參軍韓延徽求援於契丹，考異曰：漢高祖實錄延徽傳云：「天祐中連帥劉守光攻中山不利，欲結北戎，遣延徽將命入虜。」劉恕以爲劉守光據幽州後未嘗攻定州，惟唐光化三年汴將張存敬拔瀛、莫，攻定州，劉仁恭遣守光救定州，爲存敬所敗，恐是此時，仁恭方爲幽帥，非守光也。按劉仁恭父子強盛之時常陵暴契丹，豈肯遣使與之相結！乾化元年守光攻易定，王處直求救於晉，故晉王遣周德威伐之，其遣延徽結契丹蓋在此時。然事無顯據，故但云衰困，附於此。契丹主怒其不拜，【章：十二行本「拜」下有「留之」二字；乙十一行本同；孔本同；張校同；退齋校同。】使牧馬於野。延徽，幽州人，有智略，頗知屬文。屬，之欲翻。述律后言於契丹主曰：「延徽能守節不屈，此今之賢者，柰何辱以牧圉！宜禮而用之。」契丹主召延徽與語，悅之，遂以爲謀主，舉動訪焉。延徽始教契丹建牙開府，築城郭，立市里，以處漢人，處，昌呂翻。使各有配偶，墾藝荒田。由是漢人各安生業，逃亡者益少。契丹威服諸國，延徽有助焉。

頃之，延徽逃奔晉陽。晉王欲置之幕府，掌書記王緘疾之；延徽不自安，求東歸省母，自晉陽歸幽州，自西徂東也。省，悉景翻。過眞定，止於鄉人王德明家，王德明爲趙王鎔養子，卽燕人張文禮也。德明問所之，延徽曰：「今河北皆爲晉有，當復詣契丹耳。」德明曰：「叛而復往，得無取死乎？」言旣叛契丹歸中國，今復往詣契丹，恐爲所殺也。復，扶又翻；下同。延徽曰：「彼自吾來，如喪手目；喪，息浪翻。今往詣之，彼手目復完，安肯害我！」旣省母，遂復入契丹。契丹主聞其至，大喜，如自天而下，拊其背曰：「曏者何往？」延徽曰：「思母，欲告歸，恐不聽，故私歸耳。」契丹主待之益厚。及稱帝，以延徽爲相，累遷至中書令。歐史四夷附錄曰：阿保機以延徽爲相，號政事令，契丹謂之「崇文相公」。

晉王遣使至契丹，延徽寓書於晉王，敍所以北去之意，且曰：「非不戀英主，非不思故鄉，所以不留，正懼王緘之讒耳。」因以老母爲託，且曰：「延徽在此，契丹必不南牧。」賈誼過秦論：胡人不敢南下而牧馬。故終同光之世，契丹不深入爲寇，延徽之力也。按莊宗之世，契丹圍周德威，救張文禮，曷嘗不欲深入爲寇哉！晉之兵力方強，能折其鋒耳，豈延徽之力邪！

三年（丁丑，九一七）

1春，正月，詔宣武節度使袁象先救潁州，既至，吳軍引還。去年十一月吳圍潁州。

2二月，甲申，晉王攻黎陽，劉鄩拒之，數日，不克而去。

3晉王之弟威塞軍防禦使存矩在新州，晉置威塞軍於新州，後遂爲節鎮。新州領永興一縣。薛居正曰：唐莊宗同光二年七月，昇新州爲威塞軍節度使，以嬀、儒、武三州隸之。驕惰不治，治，直之翻。侍婢預政。晉王使募山北部落驍勇者及劉守光亡卒以益南討之軍；又率其民出馬，民或鬻十牛易一戰馬，期會迫促，邊人嗟怨。存矩得五百騎，自部送之，以壽州刺史盧文進爲裨將。壽州屬吳，盧文進遥領刺史耳。行者皆憚遠役，存矩復不存恤。復，扶又翻；下同。甲午，至祁溝關，小校宮彦璋與士卒謀曰：「聞晉王與梁人確鬭，確，堅也。凡戰者，隨兵勢而爲進退離合；至於確鬭則兩敵相當，用實力而鬭，惟堅耐而用長技乃勝耳。校，戶教翻。騎兵死傷不少。吾儕捐父母妻子，爲人客戰，儕，士皆翻。爲，于僞翻。千里行役，戰於異鄉，是爲客戰。千里送死，而使長復不矜恤，柰何？」衆曰：「殺使長，防禦使爲一州之長，故曰使長。使，疏吏翻。長，知兩翻。擁盧將軍還新州，據城自守，其如我何！」因執兵大譟，趣傳舍，趣，七喻翻。傳，株戀翻。詰朝，存矩寢未起，就殺之。詰，去吉翻。文進不能制，撫膺哭其尸曰：「奴輩既害郎君，使我何面復見晉王！」因爲衆所擁，還新州，守將楊全章拒之；又攻武州，鴈門以北都知防禦兵馬使李嗣肱擊敗之。敗，補邁翻。周德威亦遣兵追討，文進帥其衆奔契丹。帥，讀曰率。晉王聞存矩不道以致亂，殺侍婢及幕僚數人。

4 初，幽州北七百里有渝關，渝關入營州界及平州石城縣界。漢書音義：渝，音喻，今讀如榆。下有渝水通海。自關東北循海有道，道狹處纔數尺，旁皆亂山，高峻不可越。比至進牛口，「比」，當作「北」。舊置八防禦軍，募土兵守之，歐史曰：渝關東臨海，北有兔耳、覆舟山，山皆斗絕。並海東北有路，狹僅通車，其旁地可耕植。唐時置東硤石、西硤石、淥疇、米磚、長楊、黃花、紫蒙、白狼城以扼之。宋白曰：渝關關城下有渝水入大海。其關東臨海，北有兔耳山、覆舟山，山皆斗峻，山下尋海岸東北行，狹處纔通一軌。三面皆海，北連陸關，西亂山至進牛柵凡六口，柵戍相接，此所以天限戎狄者也。田租皆供軍食，不入於薊，薊，音計。幽州歲致繒纊以供戰士衣。每歲早穫，清野堅壁以待契丹，契丹至，輒閉壁不戰，俟其去，選驍勇據隘邀之，幽州盧龍節度治薊縣。繒，慈陵翻。纊，苦謗翻。隘，烏懈翻。契丹常失利走。土兵皆自爲田園，力戰有功則賜勳加賞，勳，勳級也。由是契丹不敢輕入寇。及周德威爲盧龍節度使，恃勇不脩邊備，遂失渝關之險，契丹每芻牧於營、平之間。金虜節要曰：燕山之地，易州西北乃金坡關，昌平縣之西乃居庸關，順州之地乃古北口，景州之東北乃松亭關，平州之東乃渝關，渝關之東即金人來路也。此數關皆天造地設以分蕃、漢之限，一夫守之可以當百。本朝復燕之役，若得諸關，則燕山之境可保。然關內之地，平、灤、營三州，自後唐陷於阿保機，改平州爲遼興府，以營、灤二州隸之，號爲平州路。至石晉之初，耶律德光又得燕山、檀、順、景、薊、涿、易諸州，建燕山爲燕京，以轄六郡，號燕京路，而與平州自成兩路。海上議割地，但云燕、雲兩路而已，初謂燕山路盡得關內之地，殊不知燕山、平州盡在關內而異路也。破遼之後，金人復得平州路據之，故阿離不後由平州入寇，乃當時議燕、雲不明地里之故。又金虜行程云：灤州，古無之。唐末阿保機攻陷平、營，劉守光據幽州，暴虐，民多亡入虜中，乃築此城。營州古柳城郡，舜所築也，乃殷之孤竹國，漢、唐遼西地。其城外多大山，高下皆石，不產草木，地當營室，故以爲名。自營州東至渝關，並無保障，沃野千里，北限大山，重岡複嶺，中有五關，唯渝關、居庸可以通餉饋，松亭、金坡、古北口止通人馬，不可行車。其山之南，則五穀百果、良材美木，無所不有，出關未數里則地皆瘠鹵，豈天設此以限華、夷乎？德威又忌幽州舊將有名者，往往殺之。

吳王遣使遺契丹主以猛火油，曰：「攻城，以此油然火焚樓櫓，敵以水沃之，火愈熾。」南蕃志：猛火油出占城國，蠻人水戰，用之以焚敵舟。遺，于季翻。契丹主大喜，卽選騎三萬欲攻幽州，述律后哂之曰：哂，失忍翻。「豈有試油而攻一國乎！」因指帳前樹謂契丹主曰：「此樹無皮，可以生乎？」契丹主曰：「不可。」述律后曰：「幽州城亦猶是矣。吾但以三千騎伏其旁，掠其四野，使城中無食，不過數年，城自困矣，何必如此躁動輕舉！萬一不勝，爲中國笑，吾部落亦解體矣。」契丹主乃止。婦人智識若此，丈夫愧之多矣。此特阿保機因其能勝室韋，從而張大之以威鄰敵耳。就使能爾，曷爲不能止德光之南牧，既內虛其國，又不能爲根本之計，而終有木葉山之囚乎？

三月，盧文進引契丹兵急攻新州，刺史安金全不能守，棄城走；文進以其部將劉殷爲刺史，使守之。晉王使周德威合河東、鎮、定之兵攻之，旬日不克。契丹主帥衆三十萬救之，德威衆寡不敵，大爲契丹所敗，帥，讀曰率。敗，補邁翻。奔歸。

5 楚王殷遣其弟存攻吳上高，俘獲而還。還，從宣翻，又如字。

6 契丹乘勝進圍幽州，聲言有衆百萬，氈車毳幕彌漫山澤。毳，充芮翻，獸毛縟細者爲毳。盧文進教之攻城，爲地道，晝夜四面俱進，城中穴地然膏以邀之；又爲土山以臨城，城中鎔銅以灑之，日殺千計，而攻之不止。周德威遣間使詣晉王告急，間，古莧翻。王方與梁相持河上，欲分兵則兵少，欲勿救恐失之，【章：十二行本「之」下有「憂形於色」四字；乙十一行本同；孔本同；張校同。】謀於諸將，獨李嗣源、李存審、閻寶勸王救之。王喜曰：「昔太宗得一李靖猶擒頡利，事見一百九十三卷貞觀四年。今吾有猛將三人，復何憂哉！」褒而期之，以作三臣之氣。復，扶又翻。存審、寶以爲虜無輜重，重，直用翻。勢不能久，俟其野無所掠，食盡自還，然後踵而擊之。李嗣源曰：「周德威社稷之臣，今幽州朝夕不保，恐變生於中，何暇待虜之衰！臣請身爲前鋒以赴之。」王曰：「公言是也。」即日，命治兵。治，直之翻；下同。夏，四月，晉王命嗣源將兵先進，軍于淶水，淶水縣屬易州。淶，音來。宋白曰：李嗣源時屯淶水，扼祁溝諸關以伺賊勢。閻寶以鎮、定之兵繼之。

7吳昇州刺史徐知誥治城市府舍甚盛。五月，徐溫行部至昇州，吳以昇、常、宣、歙、池爲徐溫巡屬。行，下孟翻。愛其繁富。潤州司馬陳彥謙勸溫徙鎮海軍治所於昇州，鎮海軍本治潤州。溫從之，徙知誥爲潤州團練使。知誥求宣州，溫不許，知誥不樂。樂，音洛。宋齊丘密言於知誥曰：「三郎驕縱，敗在朝夕。潤州去廣陵隔一水耳，此天授也。」知誥悅，卽之官。三郎，謂溫長子知訓也。爲知訓死、知誥得權張本。知訓第三。溫以陳彥謙爲鎮海節度判官。溫但舉大綱，細務悉委彥謙，江、淮稱治。稱治者，時人稱之耳。治，直吏翻。彥謙，常州人也。爲陳彥謙垂死請於徐溫立己子張本。

8高季昌與孔勍脩好，復通貢獻。高季昌爲孔勍所敗，事見上卷太祖乾化二年。好，呼到翻。復，扶又翻。

鄧廣銘標點聶崇岐覆校

資治通鑑卷第二百七十

端明殿學士兼翰林侍讀學士太中大夫提舉西京嵩山崇福宫上柱國河内郡開國公食邑二千六百戶食實封一千戶賜紫金魚袋臣　司馬光　奉敕編集
後學　天台　胡三省　音註

後梁紀五起彊圉赤奮若（丁丑）七月，盡屠維單閼（己卯）九月，凡二年有奇。

均王中

貞明三年（丁丑、九一七）

1 秋，七月，庚戌，蜀主以桑弘志爲西北面第一招討，王宗宏爲東北面第二招討，己未，以兼中書令王宗侃爲東北面都招討，武信節度使劉知俊爲西北面都招討。以伐岐也。

2 晉王以李嗣源、閻寶兵少，未足以敵契丹，辛未，更命李存審將兵益之。

3 蜀飛龍使唐文扆居中用事，扆，隱豈翻。張格附之，與司徒、判樞密院事毛文錫爭權。文錫將以女適左僕射兼中書侍郎、同平章事庾傳素之子，會親族於樞密院用樂，不先表聞，蜀主聞樂聲，怪之，文扆從而譖之。八月，庚寅，貶文錫茂州司馬，其子司封員外郎詢流維州，籍沒其家；貶文錫弟翰林學士文晏爲滎經尉。滎經，漢嚴道縣地，唐武德四年置滎經縣，屬雅州。九域志：在州南一百一十里。傳素罷爲工部尚書，以翰林學士承旨庾凝績權判內樞密院事。凝績，傳素之再從弟也。同曾祖之弟爲再從弟。從，才用翻。

4 清【章：十二行本「清」上有「癸巳」二字；乙十一行本同；孔本同；張校同；退齋校同。】海、建武節度使劉巖卽皇帝位於番禺，漢書音義：番，音潘；禺，音愚。國號大越，大赦，改元乾亨。以梁使趙光裔爲兵部尚書，節度副使楊洞潛爲兵部侍郎，節度判官李殷衡爲禮部侍郎，並同平章事。建三廟，追尊祖安仁曰太祖文皇帝，父謙曰代祖聖武皇帝，兄隱曰烈宗襄皇帝；以廣州爲興王府。

5 契丹圍幽州且二百日，是年三月，契丹圍幽州，事始見上卷。城中危困。李嗣源、閻寶、李存審步騎七萬會於易州，閻寶班在李存審之下，而先書寶者，嗣源與寶先進屯淶水，而存審繼之也。匈奴須知：淶水西至易州四十里，易州東北至幽州二百二十里。存審曰：「虜衆吾寡，虜多騎，吾多步，若平原相遇，虜以萬騎蹂吾陳，吾無遺類矣。」蹂，人九翻，又徐又翻。陳，讀曰陣。嗣源曰：「虜無輜重，重，直用翻。吾行必載糧食自隨，若平原相遇，虜抄吾糧，抄，楚交翻。吾不戰自潰矣。不若自山中潛行趣幽州，趣，七喩翻。與城中合勢，若中道遇虜，則據險拒之。」甲午，自易州北行，庚子，踰大房嶺，水經註：聖水出上谷郡西南谷，東南流逕大防嶺。又曰：良鄉縣西北有大防山，防水出其南。按易州卽漢上谷郡地。范成大北使錄：自良鄉六十五里至幽州城外。此又驛路也。循澗而東。嗣源與養子從珂將三千騎爲前鋒，距幽州六十里，與契丹遇，契丹驚卻，晉兵翼而隨之。張左右翼而躡其後。契丹行山上，晉兵行澗下，每至谷口，契丹輒邀之，嗣源父子力戰，乃得進。至山口，契丹以萬餘騎遮其前，將士失色；嗣源以百餘騎先進，免胄揚鞭，胡語謂契丹曰：「汝無故犯我疆埸，晉王命我將百萬衆直抵西樓，滅汝種族！」此史家以華言譯胡語而筆之於史也。胡嶠入遼記曰：自幽州西北入居庸關，行幾一月乃至上京，所謂西樓也。西樓有邑屋市肆。歐史四夷附錄曰：契丹好鬼而貴日，每月朔旦東向而拜日；其大會聚、視國事，皆以東向爲尊，西樓門屋皆東向。薛史曰：西樓距幽州三千里。埸，音亦。種，章勇翻。因躍馬奮檛，三入其陳，斬契丹酋長一人。檛，側瓜翻。陳，讀曰陣；下同。酋，慈秋翻。長，知兩翻。後軍齊進，契丹兵卻，晉兵始得出。李存審命步兵伐木爲鹿角，人持一枝，止則成寨。契丹騎環寨而過，寨中發萬弩射之，流矢蔽日，契丹人馬死傷塞路。環，音患。射，而亦翻。塞，悉則翻。將至幽州，契丹列陳待之。存審命步兵陳於其後，陳於契丹陳後，將夾擊之也。一曰以騎兵前進，令步兵陳於其後。戒勿動，先令羸兵曳柴然草而進，煙塵蔽天，契丹莫測其多少；因鼓譟合戰，存審乃趣後陳起乘之，羸，倫爲翻。趣，讀曰促。契丹大敗，席卷其衆自北山去，取古北口路而去。卷，讀曰捲。委棄車帳鎧仗羊馬滿野，晉兵追之，俘斬萬計。辛丑，嗣源等入幽州，周德威見之，握手流涕。爲虜所困，得救而解，喜極涕流。

契丹以盧文進爲幽州留後，其後又以爲盧龍節度使，文進常居平州，帥奚騎歲入北邊，殺掠吏民。帥，讀曰率；下同。晉人自瓦橋運糧輸薊城，九域志：瓦橋北至涿州一百二十里，涿州北至薊城一百二十里。薊，音計。雖以兵援之，不免抄掠。契丹每入寇，則文進帥漢卒爲鄉導，鄉，讀曰嚮。盧龍巡屬諸州爲之殘弊。盧龍諸州，自唐中世以來自爲一域，外而捍禦兩蕃，內而連兵河朔，其力常有餘。及并於晉，則歲遣糧援繼之而不足，此其故何也？保有一隅者其心力專，廣土衆民其心力有所不及也。詩云：無田甫田，維莠驕驕。信矣！爲，于僞翻；下爲承、誓爲、爲吾、請爲同。

6劉鄩自滑州入朝，朝議以河朔失守責之，河朔失守事見上卷。朝，直遙翻。九月，落鄩平章事，左遷亳州團練使。當其時不能治也，待其入朝而後責之，失政刑矣。

7冬，十月，己亥，加吳越王鏐天下兵馬元帥。

8晉王還晉陽。自魏州還晉陽。王連歲出征，凡軍府政事一委監軍使張承業，承業勸課農桑，畜積金穀，收市兵馬，徵租行法不寬貴戚，由是軍城肅清，軍城，謂晉陽軍城也。饋餉不乏。王或時須錢蒱博及給賜伶人，而承業靳之，靳，居焮翻，吝惜也。錢不可得。王乃置酒錢庫，令其子繼岌爲承業舞，承業以寶帶及幣馬贈之。王指錢積呼繼岌小名謂承業曰：「和哥乏錢，七哥宜以錢一積與之，帶馬未爲厚也。」張承業第七。晉王以兄事承業，呼之爲七哥。承業曰：「郎君纏頭皆出承業俸祿，唐人凡爲人舞，人則以錢綵寶貨謝之，謂之纏頭。俸，扶用翻。此錢，大王所以養戰士也，承業不敢以公物爲私禮。」王不悅，憑酒以語侵之，承業怒曰：「僕老敕使耳！非爲子孫計，惜此庫錢，所以佐王成霸業也，不然，王自取用之，何問僕爲！不過財盡民散，一無所成耳。」晉王他日卒如張承業之言。王怒，顧李紹榮索劍，承業起，挽王衣索，山客翻。挽，武遠翻，引也。泣曰：「僕受先王顧託之命，誓爲國家誅汴賊，朱氏居汴，李氏名其爲賊。若以惜庫物死於王手，僕下見先王無愧矣。先王，謂晉王克用。今日就王請死！」閻寶從旁解承業手令退，承業奮拳毆寶踣地，罵曰：毆，烏口翻。踣，蒲北翻。「閻寶，朱溫之黨，受晉大恩，言閻寶背梁降晉，晉不殺而寵貴之。曾不盡忠爲報，顧欲以諂媚自容邪！」曹太夫人聞之，遽令召王，史書曹太夫人者，以見嫡母劉夫人不可得而令其子。王惶恐叩頭，謝承業曰：「吾以酒失忤七哥，忤，丑故翻。必且得罪於太夫人，七哥爲吾痛飲以分其過。」王連飲四巵，承業竟不肯飲。王入宮，太夫人使人謝承業曰：「小兒忤特進，張承業於時官特進，意亦晉王承制授之也。適已笞之矣。」明日，太夫人與王俱至承業第謝之。史言晉王之在魏，皆張承業足饋餉以輔之；亦內有曹夫人，故承業得行其志。未幾，幾，居豈翻。承制授承業開府儀同三司、左衞上將軍、燕國公。承業固辭不受，但稱唐官以至終身。

掌書記盧質，嗜酒輕傲，嘗呼王諸弟爲豚犬，王銜之；承業恐其及禍，乘間言曰：「盧質數無禮，間，古莧翻。數，所角翻。請爲大王殺之。」王曰：「吾方招納賢才以就功業，七哥何言之過也！」承業起立賀曰：「王能如此，何憂不得天下！」質由是獲免。史言張承業不惟能足兵，且能保護士君子。

晉王元妃衞國韓夫人，次燕國伊夫人，次魏國劉夫人。劉夫人最有寵，書晉宮之次者，以見其宮中貫魚失序。其父成安人，成安，漢斥丘縣，北齊置成安縣，唐屬相州，時屬魏州。九域志：成安在魏州西一百里。以醫卜爲業。夫人幼時，晉將袁建豐掠得之，入于王宮，性狡悍淫妬，悍，下罕翻，又侯旰翻。從王在魏；父聞其貴，詣魏宮上謁，上，時掌翻。王召袁建豐示之。建豐曰：「始得夫人時，有黃鬚丈人護之，此是也。」王以語夫人，語，牛倨翻。夫人方與諸夫人爭寵，以門地相高，恥其家寒微，大怒曰：「妾去鄉時略可記憶，妾父不幸死亂兵，妾守尸哭之而去，今何物田舍翁敢至此！」命笞劉叟于宮門。父且笞之，而何有於君！異日李存渥之事，無足怪也。

9 越主巖遣客省使劉瑭使於吳，告卽位，是年八月，劉巖稱帝。且勸吳王稱帝。

10 閏月，戊申，蜀主以判內樞密院庾凝績爲吏部尚書、內樞密使。

11 十一月，丙子朔，日南至，蜀主祀圜丘。

12 晉王聞河冰合，曰：「用兵數歲，限一水不得渡，貞明元年，晉得魏博兵，始窺河上；若以破夾寨爲用兵之始，則已十年矣。今冰自合，天贊我也。」亟如魏州。

13 蜀主以劉知俊爲都招討使，見是年七月。諸將皆舊功臣，多不用其命，且疾之，故無成功。伐岐無功也。唐文扆數毀之；數，所角翻。蜀主亦忌其才，嘗謂所親曰：「吾老矣，知俊非爾輩所能馭也。」十二月，辛亥，收知俊，稱其謀叛，斬於炭市。劉知俊懼不見容於梁而奔岐，懼不見容於岐而奔蜀，卒亦不爲蜀所容。挾虎狼之性而附人，人必虞其搏噬，其能容之乎！

14 癸丑，蜀大赦，改明年元曰光天。

15 壬戌，以張宗奭爲天下兵馬副元帥。

16 帝論平慶州功，賀瓌平慶州，見上卷上年。丁卯，以左龍虎統軍賀瓌爲宣義節度使、同平章事，尋以爲北面行營招討使。爲賀瓌不能拒晉張本。

17 戊辰，晉王畋于朝城。朝城，本漢東武陽縣，後周曰武陽，唐改曰朝城。九域志：朝城縣在魏州東南八十里，又三十里至河。是日，大寒，晉王視河冰已堅，引步騎稍渡。梁甲士三千戍楊劉城，緣河數十里，列栅相望，晉王急攻，皆陷之。進攻楊劉城，使步兵斬其鹿角，負葭葦塞塹，陸佃埤雅曰：葦卽今之蘆，一名葭。葭，葦之未秀者也。萑，卽今之荻，一名蒹。蒹，萑之未秀者也。至秋堅成，謂之萑葦；萑小而葦大。字說曰：蘆謂之葭，其小曰萑；荻謂之蒹，其小曰葦。荻強而葭弱，荻高而葭下。塞，悉則翻。四面進攻，卽日拔之，獲其守將安彥之。

先是，租庸使、戶部尚書趙巖言於帝曰：「陛下踐阼以來，尚未南郊，議者以爲無異藩侯，先，悉薦翻。爲四方所輕。請幸西都行郊禮，遂謁宣陵。」宣陵在河南伊闕縣，故請帝因郊而謁陵。

敬翔諫曰：「自劉鄩失利以來，劉鄩敗，見上卷上年。公私困竭，人心惴恐；惴，之睡翻。今展禮圜丘，必行賞賚，是慕虛名而受實弊也。且勍敵近在河上，勍敵，謂晉也。勍，渠京翻。乘輿豈宜輕動！乘，繩證翻。俟北方既平，報本未晚。」晉書曰：郊祀者帝王之重事，所以報本反始也。帝不聽。己巳，如洛陽，閱車服，飾宮闕。郊祀有日，聞楊劉失守，道路訛言晉軍已至大梁，扼汜水矣，扼汜水，謂扼虎牢之險也。從官皆憂其家，相顧涕泣；從，才用翻。帝惶駭失圖，遂罷郊祀，奔歸大梁。

18甲戌，以河南尹張宗奭爲西都留守。

19是歲，閩王審知爲其子牙內都指揮使延鈞娶越主巖之女。爲，于僞翻。

四年（戊寅、九一八）

1春，正月，乙亥朔，蜀大赦，復國號曰蜀。蜀改國號見上卷二年。

2帝至大梁。自洛陽還至大梁。晉兵侵掠至鄆、濮而還。晉拔楊劉，楊劉屬鄆州界，又西則濮州界。鄆，音運。濮，博木翻。敬翔上疏曰：「國家連年喪師，上，時掌翻。喪，息浪翻。疆土日蹙。陛下居深宮之中，所與計事者皆左右近習，豈能量敵國之勝負乎！量，音良。先帝之時，奄有河北，開平之間，幽、滄、鎮、定、魏皆附于梁，故云然。親御豪傑之將，猶不得志。謂夾寨、柏鄉、蓨縣之師皆不得志于晉。今敵至鄆州，陛下不能留意。臣聞李亞子繼位以來，于今十年，開平元年，晉王存勗嗣位，于今十一年。攻城野戰，無不親當矢石，近者攻楊劉，身負束薪爲士卒先，一鼓拔之。陛下儒雅守文，晏安自若，使賀瓌輩敵之，而望攘逐寇讎，非臣所知也。陛下宜詢訪黎老，黎，衆也。別求異策；不然，憂未艾也。臣雖駑怯，駑，音奴。受國重恩，陛下必若乏才，乞於邊垂自效。」疏奏，趙、張之徒言翔怨望，帝遂不用。

3 吳以右都押牙王祺爲虔州行營都指揮使，將洪、撫、袁、吉之兵擊譚全播。嚴可求以厚利募贛石水工，故吳兵奄至虔州城下，虔人始知之。虔州水行至吉州，有贛石之險。吳先募水工習於水道，故舟行無礙。註詳見辯誤。贛，音紺。

4 蜀太子衍好酒色，樂遊戲。好，呼到翻。樂，五教翻。蜀主嘗自夾城過，聞太子與諸王鬭雞擊毬喧呼之聲，蜀蓋倣長安之制，附夾城爲諸王宅。歎曰：「吾百戰以立基業，此輩其能守之乎！」由是惡張格，而徐賢妃爲之內主，竟不能去也。張格贊立宗衍，見二百六十八卷乾化二年。惡，烏路翻。去，羌呂翻。信王宗傑有才略，屢陳時政，蜀主賢之，有廢立意；二月，癸亥，宗傑暴卒，蜀主深疑之。

5 河陽節度使、北面行營排陳使謝彥章將兵數萬攻楊劉城。甲子，晉王自魏州輕騎詣河上；彥章築壘自固，決河水，瀰浸數里，以限晉兵，晉兵不得進。謝彥章，梁之騎將也，懼晉兵之衝突，決河水以限之。幽、幷之突騎非南兵之所能敵，自古然也。瀰，音彌。彥章，許州人也。安彥之散卒多聚於兗、鄆山谷爲羣盜，以觀二國成敗，晉王招募之，多降於晉。降，戶江翻。

6 己亥，蜀主以東面招討使王宗侃爲東、西兩路諸軍都統。此伐岐東、西兩路之兵也；東路出寶雞，西路出秦隴。

7 三月，吳越王鏐初立元帥府，置官屬。前年梁加錢鏐諸道兵馬元帥，去年又加天下兵馬元帥。

8 夏，四月，癸卯朔，蜀主立子宗平爲忠王，宗特爲資王。

9 岐王復遣使求好于蜀。岐與蜀絕，見二百六十七卷乾化元年。復，扶又翻。

10 己酉，以吏部侍郎蕭頃爲中書侍郎、同平章事。

11 保大節度使高萬金卒。癸亥，以忠義節度使高萬興兼保大節度使，并鎮鄜、延。太祖改保塞軍爲忠義軍。高萬興，萬金之兄也；兄弟並鎮，今併爲一。

12 司空兼門下侍郎、同平章事趙光逢告老，己巳，以司徒致仕。

13 蜀主自永平末梁乾化元年，蜀改元永平；梁貞明二年，蜀改元通正。得疾，昏瞀，瞀，莫候翻。至是增劇；以北面行營招討使兼中書令王宗弼沉靜有謀，五月，召還，以爲馬步都指揮使。乙亥，召大臣入寢殿，告之曰：「太子仁弱，朕不能違諸公之請，踰次而立之；即謂張格令諸公署表時事。若其不堪大業，可置諸別宮，幸勿殺之。但王氏子弟，諸公擇而輔之。徐妃兄弟，止可優其祿位，愼勿使之掌兵預政，以全其宗族。」

內飛龍使唐文扆久典禁兵，參預機密，欲去諸大臣，去，羌呂翻。遣人守宮門；王宗弼等三十餘人日至朝堂，不得入見，見，賢遍翻。文扆屢以蜀主之命慰撫之，伺蜀主殂，即作難。伺，相吏翻。難，乃旦翻。遣其黨內皇城使潘在迎偵察外事，偵，丑鄭翻，伺也。在迎以其謀告宗弼等；宗弼等排闥入，言文扆之罪，以天册府掌書記崔延昌權判六軍事，蜀置天策府，見上卷乾化四年。將罪唐文扆，先奪其判六軍事。召太子入侍疾。丙子，貶唐文扆爲眉州刺史。翰林學士承旨王保晦坐附會文扆，削官爵，流瀘州。在迎，炕之子也。潘炕亦蜀主所親任者也，入筦樞密，出居方鎮。炕，苦浪翻。

丙申，蜀主詔中外財賦、中書除授、諸司刑獄案牘專委庾凝績，都城及行營軍旅之事委宣徽南院使宋光嗣。

丁酉，削唐文扆官爵，流雅州。辛丑，以宋光嗣爲內樞密使，與兼中書令王宗弼、宗瑤、宗綰、宗夔並受遺詔輔政。初，蜀主雖因唐制置樞密使，專用士人，唐制，樞密使本用宦者。及唐文扆得罪，蜀主以諸將多許州故人，蜀主本許州舞陽人，其諸將亦多許人。恐其不爲幼主用，故以光嗣代之。自是宦者始用事。爲蜀以宦者亡張本。

六月，壬寅，【章：十二行本「寅」下有「朔」字；乙十一行本同；孔本同；張校同。】蜀主殂。考異曰：北夢瑣言云：「余聞宗弼親吏曹處琪言：建疑信王暴卒，唐文扆與徐妃、張格陰謀使尚食進雞燒餅因置毒。建疾困，大臣魏弘夫等請誅文扆。建曰：『太子好酒色，若不克負荷，幸無殺之。徐氏兄弟勿與兵權。』言訖，長吁而逝。」劉恕按：舊史貶文扆後二十七日蜀主始殂，疑曹處琪之妄，孫光憲從而記之。癸卯，太子即皇帝位。名衍，字化源，建幼子也。尊徐賢妃爲太后，衍母也。徐淑妃爲太妃。以宋光嗣判六軍諸衞事。

乙卯，殺唐文扆、王保晦。命西面招討副使王全【章：十二行本「全」作「宗」；乙十一行本同；孔本同。】昱殺天雄節度使唐文裔於秦州，貞明二年，蜀主遣唐文裔伐岐，遂鎭秦州。免左保勝軍使領右街使唐道崇官。

14 吳內外馬步都軍使、昌化節度使、同平章事徐知訓，驕倨淫暴。威武節度使、知撫州李德誠歐史職方考曰：五代之際外屬之州，揚州曰淮南，宣州曰寧國，鄂州曰武昌，洪州曰鎭南，復州曰武威，杭州曰鎭海，越州曰鎭東，江陵府曰荆南，益州、梓州曰劍南東、西川，遂州曰武信，興元府曰山南西道，洋州曰武定，黔州曰黔南，潭州曰武安，桂州曰靜江，容州曰寧遠，邕州曰建武，廣州曰清海，皆唐故號，更五代無所易，而今因之者也。其餘僭僞改置之名不可悉考而不足道，其因著于今者略註于譜。按歐公之時去五代未遠，十國僭僞自相署置，其當時節鎭之名已無所考，況欲考之於二三百年之後乎！今台州有魯洵作杜雄墓碑云，唐僖宗光啓三年陞台州爲德化軍。洵乃雄吏，時爲德化軍判官者也。又嘉定中黄巖縣永寧江有泅於水者，拾一銅印，其文曰「台州德化軍行營朱記」。宋太祖乾德元年，錢昱以德化軍節度使、本路安撫使兼知台州。台州小郡猶置節度，其他州郡從可知矣。吳之昌化、威武蓋亦置之境內屬城，但不可得而考其地耳。有家妓數十，知訓求之，妓，渠綺翻。德誠遣使謝曰：「家之所有皆長年，長，知兩翻。謂年已長也。或有子，不足以侍貴人，當更爲公求少而美者。」爲，于僞翻。少，詩照翻。知訓怒，謂使者曰：「會當殺德誠，并其妻取之！」

知訓狎侮吳王，無復君臣之禮。嘗與王爲優，自爲參軍，使王爲蒼鶻，總角弊衣執帽以從。優人爲優，以一人幞頭衣綠，謂之參軍；以一人髽角弊衣，如僮奴之狀，謂之蒼鶻。從，才用翻。又嘗泛舟濁河，王先起，知訓以彈彈之。上彈，徒旦翻。下彈，徒丹翻。又嘗賞花於禪智寺，宋白曰：禪智寺在揚州城東，寺前有橋，跨舊官河。知訓使酒悖慢，王懼而泣，悖，蒲沒翻，又蒲妹翻。四座股栗；左右扶王登舟，知訓乘輕舟逐之，不及，以鐵撾殺王親吏。撾，側瓜翻。將佐無敢言者，父溫皆不之知。

知訓及弟知詢皆不禮於徐知誥，以知誥养子也。獨季弟知諫以兄禮事之。爲徐知諫附於知誥以奪知詢金陵張本。知訓嘗召兄弟飲，知誥不至，知訓怒曰：「乞子不欲酒，欲劍乎！」又嘗與知誥飲，伏甲欲殺之，知諫躡知誥足，躡，尼輒翻。知誥陽起如廁，遁去，知訓以劍授左右刁彥能使追殺之；彥能馳騎及於中塗，舉劍示知誥而還，以不及告。還，從宣翻，又如字。還告知訓以追之不及也。余謂楊渥、徐知訓之於知誥，皆知所惡者也。

平盧節度使、同平章事、諸道副都統朱瑾遣家妓通候問於知訓，妓，渠綺翻。知訓強欲私之，瑾已不平。知訓惡瑾位加己上，惡，烏路翻。置靜淮軍於泗州，出瑾爲靜淮節度使，瑾益恨之，然外事知訓愈謹。瑾有所愛馬，冬貯於幄，夏貯於幬；貯，丁呂翻。幬，徒到翻，今之葛罩、紗罩是也。又直由翻，唐韻曰：罩帳也。冬貯於幄，欲其煖也；夏貯於幬，既欲其涼，且隔蚊蝱。以養人者養畜，可謂愛之過矣。寵妓有絕色；知訓過別瑾，過，音戈。過瑾而言別。瑾置酒，自捧觴，出寵妓使歌，以所愛馬爲壽，知訓大喜。瑾因延之中堂，伏壯士於戶內，出妻陶氏拜之，路振九國志：瑾妻陶氏，雅之女也。知訓荅拜，瑾以笏自後擊之踣地，踣，蒲北翻。呼壯士出斬之。瑾先繫二悍馬於廡下，將圖知訓，密令人解縱之，馬相蹄齧，廡，罔甫翻。蹄，大計翻。齧，魚結翻。聲甚厲，以是外人莫之聞。瑾提知訓首出，知訓從者數百人皆散走。瑾馳入府，以首示吳王曰：「僕已爲大王除害。」從，才用翻。爲，于僞翻；下吾爲同。王懼，以衣障面，走入內，曰：「舅自爲之，我不敢知！」吳王行密先娶朱氏，與瑾同姓，因呼之爲舅。瑾曰：「婢子不足與成大事！」以知訓首擊柱，挺劍將出，挺，待鼎翻，拔也。子城使翟虔等已闔府門勒兵討之，乃自後踰城，墜而折足，翟虔，徐溫親將也，使之防衞吳王。翟，直格翻。折，而設翻。顧追者曰：「吾爲萬人除害，以一身任患。」遂自剄。任，音壬。剄，古頂翻。

徐知誥在潤州聞難，揚、潤夾江，相去五十餘里。難，乃旦翻。用宋齊丘策，卽日引兵濟江。考異曰：吳錄、九國志、徐鉉江南錄，知訓死，知誥過江，皆無日。江南錄曰：「先主聞亂，卽日以州兵渡江，至廣陵。會瑾自殺，因撫定其衆。」十國紀年吳史：「六月乙卯，瑾殺知訓，踰城自殺。戊午，知誥入揚州代知訓執政。己未，誅瑾黨與。」廣本：「戊午，知誥親吏馬仁裕聞知訓死，自蒜山渡，白知誥。知誥卽日帥兵入揚州，撫定吏民。」按揚、潤相去至近，知誥豈得四日然後聞之！今從江南錄。按徐知誥勉就潤州以俟變，本宋齊丘之策也，事見上卷三年。瑾已死，因撫定軍府。時徐溫諸子皆弱，溫乃以知誥代知訓執吳政，沈朱瑾尸於雷塘而滅其族。沈，持林翻。

瑾之殺知訓也，泰寧節度使米志誠從十餘騎問瑾所向，聞其已死，乃歸；宣諭使李儼貧而困，寓居海陵；李儼宣諭淮南，見二百六十三卷唐昭宗天復二年。溫疑其與瑾通謀，皆殺之。嚴可求恐志誠不受命，詐稱袁州大破楚兵，將吏皆入賀，伏壯士於戟門，擒志誠，斬之，并其諸子。

15 壬戌，晉王自魏州勞軍於楊劉，勞，力到翻。自泛舟測河水，其深沒槍。王謂諸將曰：「梁軍非有戰意，但欲阻水以老我師，當涉水攻之。」甲子，王引親軍先涉，諸軍隨之，褰甲橫槍，結陳而進。是日水落，深纔及膝。匡國節度使、北面行營排陳使謝彥章帥衆臨岸拒之，前書河陽節度使謝彥章，此書匡國節度使，蓋自河陽徙匡國也。陳，讀曰陣。帥，讀曰率。晉兵不得進，乃稍引卻，梁兵從之。及中流，鼓譟復進，復，扶又翻。彥章不能支，稍退登岸；晉兵因而乘之，梁兵大敗，死傷不可勝紀，臨岸與涉水者戰，則據高者得其利；俱戰于水中，則勇者勝。此謝彥章之所以敗也。勝，音升。河水爲之赤，彥章僅以身免。是日，晉人遂陷濱河四寨。

16 蜀唐文扆既死，太傅、門下侍郎、同平章事張格內不自安，張格附唐文扆見上三年。或勸格稱疾俟命，禮部尚書楊玢自恐失勢，謂格曰：玢，方貧翻。「公有援立大功，謂草表使諸公請立宗衍。不足憂也。」庚午，貶格爲茂州刺史，玢爲榮經尉；吏部侍郎許寂、戶部侍郎潘嶠皆坐格黨貶官。格尋再貶維州司戶，庾凝績奏徙格於合水鎮，九域志：邛州蒲江縣有合水鎮。令茂州刺史顧承鄖伺格陰事。王宗侃妻以格同姓，欲全之，謂承鄖母曰：「戒汝子，勿爲人報仇；鄖，於建翻。爲，于僞翻。他日將歸罪於汝。」承鄖從之。凝績怒，因公事抵承鄖罪。

秋，七月，壬申朔，蜀主以兼中書令王宗弼爲鉅鹿王，宗瑤爲臨淄王，宗綰爲臨洮王，洮，土刀翻。宗播爲臨潁王，宗裔、宗夔及兼侍中宗黯皆爲琅邪郡王。自典午渡江以來，江左以琅邪之王爲衣冠甲族，故三人皆封琅邪。甲戌，以王宗侃爲樂安王。丙子，以兵部尚書庾傳素爲太子少保兼中書侍郎、同平章事。蜀主不親政事，內外遷除皆出於王宗弼。宗弼納賄多私，上下咨怨。宋光嗣通敏善希合，希指迎合也。蜀主寵任之，蜀由是遂衰。有政事則國強，無政事則國衰。衰者亡之漸也，可不戒哉！

17吳徐溫入朝于廣陵，自昇州入朝。疑諸將皆預朱瑾之謀，欲大行誅戮。徐知誥、嚴可求具陳徐知訓過惡，所以致禍之由，溫怒稍解，乃命網瑾骨於雷塘而葬之，徐溫審知罪在其子，故葬朱瑾。責知訓將佐不能匡救，皆抵罪；獨刁彥能屢有諫書，溫賞之。戊戌，以知誥爲淮南節度行軍副使、內外馬步都軍副使、通判府事，考異曰：按十國紀年，六月乙卯，知訓被殺。至此四十四日，吳之政事必有所出。蓋知誥至廣陵即代知訓執吳政，至此方除官耳。兼江州團練使。以徐知諫權潤州團練事。代知誥也。溫還鎮金陵，總吳朝大綱，朝，直遙翻。自餘庶政，皆決於知誥。

知誥悉反知訓所爲，事吳王盡恭，接士大夫以謙，御衆以寬，約身以儉。以吳王之命，悉蠲天祐十三年以前逋稅，梁既篡唐，淮南仍稱天祐，至是歲爲天祐十五年。徐知誥蠲天祐十三年以前逋稅，是年以後其逋者徵之。餘俟豐年乃輸之。謂天祐十四年逋租也。求賢才，納規諫，除奸猾，杜請託。於是士民翕然歸心，雖宿將悍夫無不悅服。【章：十二行本「服」下有「以宋齊丘爲謀主」七字；乙十一行本同；孔本同；張校同；退齋校同。】史言徐知訓之驕倨淫暴，適爲徐知誥之資。悍，下罕翻，又侯旰翻。先是，吳有丁口錢，又計畝輸錢，錢重物輕，民甚苦之。先，悉薦翻。齊丘說知誥，以爲「錢非耕桑所得，今使民輸錢，是教民棄本逐末也。請蠲丁口錢；程大昌演繁露曰：今之丁錢，即漢世算錢也，以其計口輸錢，故亦名口賦也。漢四年初爲算賦。如淳曰：漢儀注，民年十五以上至五十六出賦錢，人百二十爲一算，治庫兵車馬。至文帝時，人多丁衆，則遂取高帝本額歲減三之二，則一口一年輸錢止於四十也。賈捐之曰：文帝偃武行文，民賦四十，丁男三年而一事。如淳曰：常賦歲百二十，歲一事。文帝時天下民多，故出賦四十，凡三歲而一事。此之謂賦，卽高帝時百二十，至此而減爲四十者也；此之謂事，卽古法一歲一丁供役無過三日者是也。民年十五以上，雖未成丁亦輸口錢，所謂民賦四十者也；及已成丁，則每歲當供三日之役者，至此減爲三年而才受一年之役也。唐制：成丁而就役，不役則計日收其庸。末世所謂丁口錢本此。說，式芮翻。自餘稅悉輸穀帛，紬絹匹直千錢者當稅三千。」以直千錢之物，當稅額之三千。或曰：「如此，縣官歲失錢億萬計。」齊丘曰：「安有民富而國家貧者邪！」知誥從之。由是江、淮間曠土盡闢，曠土，空曠不耕之土。桑柘滿野，國以富強。

知誥欲進用齊丘而徐溫惡之，宋齊丘爲徐知誥謀奪徐氏之政，使溫知之，豈特惡之而已。蓋齊丘之爲人，輕佻褊躁，溫以此惡之耳。惡，烏路翻。以爲殿直、軍判官。殿直，使之入直吳殿。軍判官，行軍判官也。知誥每夜引齊丘於水亭屏語，常至夜分，屏語，屏左右而與齊丘密語也。水亭則四旁空闊，無耳屬于垣之虞。夜分，夜半也。屏，必郢翻。或居高堂，悉去屏障，獨置大爐，相向坐，不言，以鐵筯畫灰爲字，隨以匙滅去之，去屏障，所以防左右隱蔽其身而竊窺者。去，羌呂翻。故其所謀，人莫得而知也。

18 虔州險固，吳軍攻之，久不下，是年二月，吳攻虔州。軍中大疫，王祺病，吳以鎮南節度使劉信爲虔州行營招討使，未幾，祺卒。幾，居豈翻。譚全播求救於吳越、閩、楚。吳越王鏐以統軍使傳球爲西南面行營應援使，將兵二萬攻信州；統軍使，吳越所置官。楚將張可求將萬人屯古亭，閩兵屯雩都以救之。雩都，漢古縣，唐屬虔州。九域志：在州南一百七十里。信州兵纔數百，逆戰，不利；吳越兵圍其城。刺史周本，啓關張虛幕於門內，召僚佐登城樓作樂宴飲，飛矢雨集，安坐不動；吳越疑有伏兵，中夜，解圍去。吳以前舒州刺史陳璋爲東南面應援招討使，將兵侵蘇、湖，侵蘇、湖以牽制吳越救虔州之兵力。錢傳球自信州南屯汀州。按九域志，汀州北至虔州四百八十里。移兵屯汀州，示將救虔也。晉王遣間使持帛書會兵於吳，吳人辭以虔州之難。間，古莧翻。難，乃旦翻。

19晉王謀大舉入寇，周德威將幽州步騎三萬，李存審將滄景步騎萬人，李嗣源將邢洺步騎萬人，王處直遣將將易定步騎萬人，及麟、勝、雲、蔚、新、武等州諸部落奚、契丹、室韋、吐谷渾，皆以兵會之。八月，并河東、魏博之兵，大閱於魏州。兵莫難於用衆。是舉也，晉兵先敗，周德威父子死焉，晉王特危而後濟耳。蔚，音鬱。

20蜀諸王皆領軍使，彭王宗鼎謂其昆弟曰：「親王典兵，禍亂之本。今主少臣強，纔間將興，少，詩照翻。間，古莧翻。繕甲訓士，非吾輩所宜爲也。」因固辭軍使，蜀主許之，但營書舍、植松竹自娛而已。史言王宗鼎爲保身之謀而無維城之助。

21泰寧節度使張萬進，輕險好亂。好，呼到翻。時嬖倖用事，多求賂於萬進，嬖，卑義翻，又博計翻。萬進聞晉兵將出，己酉，遣使附于晉，且求援。以亳州團練使劉鄩爲兗州安撫制置使，將兵討之。考異曰：莊宗實錄：「天祐十五年八月己酉，張萬進歸款。」薛史末帝紀：「貞明五年三月癸未，削奪張守進官爵，命劉鄩爲制置使；十月下兗州，族守進。」萬進傳云：「貞明四年七月叛，五年冬，拔其城。」劉鄩傳云：「五年，萬進反，冬，拔其城。」莊宗實錄萬進傳云：「劉鄩攻圍歷年，屠其城。」莊宗列傳云：「天祐十五年八月，萬進歸于我。」均王無實錄，紀、傳多不同，難以爲據，今以莊宗實錄列傳爲定。

22甲子，蜀順德皇后殂。周氏，蜀主建正室也。

23乙丑，蜀主以內給事王廷紹、歐陽晃、李周輅、宋光葆、宋承蘊、田魯儔等爲將軍及軍使，「朱光葆」當作「宋光葆」。蘊，音蘊。皆干預政事，驕縱貪暴，大爲蜀患，周庠切諫，不聽。周庠與蜀主建同起於兵間，歷事多矣。晃患所居之隘，夜，因風縱火，焚西鄰軍營數百間，明旦，召匠廣其居；蜀主亦不之問。光葆，光嗣之從弟也。從，才用翻。

24晉王自魏州如楊劉，引兵略鄆、濮而還，循河而上，軍於麻家渡。還，從宣翻。上，時掌翻。麻家渡蓋在濮州界。賀瓌、謝彥章將梁兵屯濮州北行臺村，相持不戰。凡言相持不戰，度其力未足以相勝，而各伺其勢之有可乘者也。

晉王好自引輕騎迫敵營挑戰，危窘者數四，好，呼到翻。挑，徒了翻。窘，巨隕翻。賴李紹榮力戰翼衞之，得免。趙王鎔及王處直皆遣使致書曰：「元元之命繫於王，本朝中興繫於王，本朝，謂唐也。朝，直遙翻。奈何自輕如此！」王笑謂使者曰：「定天下者，非百戰何由得之！安可深居帷房以自肥乎！」晉王此語，謂王鎔也。然王鎔志守祖父業，自豢養而已；晉王則志於滅梁以雪讎恥者也。及梁既滅，莊宗之志滿矣，馳騁田獵，意以爲不居帷房以自肥，不知以帷房自禍也。

一旦，王將出營，都營使李存審扣馬泣諫曰：「大王當爲天下自重。彼先登陷陳，將士之職也，都營使，都總行營之事，一時署置之官名也。爲，于僞翻；下王爲之同。陳，讀曰陣。存審輩宜爲之，非大王之事也。」王爲之攬轡而還。他日，伺存審不在，策馬急出，顧謂左右曰：「老子妨人戲！」以戰爲戲，何晉王之輕也！至聞嗣源入大梁，又何其衰也歟！伺，相吏翻。王以數百騎抵梁營，謝彥章伏精甲五千於隄下；王引十餘騎度隄，伏兵發，圍王數十重，重，直龍翻。王力戰於中，後騎繼至者攻之於外，僅得出。會李存審救至，梁兵乃退，王始以存審之言爲忠。史言晉王勇而輕，屢經危殆，其得免者幸也。然再危而再免者，皆李存審援兵之力，謂「老子妨人戲」可乎！

25 吳劉信遣其將張宣等夜將兵三千襲楚將張可求於古亭，破之；又遣梁詮等【章：十二行本「等」下有「將兵」二字；乙十一行本同；孔本同；張校同。】擊吳越及閩兵，二國聞楚兵敗，俱引歸。虔州之勢孤矣。詮，且緣翻。

26 梅山蠻寇邵州，梅山蠻居邵州界。宋熙寧五年開置新化縣，在邵州東北二百五十里。楚將樊須擊走之。

27 九月，壬午，蜀內樞密使宋光嗣以判六軍讓兼中書令王宗弼，蜀主許之。

28 吳劉信晝夜急攻虔州，斬首數千級，不能克；使人說譚全播，取質納賂而還。說，式芮翻。質，音致。還，從宣翻，又如字。徐溫大怒，杖信使者。信子英彥典親兵，溫授英彥兵三千，曰：「汝父居上游之地，將十倍之衆，劉信本鎭洪州。南江自洪州至湖口馬當，而會于大江。廣陵當江之下流，是信所居者上游之地也。時淮南攻虔之兵十倍於虔人。不能下一城，是反也！汝可以此兵往，與父同反！」又使昇州牙內指揮使朱景瑜與之俱，曰：「全播守卒皆農夫，飢窘踰年，妻子在外，重圍既解，重，直龍翻。相賀而去，聞大兵再往，必皆逃遁，全播所守者空城耳，往必克之。」史言徐溫既能御將，又能料敵。

29 冬，十一月，壬申，蜀葬神武聖文孝德明惠皇帝于永陵，廟號高祖。

30 越主巖祀南郊，大赦，改國號曰漢。

31 劉信聞徐溫之言，大懼，引兵還擊虔州。先鋒始至，虔兵皆潰，果如徐溫所料。譚全播奔雩都，追執之。唐僖宗光啓元年，譚全播推盧光稠據虔州，中更二姓，及全播自爲之而亡。吴以全播爲右威衞將軍，領百勝節度使。

先是，吴越王鏐常自虔州入貢，至是道絕，吴越自虔州道入貢，詳見上卷二年。今虔州入于吴，故道絕。先，悉薦翻。始自海道出登、萊，抵大梁。此卽閩、越入貢大梁水程也。但吴越必就許浦或定海就舟，水程比閩爲近耳。

32 初，吴徐溫自以權重而位卑，說吴王曰：「今大王與諸將皆爲節度使，雖有都統之名，不足相臨制；唐授吴王行密諸道行營都統，其子渥、隆演嗣位，皆宣諭使李儼承制授之。請建吴國，稱帝而治。」王不許。

嚴可求屢勸溫以次子知詢代徐知誥知吴政，知誥與駱知祥謀，出可求爲楚州刺史。可求既受命，至金陵，見溫，說之曰：說，式芮翻。「吾奉唐正朔，常以興復爲辭。今朱、李方爭，朱氏日衰，李氏日熾。一旦李氏有天下，吾能北面爲之臣乎？不若先建吳國以繫民望。」溫大悅，復留可求復，扶又翻。參總庶政，使草具禮儀。草具建國儀注。知誥知可求不可去，去，羌呂翻。乃以女妻其子續。妻，千細翻。其後嚴續遂相南唐。

33 晉王欲趣大梁，趣，七喻翻；下同。而梁軍扼其前，堅壁不戰百餘日。十二月，庚子朔，晉王進兵，距梁軍十里而舍。自麻家渡進兵逼行臺村。

初，北面行營招討使賀瓌善將步兵，排陳使謝彥章善將騎兵，瓌惡其與己齊名。史言賀瓌忌能以誤國事。惡，烏路翻。一日，瓌與彥章治兵於野，治，直之翻。瓌指一高地曰：「此可以立柵。」至是，晉軍適置柵於其上，瓌疑彥章與晉通謀。瓌屢欲戰，謂彥章曰：「主上悉以國兵授吾二人，社稷是賴。今強寇壓吾門，而逗遛不戰，可乎！」彥章曰：「強寇憑陵，利在速戰。今深溝高壘，據其津要，彼安敢深入！若輕與之戰，萬一蹉跌，則大事去矣。」謝彥章欲持久以老晉師，賀瓌欲決勝負於一戰。以此觀之，其智識固有間矣。蹉，七何翻。跌，徒結翻。瓌益疑之，密譖之於帝，與行營馬步都虞候曹州刺史朱珪謀，因享士，伏甲，殺彥章及濮州刺史孟審澄、別將侯溫裕，以謀叛聞。誣謝彥章等以謀叛聞奏於上。審澄、溫裕，亦騎將之良者也。梁之騎將皆死，獨王彥章在耳。丁未，以朱珪爲匡國留後，癸丑，又以爲平盧節度使兼行營馬步副指揮使以賞之。賀瓌爲之請也。

晉王聞彥章死，喜曰：「彼將帥自相魚肉，亡無日矣。將，卽亮翻。帥，所類翻。賀瓌殘虐，失士卒心，我若引兵直指其國都，國都謂大梁。彼安得堅壁不動！幸而一與之戰，蔑不勝矣。」王欲自將萬騎直趣大梁，周德威曰：「梁人雖屠上將，謂殺謝彥章也。其軍尚全，輕行徼利，未見其福。」徼，一遙翻。不從。戊午，下令軍中老弱悉歸魏州，起師趨汴。趨，七喻翻。庚申，毀營而進，衆號十萬。

34 辛酉，蜀改明年元曰乾德。

35 賀瓌聞晉王已西，自行臺村趨大梁爲自東徂西。亦棄營而踵之。晉王發魏博白丁三萬從軍，以供營柵之役，所至，營柵立成。壬戌，至胡柳陂。胡柳陂在濮州西臨濮縣界。癸亥旦，候者言梁兵自後至矣。周德威曰：「賊倍道而來，未有所舍，我營柵已固，守備有餘，既深入敵境，動須萬全，不可輕發。此去大梁至近，梁兵各念其家，內懷憤激，不以方略制之，恐難得志。王宜按兵勿戰，德威請以騎兵擾之，使彼不得休息，至暮營壘未立，樵爨未具，乘其疲乏，可一舉滅也。」此周德威所以破王景仁者也。若晉王能用之，賀瓌必不能支，梁事去矣，豈必待李嗣源取東平哉。王曰：「前在河上恨不見賊，今賊至不擊，尙復何待，復，扶又翻。公何怯也！」顧李存審曰：「敕輜重先發，吾爲爾殿後，破賊而去！」重，直用翻。爲，于僞翻。殿，丁練翻。卽以親軍先出。德威不得已，引幽州兵從之，晉王既先出，周德威若不以兵從之，則爲顧望不進，此誠有不得已者矣。

史言其心。謂其子曰：「吾無死所矣。」

賀瓌結陳而至，橫亘數十里。王師銀槍都陷其陳，陳，讀曰陣；下同。帥，讀曰率。衝盪擊斬，往返十餘里。行營左廂馬軍都指揮使、鄭州防禦使王彥章軍先敗，西走趣濮陽。梁之騎兵先敗走。趣，七喻翻；下同。晉輜重在陳西，望見梁旗幟，驚潰，晉輜重見梁騎兵西嚮，謂其來犯，故驚而潰。入幽州陳，幽州兵亦擾亂，自相蹈藉；藉，慈夜翻。周德威不能制，父子皆戰死。陳既擾亂，周德威雖勇，一夫敵耳。魏博節度副使王緘與輜重俱行，亦死。

晉兵無復部伍。梁兵四集，勢甚盛。晉王據高丘收散兵，至日中，軍復振。據高丘則散兵望旗聞鼓而集，故其軍復振。復振者，言其師徒已橈敗，復振迅而起也。陂中有土山，賀瓌引兵據之。晉王謂將士曰：「今日得此山者勝，吾與汝曹奪之。」卽引騎兵先登，李從珂與銀槍大將王【嚴：「王」改「李」；下同。】建及以步卒繼之，梁兵紛紛而下，遂奪其山。用兵之勢，據高以臨下者勝。晉兵既奪土山，賀瓌失地利矣。珂，丘何翻。

日向晡，晡，奔謨翻。賀瓌陳於山西，晉兵望之有懼色。諸將以爲諸軍未盡集，不若斂兵還營，詰朝復戰。詰，去吉翻。復，扶又翻。天平節度使、東南面招討使閻寶曰：「王彥章騎兵已入濮陽，言王彥章所領騎兵已敗而西去。山下惟步卒，山下謂土山之下。此卽指言賀瓌陳於山西之兵。向晚皆有歸志，我乘高趣下擊之，破之必矣。今王深入敵境，偏師不利，謂周德威之兵喪敗。

若復引退，必爲所乘。復，扶又翻；下同。諸軍未集者聞梁再克，必不戰自潰。凡決勝料敵，惟觀情勢，情勢已得，斷在不疑。斷，丁亂翻。王之成敗，在此一戰；若不決力取勝，縱收餘衆北歸，河朔非王有也。」言晉大舉而敗退，梁兵乘勝渡河，則河朔必望風而歸梁。昭義節度使李嗣昭曰：「賊無營壘，日晚思歸，但以精騎擾之，使不得夕食，俟其引退，追擊可破也。我若斂兵還營，彼歸整衆復來，勝負未可知也。」王建及擐甲橫槊而進擐，音宦。曰：「賊大將已遁，大將指王彥章。王之騎軍一無所失，今擊此疲乏之衆，如拉朽耳。拉，盧合翻。王但登山，觀臣爲王破賊。」王愕然曰：「非公等言，吾幾誤計。」爲，于僞翻。幾，居依翻。嗣昭、建及以騎兵大呼陷陳，呼，火故翻。諸軍繼之，梁兵大敗。元城令吳瓊，貴鄉令胡裝，各帥白丁萬人，於山下曳柴揚塵，鼓譟以助其勢。梁兵自相騰藉，棄甲山積，死亡者幾三萬人。帥，讀曰率。幾，居依翻。裝，證之曾孫也。胡證在唐，歷事憲、穆，位通顯，家富於財。證，音正。是日，兩軍所喪士卒各三之二，皆不能振。此所謂俱傷而兩敗也。喪，息浪翻；下喪吾同。

晉王還營，聞周德威父子死，哭之慟，曰：「喪吾良將，是吾罪也。」以其子幽州中軍兵馬使光輔爲嵐州刺史。晉王悔不用周德威之言，致其戰死，故罪己而擢其子。嵐，盧含翻。

李嗣源與李從珂相失，見晉軍橈敗，橈，奴教翻。勢屈爲橈。不知王所之，或曰：「王以北渡河矣。」「以」，當作「已」。【章：乙十一行本正作「已」；孔本同。】嗣源遂乘冰北渡，將之相州。欲自相州歸邢州。相，息亮翻。是日，從珂從王奪山，謂奪土山也。晚戰皆有功。甲子，晉王進攻濮陽，拔之。九域志：濮陽縣在濮州西九十里。按唐志，濮陽屬濮州，九域志爲澶州治所。唐澶州治頓丘縣，宋熙寧六年省頓丘入清豐縣。清豐縣在澶州北六十里，縣有舊州鎮，即澶州所治頓丘城也。蓋五代以前濮陽在河南，而九域志之濮陽，晉天福四年移就澶州南郭者也。李嗣源知晉軍之捷，復來見王於濮陽，王不悅，曰：「公以吾爲死邪？渡河安之！」嗣源頓首謝罪。王以從珂有功，但賜大鍾酒以罰之；自是待嗣源稍薄。

36 初，契丹主之弟撒剌阿撥撒，山割翻。剌，來葛翻。號北大王，謀作亂於其國。事覺，契丹主數之曰：「汝與吾如手足，數，所具翻。兄弟之親，如手如足。而汝興此心，我若殺汝，則與汝何異！」乃囚之期年而釋之。撒剌阿撥帥其衆奔晉，帥，讀曰率。晉王厚遇之，養爲假子，任爲刺史；官之爲刺史，而不釐務。胡柳之戰，以其妻子來奔。

晉軍至德勝渡，德勝渡在濮州北，河津之要也。王彥章敗卒有走至大梁者，曰：「晉人戰勝，將至矣。」頃之，晉兵有先至大梁問次舍者，此亦晉之散兵也。京城大恐。帝驅市人登城，又欲奔洛陽，遇夜而止。敗卒至者不滿千人，傷夷逃散，各歸鄉里，月餘僅能成軍。

五年（己卯、九一九）

1 春，正月，辛巳，蜀主祀南郊，大赦。

2晉李存審於德勝南北【章：十二行本「北」下有「夾河」二字；乙十一行本同；孔本同；張校同；退齋校同。】築兩城而守之。唐澶州治頓丘縣。自築德勝南北城，及晉天福三年遂移澶州及頓丘縣於德勝以防河津，懼契丹南牧也。宋景德澶淵之役猶在德勝。熙寧以來，澶州治濮陽，又非石晉所移之地。晉王以存審代周德威爲内外蕃漢馬步總管。晉王還魏州，遣李嗣昭權知幽州軍府事。

3漢主巖立越國夫人馬氏爲皇后，殷之女也。巖逆婦于楚，見上卷元年。

4三月，丙戌，蜀北路行營都招討、武德節度使王宗播等自散關擊岐，渡渭水，此寶雞渭河也。破岐將孟鐵山；會大雨而還。還，從宣翻，又如字。分兵戍興元、鳳州及威武城。威武城在鳳州北，蜀所築也。戊子，天雄節度使、同平章事王宗昱攻隴州，不克。

5蜀主奢縱無度，日與太后、太妃遊宴於貴臣之家，及遊近郡名山，飲酒賦詩，所費不可勝紀。勝，音升。仗内教坊使嚴旭強取士民女子内宮中，或得厚賂而免之，以是累遷至蓬州刺史。太后、太妃各出敎令賣刺史、令、錄等官，令，縣令。錄，錄事參軍。每一官闕，數人爭納賂，賂多者得之。史言蜀朝政濁亂。

6晉王自領盧龍節度使，周德威死，難其代，且北邊大鎮，士馬強銳，故自領之。以中門使李紹宏提舉軍府事，代李嗣昭。以宦者代功臣，失之矣。紹宏，宦者也，本姓馬，晉王賜姓名，使與知嵐州事孟知祥俱爲【章：十二行本「爲」下有「河東、魏博」四字；乙十一行本同；孔本同；張校同；退齋校同。】中門使；知祥又薦教練使鴈門郭崇韜能治劇，治，直之翻。王以爲中門副使。崇韜倜儻有智略，倜，他狄翻。臨事敢決，王寵待日隆。郭崇韜由此佐晉王滅梁。先是，中門使吳珪、張虔厚相繼獲罪，「吳珪」，薛史作「吳珙」。先，悉薦翻。及紹宏出幽州，知祥懼禍，稱疾辭位，王乃以知祥爲河東馬步都虞候，自是崇韜專典機密。爲郭崇韜德孟知祥、薦之帥蜀張本。

7 詔吳越王鏐大舉討淮南。鏐以節度副大使傳瓘爲諸軍都指揮使，帥戰艦五百艘，自東洲擊吳。自常州東洲出海，復泝江而入以擊吳。帥，讀曰率；下同。艦，戶黯翻。艘，蘇遭翻。吳遣舒州刺史彭彥章及裨將陳汾拒之。

8 吳徐溫帥將吏藩鎮請吳王稱帝，吳王不許。夏，四月，戊戌朔，即吳國王位。大赦，改元武義；建宗廟社稷，置百官，宮殿文物皆用天子禮。以金繼土，唐，土行也。吳欲繼唐，故言以金德王。臘用丑。改謚武忠王曰孝武王，廟號太祖，楊行密初謚武忠王。威王曰景王，楊渥初謚威王。尊母爲太妃；以徐溫爲大丞相、都督中外諸軍事、諸道都統、鎮海·寧國節度使，守太尉兼中書令、東海郡王，以徐知誥爲左僕射、參政事兼知內外諸軍事，仍領江州團練使，以揚府左司馬王令謀爲內樞〔密〕使，吳都廣陵，故謂揚州爲揚府。營田副使嚴可求爲門下侍郎，鹽鐵判官駱知祥爲中書侍郎，前中書舍人盧擇爲吏部尚書兼太常卿，前中書舍人，蓋唐官也。掌書記殷文圭爲翰林學士，館驛巡官游恭爲知制誥，前駕部員外郎楊迢爲給事中。擇，醴泉人；迢，敬之之孫也。敬之，楊溥弟子也。

9 錢傳瓘與彭彥章遇；傳瓘命每船皆載灰、豆及沙，乙巳，戰于狼山江。今通州靜海縣南五里有狼山，山外卽大江。絕江南渡，舟行八十里抵蘇州界；自江順流出大海。吳船乘風而進，傳瓘引舟避之，既過，自後隨之。自後隨之，則風爲傳瓘用。陳侯瑱破王琳亦如此。吳回船與戰，傳瓘使順風揚灰，吳人不能開目；及船舷相接，舷，胡田翻，船邊也。傳瓘使散沙於己船而散豆於吳船，豆爲戰血所漬，吳人踐之皆僵仆。漬，疾智翻。踐，慈演翻。僵，居良翻。傳瓘因縱火焚吳船，吳兵大敗。彥章戰甚力，兵盡，繼之以木，身被數十創，被，皮義翻。創，初良翻。陳汾按兵不救；彥章知不免，遂自殺。傳瓘俘吳裨將七十人，斬首千餘級。吳【章：十二行本「吳」上有「焚戰艦四百艘」六字；乙十一行本同；孔本同；張校同。】人誅汾，籍沒家貲，以其半賜彥章家，稟其妻子終身。稟，筆錦翻，給也。

10 賀瓌攻德勝南城，百道俱進，以竹笮聯艨艟十餘艘，蒙以牛革，設睥睨、戰格如城狀，笮，才各翻，竹索也。艨艟卽蒙衝，戰艦也。城上短垣謂之睥睨。睥，匹計翻。睨，五計翻。橫於河流，以斷晉之救兵，使不得渡。斷，音短。晉王自引兵馳往救之，陳於北岸，不能進；陳，讀曰陣。遣善游者馬破龍入南城，見守將氏延賞，延賞言矢石將盡，陷在頃刻。晉王積金帛於軍門，募能破艨艟者；衆莫知爲計，親將李建及曰：李建及卽王建及，時爲銀槍大將。銀槍，晉王帳前親兵也，故曰親將。建及少事李罕之爲養子，後復姓王，故史或書李建及，或書王建及。「賀瓌悉衆而來，冀此一舉；若我軍不渡，則彼爲得計。今日之事，建及請以死決之。」乃選效節敢死士得三百人，被鎧操斧，被，皮義翻。操，七刀翻。帥之乘舟而進。帥，讀曰率。將至艨艟，流矢雨集，建及使操斧者入艨艟間，斧其竹笮，又以木罌載薪，沃油然火，於上流縱之，木罌，蓋即用韓信舊法漢書註所載者爲之。操，七刀翻。罌，於耕翻。隨以巨艦實甲士，鼓譟攻之。艨艟既斷，隨流而下，梁兵焚溺者殆半，晉兵乃得渡。瓌解圍走，晉兵逐之，至濮州而還。德勝至濮州九十里。還，從宣翻，又如字。瓌退屯行臺村。

11 蜀主命天策府諸將無得擅離屯戍。離，力智翻。五月，丁卯朔，左散旗軍使王承謂、承勳、承會違命，蜀主皆原之。散，悉但翻。原者，赦其罪也。自是禁令不行。

12 楚人攻荊南，高季昌求救于吳，吳命鎮南節度使劉信等帥洪、吉、撫、信步兵自瀏陽趣潭州，帥，讀曰率；下同。九域志：瀏陽西南至潭州一百六十里。瀏，力求翻，又音柳。趣，七喻翻。武昌節度使李簡等帥水軍攻復州。自鄂州以水軍攻復州，由大江入漢口，泝漢而上。信等至潭州東境，楚兵釋荊南引歸。簡等入復州，執其知州鮑唐。

13 六月，吳人敗吳越兵于沙山。敗，補邁翻。

14 秋，七月，吳越王鏐遣錢傳瓘將兵三萬攻吳常州，徐溫帥諸將拒之，右雄武統軍陳璋以水軍下海門出其後。海門在今通州東海門縣界，大江至此入海，遵海東南則太湖入海之口，舟行由此入太湖，可以達常州之東洲。壬申，戰于無錫。會溫病熱，不能治軍，治，直之翻。吳越攻中軍，飛矢雨集，鎮海節度判官陳彥謙遷中軍旗鼓于左，取貌類溫者，擐甲胄，號令軍事，溫得少息；俄頃，疾稍間，間，如字。出拒之。時久旱草枯，吳人乘風縱火，吳越兵亂，遂大敗，殺其將何逢、吳建，斬首萬級。傳瓘遁去，追至山南，復敗之。復，扶又翻。敗，補邁翻；下同。陳璋敗吳越于香彎。

溫募生獲叛將陳紹者賞錢百萬，指揮使崔彥章獲之。紹勇而多謀，溫復使之典兵。霍丘之役，陳紹之功居多。溫不討其外叛之罪而念其功，故復使之典兵。

初，衣錦之役，見二百六十八卷乾化三年。吳馬軍指揮曹筠叛奔吳越，指揮之下當有「使」字。徐溫赦其妻子，厚遇之，遣間使告之曰：間，古莧翻。「使汝不得志而去，吾之過也，汝無以妻子爲念。」及是役，筠復奔吳。溫自數昔日不用筠言者三，數，所具翻。而不問筠去來之罪，歸其田宅，復其軍職。筠內愧而卒。史言徐溫能御將。

知誥請帥步卒二千，易吳越旗幟鎧仗，躡敗卒而東，襲取蘇州。躡，尼輒翻。溫曰：「爾策固善；然吾且求息兵，未暇如汝言也。」諸將皆以爲：「吳越所恃者舟楫，今大旱，水道涸，此天亡之時也，宜盡步騎之勢，一舉滅之。」溫歎曰：「天下離亂久矣，民困已甚，錢公亦未易可輕；若連兵不解，方爲諸君之憂。今戰勝以懼之，戢兵以懷之，使兩地之民各安其業，君臣高枕，豈不樂哉！易，以豉翻。戢，則立翻。枕，職任翻。樂，音洛。史言徐溫能保勝安民。多殺何爲！」遂引還。還，從宣翻，又如字。

吳越王鏐見何逢馬，悲不自勝，故將士心附之。勝，音升。史言錢鏐亦能結士心以保其國。錢、楊之勢所以莫能相尚也。寵姬鄭氏父犯法當死，左右爲之請，爲，于僞翻。鏐曰：「豈可以一婦人亂我法，」出其女而斬之。鏐自少在軍中，少，詩照翻。夜未嘗寐，倦極則就圓木小枕，或枕大鈴，寐熟輒欹而寤，名曰「警枕」。或枕，職任翻。記少儀：茵、席、枕、几、熲，鄭氏註曰：熲，警枕也。孔穎達疏云：以經枕外別言熲，熲是熲發之義，故爲警枕。余謂錢鏐枕圓木小枕，或枕大鈴令欹而寤，名曰警枕，彼豈知有禮記註疏哉！英雄之心，雖寤寐之間不忘自警，其闇與古合有如此者。置粉盤于臥內，有所記則書盤中，比老不倦。比，必利翻，及也。或寢方酣，外有白事者，令侍女振紙卽寤。時彈銅丸於樓牆之外，以警直更者。直更者卽持更之卒也。更，工衡翻。嘗微行，夜叩北城門，吏不肯啓關，曰：「雖大王來亦不可啓。」乃自他門入。明日，召北門吏，厚賜之。史言錢鏐之公勤，皆所以保其國。

15 丙戌，吳王立其弟濛爲廬江郡公，溥爲丹陽郡公，潯爲新安郡公，澈爲鄱陽郡公，子繼明爲廬陵郡公。

16 晉王歸晉陽，以巡官馮道爲掌書記。中門使郭崇韜以諸將陪食者衆，請省其數。晉王與諸將同甘苦，凡食，召諸將侍食，必有不當預而預者，故郭崇韜請省之。省，所景翻，減也。王怒曰：「孤爲效死者設食，爲，于僞翻。亦不得專，可令軍中別擇河北帥，孤自歸太原！」帥，所類翻。卽召馮道令草詞以示衆。道執筆逡巡不爲，逡，七倫翻。曰：「大王方平河南，定天下，崇韜所請未至大過；大，讀曰太。大王不從可矣，何必以此驚動遠近，使敵國聞之，謂大王君臣不和，非所以隆威望也。」會崇韜入謝，王乃止。

17 初，唐滅高麗，唐高宗時滅高麗。麗，力知翻，又力兮翻。天祐初，高麗石窟寺眇僧躬乂，聚衆據開州稱王，眇僧，僧之眇目者。此開州，高麗所置，在平壤之東，今高麗以爲國都，謂之開城府，亦曰蜀莫郡；其地左溪右山。眇，彌沼翻。考異曰：薛史、唐餘錄、歐陽史皆云唐末其國自立王，前王姓高氏，後王王建。此據十國紀年。號大封國，至是，遣佐良尉金立奇入貢于吳。

18 八月，乙未朔，宣義節度使賀瓌卒。以開封尹王瓚爲北面行營招討使。代賀瓌也。瓚，藏旱翻。瓚將兵五萬，自黎陽渡河掩擊澶、魏，至頓丘，遇晉兵而旋。初欲掩其不備，遇晉兵而退。旋，與還同。瓚爲治嚴，令行禁止，治，直吏翻。據晉人上游十八里楊村，據德勝上游也。夾河築壘，運洛陽竹木造浮橋，自滑州饋運相繼。晉蕃漢馬步副總管、振武節度使李存進亦造浮梁於德勝，或曰：「浮梁須竹笮、鐵牛、石囷，竹笮所以維浮梁，鐵牛石囷所以繫竹笮。囷，區倫翻。我皆無之，何以能成！」存進不聽，以葦笮維巨艦，繫於土山巨木，踰月而成，人服其智。

19吳徐溫遣使以吳王書歸無錫之俘於吳越；吳越王鏐亦遣使請和於吳。無錫之戰，吳越兵敗走，徐溫不窮追，講和之計固已定於胸中矣。自是吳國休兵息民，三十餘州民樂業者二十餘年。史言息兵之利。是時吳有揚、楚、泗、滁、和、光、黃、舒、蘄、廬、壽、濠、海、潤、常、昇、宣、歙、池、饒、信、江、鄂、洪、撫、袁、吉、虔等州。吳王及徐溫屢遣吳越王鏐書，勸鏐自王其國；遺，唯季翻。王，于況翻。鏐不從。

20九月，丙寅，詔削劉巖官爵，命吳越王鏐討之。以劉巖稱大號而職貢不入也。鏐雖受命，竟不行。受命者，不逆梁之意；不行者，不肯自弊其力以伐與國；此割據者之常計也。

21吳廬江公濛有材氣，常歎曰：「我國家而爲他人所有，可乎！」徐溫聞而惡之。爲濛見殺張本。惡，烏路翻。

鄧廣銘標點聶崇岐覆校

資治通鑑卷第二百七十一

端明殿學士兼翰林侍讀學士太中大夫提舉西京嵩山崇福宮上柱國河内郡開國公食邑二千六百戶食實封一千戶臣　司馬光　奉敕編集
後　學　天　台　胡三省　音　註

後梁紀六　起屠維單閼（己卯）十月，盡玄黓敦牂（壬午），凡三年有奇。

均王下

貞明五年（己卯、九一九）

1冬，十月，出濛爲楚州團練使。承上卷徐溫惡濛事。

2晉王如魏州，發徒數萬，廣德勝北城，日與梁人爭，大小百餘戰，互有勝負。左射軍使石敬瑭與梁人戰于河壖，左射軍使，統軍士之能左射者。壖，而緣翻，河邊地也。梁人擊敬瑭，斷其馬甲，斷，丁管翻。薛史曰：晉高祖爲梁人所襲，馬甲連革斷。橫衝兵馬使劉知遠以所乘馬授之，自乘斷甲者徐行爲殿；殿，丁練翻。梁人疑有伏，不敢迫，俱得免，敬瑭以是親愛之。敬瑭、知遠，其先皆沙陀人。敬瑭，李嗣源之壻也。石敬瑭、劉知遠始此。

3劉鄩圍張萬進於兗州經年，城中危窘，去年八月，劉鄩圍兗州，事見上卷。窘，渠隕翻。晉王方與梁人戰河上，力不能救。萬進遣親將劉處讓乞師於晉，晉王未之許，處讓於軍門截耳曰：「苟不得請，生不如死！」晉王義之，將爲出兵，爲，于僞翻。會鄩已屠兗州，族萬進，乃止。以處讓爲行臺左驍衞將軍。處讓，滄州人也。張萬進自滄州徙兗州，劉處讓蓋從之。處，昌呂翻。驍，堅堯翻。

4十一月，吳武寧節度使張崇寇安州。

5丁丑，以劉鄩爲泰寧節度使、同平章事。劉鄩先以河朔喪師，貶爲團練使，落平章事，今以平張萬進，復爲使相。

6辛卯，王瓚引兵至戚城，戚城在德勝西，卽春秋時衞之戚邑也。杜預曰：戚，河上之邑。與李嗣源戰，不利。

7梁築壘貯糧於潘張，貯，丁呂翻。潘張，地名。蓋潘、張二姓居之，因以名村，如楊村之類一姓而名村也。其他如麻家渡、趙步，又皆以姓而名津步，此皆載於通鑑。薛史云：潘張村在河曲。距楊村五十里。十二月，晉王自將騎兵自河南岸西上，邀其餉者，俘獲而還；上，時掌翻。還，從宣翻，又如字。梁人伏兵於要路，晉兵大敗。晉王以數騎走，梁數百騎圍之，李紹榮識其旗，凡行軍，主將各有旗以爲表識，今謂之「認旗」。單騎奮擊救之，僅免。戊戌，晉王復與王瓚戰於河南，復，扶又翻。瓚先勝，獲晉將石君立等；既而大敗，乘小舟渡河，走保北城，楊村北城也。失亡萬計。帝聞石君立勇，石君立即救晉陽者也，見二百六十九卷二年。欲將之，將，即亮翻。繫於獄而厚餉之，使人誘之。誘，音酉。君立曰：「我晉之敗將，而爲用於梁，雖竭誠效死，誰則信之！人各有君，何忍反爲仇讎用哉！」帝猶惜之，盡殺所獲晉將，獨置君立。晉王乘勝遂拔濮陽。考異曰：莊宗實錄：「天祐十五年，賀瓌屯於濮州北行臺里。十二月，辛酉，上次于臨濮，賊亦捨營踵我。癸亥，次于胡柳。明日，接戰，王彥章敗走濮陽。甲子，進攻濮陽，一鼓而拔。」按唐地理志，濮州亦謂之濮陽郡，治鄄城，有濮陽、臨濮二縣。據莊宗實錄則行臺里在臨濮東，胡柳在濮陽東。彥章所保，莊宗所拔者，皆濮陽縣，非濮州也。而莊宗列傳及薛史閻寶傳皆云彥章騎軍已入濮州，山下惟列步兵，向晚皆有歸心。是以濮陽即爲濮州也。李嗣昭傳，嗣昭云：「賊無營壘，去臨濮地遠，日已晡晚，皆有歸心，但以精騎撓之，無令夕食，晡後追擊，破之必矣。我若收軍拔寨，賊入臨濮，俟彼整齊復來，則勝負未決。」是又以濮陽即爲臨濮也。按薛史梁紀，貞明五年四月制書，放濮州稅課，是濮州猶屬梁也。莊宗實錄，天祐十六年十二月，攻下濮陽，下敎告諭曹、濮百姓，勸令歸附，是濮州未屬晉也。又賀瓌屯土山西，晉軍在其東，彥章已西入濮陽，瓌豈得更東歸臨濮！疑實傳濮州、嗣昭傳臨濮皆當爲濮陽，史氏文飾之誤也。又莊宗實錄，去年十二月，晉已拔濮陽，至此又云攻下濮陽。按薛史梁紀，去年十二月晉人攻濮陽陷之，今年十二月又云晉人陷濮陽；唐紀去冬拔濮陽，今年四月追襲賀瓌至濮陽，十二月無攻下濮陽事。賀瓌傳，貞明四年領大軍營於行臺村，十二月戰敗，四月退軍行臺，尋卒。若非實錄及梁紀重複，則是去冬唐雖得濮陽，棄而不守，今年冬復攻拔之也。

帝召王瓚還，以天平節度使戴思遠代爲北面招討使，屯河上以拒晉人。

8 己酉，蜀雄武節度使兼中書令王宗朗有罪，削奪官爵，復其姓名曰全師朗，命武定節度使兼中書令桑弘志討之。

9 吳禁民私畜兵器，盜賊益繁。御史臺主簿京兆盧樞上言：唐御史臺置主簿一人，掌印，受事發辰，覈臺務，主公廨及奴婢，勳散官之職。「今四方分爭，宜教民戰。且善人畏法禁而姦民弄干戈，是欲偃武而反招盜也。宜團結民兵，使之習戰，自衞鄉里。」從之。

六年（庚辰、九二〇）

1 春，正月，戊辰，蜀桑弘志克金州，執全師朗，獻于成都，蜀主釋之。

2 吳張崇攻安州，不克而還。

崇在廬州，貪暴不法。廬江民訟縣令受賕，徐知誥遣侍御史知雜事楊廷式往按之，欲以威崇，廷式曰：「雜端推事，其體至重，唐御史臺侍御史六人，以久次一人知雜事，謂之雜端。職業不可不行。」知誥曰：「何如？」廷式曰：「械繫張崇，使吏如昇州，簿責都統。」簿責者，一一而責之。知誥曰：「所按者縣令耳，何至於是！」廷式曰：「縣令微官，張崇使之取民財轉獻都統耳，都統，謂徐溫也。豈可捨大而詰小乎！」詰，去吉翻。知誥謝之曰：「固知小事不足相煩。」煩，勞也。以是益重之。廷式，泉州人也。

3 晉王自得魏州，得魏州見二百六十九卷元年。以李建及爲魏博內外牙都將，將銀槍效節都。

將，郎亮翻；下同。建及爲人忠壯，所得賞賜，悉分士卒，與同甘苦，故能得其死力，所向立功，同列疾之。宦者韋令圖監建及軍，譖於晉王曰：「建及以私財驟施，施，式豉翻。此其志不小，不可使將牙兵。」王疑之；建及知之，【章：十二行本「之」下有「自恃無他」四字；乙十一行本同；孔本同；張校同；退齋校同。】行之自若。三月，王罷建及軍職，以爲代州刺史。史言晉王不能信屬賢將，李建及由是怏怏而卒。

4漢楊洞潛請立學校，開貢舉，設銓選；漢主巖從之。校，戶教翻。

5夏，四月，乙亥，以尚書左丞李琪爲中書侍郎、同平章事。琪，珽之弟也，李珽始見於唐昭宗天復三年而死於梁誅友珪之時。性疏俊，挾趙巖、張漢傑之勢，頗通賄賂。蕭頃與琪同爲相，頃謹密而陰伺琪短。伺，相吏翻。久之，有以攝官求仕者，琪輒改攝爲守，頃奏之。歐史曰：琪所私吏當得試官，琪改試爲守，爲頃所發。帝大怒，欲流琪遠方，趙、張左右之，左右，讀曰「佐佑」。止罷爲太子少保。考異曰：薛史止有琪作相月日，無罷相年月，故終言之。

6河中節度使冀王友謙以兵襲取同州，逐忠武節度使程全暉，全暉奔大梁。友謙以其子令德爲忠武留後，表求節鉞，帝怒，不許。既而懼友謙怨望，己酉，以友謙兼忠武節度使。制下，下，戶嫁翻。友謙已求節鉞於晉王，朱友謙自此遂歸于晉。晉王以墨制除令德忠武節度使。考異曰：莊宗列傳，「上令幕客王正言送節旄賜之。」莊宗實錄列傳、薛史友謙傳皆云「友謙以令德爲帥，請節鉞，不許。」薛史末帝紀貞明六年云，「陷同州，以令德爲留後，表求節旄，不允。」而「貞明四年六月甲辰，以歙州刺史朱令德爲忠武留後。」恐是四年已陷同州。

7 吳宣王重厚恭恪，徐溫父子專政，王未嘗有不平之意形於言色，溫以是安之。及建國稱制，見上卷上年。尤非所樂，多沈飲鮮食，樂，音洛。沈，持林翻。鮮，息淺翻，少也。遂成寢疾。五月，溫自金陵入朝，議當爲嗣者。或希溫意言曰：「蜀先主謂武侯：『嗣子不才，君宜自取。』」見六十九卷魏文帝黃初三年。溫正色曰：「吾果有意取之，當在誅張顥之初，誅張顥見二百六十九卷開平二年。豈至今日邪！使楊氏無男，有女亦當立之。敢妄言者斬！」乃以王命迎丹楊公溥監國，考異曰：吳錄、九國志，「有女當立」之語在誅張顥時，今從薛史。十國紀年：「王疾病，大丞相溫來朝，議立嗣君。門下侍郎嚴可求言王諸子皆不才，引蜀先主顧命諸葛亮事，溫以告知誥，知誥曰：『可求多知，言未必誠，不過順大人意爾。』溫曰：『吾若自取，非止今日。張顥之亂，嗣王幼弱，政在吾手，取之易於反掌。然思太祖大漸，欲傳位劉威，吾獨力爭，太祖垂泣，以後事託我，安可忘也！』乃與內樞密使王令謀定策，稱隆演命，迎丹楊公溥監國。己丑，隆演卒。六月，戊申，溥即王位。」恐可求亦不應有此言。今從薛史。徙溥兄濛爲舒州團練使。越濛而立溥者，濛爲徐溫所忌也。

己丑，宣王殂。年二十四。六月，戊申，溥即吳王位。溥，楊行密第四子。尊母王氏曰太妃。

8 丁巳，蜀以司徒兼門下侍郎、同平章事周庠同平章事，充永平節度使。唐末置永平軍於邛州。歐史職方考，蜀以雅州爲永平節度。

9 帝以泰寧節度使劉鄩爲河東道招討使，帥感化節度使尹皓、靜勝節度使溫昭圖、莊宅使段凝攻同州。帥，讀曰率；下同。

10 閏月，庚申朔，蜀主作高祖原廟于萬里橋，原廟起於漢。原，再也，已立太廟而再立廟曰原廟。萬里橋在成都。寰宇記曰：昔者費禕聘吳，諸葛亮送之至此橋，曰：「萬里之路，始於此矣。」因以名橋。帥后妃、百官用褻味作鼓吹祭之。褻味，常御嗜好之味也。記郊特牲曰：禘嘗，不敢用褻味而貴多品，所以交於神明之義也。褻，息列翻。華陽尉張士喬上疏諫，以爲非禮，華陽縣本唐貞觀十七年所置蜀縣，在益州郭下，與成都分治，乾元元年改爲華陽縣。華，戶化翻。蜀主怒，欲誅之，太后以爲不可，乃削官流黎州，士喬感憤，赴水死。

11 劉鄩等圍同州，朱友謙求救于晉；秋，七月，晉王遣李存審、李嗣昭、李建及、慈州刺史李存質將兵救之。

12 乙卯，蜀主下詔北巡，以禮部尚書兼成都尹長安韓昭爲文思殿大學士，位在翰林承旨上。昭無文學，以便佞得幸，便，毗連翻。出入宮禁，就蜀主乞通、渠、巴、集數州刺史賣之以營居第，蜀主許之。識者知蜀之將亡。

八月，戊辰，蜀主發成都，被金甲，冠珠帽，執弓矢而行，被，皮義翻。冠，古玩翻。旌旗兵甲，亙百餘里。雒令段融上言：雒，漢古縣，唐屬漢州，爲州治所。上，時掌翻。「不宜遠離都邑，離，力智翻。當委大臣征討。」不從。九月，次安遠城。凡兵一宿爲信，過信爲次。

13 李存審等至河中，卽日濟河。自河中濟河救同州。梁人素輕河中兵，每戰必窮追不置。存審選精甲二百，雜河中兵，直壓劉鄩壘，鄩出千騎逐之；知晉人已至，大驚，時鄩兵出逐河中兵，晉騎反擊之，獲梁騎兵五十，梁人知其晉軍也，大驚。自是不敢輕出。晉人軍于朝邑。九域志：朝邑在同州東三十五里。

河中事梁久，唐昭宗之世，朱全忠降王珂，河中遂事梁。將士皆持兩端。諸軍大集，芻粟踊貴，友謙諸子說友謙說，式芮翻。且歸款於梁，以退其師，友謙曰：「昔晉王親赴吾急，秉燭夜戰。謂與康懷貞等戰也。事見二百六十八卷乾化二年。今方與梁相拒，謂相距於河上也。又命將星行，分我資糧，豈可負邪！」

晉人分兵攻華州，壞其外城。將，卽亮翻。華，戶化翻。壞，音怪。李存審等按兵累旬，乃進逼劉鄩營，鄩等悉衆出戰，大敗，收餘衆退保羅文寨。薛史曰：鄩以餘衆退保華州羅文寨。又旬餘，存審謂李嗣昭曰：「獸窮則搏，不如開其走路，然後擊之。」乃遣人牧馬於沙苑。鄩等宵遁，追擊至渭水，又破之，殺獲甚衆。劉鄩用兵，十步九計，以此得名於時。至同州之役，與李存審遇，爲所玩弄，若嬰兒在人掌股之上，是何也？孽也！蓋鳥之中傷者曰孽，聞弦鳴則引而高飛，力不足斯抎矣，故空弓可落也。劉鄩先爲晉兵所破，見晉兵之來，氣沮而膽消矣，烏能與之爲敵哉！存審等移檄告諭關右，引兵略地至下邽，謁唐帝陵，哭之而還。唐帝陵在同州奉先縣。還，從宣翻，又如字。河中兵進攻崇州，靜勝節度使溫昭圖甚懼。元年，溫韜以義勝軍降，改耀州曰崇州，義勝曰靜勝，韜賜今名。帝使供奉官竇維說之曰：說，式芮翻。「公所有者華原、美原兩縣耳，唐末溫韜爲盜，據華原縣。李茂貞以華原爲茂州，韜爲刺史，尋改耀州；又以美原縣爲鼎州，建義勝軍，以韜爲節度使。及降梁，改耀州爲崇州，鼎州爲裕州，義勝爲靜勝。是其所有者本唐兩縣也。雖名節度使，實一鎮將，比之雄藩，豈可同日語也，公有意欲之乎？」昭圖曰：「然。」維曰：「當爲公圖之。」爲，于僞翻。卽教昭圖表求移鎮，帝以汝州防禦使華溫琪權知靜勝留後。華，戶化翻。

14 冬，十月，辛酉，蜀主如武定軍，數日，復還安遠。復，扶又翻。

15 十一月，戊子朔，蜀主以兼侍中王宗儔爲山南節度使、西北面都招討、行營安撫使，天雄節度使·同平章事王宗昱、永寧軍使王宗晏、左神勇軍使王宗信爲三招討以副之，將兵伐岐，出故關，壁於咸宜，壁者，築壁壘以屯軍。咸宜當在隴州汧源縣界。入良原。良原縣屬涇州。九域志：在州西南六十里。丁酉，王宗儔攻隴州，岐王自將萬五千人屯汧陽。汧陽縣屬隴州。九域志：在州東六十七里，東距鳳翔五十五里。癸卯，蜀將陳彥威出散關，敗岐兵于箭筈嶺，杜佑曰：岐山卽今之岐山縣；其山兩岐，故俗呼爲箭筈嶺。敗，補邁翻。筈，古活翻。蜀兵食盡，引還。還，從宣翻，又如字。宗昱屯泰【章：十二行本「泰」作「秦」；乙十一行本同；孔本同；張校同；退齋校同。】州，宗儔屯上邽，宗晏、宗信屯威武城。

庚戌，蜀主發安遠城；十二月，庚申，至利州，閬州團練使林思諤來朝，請幸所治，從之。閬中，林思諤所治也。九域志：利州東南至閬州二百四十里。癸亥，泛江而下，泛嘉陵江也。龍舟畫舸，畫，與畫同。舸，古我翻。楚人謂大船爲舸。輝映江渚，州縣供辦，民始愁怨。此總言蜀主所經行州縣，不特言閬州爲然也。壬申，至閬州，州民何康女色美，將嫁，蜀主取之，賜其夫家帛百匹，夫一慟而卒。記：諸侯不下漁色。註云：謂不內取於國中也。內取國中爲下漁色。國君而內取，象捕魚然，中網則取之，是無所擇。王衍奪人之妻，其爲漁也殆有甚焉！癸未，至梓州。

16 趙王鎔自恃累世鎮成德，得趙人心，生長富貴，長，知兩翻。雍容自逸，治府第園沼，極一時之盛，治，直之翻。多事嬉遊，不親政事，事皆仰成於僚佐，仰，牛向翻。深居府第，權移左右，行軍司馬李藹、宦者李弘規用事於中外，外則李藹，中則李弘規。宦者石希蒙尤以謟諛得幸。

初，劉仁恭使牙將張文禮從其子守文鎮滄州，守文詣幽州省其父，文禮於後據城作亂，滄人討之，奔鎮州。比言唐末事，敍張文禮之所自來。省，悉景翻。文禮好誇誕，好，呼到翻。自言知兵，趙王鎔奇之，養以爲子，更名德明，更，工衡翻。悉以軍事委之。德明將行營兵從晉王，事始二百六十七卷太祖乾化元年。鎔欲寄以腹心，使都指揮使符習代還，以爲防城使。

鎔晚年好事佛及求仙，好，呼到翻。專講佛經，受符籙，廣齋醮，合煉仙丹，合，音閤。盛飾館宇於西山，每往遊之，鎮州西山謂之房山，上有西王母祠，鎔欲求仙，故數往遊之。登山臨水，數月方歸，將佐士卒陪從者常不下萬人，從，才用翻。往來供頓，軍民皆苦之。是月，自西山還，宿鶻營莊，鶻，戶骨翻。石希蒙勸王復之他所；復，扶又翻。李弘規言於王曰：「晉王夾河血戰，或戰河南，或戰河北，故曰夾河。櫛風沐雨，櫛，去瑟翻。親冒矢石，而王專以供軍之資奉不急之費。且時方艱難，人心難測，王久虛府第，遠出遊從，萬一有姦人爲變，閉關相距，將若之何？」王將歸，希蒙密言於王曰：「弘規妄生猜間，間，古莧翻。出不遜語以劫脅王，專欲誇大於外，長威福耳。」長，知兩翻。王遂留，信宿無歸志。詩九罭云：於女信宿。毛氏傳：再宿曰信。與左傳「師行一宿爲信」之義不同。弘規乃教內牙都將蘇漢衡帥親軍，擐甲拔刃，帥，讀曰率。擐，音宦。詣帳前白王曰：「士卒暴露已久，願從王歸！」弘規因進言曰：「石希蒙勸王遊從不已，且聞欲陰謀弒逆，請誅之以謝衆。」王不聽，牙兵遂大譟，斬希蒙首，訴於前。王怒且懼，亟歸府。是夕，遣其長子副大使昭祚與王德明將兵圍弘規及李藹之第，族誅之，連坐者數十家。又殺蘇漢衡，收其黨與，窮治反狀，親軍大恐。爲張文禮嗾軍士殺王鎔張本。治，直之翻；下同。

17 吳金陵城成，陳彥謙上費用册籍，徐溫曰：「吾既任公，不復會計。」上，時掌翻。復，扶又翻。會，工外翻。悉焚之。

18 初，閩王審知承制加其從子泉州刺史延彬領平盧節度使。從，才用翻。延彬治泉州十七年，吏民安之。會得白鹿及紫芝，僧浩源以爲王者之符，延彬由是驕縱，密遣使浮海入貢，求爲泉州節度使。事覺，審知誅浩源及其黨，黜延彬歸私第。

19 漢主巖遣使通好于蜀。好，呼到翻。

20 吳越王鏐遣使爲其子傳琇求婚於楚，楚王殷許之。爲，于僞翻；下爲聘同。琇，音秀。

龍德元年（辛巳、九二一）是年五月方改元。

1 春，正月，甲午，蜀主還成都。去年七月蜀主出巡遊，至是方還。

2 初，蜀主之爲太子，高祖爲聘兵部尚書高知言女爲妃，無寵，蜀主王建廟號高祖。及韋妃入宮，尤見疏薄，至是遣還家，知言驚仆，不食而卒。卒，子恤翻。韋妃者，徐耕之孫也，有殊色，蜀主適徐氏，見而悅之，太后因納於後宮，蜀主不欲娶於母族，託云韋昭度之孫。韋昭度，唐僖宗時嘗奉制帥蜀，故託言之。初爲婕妤，累加元妃。婕妤，音接予。

蜀主常列錦步障，擊毬其中，往往遠適而外人不知。爇諸香，晝夜不絕。久而厭之，更爇皁莢以亂其氣。更，工衡翻。爇，如悅翻。皁莢如豬牙者良，爇之其氣酷烈。結繒爲山，及宮殿樓觀於其上，或爲風雨所敗，則更以新者易之。或樂飲繒山，涉旬不下。繒，慈陵翻。觀，工喚翻。敗，補邁翻。樂，音洛。山前穿渠通禁中，或乘船夜歸，令宮女秉蠟炬千餘居前船，卻立照之，水面如晝。或酣飲禁中，鼓吹沸騰，吹，尺睡翻。以至達旦。以是爲常。

3 甲辰，徙靜勝節度使溫昭圖爲匡國節度使，鎮許昌。昭圖素事趙巖，故得名藩。溫昭圖求徙鎮，見上年。靜勝，梁之邊鎮，且兩縣耳。匡國，唐之忠武軍，領許、陳、汝三州，自來爲名藩。趙巖以名藩授昭圖，及緩急投之以託身，而斬巖者昭圖也，勢利之交，可不戒哉！

4 蜀主、吳主屢以書勸晉王稱帝，晉王以書示僚佐曰：「昔王太師亦嘗遺先王書，勸以唐室已亡，宜自帝一方。王太師者，以唐官呼蜀主。王建遺書事見二百六十七卷開平元年。遺，唯季翻。先王語余云：語，牛倨翻。『昔天子幸石門，吾發兵誅賊臣，事見二百六十卷唐昭宗乾寧二年。當是之時，威振天下，振，動也。吾若挾天子據關中，自作九錫禪文，誰能禁我！顧吾家世忠孝，立功帝室，誓死不爲耳。汝他日當務以復唐社稷爲心，愼勿效此曹所爲！』言猶在耳，此議非所敢聞也。」因泣。

既而將佐及藩鎮勸進不已，乃令有司市玉造法物。法物，謂傳國八寶之類。黃巢之破長安也，見二百五十四卷唐僖宗廣明元年。魏州僧傳眞之師得傳國寶，藏之四十年，至是，傳眞以爲常玉，將鬻之，或識之，曰：「傳國寶也。」傳眞乃詣行臺獻之，宋白曰：同光初，魏州開元寺僧傳眞獻國寶，驗其文卽受命八寶也。晉王爲尚書令，置行臺於魏州。將佐皆奉觴稱賀。

張承業在晉陽聞之，詣魏州諫曰：「吾王世世忠於唐室，言執宜、國昌、克用皆輸力於唐室。救其患難，難，乃旦翻。所以老奴三十餘年爲王捃拾財賦，唐昭宗乾寧二年，張承業始監河東軍，至是年二十七年。捃，舉蘊翻，又居運翻。召補兵馬，誓滅逆賊，復本朝宗社耳。本朝，謂唐也。朝，直遙翻。今河北甫定，朱氏尚存，而王遽卽大位，殊非從來征伐之意，天下其誰不解體乎！王何不先滅朱氏，復列聖之深讎，然後求唐後而立之，南取吳，西取蜀，時楊氏據江、淮，國號吳；王氏據梁、益，國號蜀。汛掃宇內，合爲一家，當是之時，雖使高祖、太宗復生，復，扶又翻；下不復同。誰敢居王上者？讓之愈久則得之愈堅矣。老奴之志無他，但以受先王大恩，欲爲王立萬年之基耳。」爲，于僞翻；下本爲同。王曰：「此非余所願，柰羣下意何。」承業知不可止，慟哭曰：「諸侯血戰，本爲唐家，此張承業所謂從來征伐之意也。今王自取之，誤老奴矣！」卽歸晉王【章：十二行本「王」作「陽」；乙十一行本同；孔本同；張校同；退齋校同。】邑，【章：十二行本重「邑」字；乙十一行本同；孔本同；張校同；退齋校同。】成疾，不復起。張承業，唐之純臣也，烏可以宦者待之哉！考異曰：莊宗實錄：「上初獲玉璽，諸將勸上復唐正朔，承業自太原急趣謁上曰：『殿下父子血戰三十餘年，蓋緣報國復仇，爲唐宗社。今元凶未殄，軍賦不充，河朔數州，弊於供億，遽先大號，費養兵之事力，困凋弊之生靈，臣以爲一未可也。殿下旣化家爲國，新創廟朝，典禮制度須取太常準的。方今禮院未見其人，儻失舊章，爲人輕笑，二未可也。』因泣下沾衿。上曰：『余非所願，柰諸將意何！』承業自是多病，日加危篤，卒官。」莊宗列傳：「上受諸道勸進，將篡帝位。承業以爲晉王三代有功於國，先王怒賊臣篡逆，匡復舊邦，賊既未平，不宜輕受推戴。方疾作，肩輿之鄴宮，見上力諫。」大指皆如實錄。薛史、唐餘錄皆與莊宗列傳同。五代史闕文：「承業謂莊宗曰：『吾王世奉唐家，最爲忠孝，自貞觀以來，王室有難，未嘗不從。所以老奴三十餘年爲吾王捃拾財賦，召補軍馬者，誓滅逆賊朱溫，復本朝宗社耳。

今河朔甫定，朱氏尚存，吾王遽卽大位，可乎？』莊宗曰：『柰諸將意何！』承業知不可諫止，乃慟哭曰：『諸侯血戰，本爲李家；今吾王自取之，誤老奴矣！』卽歸太原，不食而死。」秦再思洛中紀異：「承業諫帝曰：『大王何不待誅克梁孽，更平吳、蜀，俾天下一家，且先求唐氏子孫立之，復更以天下讓有功者，何人輒敢當之！讓一月卽一月牢，讓一年卽一年牢。設使高祖再生，太宗復出，又胡爲哉！今大王一旦自立，頓失從前仗義征伐之旨，人情怠矣。老夫是閹官，不愛大王官職富貴，直以受先王付囑之重，欲爲先王立萬年之基爾。』莊宗不能從，乃謝病歸太原而卒。」歐陽史兼采闕文、紀異之意。按實錄等書，承業止惜費多及儀物不備，太似淺陋。如闕文所言，承業事莊宗父子數十年，唐室近親已盡，豈不知其欲自取之意乎！褒美承業亦恐太過。又按傳眞以天祐十八年正月獻寶，承業以十九年十一月卒，云卽歸太原不食而死，亦非實也。如紀異之語，承業爲莊宗忠謀，近得其實，今從之。

5 二月，吳改元順義。

6 趙王既殺李弘規、李藹，委政於其子昭祚。昭祚性驕愎，愎，符逼翻。既得大權，繇時附弘規者皆族之。弘規部兵五百人欲逃，聚泣偶語，未知所之。會諸軍有給賜，趙王忿親軍之殺石希蒙，獨不時與，衆益懼。王德明素蓄異志，因其懼而激之曰：「王命我盡阬爾曹。吾念爾曹無罪併命，併命，謂一時皆誅死。欲從王命則不忍，不然又獲罪於王，柰何？」衆皆感泣。感張文禮則讎趙王鎔矣。

是夕，親軍有宿於潭城西門者，相與飲酒而謀之。潭城，常山牙城北偏也。歐陽公鎭陽殘杏詩云，「北潭跬步病不到，何暇騎馬尋郊原？」註云：北潭，常山宮後池也，州之勝游惟此。以有池潭，故其城謂之潭城。酒酣，其中驍健者曰：「吾曹識王太保意，王太保，謂王德明。謂德明所以語親軍者，其意欲使之作亂。今夕富貴決矣！」卽踰城入。趙王方焚香受籙，二人斷其首而出，斷，音短。因焚府第。軍校張友順帥衆詣德明第，請爲留後，帥，讀曰率。德明復姓名曰張文禮，盡滅王氏之族，唐穆宗長慶元年，王庭湊據成德軍，歷四世、五帥而滅。獨置昭祚之妻普寧公主以自託於梁。梁女妻昭祚見二百六十二卷唐昭宗光化三年。

7 三月，吳人歸吳越王鏐從弟龍武統軍鎰于錢唐，錢鎰被禽見二百六十五卷唐天祐二年。錢唐，吳越國都。從，才用翻。鏐亦歸吳將李濤于廣陵。李濤被禽見二百六十八卷乾化三年。廣陵，吳國都。史言錢、楊兩釋俘囚以固和好。徐溫以濤爲右雄武統軍，鏐以鎰爲鎭海節度副使。敗軍之罰，其不行也亦已久矣。

8 張文禮遣使告亂于晉王，且奉牋勸進，因求節鉞。晉王方置酒作樂，聞之，投盃悲泣，欲討之。僚佐以爲文禮罪誠大，然吾方與梁爭，不可更立敵於肘腋，宜且從其請以安之。王不得已，夏，四月，遣節度判官盧質承制授文禮成德留後。晉王雖欲撫安之，而張文禮不能自安也。爲興兵討文禮張本。

9 陳州刺史惠王友能反，舉兵趣大梁，九域志：陳州北至大梁三百四十里。趣，七喻翻。詔陝州留後霍彥威、宣義節度使王彥章、控鶴指揮使張漢傑將兵討之。陝，失冉翻。友能至陳留，九域志：陳留縣在大梁東五十二里。兵敗，走還陳州，諸軍圍之。

10 五月，丙戌朔，改元。方改元龍德。

11 初，劉鄩與朱友謙爲婚。鄩之受詔討友謙也，事見上年。至陝州，先遣使移書，諭以禍福，待之月餘，友謙不從，然後進兵。尹皓、段凝素忌鄩，因譖之於帝曰：「鄩逗遛養寇，俾俟援兵。」尹皓、段凝與劉鄩同攻朱友謙，因其諭友謙而不服，遇晉兵而敗退，得以譖之。帝信之。鄩既敗歸，以疾請解兵柄，詔聽於西都就醫，梁以洛陽爲西都。密令留守張宗奭酖之，丁亥，卒。史言梁自翦其爪牙。考異曰：莊宗實錄云「憂恚發病卒。」薛史云「張宗奭承朝廷密旨，逼令飲酖而卒」；今從之。

12 六月，乙卯朔，日有食之。

13 秋，七月，惠王友能降；庚子，詔赦其死，降封房陵侯。

14 晉王既許藩鎮之請，求唐舊臣，欲以備百官。朱友謙遣前禮部尚書蘇循詣行臺，蘇循依朱友謙，見二百六十六卷太祖開平元年。循至魏州，入牙城，望府廨卽拜，謂之拜殿。廨，古隘翻。見王呼萬歲舞蹈，泣而稱臣。翌日，又獻大筆三十枚，謂之「畫日筆」。唐制敕皆天子畫日。蘇循以迎合禪代之議爲朱全忠所薄，而李存勗乃喜之，是其識見又在全忠下矣。王大喜，卽命循以本官爲河東節度副使，張承業深惡之。惡，烏路翻。

15 張文禮雖受晉命，內不自安，復遣間使因盧文進求援於契丹；又遣間使來告曰：復，扶又翻。盧文進叛晉歸契丹，見二百六十九卷貞明二年、三年。間，古莧翻。「王氏爲亂兵所屠，公主無恙。今臣已北召契丹，乞朝廷發精甲萬人相助，自德、棣渡河，則晉人遁逃不暇矣。」帝疑未決。敬翔曰：「陛下不乘此釁以復河北，釁，許覲翻。則晉人不可復破矣。復，扶又翻。宜徇其請，不可失也。」趙、張輩皆曰：「今強寇近在河上，盡吾兵力以拒之，猶懼不支，何暇分萬人以救張文禮乎！且文禮坐持兩端，欲以自固，於我何利焉！」帝乃止。史言趙、張慮不及遠，以誤國亡家。

晉人屢於塞上及河津獲文禮蠟丸絹書，塞上所獲者通契丹之書，河津所獲者通梁之書。晉王皆遣使歸之，文禮慚懼。文禮忌趙故將，多所誅滅。符習將趙兵萬人從晉王在德勝，文禮請召歸，以他將代之，且以習子蒙爲都督府參軍，遣人齎錢帛勞行營將士以悅之。張文禮蓋自置鎮、冀、深、趙都督府，故有參佐。勞，力到翻。習見晉王，泣涕請留，晉王曰：「吾與趙王同盟討賊，晉、趙同盟，見二百六十七卷太祖開平四年。義猶骨肉，不意一旦禍生肘腋，腋，羊益翻。吾誠痛之。汝苟不忘舊君，能爲之復讎乎？爲，于僞翻。吾以兵糧助汝。」習與部將三十餘人舉身投地慟哭曰：「故使授習等劍，使之攘除寇敵。故使，謂王鎔也。已死，稱爲故使。使，疏吏翻；下同。自聞變故以來，冤憤無訴，欲引劍自剄，剄，古頂翻。顧無益於死者。顧，回思也。死者，亦謂王鎔。今大王念故使輔佐之勤，輔佐者，言以兵力輔佐晉王也。許之復冤，習等不敢煩霸府之兵，晉王在魏州，爲河北諸藩鎮盟主，故稱其府曰霸府。願以所部徑前搏取凶豎，以報王氏累世之恩，死不恨矣！」

八月，庚申，晉王以習爲成德留後，又命天平節度使閻寶、相州刺史史建瑭將兵助之，自邢洺而北。文禮先病腹疽；甲子，晉兵拔趙州，刺史王鋋降，鋋，音蟬。晉王復以爲刺史，文禮聞之，驚懼而卒。其子處瑾祕不發喪，與其黨韓正時謀悉力拒晉。九月，晉兵渡滹沱，圍鎮州，范成大北使錄曰：過滹沱河五里至鎮州。決漕渠以灌之，獲其深州刺史張友順。壬辰，史建瑭中流矢卒。中，竹仲翻。

晉王欲自分兵攻鎮州，北面招討使戴思遠聞之，謀悉楊村之衆襲德勝北城，晉王得梁降者，知之。冬，十月，己未，晉王命李嗣源伏兵於戚城，李存審屯德勝，先以騎兵誘之，僞示羸怯。誘，音酉。羸，倫爲翻。梁兵競進，晉王嚴中軍以待之；梁兵至，晉王以鐵騎三千奮擊，梁兵大敗，思遠走趣楊村，趣，七喻翻。士卒爲晉兵所殺傷及自相蹈藉，藉，慈夜翻。墜河陷冰，失亡二萬餘人。晉王以李嗣源爲蕃漢內外馬步副總管、同平章事。

16 初，義武節度使兼中書令王處直未有子，妖人李應之得小兒劉雲郎於陘邑，陘邑本前漢苦陘縣，後漢改曰漢昌，曹魏改曰魏昌，隋改曰隋昌，唐武德四年改曰唐昌，天寶元年改曰陘邑，屬定州。妖，一遙翻。陘，音刑。以遺處直曰：「是兒有貴相。」使養爲子，名之曰都。及壯，便佞多詐，遺，唯季翻。

相，息亮翻。便，毗連翻。處直愛之，置新軍，使典之。處直有孽子郁，無寵，奔晉，晉王克用以女妻之，庶子爲孽。妻，七細翻。累遷至新州團練使。餘子皆幼；處直以都爲節度副大使，欲以爲嗣。

及晉王存勗討張文禮，處直以平日鎮、定相爲脣齒，恐鎮亡而定孤，固諫，以爲方禦梁寇，宜且赦文禮。晉王答以文禮弒君，義不可赦；又潛引梁兵，恐於易定亦不利。處直患之，以新州地鄰契丹，乃潛遣人語郁，新州，窮邊也，北接契丹。語，牛倨翻。使賂契丹，召令犯塞，務以解鎮州之圍；王郁雖不能解鎮州之圍，而亦能爲契丹鄉導以寇晉。其將佐多諫，不聽。郁素疾都冒繼其宗，乃邀處直求爲嗣，處直許之。

軍府之人皆不欲召契丹，都亦慮郁奪其處，乃陰與書吏和昭訓謀劫處直。會處直與張文禮宴於城東，按張文禮時已受兵，安能至定州與王處直宴！處直所與宴者必文禮使者也。「文禮」之下當有「使」字。【章：十二行本有「使者」二字；乙十一行本同；孔本同；張校同。】暮歸，都以新軍數百伏於府第，大譟劫之，曰：「將士不欲以城召契丹，請令公歸西第。」乃幷其妻妾幽之西第。凡官府第舍以東爲上，西第者卽安養閒之地。唐末王處存帥義武，兄弟相繼，至是而敗。盡殺處直子孫在中山及將佐之爲處直腹心者。都自爲留後，具以狀白晉王；晉王因以都代處直。爲唐明宗朝王都又以中山召契丹張本。

17吳徐溫勸吳王祀南郊，或曰：「禮樂未備；且唐祀南郊，其費巨萬，今未能辦也。」溫曰：「安有王者而不事天乎！吾聞事天貴誠，多費何爲！唐每郊祀，啓南門，灌其樞用脂百斛。以脂灌樞，欲其滑而易轉，且門無聲。此乃季世奢泰之弊，又安足法乎！」史言徐溫雖不學，而知先王制禮之意。甲子，吳王祀南郊，配以太祖。吳王尊其〔父〕楊行密廟號太祖。乙丑，大赦；加徐知誥同平章事，領江州觀察使。尋以江州爲奉化軍，以知誥領節度使。徐知誥自團練陞觀察，尋自廉車建節。

徐溫聞壽州團練使崔太初苛察失民心，欲徵之，徐知誥曰：「壽州邊隅大鎮，徵之恐爲變，不若使之入朝，因留之。」溫怒曰：「一崔太初不能制，如他人何！」史言徐溫權略過於知誥。徵爲右雄武大將軍。

18十一月，晉王使李存審、李嗣源守德勝，自將兵攻鎮州。張處瑾遣其弟處琪、幕僚齊儉謝罪請服，晉王不許，盡銳攻之，旬日不克。晉王但知野戰決勝負於呼吸之間，未知攻城之難也。處瑾使韓正時將千騎突圍出，趣定州，趣，七喻翻。欲求救於王處直，晉兵追至行唐，斬之。行唐，漢南行唐縣，唐屬鎮州。九域志：在州北五十五里。

19契丹主既許盧文進出兵，張文禮因盧文進求援於契丹，事見上。王郁又說之曰：說，式芮翻。「鎮州美女如雲，金帛如山，天皇王速往，則皆己物也，不然，爲晉王所有矣。」契丹主以爲然，悉發所有之衆而南。史言契丹爲利所誘而來，未有取中國之心。述律后諫曰：「吾有西樓羊馬之富，其樂不可勝窮也，樂，音洛。勝，音升。何必勞師遠出以乘危徼利乎！徼，一遙翻。吾聞晉王用兵，天下莫敵，脫有危敗，悔之何及！」契丹主不聽。十二月，辛未，攻幽州，李紹宏嬰城自守。貞明五年，晉王令李紹宏提舉幽州軍府事。契丹長驅而南，圍涿州，旬日拔之，擒刺史李嗣弼，進攻定州。自幽州西南至涿州一百二十里，自涿州至定州二百八十里。王都告急于晉，晉王自鎮州將親軍五千救之，遣神武都指揮使王思同將兵戍狼山之南以拒之。狼山在定州西北二百里，東北至易州八十里。

20 高季昌遣都指揮使倪可福以卒萬人脩江陵外郭，季昌行視，行，下孟翻。責功程之慢，杖之。季昌女爲可福子知進婦，季昌謂其女曰：「歸語汝舅：吾欲威衆辦事耳。」以白金數百兩遺之。語，牛倨翻。遺，唯季翻。

21 是歲，漢以尚書左丞倪曙同平章事。

22 辰、溆蠻侵楚，楚寧遠節度副使姚彥章討平之。太祖乾化元年，姚彥章已棄容州歸潭州，而領寧遠節度副使如故。

二年（壬午、九二二）

1 春，正月，壬午朔，王都省王處直於西第，處直奮拳毆其胸，省，悉景翻。毆，烏口翻。曰：

「逆賊，我何負於汝！」既無兵刃，將噬其鼻，都掣袂獲免。未幾，處直憂憤而卒。掣，尺列翻。幾，居豈翻。

2甲午，晉王至新城南，按魏收地形志，新城在無極縣，時屬祁州。候騎白契丹前鋒宿新樂，新樂，古鮮虞子國，漢爲新市縣，隋改曰新樂，唐屬定州。九域志：在州西南五十里。宋白曰：新樂縣，隋開皇十六年置。新樂者，漢成帝時中山孝王母馮昭儀隨王就國，建宮於樂里，在西鄉，呼爲西樂城，後語訛，呼「西」爲「新」，故曰新樂。涉沙河而南；將士皆失色，士卒有亡去者，主將斬之不能止。將，卽亮翻。諸將皆曰：「虜傾國而來，吾衆寡不敵；又聞梁寇內侵，宜且還師魏州以救根本，或請釋鎮州之圍，西入井陘避之。」晉王猶豫未決。【章：十二行本「決」下有「中門使」三字；乙十一行本同；孔本同。】郭崇韜曰：「契丹爲王郁所誘，本利貨財而來，非能救鎮州之急難也。誘，音酉。難，乃旦翻。王新破梁兵，貞明五年破賀瓌於胡柳，又破王瓚於戚城，是年破戴思遠於德勝。威振夷、夏，夏，戶雅翻。契丹聞王至，心沮氣索，沮，在呂翻。索，昔各翻。苟挫其前鋒，遁走必矣。」李嗣昭自潞州至，亦曰：「今強敵在前，吾有進無退，不可輕動以搖人心。」晉王曰：「帝王之興，自有天命，契丹其如我何！吾以數萬之衆平定山東，河北之地，在太行、常山之東。今遇此小虜而避之，何面目以臨四海！」乃自帥鐵騎五千先進。帥，讀曰率。至新城北，半出桑林，契丹萬餘騎見之，驚走。契丹素憚晉王，不意其至，故驚走。晉王分軍爲二逐之，行數十里，獲契丹主之子。時沙河橋狹冰薄，契丹陷溺死者甚衆。是夕，晉王宿新樂。契丹主車帳在定州城下，契丹主乘奚車，卓氈帳覆之，寢處其中，謂之車帳。敗兵至，契丹舉衆退保望都。望都在定州東北六十里。范成大北使錄：自眞定府七十里過沙河至新樂縣，又四十五里至定州，又五十里至望都縣。水經註曰：望都縣東有山孤峙。帝王世紀曰：堯母慶都所居，謂之都山。張晏曰：堯山在北，堯母慶都山在南，登堯山見都山，故望都縣以爲名。

晉王至定州，王都迎謁於馬前，【章：十二行本「前」下有「宴於府第」四字；乙十一行本同；孔本同；張校同。】請以愛女妻王子繼岌。妻，七細翻。王都新篡義武以附于晉，申之以婚姻，自固也。

戊戌，晉王引兵趣望都，趣，七喻翻。契丹逆戰，晉王以親軍千騎先進，遇奚酋禿餒五千騎，酋，慈秋翻。餒，弩罪翻。爲其所圍。晉王力戰，出入數四，自午至申不解。李嗣昭聞之，引三百騎橫擊之，虜退，王乃得出。因縱兵奮擊，契丹大敗，逐北至易州。九域志：定州北至易州一百四十里。會大雪彌旬，平地數尺，契丹人馬無食，死者相屬於道。屬，之欲翻。契丹主舉手指天，謂盧文進曰：「天未令我至此。」既敗而又遇雪，因歸之天。屬，之欲翻。乃北歸。晉王引兵躡之，躡，尼輒翻。隨其行止，見其野宿之所，布藁於地，藁，工老翻，禾稈也。回環方正，皆如編翦，雖去，無一枝亂者，歎曰：「虜用法嚴乃能如是，中國所不及也。」晉王至幽州，使二百騎躡契丹之後，曰：「虜出境卽還。」還，從宣翻。騎恃勇追擊之，悉爲所擒，惟兩騎自他道走免。進軍易，退軍難，退而能整，是難能也。契丹之強，其有以哉！

契丹主責王郁，縶之以歸，以王郁誤之入寇也。縶，涉立翻。自是不聽其謀。晉代州刺史李嗣肱將兵定嬀、儒、武等州，匈奴須知：嬀州東南距幽州二百二十里，儒、武又在嬀州西北。契丹入塞，三州皆陷，故李嗣肱復定之。授山北都團練使。

3 晉王之北攻鎮州也，李存審謂李嗣源曰：「梁人聞我在南兵少，晉王以兵北伐，留李存審等守澶、魏，此兵之在南者也。不攻德勝，必襲魏州。吾二人聚於此何爲！不若分軍備之。」遂分軍屯澶州。時澶州治頓丘。戴思遠果悉楊村之衆趣魏州，趣，七喻翻。嗣源引兵先之，先，悉薦翻。軍於狄公祠下，唐狄仁傑刺魏州，有惠政，州人爲之立祠。遣人告魏州，使爲之備。思遠至魏店，嗣源遣其將石萬全將騎兵挑戰。挑，徒了翻。思遠知有備，乃西渡洹水，拔成安，大掠而還。還，從宣翻，又如字。又將兵五萬攻德勝北城，重塹複壘，斷其出入，重，直龍翻。斷，音短。晝夜急攻之，李存審悉力拒守。晉王聞德勝勢危，二月，自幽州赴之，五日至魏州。思遠聞之，燒營遁還楊村。

4 蜀主好爲微行，好，呼到翻。酒肆、倡家靡所不到；惡人識之，乃下令士民皆著大裁帽。倡，音昌。惡，烏路翻。著，陟略翻。

5 晉天平節度使兼侍中閻寶築壘以圍鎮州，決滹沱水環之。環，音宦。按薛史，寶攻眞定，結營西南隅，掘塹柵環之，決大悲寺漕渠以浸其郛。內外斷絕，城中食盡，丙午，遣五百餘人出求食。寶縱其出，欲伏兵取之；其人遂攻長圍，其人，總言鎮兵五百餘人也。竇輕之，不爲備，俄數千人繼至。諸軍未集，鎮人遂壞長圍而出，壞，音怪。縱火攻竇營，竇不能拒，退保趙州。九域志：鎮州南至趙州一百九十里。鎮人悉毁晉之營壘，取其芻粟，數日不盡。晉王聞之，以昭義節度使兼中書令李嗣昭爲北面招討使，以代竇。

6 夏，四月，蜀軍使王承綱女將嫁，蜀主取之入宮。承綱請之，蜀主怒，流於茂州。女聞父得罪，自殺。蜀主取何康之女，其夫以之而死；取王承綱之女，則承綱以之得罪，女以之殺身：通鑑屢書之以示戒。

7 甲戌，張處瑾遣兵千人迎糧於九門，李嗣昭設伏於故營，故營，閻寶營也。邀擊之，殺獲殆盡，餘五人匿牆墟間，嗣昭環馬而射之，鎮兵發矢中其腦，射，而亦翻。中，竹仲翻。孫策之中頰，韓賢之斷脛，李嗣昭之中腦，皆以主將之重而逞一夫之技以喪身，善將者不如是也。嗣昭箙中矢盡，箙，以盛矢，音房六翻。拔矢於腦以射之，一發而殪。會日暮，還營，創流血不止，殪，壹計翻。創，初良翻。是夕卒。晉王聞之，不御酒肉者累日。御，進也。嗣昭遺命：悉以澤、潞兵授判【章：十二行本「判」上有「節度」二字；乙十一行本同；孔本同；張校同。】官任圜，任，音壬，姓也。使督諸軍攻鎮州，號令如一，鎮人不知嗣昭之死。圜，三原人也。史言任圜之才。

晉王以天雄馬步都指揮使、振武節度使李存進爲北面招討使。命嗣昭諸子護喪歸葬晉陽；其子繼能不受命，帥父牙兵數千，自行營擁喪歸潞州。帥，讀曰率。晉王遣母弟存渥馳騎追諭之，兄弟俱忿，欲殺存渥，李嗣昭死守以全潞州，撫養創殘，葺理軍府，備有勳勞，身死行陳之間，晉王使其護喪歸葬晉陽，曾無褒死䘏存之命，此其所以兄弟俱忿也。存渥，晉王同母之弟。存渥逃歸。嗣昭七子：繼儔、繼韜、繼達、繼忠、繼能、繼襲、繼遠。繼儔爲澤州刺史，當襲爵，素懦弱。繼韜凶狡，囚繼儔於別室，詐令士卒劫己爲留後，繼韜陽讓，以事白晉王。晉王以用兵方殷，以鎮州未下，梁兵又來攻擾河上，用兵之事方殷也。殷，盛也。不得已，改昭義軍曰安義，以繼韜爲留後。爲李繼韜叛晉附梁張本。考異曰：按潞州本號昭義軍，今以繼韜爲安義留後，蓋晉王避其父諱改之耳。及繼韜降梁，梁亦以爲匡義節度使。今人猶謂澤州爲安義云。

8閻寶慚憤，以鎮州之敗也。疽發於背，甲戌卒。

9漢主巖用術者言，遊梅口鎮避災。其地近閩之西鄙，九域志：梅州程鄉縣有梅口鎮，與閩之汀州接境。近，其靳翻。閩將王延美將兵襲之，未至數十里，偵者告之，偵，丑鄭翻。巖遁逃僅免。

10五月，乙酉，晉李存進至鎮州，營于東垣渡，眞定本東垣，漢高帝更名眞定，其津渡之處猶有東垣之名。夾滹沱水爲壘。

11晉衞州刺史李存儒，本姓楊，名婆兒，以俳優得幸於晉王。頗有膂力，晉王賜姓名，以爲刺史；專事掊斂，掊，蒲侯翻。斂，力贍翻。防城卒皆徵月課縱歸。月徵其課錢而免其防守之勞。

八月，莊宅使段凝與步軍都指揮使張朗引兵夜渡河襲之，詰旦登城，詰，去吉翻。執存儒，遂克衛州。戴思遠又與凝攻陷淇門、共城、新鄉，共城、新鄉二縣皆屬衛州。舊唐書地理志曰：隋割汲、獲嘉二縣地，於古新樂城置新鄉縣。共城縣，漢共縣也，唐爲共城縣。九域志：衛州治汲縣。熙寧六年廢新鄉縣爲鎮，屬汲縣。汲縣又有淇門鎮。共城在州西北五十五里。共，音恭。於是澶州之西，相州之南，皆爲梁有；九域志：澶州西至衛州二百四十里。相州南至衛州一百五十里。晉人失軍儲三之一，梁軍復振。帝以張朗爲衛州刺史。朗，徐州人也。

12 九月，戊寅朔，張處瑾使其弟處球乘李存進無備，將兵七千人奄至東垣渡。時晉之騎兵亦向鎮州城，兩不相遇。鎮兵及存進營門，存進狼狽引十餘人鬬于橋上，鎮兵退，晉騎兵斷其後，斷，音短。夾擊之，鎮兵殆盡，存進亦戰沒。當是時，晉兵強天下，鎮號爲怯。晉王杖順討逆，宜一鼓而下也。鎮人忘王氏百年煦養之恩，而爲張文禮父子爭一旦之命，史建瑭殞斃於前，閻寶敗退於後，李嗣昭、李存進相繼輿尸而歸：四人者皆晉之驍將也，然則鎮勇而晉怯邪？非也，鎮人負弒君之罪，知城破之日必駢首而就戮，故盡死一力以抗晉；晉以常勝之兵而臨必死之衆，雖兵精將勇，至於喪身而不能克。是以古之伐罪，散其枝黨，罪止元惡者，誠慮此也。晉王以蕃漢馬步總管李存審爲北面招討使。

鎮州食竭力盡，處瑾遣使詣行臺請降，未報，存審兵至城下。丙午夜，城中將李再豐爲內應，密投縋以納晉兵，比明畢登，縋，馳僞翻。比，必利翻。執處瑾兄弟家人及其黨高濛、李得趙王故侍者得翥、齊儉送行臺，趙人皆請而食之，磔張文禮尸於市。翥，章恕翻。磔，陟格翻。趙王故侍者得趙王遺骸於灰燼中，晉王命祭而葬之。以趙將符習爲成德節度使，烏震爲趙州刺史，趙仁貞爲深州刺史，李再豐爲冀州刺史。震，信都人也。

符習不敢當成德，辭曰：「故使無後而未葬，習當斬衰以葬之，臣爲君服斬衰。衰，倉回翻。俟禮畢聽命。」既葬，卽詣行臺。趙人請晉王兼領成德節度使，從之。晉王割相、衞二州置義寧軍，以習爲節度使。習辭曰：「魏博霸府，不可分也，願得河南一鎭，習自取之。」世固多有能言而不能行者。符習陳義不苟，而卒不能取河南一鎭，是以君子貴於踐言。乃以爲天平節度使、東南面招討使。加李存審兼侍中。

13十一月，戊寅，晉特進、河東監軍使張承業卒，曹太夫人詣其第，爲之行服，如子姪之禮。張承業平李克寧、存顥之難，以此故曹太夫人深德之。爲，于僞翻。晉王聞其喪，不食者累日。命河東留守判官何瓚代知河東軍府事。瓚，藏旱翻。

14十二月，晉王以魏博觀察判官晉陽張憲兼鎭冀觀察判官，權鎭州軍府事。

魏州稅多逋負，晉王以讓司錄濟陰趙季良，唐制，諸州有司錄、司士、司兵、司功等諸曹，所謂判司也。濟陰，漢郡名，隋置濟陰縣，唐帶曹州。濟，子禮翻。季良曰：「殿下何時當平河南？」王怒曰：「汝職在督稅，職之不脩，何敢預我軍事！」季良對曰：「殿下方謀攻取而不愛百姓，一旦百姓離心，恐河北亦非殿下之有，況河南乎！」王悅，謝之。自是重之，每預謀議。

15 是歲，契丹改元天贊。

16 大封王躬乂，性殘忍，海軍統帥王建殺之，帥，所類翻。自立，復稱高麗王，以開州爲東京，平壤爲西京。建儉約寬厚，國人安之。徐兢高麗圖經曰：高麗王建之先，高麗大族也。高氏政衰，國人以建賢，立爲君長。後唐長興二年，自稱權知國事，請命于明宗；乃拜建大義軍使，封高麗王。按徐兢宣和之間使高麗，進圖經，紀載疏略，因其國人傳聞，遂謂建得國於高氏之後，不知建實殺躬乂而得國也。詳見貞明五年考異。

鄧廣銘標點聶崇岐覆校

資治通鑑卷第二百七十二

端明殿學士兼翰林侍讀學士太中大夫提舉西京嵩山崇福宮上柱國河內郡開國公食邑二千六百戶食實封一千戶臣司馬光　奉敕編集
後學天台胡三省　音註

後唐紀一　昭陽協洽（癸未），一年。

晉王李克用始封於晉，存勗嗣封，及即大位，自以繼唐有天下，國遂號曰唐。通鑑曰後唐，以別長安之唐。

莊宗光聖神閔孝皇帝上諱存勗，晉王克用長子也。其先本號朱邪，出於西突厥處月別部，居沙陀磧，自號沙陀，而以朱邪爲姓。至執宜歸唐。執宜子赤心有功於唐，賜姓名李國昌，編於屬籍。克用，赤心之子也。五代會要曰：執宜，沙陀府都督拔野古之六代孫。歐陽史曰：拔野古，朱邪同時人，非其始祖。

同光元年（癸未、九二三）是年四月始即位改元。

1 春，二月，晉王下教置百官，於四鎮判官中選前朝士族，欲以爲相。四鎮，河東、魏博、易定、鎮冀。朝，直遙翻。相，息亮翻；下同。河東節度判官盧質爲之首，質固辭，盧質慢罵晉王諸弟，又能辭相位於惟新之朝，是必有見也。請以義武節度判官豆盧革、河東觀察判官盧程爲之；王即召革、程拜行臺左、右丞相，考異曰：薛史唐紀作「盧澄」。今從實錄、莊宗列傳。以質爲禮部尚書。

梁主遣兵部侍郎崔協等册命吳越王鏐爲吳越國王。丁卯，鏐始建國，儀衛名稱多如天子之制，稱，尺證翻。謂所居曰宮殿，府署曰朝廷，教令下統內曰制敕，將吏皆稱臣，將，即亮翻。惟不改元，表疏稱吳越國而不言軍。以建國，不肯復稱鎮海、鎮東軍節度。以淸海節度使兼侍中傳瓘爲鎮海、鎮東留後，總軍府事。置百官，有丞相、侍郎、郎中、員外郎、客省等使。使，疏吏翻。考異曰：十國紀年：「鏐功臣、諸子領節制，皆署而後請命。居室服御，窮極侈靡，末年荒恣尤甚。錢氏據兩浙逾八十年，外厚貢獻，內事奢僭，地狹民衆，賦斂苛暴，雞魚卵菜，纖悉收取。斗升之逋，罪至鞭背。每笞一人，則諸案吏各持其簿列於庭，先唱一簿，以所負多少爲數；笞已，次吏復唱而笞之，盡諸簿乃止，少者猶笞數十，多者至五百餘。訖于國除，人苦其政。」吳越備史稱：「鏐節儉，衣衾用紬布，常膳惟甆漆器，寢帳壞，恭穆夫人欲易以青繒，鏐不許。嘗歲除夜會子孫鼓琴，未數曲，止之，曰：『聞者以我爲長夜之飮。』遂罷。」錢易家話稱：「鏐公宴不貳羹胾，衣必三澣然後易。」劉恕以爲錢元瓘子信撰吳越備史，備史遺事、忠懿王勳業志、戊申英政錄，弘倧子易撰家話，俶子惟演撰錢氏慶系圖譜、家王故事、秦國王貢奉錄，故吳越五王行事失實尤多，虛美隱惡，甚於他國。按錢鏐起於貧賤，知民疾苦，必不至窮極侈靡，其奢汰暴斂之事蓋其子孫所爲也。今從家話。

2 李繼韜雖受晉王命爲安義留後，事見上卷上年。終不自安，幕僚魏琢、牙將申蒙復從而間之，復，扶又翻。間，古莧翻。曰：「晉朝無人，朝，直遙翻。終爲梁所併耳。」會晉王置百官，三月，召監軍張居翰、張居翰，唐昭宗時爲范陽監軍，天復中大誅宦者，節度使劉仁恭匿居翰於大安山之北谿以免。其後梁兵攻仁恭，遣居翰從晉王攻梁潞州以牽其兵，晉遂取潞州，因以居翰爲昭義監軍。節度判官任圜赴魏州，任，音壬。琢、蒙復說繼韜曰：說，式芮翻。「王急召二人，情可知矣。」繼韜弟繼遠亦勸繼韜自託於梁，繼韜乃使繼遠詣大梁，請以澤潞爲梁臣。梁主大喜，更命安義軍曰匡義，更，工衡翻。以繼韜爲節度使、同平章事。繼韜以二子爲質。質，音致。

安義舊將裴約戍澤州，泣諭其衆曰：「余事故使踰二紀，故使，謂繼韜父嗣昭也。十二年爲一紀。使，疏吏翻。見其分財享士，志滅仇讎。不幸捐館，死謂之捐館，言棄捐館舍而逝也。柩猶未葬，而郎君遽背君親，棄君事讎，不惟背君，亦背親之教命。背，蒲妹翻。吾寧死不能從也！」遂據州自守。梁主以其驍將董璋爲澤州刺史，將兵攻之。

繼韜散財募士，堯山人郭威往應募。威使氣殺人，繫獄，繼韜惜其才勇而逸之。郭威事始此。歐史云：威嘗遊於市，市有屠者，以勇服其市人。威醉，呼屠者使進几割肉。割不如法，威叱之，屠者披其腹示之曰：「爾勇者，能殺我乎？」威即前取刀刺殺之，一市皆驚，而威自如。爲吏所執，繼韜縱使亡去。

3 契丹寇幽州，晉王問帥於郭崇韜，帥，所類翻。崇韜薦橫海節度使李存審。時存審臥病，己卯，徙存審爲盧龍節度使，輿疾赴鎮。以蕃漢馬步副總管李嗣源領橫海節度使。李嗣源時從晉王總兵，使領橫海節。

4 晉王築壇於魏州牙城之南，夏，四月，己巳，升壇，祭告上帝，遂即皇帝位，曰遂者，先有即位之心，而今遂其事也。國號大唐，大赦，改元。因唐國號，改天祐年號爲同光。尊母晉國太夫人曹氏爲皇太后，嫡母秦國夫人劉氏爲皇太妃。君子以是知帝之不終。以豆盧革爲門下侍郎，盧程爲中書侍郎，並同平章事；郭崇韜、張居翰爲樞密使，徐無黨曰：樞密使，唐故事宦者爲之，其職甚微，至此始參用士人，而與宰相權任鈞矣。余按唐末兩樞密與兩神策中尉，號爲四貴，其職非甚微也，特專用宦者爲之耳。項安世曰：唐於政事堂後列五房，有樞密房以主曹務，則樞密之要，宰相主之，未始他付；其後寵任宦人，始以樞密歸之內侍。盧質、馮道爲翰林學士，張憲爲工部侍郎、租庸使，宋白曰：租庸使自天寶三年韋堅始。又以義武掌書記李德休爲御史中丞。德休，絳之孫也。李絳相唐憲宗，有直聲。

詔盧程詣晉陽册太后、太妃。初，太妃無子，性賢，不妬忌；太后爲武皇侍姬，太妃常勸武皇善待之，晉王克用謚武皇帝。太后亦自謙退，由是相得甚歡。及受册，太妃詣太后宮賀，有喜色，太后忸怩不自安。忸，女六翻。怩，女夷翻。太妃曰：「願吾兒享國久長，吾輩獲沒于地，園陵有主，餘何足言！」因相向歔欷。歔，音虛。欷，音希，又許旣翻。

豆盧革、盧程皆輕淺無他能，上以其衣冠之緒，霸府元僚，故用之。按歐史，豆盧爲世名族，革父瓚爲唐舒州刺史。唐末之亂，革避地中山，爲王處直判官。盧程不知其家世何人也，唐昭宗時舉進士，爲鹽鐵出使巡官，唐末避亂，變服爲道士，遊燕、趙間。豆盧革爲義武節度判官，盧汝弼爲河東節度副使，二人皆故唐名族，與程門地相等，因共薦爲河東節度推官。帝議擇相，而唐公卿故家遭亂喪亡且盡，盧汝弼、蘇循已死，盧質又辭，故用革、程。興王之君，命相如此，天下事可知矣。

初，李紹宏爲中門使，郭崇韜副之。至是，自幽州召還，梁貞明五年，李紹宏出幽州事見上卷。

崇韜惡其舊人位在己上，惡，烏路翻。乃薦張居翰爲樞密使，以紹宏爲宣徽使，紹宏由是恨之。唐制，宣徽使在樞密使之下，且權任不及遠甚。居翰和謹畏事，軍國機政皆崇韜掌之。支度務使孔謙自謂才能勤效，應爲租庸使；衆議以謙人微地寒，不當遽總重任，孔謙，魏州孔目吏也，晉王得魏州，以爲支度務使。故崇韜薦張憲，以謙副之，謙亦不悅。

以魏州爲興唐府，建東京；薛居正五代史：晉王即位，升魏州爲東京興唐府，改元城爲興唐縣，貴鄉爲廣晉縣。又於太原府建西京，又以鎮州爲真定府，建北都。以魏博節度判官王正言爲禮部尚書，行興唐尹；太原馬步都虞候孟知祥爲太原尹，充西京副留守；潞州觀察判官任圜爲工部尚書，兼真定尹，充北京副留守；「京」，當作「都」。皇子繼岌爲北都留守、興聖宮使，判六軍諸衞事。按後唐洛陽有西宮興聖宮。此時未得洛陽，當以魏州府舍爲興聖宮。宋白曰：唐莊宗即位於魏州，宰相豆盧革因進擬爲興聖宮，以皇子繼岌爲興聖宮使。時唐國所有凡十三節度、五十州。十三節度，天雄、成德、義武、横海、盧龍、大同、振武、鴈門、河東、護國、晉絳、安國、昭義。五十州，魏、博、貝、澶、相、鄆、洺、磁、鎮、冀、深、趙、易、祁、定、滄、景、德、瀛、莫、幽、涿、檀、薊、順、營、平、蔚、朔、雲、應、新、嬀、儒、武、忻、代、嵐、石、憲、麟、府、幷、汾、慈、隰、澤、潞、沁、遼，凡五十州。而昭義領澤、潞二州，已附于梁，止有十二節度、四十八州耳。

閏月，追尊皇曾祖執宜曰懿祖昭烈皇帝，祖國昌曰獻祖文皇帝，考晉王曰太祖武皇帝。立宗廟於晉陽，以高祖、太宗、懿宗、昭宗洎懿祖以下爲七室。唐廟四，親廟三。

甲午，契丹寇幽州，至易定而還。還，從宣翻，又如字。時契丹屢入寇，鈔掠饋運，鈔，楚交翻。幽州食不支半年，衛州爲梁所取，潞州內叛，人情岌岌，以爲梁未可取，帝患之。會鄆州將盧順密來奔。先是，梁天平節度使戴思遠屯楊村，戴思遠屯楊村事始上卷梁貞明五年。先，悉薦翻。留順密與巡檢使劉遂嚴、都指揮使燕顒守鄆州。燕，音煙，姓也。顒，魚容翻。順密言於帝曰：「鄆州守兵不滿千人，遂嚴、顒皆失衆心，可襲取也。」郭崇韜等皆以爲「懸軍遠襲，萬一不利，虛棄數千人，順密不可從。」帝密召李嗣源於帳中謀之曰：「梁人志在吞澤潞，不備東方，若得東平，則潰其心腹。東平果可取乎？」鄆州本東平郡。嗣源自胡柳有渡河之慚，事見二百七十卷梁貞明四年。常欲立奇功以補過，對曰：「今用兵歲久，生民疲弊，苟非出奇取勝，大功何由可成！臣願獨當此役，必有以報。」帝悅。壬寅，遣嗣源將所部精兵五千自德勝趣鄆州。比及楊劉，趣，七喻翻。比，必利翻。按九域志：鄆州東阿縣有楊劉鎮，臨河津。東阿東南至鄆州六十里。以下文夜渡河觀之，則李嗣源之兵自德勝北城而東，循河北岸而行至楊劉渡口。日已暮，陰雨道黑，將士皆不欲進，高行周曰：「此天贊我也，彼必無備。」夜，渡河至城下，鄆人不知，此自楊劉取徑道至鄆州城下，不經東阿縣治所。李從珂先登，殺守卒，啓關納外兵，進攻牙城，城中大擾。癸卯旦，嗣源兵盡入，遂拔牙城，劉遂嚴、燕顒奔大梁。嗣源禁焚掠，撫吏民，執知州事節度副使崔簹、判官趙鳳送興唐。簹，都郎翻。唐於魏州置興唐府。帝大喜曰：「總管眞奇才，吾事集矣。」卽以嗣源爲天平節度使。梁主聞鄆州失守，大懼，斬劉遂嚴、燕顒於市，罷戴思遠招討使，降授宣化留後，歐史職方考，梁置宣化軍於鄧州。遣使詰讓北面諸將段凝、王彥章等，趣令進戰。詰，去吉翻。趣，讀曰促。敬翔知梁室已危，以繩內靴中，入見梁主曰：見，賢遍翻。「先帝取天下，不以臣爲不肖，所謀無不用。今敵勢益強，而陛下棄忽臣言，臣身無用，不如死。」引繩將自經。梁主止之，問所欲言，翔曰：「事急矣，非用王彥章爲大將，不可救也。」敬翔以王彥章一時健鬭而取之耳。觀其用兵無遠略，烏足以救梁之亡乎！梁主從之，以彥章代思遠爲北面招討使，仍以段凝爲副。

帝聞之，自將親軍屯澶州，命蕃漢馬步都虞候朱守殷守德勝，戒之曰：「王鐵槍勇決，乘憤激之氣，必來唐突，宜謹備之！」廣韻，「唐突」作「傏突」，又作「盪突」，唐、盪義同也。史言晉王善於料王彥章，不善於用人守德勝。守殷，王幼時所役蒼頭也。歐史曰：朱守殷少事帝爲奴，名曰會兒。帝讀書，會兒常侍左右。

又遣使遺吳王書，遺，惟季翻。告以已克鄆州，請同舉兵擊梁。五月，使者至吳，徐溫欲持兩端，將舟師循海而北，助其勝者。嚴可求曰：「若梁人邀我登陸爲援，何以拒之？」溫乃止。

6梁主召問王彥章以破敵之期，彥章對曰：「三日。」左右皆失笑。自大梁出師拒晉，三日不能至河上，故笑其言。彥章出，兩日，馳至滑州。九域志：大梁北至滑州二百一十里。辛酉，置酒大會，陰遣人具舟於楊村；夜，命甲士六百，皆持巨斧，載冶者，具鞴炭，乘流而下。楊村順流趣德勝，水程十八里耳。鞴，蒲拜翻，韋囊也，鼓以吹火。會飲尚未散，彥章陽起更衣，引精兵數千循河南岸趨德勝。更，工衡翻。趨，七喻翻。天微雨，朱守殷不爲備，舟中兵舉鎖燒斷之，因以巨斧斬浮橋，而彥章引兵急擊南城。浮橋斷，南城遂破，【章：十二行本「破」下有「斬首數千級」五字；乙十一行本同；孔本同；張校同。】時受命適三日矣。守殷以小舟載甲士濟河救之，不及。彥章進攻潘張、麻家口、景店諸寨，皆拔之，潘、張二姓同居一村，因以爲名。店，都念翻。崔豹古今注曰：店，所以置貨鬻物也。有姓景者先嘗設店於其地，因以爲名。凡此皆河津之要，晉人立寨守之。聲勢大振。

帝遣宦者焦彥賓急趣楊劉，趣，七喻翻。與鎮使李周固守，命守殷棄德勝北城，撤屋爲栰，栰，音伐。大曰栰，小曰桴。載兵械浮河東下，助楊劉守備，徙其芻糧薪炭於澶州，所耗失殆半。王彥章亦撤南城屋材浮河而下，各行一岸，每遇灣曲，輒於中流交鬬，飛矢雨集，或全舟覆沒，一日百戰，互有勝負。比及楊劉，比，必寐翻。殆亡士卒之半。此謂自德勝浮河東下之士卒也。己巳，王彥章、段凝以十萬之衆攻楊劉，百道俱進，晝夜不息，連巨艦九艘，橫亙河津以絕援兵。艦，戶黯翻。搜，蘇遭翻。城垂陷者數四，賴李周悉力拒之，與士卒同甘苦，彥章不能克，退屯城南，爲連營以守之。

楊劉告急於帝，請日行百里以赴之；帝在澶州，距楊劉幾二百里。帝引兵救之，曰：「李周在內，何憂！」日行六十里，不廢畋獵，六月，乙亥，至楊劉。梁兵塹壘重複，嚴不可入，重，直龍翻。帝患之，問計於郭崇韜，對曰：「今彥章據守津要，意謂可以坐取東平；苟大軍不南，則東平不守矣。臣請築壘於博州東岸以固河津，既得以應接東平，又可以分賊兵勢。但慮彥章詗知，詗，古永翻，又翾正翻。徑來薄我，城不能就。願陛下募敢死之士，日令挑戰以綴之，令，力經翻。挑，徒了翻。苟彥章旬日不東，則城成矣。」時李嗣源守鄆州，河北聲問不通，人心漸離，不保朝夕。會梁右先鋒指揮使康延孝密請降於嗣源，延孝者，太原胡人，歐史曰，康延孝代北人，爲太原軍卒，有罪，亡命奔梁。有罪，亡奔梁，時隸段凝麾下。嗣源遣押牙臨漳范延光送延孝蠟書詣帝，延光因言於帝曰：「楊劉控扼已固，梁人必不能取，請築壘馬家口以通鄆州之路。」帝從之，遣崇韜將萬人夜發，倍道趣博州，至馬家口渡河，築城晝夜不息。馬家口，所謂博州東岸也。郭崇韜自楊劉夜發，倍道而行，恐梁人知之故也。帝在楊劉，與梁人晝夜苦戰。崇韜築新城凡六日，王彥章聞之，將兵數萬人馳至，戊子，急攻新城，連巨艦十餘艘於中流以絕援路。時板築僅畢，城猶卑下，沙土疏惡，未有樓櫓及守備；崇韜慰勞士卒，以身先之，先，悉薦翻。四面拒戰，遣間使告急於帝。帝自楊劉引大軍救之，陳於新城西岸，城中望之增氣，大呼叱梁軍，梁人斷紲斂艦；帝艤舟將渡，間，古莧翻。使，疏吏翻。陳，讀曰陣。呼，火故翻。斷，丁管翻。紲，息列翻，索也。艤，魚倚翻，亦作「檥」。漢書音義：整舟向岸曰檥。彥章解圍，退保鄒家口。麻家口、馬家口、鄒家口，皆沿河津渡之口，亦因其土人所居之姓以爲地名。鄆州奏報始通。

李嗣源密表請正朱守殷覆軍之罪；帝不從。帝不誅朱守殷，以成絳霄殿之禍。

7 秋，七月，丁未，帝引兵循河而南，彥章等棄鄒家口，復趨楊劉。甲寅，遊弈將李紹興敗梁遊兵於清丘驛南。敗，補邁翻。春秋：晉、宋、曹、衞同盟于清丘。杜預註曰：清丘，今在濮陽縣東南。此因古地名以名驛也。段凝以爲唐兵已自上流渡，驚駭失色，面數彥章，尤其深入。段凝聞清丘驛之敗，以爲唐兵已自上流渡河逼汴，而彥章等方與唐相持於下流，責其深入鄆州之境，無救於大梁之危也。史言段凝內有所恃而陵主帥。數，所具翻。

8 乙卯，蜀侍中魏王宗侃卒。

9 戊午，帝遣騎將李紹榮直抵梁營，擒其斥候，梁人益恐，又以火栰焚其連艦。連艦，卽列於河流以斷援兵者。王彥章等聞帝引兵已至鄒家口，己未，解楊劉圍，走保楊村；唐兵追擊之，復屯德勝。梁兵前後急攻諸城，士卒遭矢石、溺水、暍死者且萬人，暍，於歇翻，傷暑而死也。委棄資糧、鎧仗、鍋幕，動以千計。鍋，古禾翻，釜也。王彥章掩晉人之不備，取勝於一時，持久則敗矣。使梁能終用之，亦未必成功。楊劉比至圍解，比，必利翻。城中無食已三日矣。

10 王彥章疾趙、張亂政，及爲招討使，謂所親曰：「待我成功還，還，從宣翻，又如字。當盡誅姦臣以謝天下！」趙、張聞之，私相謂曰：「我輩寧死於沙陀，不可爲彥章所殺。」相與協力傾之。段凝素疾彥章之能而諂附趙、張，在軍中與彥章動相違戾，百方沮橈之，沮，在呂翻。橈，奴教翻。惟恐其有功，潛伺彥章過失以聞於梁主。每捷奏至，趙、張悉歸功於凝，由是彥章功竟無成。及歸楊村，梁主信讒，猶恐彥章旦夕成功難制，徵還大梁。考異曰：歐陽史云：「末帝罷彥章，以段凝爲招討使。彥章馳至京師入見，以笏畫地，自陳勝敗之迹。巖等諷有司劾彥章不恭，勒還第。」今從實錄。使將兵會董璋攻澤州。

甲子，帝至楊劉勞李周曰：「微卿善守，吾事敗矣。」勞，力到翻。

11 中書侍郎、同平章事盧程以私事干興唐府，府吏不能應，鞭吏背。光祿卿兼興唐少尹任團，團之弟，帝之從姊壻也，從，才用翻。詣程訴之。程罵曰：「公何等蟲豸，欲倚婦力邪！」豸，馳爾翻。爾雅曰：有足曰蟲，無足曰豸。團訴於帝。帝怒曰：「朕誤相此癡物，相，息亮翻。乃敢辱吾九卿！」欲賜自盡；盧質力救之，乃貶右庶子。

12 裴約遣間使告急於帝，帝曰：「吾兄不幸生此梟獍，李嗣昭義兒也，以齒於帝爲兄。獍，讀如鏡。裴約獨能知逆順。」顧謂北京內牙馬步軍都指揮使李紹斌曰：「澤州彈丸之地，朕無所用，彈丸之地，言其小也。自幷、潞窺懷、洛，則澤州爲要地，帝志在自東平取大梁，故云然。彈，徒旦翻。卿爲我取裴約以來。」爲，于僞翻。八月，壬申，紹斌將甲士五千救之，未至，城已陷，約死，帝深惜之。

13 甲戌，帝自楊劉還興唐。

14 梁主命於滑州決河，東注曹、濮及鄆以限唐兵。濮，博木翻。

15 初，梁主遣段凝監大軍於河上，敬翔、李振屢請罷之，監，古銜翻。考異曰：歐陽史以爲太祖時事。按晉人取魏博，然後與梁以河爲境，故常以大軍守之，太祖時未也。就使當時曾屯軍河上，亦未繫社稷之安危也。況太祖時，振言聽計從，均王時始疏斥，此必均王時事也。既不知其的在何時，故因凝任招討使而見之。梁主曰：「凝未有過。」振曰：「俟其有過，則社稷危矣。」至是，凝厚賂趙、張求爲招討使，翔、振力爭以爲不可；趙、張主之，竟代王彥章爲北面招討使，於是宿將憤怒，士卒亦不服。天下兵馬副元帥張宗奭言於梁主曰：「臣爲副元帥，雖衰朽，猶足爲陛下扞禦北方。段凝晚進，功名未能服人，衆議詾詾，足爲，于僞翻。詾，許拱翻，又音凶，義與洶洶同。恐貽國家深憂。」張宗奭此言，必敬翔等欲借其重以覺寤梁主。敬翔曰：「將帥繫國安危，今國勢已爾，言國勢之危已如此也。陛下豈可尚不留意邪！」梁主皆不聽。爲段凝誤梁張本。

戊子，凝將全軍五萬營於王村，自高陵津濟河，新唐書地理志，澶州臨黃縣東南有盧津關，一名高陵津。王村，亦因土人王氏聚居之地爲名。將，即亮翻。剽掠澶州諸縣，至于頓丘。剽，匹妙翻。澶，時連翻。

梁主命王彥章將保鑾騎士及他兵合萬人，屯兗、鄆之境，謀復鄆州，以張漢傑監其軍。

16 庚寅，帝引兵屯朝城。宋白曰：朝城縣屬魏州，本漢東武陽郡，其後爲縣，唐武后改爲武聖，開元七年改爲朝城。九域志：朝城縣在魏州東南八十里。

戊戌，康延孝帥百餘騎來奔，帥，讀曰率。騎，奇寄翻。帝解所御錦袍玉帶賜之，以爲南面招討都指揮使，領博州刺史。帝屏人問延孝以梁事，屏，必郢翻，又卑正翻。對曰：「梁朝地不爲狹，兵不爲少；朝，直遙翻。少，詩沼翻；下同。然迹其行事，終必敗亡。何則？主既暗懦，趙、張兄弟擅權，內結宮掖，外納貨賂，官之高下唯視賂之多少，如溫昭圖以納賂而得名藩，段凝以納賂而得大將之類。不擇才德，不校勳勞。段凝智勇俱無，一旦居王彥章、霍彥威之右，自將兵以來，專率斂行伍，斂，力贍翻，又上聲。行，戶剛翻。以奉權貴。每【章：十二行本「每」上有「梁主」二字；乙十一行本同；孔本同；張校同。】出一軍，不能專任將帥，常以近臣監之，如張漢傑監王彥章軍之類。帥，所類翻。進止可否動爲所制。近又聞欲數道出兵，令董璋引陝虢、澤潞之兵自石會關趣太原，陝，失冉翻。趣，七喻翻。霍彥威以汝、洛之兵自相衞、邢洺寇鎮定，相，息亮翻。王彥章、張漢傑以禁軍攻鄆州，段凝、杜晏球以大軍當陛下，決以十月大舉。臣竊觀梁兵聚則不少，分則不多。願陛下養勇蓄力以待其分兵，帥精騎五千自鄆州直抵大梁，擒其僞主，旬月之間，天下定矣。」康延孝之計，與李嗣源、郭崇韜所見略同。帥，讀曰率。帝大悅。

17 蜀主以文思殿大學士韓昭、唐末之遷洛也，改保寧殿爲文思殿。蜀蓋襲唐殿名。內皇城使潘在迎、考異曰：在迎先爲內皇城使，貶雅州，蜀主北巡爲馬步使。今不知何官，故且稱其舊官。武勇軍使顧在珣爲狎客，陪侍遊宴，與宮女雜坐，或爲豔歌相唱和，或談嘲謔浪，鄙俚褻慢，無所不至，蜀主樂之。史言蜀主有陳後主之風。豔，以贍翻。和，戶臥翻。嘲，陟交翻。謔，迄卻翻。俚，音里。褻，息列翻。樂，音洛。在珣，彥朗之子也。顧彥朗，唐昭宗時帥東川。

時樞密使宋光嗣等專斷國事，斷，丁亂翻。恣爲威虐，務徇蜀主之欲以盜其權。宰相王鍇、庾傳素等鍇，口駭翻。各保寵祿，無敢規正。潘在迎每勸蜀主誅諫者，無使謗國。嘉州司馬劉贊獻陳後主三閣圖，陳三閣見一百七十六卷長城公至德二年。幷作歌以諷；賢良方正蒲禹卿對策語極切直；蜀主雖不罪，亦不能用也。

九月，庚戌，蜀主以重陽宴近臣於宣華苑，重陽，九月九日也。九，陽數也；九月而又九日，故曰重陽。重，直龍翻。按路振九國志，蜀主乾德元年改龍躍池爲宣華苑。酒酣，嘉王宗壽乘間極言社稷將危，流涕不已。韓昭、潘在迎曰：「嘉王好酒悲。」間，古莧翻。人有醉後而涕泣者，俗謂之「酒悲」。好，呼到翻。因諧笑而罷。

18 帝在朝城，梁段凝進至臨河之南，魏州臨河縣南也。隋志，開皇六年置臨河縣。新唐書地理志，貞觀十七年省澶水縣入焉。澶水卽澶淵，避高祖諱，更「淵」爲「水」。臨河，澶淵，其地蓋相近也。宋白曰：臨河縣本東黎縣，魏孝昌中分汲郡置黎陽郡，領黎陽、東黎、頓丘三縣，此卽東黎也。隋開皇五年置臨河縣。九域志：臨河縣在澶州西六十里。澶西、相南，日有寇掠。澶州之西，相州之南也。自德勝失利以來，喪芻糧數百萬，租庸副使孔謙暴斂以供軍，民多流亡，租稅益少，倉廩之積不支半歲。喪，息浪翻。斂，力贍翻。積，子賜翻，又如字。澤潞未下。盧文進、王郁引契丹屢過瀛、涿之南，此卽言梁龍德二年契丹入鎮、定境。傳聞俟草枯冰合，深入爲寇，又聞梁人欲大舉數道入寇，卽康延孝之言。帝深以爲憂，召諸將會議。宣徽使李紹宏等皆以爲鄆州城門之外皆爲寇境，孤遠難守，有之不如無之，請以易衛州及黎陽於梁，梁取衛州，見上卷上年。貞明二年晉盡取河北，獨黎陽爲梁守。與之約和，以河爲境，休兵息民，俟財力稍集，更圖後舉。帝不悅，曰：「如此吾無葬地矣。」乃罷諸將，獨召郭崇韜問之。對曰：「陛下不櫛沐，不解甲，十五餘年，梁太祖開平二年，帝嗣晉王位，始戰于夾寨，至是年凡在兵間十七年。櫛，側瑟翻。其志欲以雪家國之讎恥也。今已正尊號，河北士庶日望升平，始得鄆州尺寸之地，不能守而棄之，安能盡有中原乎！臣恐將士解體，將來食盡衆散，雖畫河爲境，誰爲陛下守之！誰爲，于僞翻。臣嘗細詢康延孝以河南之事，度己料彼，度，徒洛翻。日夜思之，成敗之機決在今歲。梁今悉以精兵授段凝，據我南鄙，又決河自固，段凝自酸棗決河注鄆州以限唐兵，號護駕水。謂我猝不能渡，恃此不復爲備。復，扶又翻。使王彥章侵逼鄆州，其意冀有姦人動搖，變生於內耳。段凝本非將材，不能臨機決策，無足可畏。降者皆言大梁無兵，根本內虛，爲敵所窺，所謂重戰輕防，未有不敗亡者也。降，戶江翻；下同。陛下若留兵守魏，固保楊劉，自以精兵與鄆州合勢，長驅入汴，彼城中既空虛，必望風自潰。苟僞主授首，則諸將自降矣。不然，今秋穀不登，軍糧將盡，若非陛下決志，大功何由可成！諺曰：『當道築室，三年不成。』帝王應運，必有天命，在陛下勿疑耳。」帝曰：「此正合朕志。丈夫得則爲王，失則爲虜，吾行決矣！」司天奏：「今歲天道不利，深入必無功。」帝不聽。

王彥章引兵踰汶水，將攻鄆州，汶水過鄆城南。春秋以鄆、讙、龜陰爲汶陽之田是也。汶，音問。李嗣源遣李從珂將騎兵逆戰，敗其前鋒於遞坊鎮，敗，補邁翻。考異曰：薛史作「遞公鎮」。今從實錄。獲將士三百人，斬首二百級，彥章退保中都。舊唐書地理志：鄆州中都縣，漢平陸縣，舊治殷密城，在今治西三十九里；天寶元年改爲中都縣，移於今治。九域志：中都縣在鄆州東南六十里。近世改中都爲汶上縣。「殷密城」，宋白續通典作「致密城」。戊辰，捷奏至朝城，帝大喜，謂郭崇韜曰：「鄆州告捷，足壯吾氣。」己巳，命將士悉遣其家屬歸興唐。自朝城行營遣歸魏州。

19 冬，十月，辛未朔，日有食之。

20 帝遣魏國夫人劉氏、皇子繼岌歸興唐，與之訣曰：「事之成敗，在此一決；若其不濟，當聚吾家於魏宮而焚之！」史言帝此行非有廟勝之策。仍命豆盧革、李紹宏、張憲、王正言同守東京。帝以魏州爲東京興唐府。

壬申，帝以大軍自楊劉濟河，癸酉，至鄆州，中夜，進軍踰汶，以李嗣源爲前鋒，甲戌旦，遇梁兵，一戰敗之，敗，補邁翻。追至中都，圍其城。城無守備，少頃，少頃，謂少頃刻之間。梁兵潰圍出，追擊，破之。王彥章以數十騎走，龍武大將軍李紹奇單騎追之，識其聲，曰：「王鐵槍也！」按薛史，夏魯奇嘗事梁祖，與彥章素善，故識其語音。騎，奇寄翻。拔稍刺之，彥章重傷，馬躓，刺，七亦翻。重，直隴翻。躓，陟利翻。遂擒之，幷擒都監張漢傑、監，古銜翻。曹州刺史李知節、裨將趙廷隱、劉嗣彬等二百餘人，斬首數千級。廷隱，開封人；嗣彬，知俊之族子也。劉知俊自徐降梁，自梁降岐，自岐降蜀，爲蜀所殺。

彥章嘗謂人曰：「李亞子鬭雞小兒，何足畏！」至是，帝謂彥章曰：「爾常謂我小兒，今日服未？」又問：「爾名善將，何不守兗州？將，卽亮翻。九域志：中都東南至兗州九十里。中都無壁壘，何以自固？」彥章對曰：「天命已去，無足言者。」帝惜彥章之材，欲用之，賜藥傅其創，創，初良翻。屢遣人誘諭之。彥章曰：「余本匹夫，蒙梁恩，位至上將，與皇帝交戰十五年；今兵敗力窮，死自其分，分，扶問翻。縱皇帝憐而生我，我何面目見天下之人乎！豈有朝爲梁將，暮爲唐臣！此我所不爲也。」帝復遣李嗣源自往諭之，復，扶又翻。彥章臥謂嗣源曰：「汝非邈佶烈乎？」佶，其吉翻。彥章素輕嗣源，故以小名呼之。於是諸將稱賀，帝舉酒屬嗣源曰：屬，之欲翻。「今日之功，公與崇韜之力也。曏從紹宏輩語，大事去矣。」

帝又謂諸將曰：「曏所患惟王彥章，今已就擒，是天意滅梁也。段凝猶在河上，進退之計，宜何向而可？」諸將以爲：「傳者雖云大梁無備，未知虛實。今東方諸鎮兵皆在段凝麾下，所餘空城耳，以陛下天威臨之，無不下者。若先廣地，東傅于海，傅，讀曰附。然後觀釁而動，可以萬全。」康延孝固請亟取大梁。李嗣源曰：「兵貴神速。今彥章就擒，段凝必未之知；就使有人走告，疑信之間尚須三日。設若知吾所向，卽發救兵，直路則阻決河，卽謂段凝所決護駕水。須自白馬南渡，數萬之衆，舟楫亦難猝辦。此去大梁至近，前無山險，方陳橫行，陳，讀曰陣。晝夜兼程，信宿可至。段凝未離河上，離，力智翻。友貞已爲吾擒矣。延孝之言是也，請陛下以大軍徐進，臣願以千騎前驅。」帝從之。令下，諸軍皆踊躍願行。

是夕，嗣源帥前軍倍道趣大梁。帥，讀曰率。趣，七喻翻。乙亥，帝發中都，舁王彥章自隨，舁，音余，又羊如翻。遣中使問彥章曰：「吾此行克乎？」對曰：「段凝有精兵六萬，雖主將非材，亦未肯遽爾倒戈，殆難克也。」帝知其終不爲用，遂斬之。今汶上縣有王彥章墓及祠。

丁丑，至曹州，九域志：曹州西南至大梁二百四十餘里。梁守將降。將，卽亮翻。降，戶江翻。

王彥章敗卒有先至大梁，告梁主以「彥章就擒，唐軍長驅且至」者，梁主聚族哭曰：「運祚盡矣！」召羣臣問策，皆莫能對。梁主謂敬翔曰：「朕居常忽卿所言，以至於此。今事急矣，卿勿以爲懟。懟，直類翻，怨也。將若之何？」翔泣曰：「臣受先帝厚恩，殆將三紀，梁太祖鎭宣武，敬翔卽爲幕屬，以至爲相，迄于梁亡，故自言受恩殆將三紀。以此觀之，則知二百六十六卷開平元年，史言翔在幕府三十餘年，誤也。名爲宰相，其實朱氏老奴，事陛下如郎君。門生故吏下至僮奴，呼主人之子皆曰郎君。臣前後獻言，莫匪盡忠。陛下初用段凝，臣極言不可，事見上。小人朋比，指趙、張也。比，毗至翻。致有今日。今唐兵且至，段凝限於水北，不能赴救。言段凝之兵欲還救大梁，爲決河之水所限，其道回遠。臣欲請陛下出【章：十二行本「出」下有「居」字；乙十一行本同；張校同。】避狄，陛下必不聽從；【章：十二行本「從」下有「欲」字；乙十一行本同；孔本同；張校同。】請陛下出奇合戰，陛下必不果決；雖使良、平更生，誰能爲陛下計者！張良、陳平以智輔漢高祖定天下，後之言智者率稱之。爲，于僞翻。臣願先賜死，不忍見宗廟之亡也。」因與梁主相向慟哭。

梁主遣張漢倫馳騎追段凝軍；漢倫至滑州，墜馬傷足，九域志，大梁北至滑州二百里。此註與前註王彥章三日破賊事，大梁至滑州有十里之差。蓋九域志於大梁註及滑州註其道里遠近自有微差者，今不敢輕改，因兩存之。中間若此類頗多。復限水不能進。復，扶又翻。

時城中尚有控鶴軍數千，朱珪請帥之出戰；梁主不從，帥，讀曰率。命開封尹王瓚驅市人乘城爲備。

初，梁陝州節度使邵王友誨，全昱之子也，性穎悟，人心多向之。陝，失冉翻。或言其誘致禁軍欲爲亂，誘，音酉。梁主召還，與其兄友諒、友能並幽于別第。友能反見上卷梁龍德元年。及唐師將至，梁主疑諸兄弟乘危謀亂，并皇弟賀王友雍、建王友徽盡殺之。考異曰：薛史云：「友諒、友能、友誨，莊宗入汴，同日遇害。」按中都既敗，均王親弟猶疑而殺之，況其從弟嘗爲亂者，豈得獨存！故附於此。

梁主登建國樓，大梁宮城南門曰建國門，其樓曰建國樓。面擇親信厚賜之，使衣野服，衣，於既翻。齎蠟詔，促段凝軍，蠟詔，猶蠟書也，命出於上，故謂之蠟詔。既辭，皆亡匿。或請幸洛陽，收集諸軍以拒唐，唐雖得都城，勢不能久留。或請幸段凝軍，控鶴都指揮使皇甫麟曰：考異曰：莊宗實錄「麟」作「鏻」。今從莊宗列傳及薛史。「凝本非將才，將，即亮翻。官由幸進，段凝以其妹得進，事見二百六十八卷梁太祖乾化元年。今危窘之際，窘，渠隕翻。望其臨機制勝，轉敗爲功，難矣。且凝聞彥章敗，其膽已破，安知能終爲陛下盡節乎！」終爲，于僞翻；下臣爲同。趙巖曰：「事勢如此，一下此樓，誰心可保！」梁主乃止。復召宰相謀之，鄭珏請自懷傳國寶詐降以紓國難，復，扶又翻。珏，古岳翻。紓，商居翻，緩也。難，乃旦翻。梁主曰：「今日固不敢愛寶，但如卿此策，竟可了否？」珏俛首久之，俛，音免。曰：「但恐未了。」左右皆縮頸而笑。梁主日夜涕泣，不知所爲；置傳國寶於臥內，忽失之，已爲左右竊之迎唐軍矣。

戊寅，或告唐軍已過曹州，塵埃漲天，趙巖謂從者曰：「吾待溫許州厚，必不負我。」遂奔許州。九域志：大梁西南至許州一百七十五里。從，才用翻。溫韜由趙巖得許州，見上卷梁龍德元年。梁主謂皇甫麟曰：「李氏吾世讎，理難降首，降，戶江翻。首，式又翻。言以事理推之，難於迎降而自首也。一讀「降首」皆如字，言難低頭爲之下也。不可俟彼刀鋸。吾不能自裁，卿可斷吾首。」斷，音短。麟泣曰：「臣爲陛下揮劍死唐軍則可矣，不敢奉此詔。」梁主曰：「卿欲賣我邪？」麟欲自剄，剄，古頂翻。梁主持之曰：「與卿俱死。」麟遂弑梁主，因自殺。梁主爲人溫恭約，「約」上當有「儉」字，句斷。【章：十二行本正有「儉」字；乙十一行本同；孔本同；張校同。】無荒淫之失；但寵信趙、張，使擅威福，疏棄敬、李舊臣，敬翔、李振皆佐梁太祖者。不用其言，以至於亡。唐天祐三年，梁受唐禪，歲在丁卯，三主，十七年而亡。

己卯旦，李嗣源軍至大梁，攻封丘門，大梁城北面二門，封丘門在西，酸棗門在東。梁開平元年改封丘門爲含曜門。時人猶以舊門名稱之。晉天福三年又改爲宣陽門。又汴京圖：京城北四門，從東曰陳橋門，次曰封丘門。王瓚開門出降，嗣源入城，撫安軍民。是日，帝入自梁門，梁門，大梁城西面北來第一門；梁開平元年改爲乾象門，晉天福三年改爲乾明門。百官迎謁於馬首，拜伏請罪，帝慰勞之，勞，力到翻；下勞賜同。使各復其位。李嗣源迎賀，帝喜不自勝，手引嗣源衣，以頭觸之曰：「吾有天下，卿父子之功也，天下與爾共之。」帝於此際，可謂喜而失節矣，宜不能保有天下也。勝，音升。帝命訪求梁主，頃之，或以其首獻。考異曰：實錄：「帝慘然曰：『敵惠敵怨，不在後嗣。朕與梁主十年戰爭，恨不生識其面。』」按莊宗漆均王首藏之太社，豈有欲全之之理！此特虛言耳。

李振謂敬翔曰：「有詔洗滌吾輩，相與朝新君乎？」朝，直遙翻；下同。翔曰：「吾二人爲梁宰相，君昏不能諫，國亡不能救，新君若問，將何辭以對！」是夕未曙，曙，常恕翻，天明爲曙。

或報翔曰：「崇政李太保已入朝矣。」梁以李振爲崇政使，故以稱之。翔歎曰：「李振謬爲丈夫！朱氏與新君世爲仇讎，今國亡君死，縱新君不誅，何面目入建國門乎！」乃縊而死。

庚辰，梁百官復待罪於朝堂，復，扶又翻。帝宣敕赦之。

趙巖至許州，溫昭圖迎謁歸第，斬首來獻，盡沒巖所齎之貨。元徽、趙巖可爲怙權冒貨之戒。溫昭圖復名韜。梁賜溫昭圖名，見二百六十九卷均王貞明元年。

辛巳，詔王瓚收朱友貞尸，殯於佛寺，漆其首，函之，藏於太社。考異曰：薛史末帝紀云：「詔河南尹張全義收葬之。」今從實錄。

段凝自滑州濟河入援，以諸軍排陳使杜晏球爲前鋒；至封丘，遇李從珂，晏球先降。壬午，凝將其衆五萬至封丘，亦解甲請降。凝帥諸大將先詣闕待罪，帝勞賜之，帥，讀曰率。勞，力到翻。慰諭士卒，使各復其所。凝出入公卿間，揚揚自得無愧色，梁之舊臣見者皆欲齕其面，抉其心。齕，恨沒翻，又下結翻，齧也。抉，於決翻。

丙戌，詔貶梁中書侍郎同平章事鄭珏爲萊州司戶，蕭頃爲登州司戶，翰林學士劉岳爲均州司馬，任贊爲房州司馬，姚顗爲復州司馬，封翹爲唐州司馬，李懌爲懷州司馬，竇夢徵爲沂州司馬，崇政學士劉光素爲密州司戶，陸崇爲安州司戶，御史中丞王權爲隨州司戶：以其世受唐恩而仕梁貴顯故也。岳，崇龜之從子；劉崇龜見二百五十三卷唐僖宗廣明元年。從，才用翻。顗，萬年人；萬年屬京兆府，唐爲赤縣。時復以京兆爲西京。翺，敖之孫；封敖仕唐武、宣朝，入翰林，位至尚書僕射。懌，京兆人；權，龜之孫也。王龜，式之兄也，唐咸通間有名。

段凝、杜晏球上言：上，時掌翻。「僞梁要人趙巖、趙鵠、張希逸、張漢倫、張漢傑、張漢融、【張：「融」作「俊」。】朱珪等，竊弄威福，殘蠹羣生，不可不誅。」詔：「敬翔、李振首佐朱溫，共傾唐祚；契丹撒剌阿撥叛兄棄母，負恩背國，撒剌阿撥奔梁，見二百七十卷貞明四年。背，蒲妹翻。宜與巖等並族誅於市；自餘文武將吏一切不問。」又詔追廢朱溫、朱友貞爲庶人，毀其宗廟神主。

帝之與梁戰於河上也，梁拱宸左廂都指揮使陸思鐸善射，常於笴上自鏤姓名，笴，古我翻，又公旱翻，箭莖也。鏤，郎豆翻。射帝，中馬鞍，射，而亦翻。中，竹仲翻。帝拔箭藏之。至是，思鐸從衆俱降，帝出箭示之，思鐸伏地待罪，帝慰而釋之，尋授龍武右廂都指揮使。以豆盧革尚在魏，命樞密使郭崇韜權行中書事。

梁諸藩鎮稍稍入朝，或上表待罪，帝皆慰釋之。宋州節度使袁象先首來入朝，陝州留後霍彥威次之。象先輦珍貨數十萬，徧賂劉夫人及權貴、伶官、宦者，旬日，中外爭譽之，譽，音余。恩寵隆異。己丑，詔僞庭節度、觀察、防禦、團練使、刺史及諸將校，並不議改更，將，卽亮翻。校，戶教翻。更，工衡翻。將校官吏先奔僞庭者一切不問。

庚寅，豆盧革至自魏。甲午，加崇韜守侍中，領成德節度使。賞決策滅梁之功也。崇韜權兼內外，謀猷規益，竭忠無隱，頗亦薦引人物，豆盧革受成而已，無所裁正。

丙申，賜滑州留後段凝姓名曰李紹欽，耀州刺史杜晏球曰李紹虔。後各復其本姓名。

乙酉，梁西都留守河南尹張宗奭來朝，復名全義，梁改張全義名見二百六十六卷太祖開平元年。獻幣馬千計；帝命皇子繼岌、皇弟存紀等兄事之。繼岌，皇嗣也，豈可兄事梁之舊臣！存紀，皇弟也，既使其子以兄事全義，又使其弟以兄事全義，唐之家人長幼之序且不明矣；是後中宮又從而父事之，嘻，甚矣夷狄之俗好貨而已，豈知有綱常哉！帝欲發梁太祖墓，斲棺焚其尸，全義上言：「朱溫雖國之深讎，然其人已死，刑無可加，屠滅其家，足以爲報，乞免焚斲以存聖恩。」帝從之，但鏟其闕室，削封樹而已。張全義猶不忘梁祖河陽之恩。鏟，初限翻。削其封樹者，隳其墳，赭其山也。

戊戌，加天平節度使李嗣源兼中書令；以北京留守繼岌爲東京留守、同平章事。時以鎮州爲北京，魏州爲東京。

21 帝遣使宣諭諭諸道，梁所除節度使五十餘人皆上表入貢。

楚王殷遣其子牙內馬步都指揮使希範入見，見，賢遍翻。納洪、鄂行營都統印，梁命殷爲洪、鄂行營都統。上本道將吏籍。上，時掌翻。

荊南節度使高季昌聞帝滅梁，避唐廟諱，更名季興，以獻祖諱國昌也。更，工衡翻。欲自入朝，梁震曰：「唐有吞天下之志，嚴兵守險，猶恐不自保，況數千里入朝乎！且公朱氏舊將，高季昌爲梁將事始見二百六十三卷唐昭宗天復二年。安知彼不以仇敵相遇乎！」季興不從。

22 帝遣使以滅梁告吳、蜀，二國皆懼。徐溫尤嚴可求曰：「公前沮吾計，謂自鄆州遣使會兵，徐溫欲以舟師浮海北進時也，事見五月。今將柰何？」可求笑曰：「聞唐主始得中原，志氣驕滿，御下無法，不出數年，將有內變，吾卑【章：十二行本「卑」上有「但當」二字；乙十一行本同；孔本同；張校同。】辭厚禮，保境安民以待之耳。」善哉覘也。唐使稱詔，吳人不受；帝易其書，用敵國之禮，曰「大唐皇帝致書于吳國主」，吳人復書稱「大吳國主上大唐皇帝」，辭禮如牋表。

23 吳人有告壽州團練使鍾泰章侵市官馬者，徐知誥以吳王之命，遣滁州刺史王稔巡霍丘，因代爲壽州團練使，霍丘，吳之邊邑。徐知誥命王稔以巡邊爲名，因代泰章。以泰章爲饒州刺史。徐溫召至金陵，使陳彥謙詰之者三，詰，去吉翻。皆不對。或問泰章：「何以不自辨？」泰章曰：「吾在揚州，十萬軍中號稱壯士；壽州去淮數里，步騎不下五千，苟有他志，豈王稔單騎能代之乎！我義不負國，雖黜爲縣令亦行，況刺史乎！何爲自辨以彰朝廷之失！」徐知誥欲以法繩諸將，請收泰章治罪。治，直之翻。徐溫曰：「吾非泰章，已死於張顥之手，事見二百六十六卷梁太祖開平二年。今日富貴，安可負之！」命知誥爲子景通娶其女以解之。爲，于僞翻。

24 彗星見輿鬼，長丈餘，輿鬼五星，秦、雍州分。彗，祥歲翻，又徐醉翻。見，賢遍翻。長，直亮翻。蜀司天監言國有大災。蜀主詔於玉局化設道場，玉局化在成都。彭乘記曰：後漢永壽元年，李老君與張道陵至此，有局脚玉牀自地而出，老君昇坐，爲道陵說南北斗經，既去而坐隱，地中因成洞穴，故以「玉局」名之。道經以二十四化上應二十四氣，玉局其一也，流俗相傳而信奉之。右補闕張雲上疏，以爲：「百姓怨氣上徹於天，徹，敕列翻。故彗星見。此乃亡國之徵，非祈禳可弭。」蜀主怒，流雲黎州，卒於道。

25 郭崇韜上言：「河南節度使、刺史上表者但稱姓名，未除新官，恐負憂疑。」十一月，始降制以新官命之。

26 滑州留後李紹欽因伶人景進納貨於宮掖，除泰寧節度使。

帝幼善音律，故伶人多有寵，常侍左右；帝或時自傅粉墨，與優人共戲於庭，以悅劉夫人，優名謂之「李天下」。嘗因爲優，自呼曰「李天下，李天下」，優人敬新磨遽前批其頰。批，蒲結翻，又匹迷翻，反手擊也。帝失色，羣優亦駭愕，新磨徐曰：「理天下者只有一人，尙誰呼邪！」帝悅，厚賜之。帝嘗畋於中牟，踐民稼，九域志：中牟縣在大梁西七十里。踐，慈演翻。中牟令當馬前諫曰：「陛下爲民父母，柰何毀其所食，使轉死溝壑乎！」帝怒，叱去，將殺之。敬新磨追擒至馬前，責之曰：「汝爲縣令，獨不知吾天子好獵邪？好，呼到翻；下好采同。柰何縱民耕種，以妨吾天子之馳騁乎！汝罪當死！」因請行刑，帝笑而釋之。

諸伶出入宮掖，侮弄縉紳，羣臣憤嫉，莫敢出氣；書云：狎侮君子，罔以盡其心。況使伶人侮弄之哉。亦反有相附託以希恩澤者，四方藩鎮爭以貨賂結之。無材而干利祿者何可勝數哉！其尤蠹政害人者，景進爲之首。進好采閭閻鄙細事聞於上，上亦欲知外間事，遂委進以耳目。進每奏事，常屏左右問之，屏，必郢翻，又卑正翻。由是進得施其讒慝，干預政事。自將相大臣皆憚之，孔巖常以兄事之。「孔巖」當作「孔謙」。

27 壬寅，岐王遣使致書，賀帝滅梁，以季父自居，辭禮甚倨。岐王李茂貞自以與晉王克用在唐並列藩鎮，又各以有功賜姓、附唐屬籍，義猶兄弟，故於帝以季父自居。

28 癸卯，河中節度使朱友謙入朝，帝與之宴，寵錫無算。

29 張全義請帝還都洛陽；從之。考異曰：實錄：「甲辰，議脩洛陽太廟。」按梁以汴州爲東京，洛京爲西京。莊宗以魏州爲東京，太原爲西京，真定爲北都。及滅梁，廢東京爲汴州，以永平軍爲西京，而不云以洛陽爲何京。若以爲東京，則與魏州無以異。諸書但謂之洛京，亦未嘗有詔改梁西京爲洛京也。至同光三年始詔依舊以洛京爲東都。或者以永平爲西京時卽改梁西京爲洛京而史脫其文也？今無可質正，故但謂之洛陽。

30 乙巳，賜朱友謙姓名曰李繼麟，命繼岌兄事之。

31 以康延孝爲鄭州防禦使，賜姓名曰李紹琛。

32 廢北都，復爲成德軍。是年四月，於鎭州建北都。

33 賜宣武節度使袁象先姓名曰李紹安。

匡國節度使溫韜入朝，賜姓名曰李紹沖。紹沖多齎金帛賂劉夫人及權貴伶宦，旬日，復遣還鎮。郭崇韜曰：「國家爲唐雪恥，爲，于僞翻。溫韜發唐山陵殆徧，事見二百六十七卷梁太祖開平二年。其罪與朱溫相埒耳，埒，龍輟翻，等也。何得復居方鎮，天下義士其謂我何！」上曰：「入汴之初，已赦其罪。」竟遣之。

34 戊申，中書奏以：「國用未充，請量留三省、寺、監官，餘並停，俟見任者滿二十五月，以次代之；見任，謂見在官者。見，賢遍翻。其西班上將軍以下，令樞密院準此。」朝會之序，武官班於西，故曰西班。從之。人頗咨怨。

35 初，梁均王將祀南郊於洛陽，聞楊劉陷而止，事見二百七十卷貞明三年。其儀物具在。張全義請上亟幸洛陽，謁廟畢唐東京亦有太廟，末世東遷嘗嚴奉，故張全義請上脩謁。即祀南郊；從之。

36 丙辰，復以梁東京開封府爲宣武軍汴州。梁以宋州爲宣武軍，詔更名歸德軍。梁都汴，徙宣武軍額于宋州。更，工衡翻。

37 詔文武官先詣洛陽。

38 議者以郭崇韜勳臣爲宰相，不能知朝廷典故，當用前朝名家以佐之。朝，直遙翻；下同。或薦禮部尚書薛廷珪，太子少保李琪，嘗爲太祖册禮使，皆耆宿有文，宜爲相。崇韜奏廷珪浮華無相業，琪傾險無士風；尚書左丞趙光胤廉潔方正，自梁末亡，北人皆稱其有宰相器。

三人者皆仕梁。廷珪、琪爲太祖册禮使，必唐之時嘗奉朝命册晉王者也。豆盧革薦禮部侍郎韋說諳練朝章。諳，烏含翻。丁巳，以光胤爲中書侍郎，與說並同平章事。光胤，光逢之弟；趙光逢見二百六十六卷梁太祖開平元年。說，岫之子；廷珪，逢之子也。薛逢，唐會昌間有文聲。光胤性輕率，喜自矜；喜，許記翻。說謹重守常而已。

趙光逢自梁朝罷相，梁均王貞明元年，趙光逢罷相。杜門不交賓客，光胤時往見之，語及政事；他日，光逢署其戶曰：「請不言中書事。」

39租庸副使孔謙畏張憲公正，欲專使務，言欲專租庸使一司事務也。使，疏吏翻。言於郭崇韜曰：「東京重地，須大臣鎭之，非張公不可。」崇韜卽奏以憲爲東京副留守，知留守事。出張憲守魏州。戊午，以豆盧革判租庸，兼諸道鹽鐵轉運使。謙彌失望。

40己未，加張全義守尚書令，高季興守中書令。時季興入朝，上待之甚厚，從容問曰：從，千容翻。「朕欲用兵於吳、蜀，二國何先？」季興以蜀道險難取，乃對曰：「吳地薄民貧，克之無益，不如先伐蜀。蜀土富饒，又主荒民怨，伐之必克。克蜀之後，順流而下，取吳如反掌耳。」上曰：「善！」

41辛酉，復以永平軍大安府爲西京京兆府。梁改長安爲永平軍，見二百六十七卷太祖開平三年；改京兆府爲大安府，見二百六十六卷開平元年。

42 甲子，帝發大梁；十二月，庚午，至洛陽。

43 吳越王鏐以行軍司馬杜建徽爲左丞相。

44 壬申，詔以汴州宮苑爲行宮。

45 以耀州爲順義軍，延州爲彰武軍，鄧州爲威勝軍，晉州爲建雄軍，安州爲安遠軍；帝旣滅梁，特改梁所置軍名耳，凡諸藩帥未之易也。梁改耀州曰崇州，改義勝軍爲靜勝軍，乃岐所置。延州，唐保塞軍，岐爲忠義軍。鄧州，梁爲宣化軍。晉州，梁始爲定昌軍，後改建寧軍。安州，梁爲宣威軍。自餘藩鎭，皆復唐舊名。

46 庚辰，御史臺奏：「朱溫簒逆，删改本朝律令格式，梁改定律令格式事見二百六十七卷開平四年。本朝，謂前唐也。悉收舊本焚之，今臺司及刑部、大理寺所用皆僞廷之法。聞定州敕庫獨有本朝律令格式具在，乞下本道錄進。」下，戶嫁翻。從之。

47 李繼韜聞上滅梁，憂懼，不知所爲，欲北走契丹，走，音奏。會有詔徵詣闕；繼韜將行，其弟繼遠曰：「兄以反爲名，何地自容！往與不往等耳，不若深溝高壘，坐食積粟，猶可延歲月；入朝，立死矣。」或謂繼韜曰：「先令公有大功於國，先令公，謂繼韜父嗣昭，嗣昭官中書令。主上於公，季父也，李嗣昭以晉王義兒，於上爲兄，上於繼韜爲季父。往必無虞。」繼韜母楊氏，善蓄財，家貲百萬，乃與楊氏偕行，齎銀四十萬兩，他貨稱是，大布賂遺。伶人宦官爭爲之言曰：稱，尺證翻。遺，唯季翻。爲，于僞翻；下亦爲同。「繼韜初無邪謀，爲姦人所惑耳。嗣昭親賢，不可無後。」楊氏復入宮見帝，泣請其死，復，扶又翻；下復賂、子復同。以其先人爲言；又求哀於劉夫人，劉夫人亦爲之言。及繼韜入見待罪，上釋之，見，賢遍翻。留月餘，屢從遊畋，寵待如故。皇弟義成節度使、同平章事存渥深詆訶之，繼韜兄弟欲殺存渥事見上卷梁均王龍德二年。梁改滑州義成軍爲宣義軍，帝復唐舊。繼韜心不自安，復賂左右求還鎮，上不許。繼韜潛遣人遺繼遠書，教軍士縱火，冀天子復遣己撫安之，事泄，辛巳，貶登州長史，尋斬於天津橋南，并其二子。遣使斬李繼遠於上黨，以李繼達充軍城巡檢。

召權知軍州事李繼儔詣闕，繼儔據有繼韜之室，料簡妓妾，料，音聊。妓，渠綺翻。搜校貨財，不時卽路。卽，就也。繼達怒曰：「吾家兄弟父子同時誅死者四人，繼韜及其二子，并繼遠爲四人。大兄曾無骨肉之情，繼韜兄弟七人，繼儔居長，故呼爲大兄。貪淫如此；吾誠羞之，無面視人，生不如死！」甲申，繼達衰服，帥麾下百騎坐戟門呼曰：史炤曰：列棨戟於門，故曰戟門。帥，讀曰率。衰，倉回翻。呼，火故翻。「誰與吾反者？」因攻牙宅，牙宅，卽使宅也。斬繼儔。節度副使李繼珂聞亂，募市人，得千餘，攻子城。繼達知事不濟，開東門，歸私第，東門，潞州牙城東門也。盡殺其妻子，將奔契丹，出城數里，從騎皆散，乃自剄。從，才用翻。剄，古頂翻。

48 甲申，吳王復遣司農卿洛陽盧蘋來奉使，嚴可求豫料帝所問，教蘋應對，既至，皆如可求所料。蘋還，言唐主荒于游畋，嗇財拒諫，內外皆怨。

49高季興在洛陽，帝左右伶官【章：十二行本「官」作「宦」；乙十一行本同；熊校同。】求貨無厭，伶官〔宦〕，謂伶人及宦官也。厭，於鹽翻。季興忿之。帝欲留季興，郭崇韜諫曰：「陛下新得天下，諸侯不過遣子弟將佐入貢，惟高季興身自入朝，當褒賞以勸來者；乃羈留不遣，棄信虧義，沮四海之心，沮，在呂翻。非計也。」乃遣之。季興倍道而去，至許州，九域志：洛陽東至許州三百一十里。謂左右曰：「此行有二失：來朝一失，縱我去一失。」言彼此俱失也。過襄州，節度使孔勍留宴，中夜，斬關而去。勍，渠京翻。考異曰：五代史補：「季興行已浹旬，莊宗且悔，遽以急詔命襄州節度使劉訓伺便圖之。無何，季興至襄州，就館而心動，謂親吏曰：『梁先輩之言中矣。與其住而生，不若去而死。』遂棄輜重，與部曲數百人南走，至鳳林關，已昏黑，於是斬關而出。是夜三更，向之急詔果至，劉訓度其去遠不可及而止。」王舉天下大定錄亦云：「莊宗遣使追之不及。」按季興自疑，故斬關夜遁耳，未必莊宗追之也。今從薛史。丁酉，至江陵，握梁震手曰：「不用君言，幾不免虎口。」梁震所言見上。幾，居依翻。又謂將佐曰：「新朝百戰方得河南，以莊宗新得天下，故曰新朝。朝，直遙翻。乃對功臣舉手云，『吾於十指上得天下。』矜伐如此，則他人皆無功矣，其誰不解體！又荒于禽色，何能久長！吾無憂矣。」乃繕城積粟，招納梁舊兵，爲戰守之備。史言帝荒淫驕矜，爲鄰敵及姦雄所窺。

鄧廣銘標點聶崇岐覆校

資治通鑑卷第二百七十三

端明殿學士兼翰林侍讀學士太中大夫提舉西京嵩山崇福宮上柱國河内郡開國公食邑二千六百户食實封一千户臣　司馬光　奉敕編集

後　學　天　台　胡三省　音　註

後唐紀二 起閼逢涒灘（甲申），盡旃蒙作噩（乙酉）十月，凡一年有奇。

莊宗光聖神閔孝皇帝中

同光二年（甲申、九二四）

1 春，正月，甲辰，幽州奏契丹入寇，至瓦橋。李存審奏也。以天平軍節度使李嗣源爲北面行營都招討使，陝州留後霍彦威副之，宣徽使李紹宏爲監軍，將兵救幽州。陝，失冉翻。監，古銜翻。將，即亮翻。

2 孔謙復言於郭崇韜曰：「首座相公萬機事繁，居第且遠，復，扶又翻。豆盧革時爲首相，故稱之爲首座相公。租庸簿書多留滯，宜更圖之。」請改用人爲租庸使，孔謙意欲自得之也。更，工衡翻。豆盧革嘗以手書便（假）省庫錢數十萬，今俗謂借錢爲便錢，言借貸以便用也。時租庸錢皆入省庫。謙以手書示崇韜，崇韜微以諷革。革懼，奏請崇韜專判租庸，崇韜固辭。上曰：「然則誰可者？」崇韜曰：「孔謙雖久典金穀，自帝得魏博，孔謙即爲支度務使。若遽委大任，恐不叶物望，請復用張憲。」帝即命召之。謙彌失望。謙自去年四月帝即位之初即望爲租庸使，事見上卷。

3 岐王聞帝入洛，內不自安，聞帝自大梁入洛，懼移兵西伐也。遣其子行軍司馬彰義節度使兼侍中繼曮入貢，李繼曮以鳳翔行軍司馬領涇州節。始上表稱臣。帝以其前朝耆舊，與太祖比肩，前朝，謂唐僖、昭之朝。帝即位，追尊考晉王克用曰武皇帝，廟號太祖。上，時掌翻。朝，直遙翻；下同。特加優禮，每賜詔但稱岐王而不名。庚戌，加繼曮中【章：十二行本「中」上有「兼」字；乙十一行本同。】書令，遣還。曮，魚險翻。還，從宣翻，又如字。

4 敕：「內官不應居外，應前朝內官及諸道監軍幷私家先所畜者，不以貴賤，並遣詣闕。」唐末誅宦官，其有逃逸者，散投外鎮及爲私家所養。畜，吁玉翻。時在上左右者已五百人，至是殆及千人，皆給贍優厚，委之事任，以爲腹心。內諸司使，自天祐以來以士人代之，唐昭宗天復三年誅宦官，以士人爲內諸司使，時所存者九使而已。至梁有客省使，改小馬坊使爲天驥使，飛龍使，莊宅使，儀鸞使，文思使，五坊使，如京使，尚食使，改御食使爲司膳使，洛苑使，教坊使，東上閤門使，西上閤門使，內園栽接使，弓箭庫使，大內皇牆使，武備庫使，引進使，左藏庫使，閑廄使，宮苑使，翰林使，大和庫使，豐德庫使，乾文院使。後唐雖不用梁制，而復唐之舊，內諸司使其官亦多。至是復用宦者，浸干政事。既而復置諸道監軍，節度使出征或留闕下，軍府之政皆監軍決之，陵忽主帥，怙勢爭權，由是藩鎮皆憤怒。為後諸藩鎮乘變殺監軍張本。

5 契丹出塞。召李嗣源旋師，命泰寧節度使李紹欽、澤州刺史董璋戍瓦橋。

6 李繼曮見唐甲兵之盛，歸，語岐王，語，牛倨翻。岐王益懼，癸丑，表請正藩臣之禮；優詔不許。

7 孔謙惡張憲之來，時自魏召張憲復為租庸使，憲方正，故謙惡其來。惡，烏路翻。言於豆盧革曰：「錢穀細事，一健吏可辦耳。魏都根本之地，顧不重乎！興唐尹王正言操守有餘，智力不足，必不得已，使之居朝廷，衆人輔之，猶愈於專委方面也。」革為之言於崇韜，為，于偽翻。崇韜乃奏留張憲於東京。甲寅，以正言為租庸使。正言昏懦，謙利其易制故也。易，以豉翻。

8 李存審奏契丹去，復得新州。新州陷見二百六十九卷梁均王貞明三年。

9 戊午，敕鹽鐵、度支、戶部三司並隸租庸使。租庸使之權愈重矣。

10 上遣皇弟存渥、皇子繼岌迎太后、太妃於晉陽，太妃曰：「陵廟在此，若相與俱行，歲時何人奉祀！」遂留不來。帝即位，尊曾祖執宜廟號懿祖，陵曰永興；國昌廟號獻祖，陵曰長寧；克用廟號太祖，陵曰建極。三陵皆在代州鴈門縣，親廟在晉陽。太妃之不來，夫豈專陵廟之為，其心固有所見也，且其辭義甚正。為太后、太妃俱以憂邑成疾張本。太后至，庚申，上出迎於河陽；辛酉，從太后入洛陽。

11 二月，己巳朔，上祀南郊，大赦。孔謙欲聚斂以求媚，斂，力贍翻。凡赦文所蠲者，謙復徵之。蠲，圭淵翻，除也。復，扶又翻。自是每有詔令，人皆不信，百姓愁怨。

郭崇韜初至汴、洛，頗受藩鎮饋遺，遺，唯季翻。所親或諫之，崇韜曰：「吾位兼將相，郭崇韜爲樞密使，加侍中，領成德節。樞密使，天下事無所不關；侍中，三省長官，又領節鎮，故言位兼將相。祿賜巨萬，豈藉外材！【章：十二行本「材」作「財」；乙十一行本同；孔本同；熊校同。】但以僞梁之季，賄賂成風，今河南藩鎮，皆梁之舊臣，主上之仇讎也，若拒，其意能無懼乎！吾特爲國家藏之私室耳。」爲，于僞翻。郭崇韜受饋遺，未足以安藩鎮疑懼之心，乃所以成其主好貨之惡。及將祀南郊，崇韜首獻勞軍錢十萬緡。先是，宦官勸帝分天下財賦爲內外府，勞，力到翻。先，悉薦翻。州縣上供者入外府，充經費，供，居用翻。方鎮貢獻者入內府，充宴遊及給賜左右。於是外府常虛竭無餘而內府山積。及有司辦郊祀，乏勞軍錢，崇韜言於上曰：「臣已傾家所有以助大禮，願陛下亦出內府之財以助有司。」上默然久之，曰：「吾晉陽自有儲積，積，子賜翻，又如字。可令租庸輦取以相助。」於是取李繼韜私第金帛數十萬以益之，李繼韜父嗣昭從晉王克用起於晉陽，故私第在焉。繼韜以反誅，其家貲沒官。軍士皆不滿望，始怨恨，有離心矣。爲後諸軍離叛張本。

12 河中節度使李繼麟請榷安邑、解縣鹽，每季輸省課。每三月一輸鹽課於省也。榷，古岳翻。解，戶買翻。己卯，以繼麟充制置兩池榷鹽使。

13辛巳，進岐王爵爲秦王，考異曰：茂貞改封秦王，薛史無的確年月。實錄，同光元年十一月壬寅，已稱「秦王茂貞遣使賀收復」，自後皆稱秦王。至二年辛巳制，「秦王李茂貞可封秦王」，豈有秦王封秦王之理！必是至是時始自岐王封秦王也。通鑑考異正本在二年正月岐王上表稱臣之下，今移置於此。仍不名、不拜。

14郭崇韜知李紹宏快快，乃置內句使，掌句三司財賦，以紹宏爲之，冀弭其意，而紹宏終不悅，李紹宏恨郭崇韜，見上卷元年。句，音鉤。徒使州縣增移報之煩。按薛史云：同光元年十一月，以李紹宏兼內句，凡天下錢穀簿書悉委裁遣，自是州縣供帳煩費，議者非之。與此有歲月之差。

崇韜位兼將相，復領節旄，以天下爲己任，權侔人主，旦夕車馬塡門。性剛急，遇事輒發，嬖倖僥求，多所摧抑，嬖，卑義翻，又必計翻。僥，堅堯翻。宦官疾之，朝夕短之於上；崇韜扼腕，欲制之不能。腕，烏貫翻。豆盧革、韋說嘗問之曰：「汾陽王本太原人徙華陰，說，讀曰悅。華，戶化翻。公世家鴈門，豈其枝派邪？」崇韜因曰：「遭亂，亡失譜諜，嘗聞先人言，上距汾陽四世耳。」譜，博古翻，籍錄也。諜，徒協翻。漢郊祀歌：披圖按諜。蘇林註曰：諜，譜第也。汾陽王，謂郭子儀也。革曰：「然則固從祖也。」從，才用翻。崇韜由是以膏粱自處，多甄別流品，處，昌呂翻。別，彼列翻。引拔浮華，鄙棄勳舊。有求官者，崇韜曰：「深知公功能，然門地寒素，不敢相用，恐爲名流所嗤。」嗤，丑之翻，笑也。由是嬖倖疾之於內，勳舊怨之於外。崇韜屢請以樞密使讓李紹宏，上不許；又請分樞密院事歸內諸司以輕其權，而宦官謗之不已。崇韜鬱鬱不得志，與所親謀赴本鎮以避之，其人曰：「不可。蛟龍失水，螻蟻足以制之。」

先是，上欲以劉夫人爲皇后，先，悉薦翻。而有正妃韓夫人在，歐史曰：莊宗正室曰衛國夫人韓氏，其次曰燕國夫人伊氏，次魏國夫人劉氏。太后素惡劉夫人，按歐史，劉氏爲袁建豐所得，内之太后宫，教以吹笙歌舞，莊宗悅之，太后以賜莊宗。然而惡之者，以其所出微而妬悍也。崇韜亦屢諫，上以是不果。於是所親說崇韜曰：說，式芮翻。「公若請立劉夫人爲皇后，上必喜。内有皇后之助，則伶宦輩不能爲患矣。」崇韜從之，與宰相帥百官共奏劉夫人宜正位中宫。癸未，立魏國夫人劉氏爲皇后。郭崇韜以是求自全，乃所以自禍也。爲殺郭崇韜張本。帥，讀曰率；下同。皇后生於寒微，既貴，專務蓄財，其在魏州，薪蘇果茹皆販鬻之。採木爲薪，採草爲蘇。果，蓏也。茹，菜也。及爲后，四方貢獻皆分爲二，一上天子，一上中宫。上，時掌翻。以是寶貨山積，惟用寫佛經，施尼師而已。施，式豉翻。

是時皇太后誥，皇后敎，與制敕交行於藩鎮，奉之如一。婦言與王言並行，自古亂政未有如同光之甚者也。

15 詔蔡州刺史朱勍浚索水，通漕運。水經註：車關水出于嵩渚之山，發于層阜之上，一源兩枝，分流瀉注，世謂之石泉水，東流爲索水，西注爲車關水。索水在成皋北。勍，渠京翻。索，山客翻。

16 三月，己亥朔，蜀主宴近臣於怡神亭，酒酣，君臣及宫人皆脫冠露髻，喧譁自恣。知制諸京兆李龜禎諫曰：「君臣沈湎，不憂國政，沈，持林翻。臣恐啓北敵之謀。」北敵，謂唐也。不聽。

17乙巳，鎭州言契丹將犯塞，此據諜報而上言也。詔橫海節度使李紹斌、北京左廂馬軍指揮使李從珂帥騎兵分道備之；天平節度使李嗣源屯邢州。紹斌本姓趙，名行實，幽州人也。斌，悲巾翻。

18丙午，加高季興兼尚書令，進封南平王。

19李存審自以身爲諸將之首，李存審時爲蕃漢馬步軍都總管。不得預克汴之功，感憤，疾益甚，李存審自滄徙幽，時已寢疾。屢表求入覲，郭崇韜抑而不許。存審疾亟，表乞生覩龍顏，乃許之。初，帝嘗與右武衛上將軍李存賢手搏，存賢不盡其技，存賢本許州王賢，少爲軍卒，善角觝。晉王克用得之，賜以姓名，養爲子。技，渠綺翻。帝曰：「汝能勝我，當授藩鎭。」存賢乃奉詔，僅仆帝而止。及許存審入覲，帝以存賢爲盧龍行軍司馬，旬日除節度使，曰：「手搏之約，吾不食言矣。」以手搏而得大藩，是節鎭可以戲取矣。

20庚戌，幽州奏契丹寇新城。新城縣屬涿州，唐太和六年以故督亢地置。匈奴須知：新城縣北至涿州六十里。

21勳臣畏伶官【宦】之讒，皆不自安。蕃漢內外馬步副總管李嗣源求解兵柄；帝不許。

22自唐末喪亂，喪，息浪翻。搢紳之家或以告赤礬於族姻，「赤」，當作「敕」。礬於族姻則旣非矣，安知後世有礬於非其族類者乎！遂亂昭穆，昭，上招翻。至有舅、叔拜甥、姪者，言舅拜其甥，叔拜其姪也。選人僞濫者衆。郭崇韜欲革其弊，請令銓司精加考覈。銓司，吏部也。選，須絹翻。覈，下革翻。時南郊行事官千二百人，凡郊祀，預執事者皆謂之行事官。注官者纔數十人，塗毁告身者十之九。選人或號哭道路，號，戶刀翻。或餒死逆旅。

23唐室諸陵先爲溫韜所發，帝不能正溫韜之罪，見上卷上年。庚申，以工部郎中李途爲長安按視諸陵使。

24皇子繼岌代張全義判六軍諸衛事。

25夏，四月，己巳朔，羣臣上尊號曰昭文睿武至德光孝皇帝。唐諸帝尊號皆有「孝」字，蓋因漢制，今此又因唐制也。

26帝遣客省使李嚴使于蜀，嚴盛稱帝威德，有混一天下之志。且言朱氏篡竊，諸侯曾無勤王之舉。王宗儔以其語侵蜀，請斬之，蜀主不從。宣徽北院使宋光葆上言：「晉王有憑陵我國家之志，宜選將練兵，屯戍邊鄙，積糗糧，治戰艦以待之。」上，時掌翻。糗，去久翻。治，直之翻。艦，戶黯翻。言治戰艦，欲以防峽江。蜀主乃以光葆爲梓州觀察使，充武德節度留後。蜀置武德軍於梓州。

27 乙亥，加楚王殷兼尚書令。

28 庚辰，賜前保義留後霍彥威姓名李紹眞。唐既滅梁，改陝州鎭國軍爲保義軍。

29 秦忠敬王李茂貞卒，遺奏以其子繼曮權知鳳翔軍府事。

30 初，安義牙將楊立有寵於李繼韜，李繼韜之求世襲也，改昭義軍爲安義軍。繼韜誅，見上卷上年。常邑邑思亂。會發安義兵三千戍涿州，立謂其衆曰：「前此潞兵未嘗戍邊，晉與梁兵爭，潞兵未嘗北戍，蓋以備梁耳。今朝廷驅我輩投之絕塞，蓋不欲置之潞州耳。與其暴骨沙場，不若據城自守，涿州在幽州之南，未爲絕塞也。唐人謂沙漠之地爲沙場，豈涿州之地乎！楊立以此言激怒潞兵耳。事成富貴，不成爲羣盜耳。」因聚譟攻子城東門，焚掠市肆；節度副使李繼珂、監軍張弘祚棄城走，立自稱留後，遣將士表求旌節。詔以天平節度使李嗣源爲招討使，武寧節度使李紹榮爲部署，部署之官始見于通鑑，本在招討使之下；其後有都部署，遂爲專任主帥之任。帳前都指揮使張廷蘊爲馬步都指揮使以討之。

31 孔謙貸民錢，使以賤估償絲，估，音古，價也。以錢貸民，而以賤價徵絲，償所貸錢。屢檄州縣督之。翰林學士承旨、權知汴州盧質上言：「梁趙巖爲租庸使，舉貸誅斂，結怨于人。斂，力贍翻。陛下革故鼎新，爲人除害，易雜卦曰：革，去故也。鼎，取新也。爲，于僞翻。而有司未改其所爲，是趙巖復生也。復，扶又翻。今春霜害稼，【章：十二行本「稼」作「桑」；乙十一行本同；張校同，云無註本亦誤「稼」。】繭絲甚薄，但輸正稅，猶懼流移，況益以稱貸，稱，舉也。貸，借也。人何以堪！臣惟事天子，不事租庸，敕旨未頒，省牒頻下，省牒，謂租庸使所下文書。下，戶嫁翻。願早降明命！」帝不報。

32 漢主引兵侵閩，屯於汀、漳境上；閩之汀、漳二州，皆與漢之潮州接境。閩人擊之，漢主敗走。

33 初，胡柳之役，見二百七十卷梁均王貞明四年。伶人周匝爲梁所得，帝每思之；帝思周匝而不思周德威，此其所以亡也。入汴之日，匝謁見於馬前，入汴見上卷上年。見，賢遍翻。帝甚喜。匝涕泣言曰：「臣之所以得生全者，皆梁教坊使陳俊、內園栽接使儲德源之力也，梁內園栽接使，猶唐之內園使也。宋白曰：栽接使，貞元中已有之。職官分紀：五代有內園栽接使，國朝止名內園使。願就陛下乞二州以報之。」帝許之。郭崇韜諫曰：「陛下所與共取天下者，皆英豪忠勇之士。今大功始就，封賞未及一人，而先以伶人爲刺史，恐失天下心。」以是不行。踰年，伶人屢以爲言，帝謂崇韜曰：「吾已許周匝矣，使吾慚見此三人。三人，謂周匝、陳俊、儲德源也。周匝、李存賢之事，帝自以爲踐言矣，可以爲政乎！公言雖正，當【章：十二行本「當」上有「然」字；乙十一行本同。】爲我屈意行之。」爲，于僞翻。五月，壬寅，以俊爲景州刺史，德源爲憲州刺史。憲州本樓煩監牧，唐昭宗龍紀元年晉王克用表置憲州。時親軍有從帝百戰未得刺史者，莫不憤歎。宜其離叛也。

34 乙巳，右諫議大夫薛昭文上疏，以爲：「諸道僭竊者尚多，當是時，諸道奉貢者有所不論，如蜀、如吳、如漢，皆唐之諸道也。征伐之謀，未可遽息。又，士卒久從征伐，賞給未豐，貧乏者多，此正時病也。宜以四方貢獻及南郊羨餘，羨，弋戰翻。更加頒賚。又，河南諸軍皆梁之精銳，恐僭竊之國潛以厚利誘之，宜加收撫。又，戶口流亡者，宜寬傜薄賦以安集之。又，土木不急之役，宜加裁省。又請擇隙地牧馬，勿使踐京畿民田。」皆不從。

35 戊申，蜀主遣李嚴還。李嚴四月入蜀，至是而還。還，從宣翻，又如字。考異曰：實錄：「七月，戊午，蜀遣歐陽彬朝貢。十月，癸巳，遣客省使李嚴充蜀川回信使。三年，八月，戊辰，嚴自西川回。」蜀書：「四月，己巳朔，唐使李嚴來聘。五月，戊申，遣嚴歸本國。十一月，己未朔，遣彬爲唐國通好使。」按錦里耆舊傳：「是歲遣歐陽彬通聘洛京，莊宗遣李嚴來脩好。」笏記云：「豈謂大蜀皇帝，特遣蘇、張之士，來追唐蜀之歡！吾皇迴感於蜀皇，復禮遠酬於厚禮。」然則嚴爲回信使也。或者歐陽彬之前，蜀已有入洛之使乎？若如實錄年月，則李嚴以二年十月奉使，至三年八月方歸，何留之久乎！十國紀年蜀史又云：「九月，己亥，唐帝遣李彥稠來使。十一月，辛丑，遣彥稠東還。」又，八月以後遣王宗鍔等戍洋、利以備東師，似用宋光葆之言；十一月以後以唐國通好，召諸軍還，似因彥稠來而罷之。今並從蜀書年月。初，帝因嚴入蜀，令以馬市宮中珍玩，而蜀法禁錦綺珍奇不得入中國，其粗惡者乃聽入中國，謂之「入草物」。粗，讀曰麤。自盛唐以來，蜀貢賦歲至京師。此法乃王衍之法也。嚴還，以聞，帝怒曰：「王衍寧免爲入草之人乎！」嚴因言於帝曰：「衍童騃荒縱，不親政務，斥遠故老，昵比小人。騃，語駭翻。遠，丁願翻。昵，尼質翻。比，毗至翻。其用事之臣王宗弼、宋光嗣等，諂諛專恣，黷貨無厭，賢愚易位，刑賞紊亂，厭，於鹽翻。紊，音問。君臣上下專以奢淫相尚。以臣觀之，大兵一臨，瓦解土崩，可翹足而待也。」帝深以爲然。爲伐蜀張本。

36 帝以潞州叛故，庚戌，詔天下州鎮無得脩城濬隍，悉毁防城之具。毁防城之具，慮天下將卒有憑城而拒命者耳。然趙在禮攻魏而魏不能守，趙在禮據魏而攻不能拔，而帝由是亦死於亂兵，防患之道固不在此也。

37 壬子，新宣武節度使兼中書令、蕃漢馬步總管李存審卒于幽州。李存審受宣武之命而未離幽州也。存審出於寒微，常戒諸子曰：「爾父少提一劍去鄉里，少，詩照翻。存審，陳州宛丘人，從李罕之歸晉王。四十年間，位極將相，言以節度使同平章事也。其間出萬死獲一生者非一，破骨出鏃者凡百餘。」因授以所出鏃，命藏之，曰：「爾曹生於膏粱，當知爾父起家如此也。」

38 幽州言契丹將入寇，甲寅，以橫海節度使李紹斌充東北面行營招討使，將大軍渡河而北。契丹屯幽州東南城門之外，虜騎充斥，饋運多爲所掠。

39 壬戌，以李繼曮爲鳳翔節度使。嗣李茂貞帥岐。

40 乙丑，以權知歸義留後曹義金爲節度使。時瓜、沙與吐蕃雜居，義金遣使間道入貢，故命之。唐懿宗咸通八年，張義潮入朝，以族子惟深守歸義。十三年，惟深卒，以義金權知留後。自咸通十三年至是五十四年，蓋曹義金亦已老矣。間，古莧翻。

41 李嗣源大軍前鋒至潞州，日已暝；暝，莫定翻，夕也。泊軍方定，張廷蘊帥麾下壯士百餘輩踰塹坎城而上，帥，讀曰率。上，時掌翻。守者不能禦，卽斬關延諸軍入。比明，比，必利翻，及也；下比起同。嗣源及李紹榮至，城已下矣，嗣源等不悅。以張廷蘊不待其至而先取城也。丙寅，嗣源奏潞州平。六月，丙子，磔楊立及其黨於鎭國橋。磔，陟格翻。潞州城池高深，帝命夷之。夷，平也。

42 丙戌，以武寧節度使李紹榮爲歸德節度使、同平章事，梁都汴，移宣武軍於宋州；唐滅梁，復以汴州爲宣武軍，以宋州爲歸德軍。留宿衞，寵遇甚厚。帝或時與太后、皇后同至其家。帝有幸姬，色美，嘗生子矣，劉后妬之。會紹榮喪妻，喪，息浪翻。一日，侍禁中，帝問紹榮：「汝復娶乎？復，扶又翻。爲汝求婚。」爲，于僞翻；下爲之同。后因指幸姬曰：「大家憐紹榮，何不以此賜之！」帝難言不可，微許之。后趣紹榮拜謝，趣，讀曰促。比起，顧幸姬，已肩輿出宮矣。帝爲之託疾不食者累日。史言帝憚劉后之妬悍。

43 壬辰，以天平節度使李嗣源爲宣武節度使，代李存審爲蕃漢內外馬步總管。自副總管陞都總管。

44 秋，七月，壬寅，蜀以禮部尚書許寂爲中書侍郎、同平章事。

45 孔謙復短王正言於郭崇韜，復，扶又翻。又厚賂伶官，【章：十二行本「官」作「宦」；乙十一行本同。】求租庸使，終不獲，意怏怏，癸卯，表求解職；帝怒，以爲避事，將置於法，景進救之，得免。

46 梁所決河連年爲曹、濮患，梁決河見二百七十卷均王貞明四年。濮，博木翻。甲辰，命右監門上將軍婁繼英督汴、滑兵塞之。未幾，復壞。塞，悉則翻。幾，居豈翻。

47 庚申，置威塞軍於新州。

48 契丹恃其強盛，遣使就帝求幽州以處盧文進。處，昌呂翻。時東北諸夷皆役屬契丹，惟勃海未服；契丹主謀入寇，恐勃海掎其後，勃海時爲海東盛國，置五京、十五府、六十二州，盡有高麗、肅愼之地。掎，居蟻翻。乃先舉兵擊勃海之遼東，遣其將禿餒及盧文進據營、平等州以擾燕地。燕，於賢翻。

49 八月，戊辰，蜀主以右定遠軍使王宗鍔爲招討馬步使，帥二十一軍屯洋州；帥，讀曰率。乙亥，以長直馬軍使林思鍔爲昭武節度使，戍利州以備唐。

50 租庸使王正言病風，恍惚不能治事，恍，許昉翻。惚，音忽。治，直之翻。景進屢以爲言。癸酉，以副使、衞尉卿孔謙爲租庸使，右威衞大將軍孔循爲副使。循卽趙殷衡也，梁亡，復其姓名。歐史曰：孔循不知其家世何人也，少孤，流落於汴州，富人李讓闌得之，養以爲子。梁太祖以李讓爲養子，循乃冒姓朱氏，給事太祖帳中。太祖諸兒乳母有愛之者，養循爲子；乳母之夫姓趙，又冒姓趙，名殷衡。梁亡，事唐，始改孔名循。按唐天祐二年趙殷衡已權判宣徽院事，見二百六十五卷。謙自是得行其志，重斂急徵以充帝欲，民不聊生。癸未，賜謙號豐財贍國功臣。記曰：與其有聚斂之臣，寧有盜臣。而以是爲功臣之號以寵孔謙，唐之君臣不知其非也。民困軍怨，其能久乎！爲明宗誅謙張本。

51 帝復遣使者李彥稠入蜀，九月，己亥，至成都。復，扶又翻；下復蹂同。

52 癸卯，帝獵于近郊。時帝屢出遊獵，從騎傷民禾稼，洛陽令何澤伏於叢薄，草聚生曰叢；草木交錯曰薄。俟帝至，遮馬諫曰：「陛下賦斂既急，今稼穡將成，復蹂踐之，蹂，人九翻，又如又翻。踐，慈演翻。使吏何以爲理，民何以爲生！臣願先賜死。」帝慰而遣之。諫獵一也，中牟令幾不免於死，洛陽令乃蒙勞遣者，意必有伶官爲之容也。夷考何澤終身之行，實非亮直之士。澤，廣州人也。薛史：何澤，廣州人，梁貞明中清海節度使劉陟薦其才，以進士擢第。

53 契丹攻渤海，無功而還。還，從宣翻，又如字。

54 蜀前山南節度使兼中書令王宗儔以蜀主失德，與王宗弼謀廢立，宗弼猶豫未決。庚戌，宗儔憂憤而卒。宗弼謂樞密使宋光嗣、景潤澄等曰：「宗儔教我殺爾曹，今日無患矣。」光嗣輩俯伏泣謝。宗弼子承班聞之，謂人曰：「吾家難乎免矣。」

55 乙卯，蜀主以前鎮江軍節度使張武爲峽路應援招討使。蜀置鎮江軍於夔州。

56 丁巳，幽州言契丹入寇。

57 冬，十月，辛未，天平節度使李存霸、平盧節度使符習言：「屬州多稱直奉租庸使帖指揮公事，使司殊不知，有紊規程。」使司，謂節度使司也。紊，音問。租庸使奏，近例皆直下。時租庸使帖下諸州調發，不關節度觀察使，謂之直下。下，戶嫁翻。敕：「朝廷故事，制敕不下支郡，節鎮爲會府，巡屬諸州爲支郡。牧守不專奏陳。今兩道所奏，乃本朝舊規；租庸所陳，是僞廷近事。時以梁爲僞廷，黜之也。自今支郡自非進奉，皆須本道騰奏，租庸徵催亦須牒觀察使。」唐制：節度使掌兵事，觀察使掌民事，故敕租庸徵催止牒觀察使司。雖有此敕，竟不行。史言徵斂嚴急，但期趣辦，竟不奉敕而行。

58 易定言契丹入寇。

59 蜀宣徽北院使王承休請擇諸軍驍勇者萬二千人，置駕下左、右龍武步騎四十軍，兵械給賜皆優異於他軍，以承休爲龍武軍馬步都指揮使，以裨將安重霸副之，舊將無不憤恥。重霸，雲州人，以狡佞賄賂事承休，故承休悅之。爲安重霸背王承休而降唐張本。

60 吳越王鏐復脩本朝職貢，錢鏐本唐臣，唐亡事梁，梁亡復事唐，故云復脩本朝職貢。壬午，帝因梁官爵而命之。鏐厚貢獻，并賂權要，求金印、玉册，賜詔不名，稱國王。有司言：「故事惟天子用玉册，王公皆用竹册；竹册，編竹爲之，以存古意。又，非四夷無封國王者。」帝皆曲從鏐意。

61 吳王如白沙觀樓船，更命白沙曰迎鑾鎮。路振九國志曰：楊溥巡白沙，太學博士王穀上書請改白沙爲迎鑾，其略曰：「日月所經，星辰盡爲黃道；鑾輿所止，井邑皆爲赤縣。」徐溫自金陵來朝。白沙，楊子縣地。五季之末改楊子爲永貞縣，宋朝乾德二年以揚州永貞縣迎鑾鎮爲建安軍，大中祥符六年升爲眞州，而永貞縣先是復改爲楊子。其地東至揚州六十里，南臨大江，渡江而南至金陵亦六十里。更，工衡翻。先是，溫以親吏翟虔爲閤門、宮城、武備等使，使察王起居，先，悉薦翻。虔防制王甚急。使鍾泰章殺張顥、閉牙城門討朱瑾，皆翟虔也，故徐溫親任之。翟，直格翻。至是，王對溫名雨爲水，溫請其故。王曰：「翟虔父名，吾諱之熟矣。」因謂溫曰：「公之忠誠，我所知也，然翟虔無禮，宮中及宗室所須多不獲。」須者，意所欲也，求也。溫頓首謝罪，請斬之，王曰：「斬則太過，遠徙可也。」乃徙撫州。

62 十一月，蜀主遣其翰林學士歐陽彬來聘。考異曰：實錄：「七月，戊午，蜀主遣戶部侍郎歐陽彬來使，致書用敵國禮。」蜀書後主紀：「十一月，乙未，命翰林學士、兵部侍郎歐陽彬爲唐國通好使。」今從之。彬，衡山人也。又遣李彥稠東還。李彥稠至蜀見上九月。還，從宣翻，又如字。

63 癸卯，帝帥親軍獵于伊闕，伊闕縣在洛陽南二百餘里，有伊闕山，大禹所鑿也。宋朝省伊闕縣爲鎮，入伊陽縣。帥，讀曰率。命從官拜梁太祖墓。梁祖，帝之仇讎，前欲發墓斲棺，今使從官拜之，何前後之相違也！從，才用翻。涉歷山險，連日不止，或夜合圍；士卒墜崖谷死及折傷者甚衆。史言帝荒於從禽而不恤士卒。折，而設翻。丙午，還宮。

64 蜀以唐脩好，罷威武城戍，召關宏業等二十四軍還成都。戊申，又罷武定、武興招討劉潛等三十七軍。

65丁巳，賜護國節度使李繼麟鐵券，以其子令德、令錫皆爲節度使，諸子勝衣者即拜官，勝，音升。寵冠列藩。朱友謙之寵，乃所以速禍也。是其反覆多矣，能無及乎！冠，工喚翻。

66庚申，蔚州言契丹入寇。

67辛酉，蜀主罷天雄軍招討，命王承騫等二十九軍還成都。

68十二月，乙丑朔，蜀主以右僕射張格兼中書侍郎、同平章事。初，格之得罪，事見二百七十卷梁均王貞明四年。中書吏王魯柔乘危窘之；窘，渠隕翻。及再爲相用事，杖殺之。許寂謂人曰：「張公才高而識淺，戮一魯柔，他人誰敢自保！此取禍之端也。」張格則失矣，許寂同在相位，不知蜀有垂亡之勢，但知張格有取禍之端，蜀亡，爲相者得免禍乎！

69蜀主罷金州屯戍，命王承勳等七軍還成都。蜀主恃與唐和而徹邊備，是馴狎虎豹而不嚴設圈檻也。

70己巳，命宣武節度使李嗣源將宿衞兵三萬七千人赴汴州，遂如幽州禦契丹。命李嗣源將兵赴鎮，因而北出備邊。

71庚午，帝及皇后如張全義第，全義大陳貢獻；酒酣，皇后奏稱：「妾幼失父母，見老者輒思之，請父事全義。」帝許之。全義惶恐固辭，再三強之，竟受皇后拜，復貢獻謝恩。劉后利張全義之財，此如倡婢屈膝於人，志在求貨耳，惡可以母天下乎！強，其兩翻。復，扶又翻。明日，后命翰林學士趙鳳草書謝全義，鳳密奏：「自古無天下之母拜人臣爲父者。」帝嘉其直，然卒行之。卒，子恤翻。自是后與全義日遣使往來問遺不絕。遺，唯季翻。

72 初，唐僖、昭之世，宦官雖盛，未嘗有建節者。蜀安重霸勸王承休求秦州節度使，承休言於蜀主曰：「秦州多美婦人，請爲陛下采擇以獻。」爲，于僞翻。蜀主許之，庚午，以承休爲天雄節度使，封魯國公；史言蜀政之亂有唐末之所無者。以龍武軍爲承休牙兵。是年十月，蜀方置龍武軍。

73 乙亥，蜀主以前武德節度使兼中書令徐延瓊爲京城內外馬步都指揮使。蜀以成都城爲京城。延瓊以外戚代王宗弼居舊將之右，衆皆不平。蜀主之母、之妃，皆徐氏也。蜀主建遺命不以徐氏兄弟典兵，雖王衍昏縱，而蜀之臣亦無以建遺命爲衍言者。王宗弼亦何足任！衆之所以不平徐延瓊者，但以非次耳。

74 壬午，北京言契丹寇嵐州。同光之初，以鎭州爲北都，太原爲西京；尋廢北都復爲鎭州，以太原爲北京。嵐，盧含翻。

75 辛卯，蜀主改明年元曰咸康。

76 盧龍節度使李存賢卒。

77 是歲，蜀主徙普王宗仁爲衞王，雅王宗輅爲豳王，褒王宗紀爲趙王，榮王宗智爲韓王，興王宗澤爲宋王，彭王宗鼎爲魯王，忠王宗平爲薛王，資王宗特爲莒王；宗輅、宗智、宗平皆罷軍役。【章：十二行本「役」作「使」；乙十一行本同。】蜀以諸王爲軍使，見二百七十卷梁均王貞明四年。

三年（乙酉、九二五）

1 春，正月，甲午朔，蜀大赦。

2 丙申，敕有司改葬昭宗及少帝，以其遭朱溫之弑，葬故多闕也。少，詩照翻。竟以用度不足而止。後唐自以爲承唐後，終不能改葬昭宗、少帝；後漢自以爲纂漢緒，而長陵、原陵終乾祐之世不沾一奠。史書之以見譏。

3 契丹寇幽州。

4 庚子，帝發洛陽；庚戌，至興唐。時以魏州爲興唐府。

5 詔平盧節度使符習治酸棗遙隄以禦決河。遙隄者，遠於平地爲之以捍水。治，直之翻。

6 初，李嗣源北征，謂去年北禦契丹時也。過興唐，東京庫有供御細鎧，嗣源牒副留守張憲取五百領，憲以軍興，不暇奏而給之；帝怒曰：「憲不奉詔，擅以吾鎧給嗣源，何意也！」罰憲俸一月，令自往軍中取之。往嗣源軍中取細鎧。

帝以義武節度使王都將入朝，欲闢毬場，憲曰：「比以行宮闕廷爲毬場，前年陛下即位於此，其壇不可毀，比，毗至翻。同光元年帝築壇於魏州牙城之南，告天即位。請闢毬場於宮西。」數日，未成，帝命毀卽位壇。憲謂郭崇韜曰：「此壇，主上所以禮上帝，始受命之地也，若之何毀之！」崇韜從容言於帝，從，千容翻。帝立命兩虞候毀之。兩虞候，馬軍虞候及步軍虞候，一曰：左、右兩虞候。憲私於崇韜曰：「忘天背本，不祥莫大焉。」背，蒲妹翻。張憲、郭崇韜相與私議而不敢廷爭，以帝之鷙悍而不可回也。

7 二月，甲戌，以橫海節度使李紹斌爲盧龍節度使。李紹斌至明宗時復姓趙，賜名德鈞。德鈞守幽州不爲無功；其後乘危以邀君，外與契丹爲市，不但父子爲虜，幽州亦爲虜有矣。

8 丙子，李嗣源奏敗契丹於涿州。敗，補邁翻。

9 上以契丹爲憂，與郭崇韜謀，以威名宿將零落殆盡，李紹斌位望素輕，欲徙李嗣源鎭眞定，爲紹斌聲援，崇韜深以爲便。時崇韜領眞定，上欲徙崇韜鎭汴州，欲使二人兩易節鎭。崇韜辭曰：「臣內典樞機，外預大政，富貴極矣，何必更領藩方？且羣臣或從陛下歲久，身經百戰，所得不過一州。臣無汗馬之勞，徒以侍從左右，侍從，才用翻。時贊聖謨，致位至此，常不自安；今因委任勳賢，使臣得解旄節，乃大願也。且汴州關東衝要，汴州在成皋關之東，南通淮、泗，北接滑、魏，衝要之地也。地富人繁，臣既不至治所，徒令他人攝職，何異空城！非所以固國基也。」上曰：「深知卿忠盡，然卿爲朕畫策，襲取汶陽，保固河津，既而自此路直【章：十二行本「直」上有「乘虛」二字；乙十一行本同。】趨大梁，成朕帝業，爲，于僞翻。取汶陽，謂取鄆州；保固河津，謂築壘馬家口與取大梁。事並見上卷元年。汶，音問。趨，七喩翻。豈百戰之功可比乎！今朕貴爲天子，豈可使卿曾無尺寸之地乎！」崇韜固辭不已，上乃許之。庚辰，徙李嗣源爲成德節度使。

10 漢主聞帝滅梁而懼，遣宮苑使何詞入貢，且覘中國強弱。覘，丑廉翻，又丑豔翻。甲申，詞至魏。時帝在魏都。及還，還，從宣翻，又如字。言帝驕淫無政，不足畏也。漢主大悅，自是不復通中國。復，扶又翻。無敵國外患者國恆亡。漢主既知唐之不足畏，奢虐亦由是滋矣。

11 帝性剛好勝，好，呼到翻。不欲權在臣下，入洛之後，信伶宦之讒，頗疏忌宿將。李嗣源家在太原，三月，丁酉，表衞州刺史李從珂爲北京內牙馬步都指揮使以便其家，帝怒曰：「嗣源握兵權，居大鎭，軍政在吾，安得爲其子奏請！」得爲，于僞翻。乃黜從珂爲突騎指揮使，帥數百人戍石門鎭。石門鎭卽唐之橫水柵。帥，讀曰率。嗣源憂恐，上章申理，久之方解。上，時掌翻。申者重也，重自理說。辛丑，嗣源乞至東京朝覲，不許。郭崇韜以嗣源功高位重，亦忌之，私謂人曰：「總管令公非久爲人下者，李嗣源爲中書令、蕃漢內外馬步軍都總管，故以稱之。皇家子弟皆不及也。」密勸帝召之宿衞，罷其兵權，又勸帝除之，帝皆不從。爲李嗣源疑懼張本。郭崇韜其亦自知爲伶宦所忌乎。

12 己酉，帝發興唐，自德勝濟河，歷楊村、戚城，觀昔時戰處，指示羣臣以爲樂。此卽帝自言「我於十指上得天下」之故態也。樂，音洛。

13洛陽宮殿宏邃，宦者欲上增廣嬪御，詐言宮中夜見鬼物，上欲使符呪者攘之，符水厭祝，巫覡挾術以欺世者爲之。攘，卻也。宦者曰：「臣昔逮事咸通、乾符天子，逮，及也。咸通，唐懿宗年號；乾符，僖宗年號。當是時，六宮貴賤不減萬人。今掖庭太半空虛，故鬼物遊之耳。」上乃命宦者王允平、伶人景進采擇民間女子，遠至太原、幽、鎮，以充後庭，不啻三千人，不問所從來。上還自興唐，還，從宣翻，又如字。載以牛車，纍纍盈路。張憲奏：「諸營婦女亡逸者千餘人，慮扈從諸軍挾匿以行。」其實皆入宮矣。諸營，謂魏州諸營也。史言帝之結怨於魏卒者非一事。從，才用翻。

庚辰，帝至洛陽；辛酉，詔復以洛陽爲東都，興唐府爲鄴都。唐之盛時，以洛陽爲東都。同光之初，以晉陽爲西京，魏州爲東京，尋以洛陽爲洛都，今復唐舊以洛陽爲東都，則亦復以長安爲西京矣。晉陽之西京先已改爲北都，洛陽既復東京之舊，又改魏州之東京爲鄴都。然相州乃古鄴地，魏州治元城，非鄴地也。鄴，戰國時爲魏邑，漢爲鄴縣，魏郡治焉。漢末曹操爲魏王，居鄴。前燕慕容暐都鄴，置貴鄉縣，屬昌樂郡。水經註所謂沙丘堰有貴鄉者也。隋開皇三年罷昌樂郡，貴鄉縣屬魏州，遂爲州治所。此時與興唐縣並置於郭下。興唐本元城，莊宗以魏州爲鄴都，特以漢魏郡治鄴、曹操以魏王都鄴而名之耳。然相州自隋以來治安陽，而鄴爲屬縣，魏州、相州治所皆非古鄴也。

14夏，四月，癸亥朔，日有食之。

15初，五臺僧誠惠以妖妄惑人，自言能降伏天龍，降，戶江翻。命風召雨；帝尊信之，親帥后妃及皇弟、皇子拜之，帥，讀曰率。誠惠安坐不起，羣臣莫敢不拜。【章：十二行本「拜」下有「獨郭崇韜不拜」六字；乙十一行本同。】時大旱，帝自鄴都迎誠惠至洛陽，使祈雨，士民朝夕瞻仰，數旬不雨。或謂誠惠：謂者，告語之也。「官以師祈雨無驗，將焚之。」官，謂莊宗；師，謂誠惠。誠惠逃去，慚懼而卒。史言異端率妖妄不足信。

16 庚寅，中書侍郎、同平章事趙光胤卒。

17 太后自與太妃別，二年正月，太后離晉陽。常忽忽不樂，樂，音洛。雖娛玩盈前，未嘗解顏；太妃既別太后，亦邑邑成疾。太后遣中使醫藥相繼於道，聞疾稍加，輒不食，又謂帝曰：「吾與太妃恩如兄弟，欲自往省之。」省，悉景翻。帝以天暑道遠，苦諫，久之乃止，但遣皇弟存渥等往迎侍。五月，丁酉，北都奏太妃薨。太后悲哀不食者累日，帝寬譬不離左右。太后自是得疾，又欲自往會太妃葬，帝力諫而止。離，力智翻。太后之悲慕，以太妃有以得其心耳。

18 閩王審知寢疾，命其子節度副使延翰權知軍府事。

19 自春夏大旱，六月，壬申，始雨。

20 帝苦溽暑，溽，儒欲翻。溽暑，濕熱也。於禁中擇高涼之所，皆不稱旨。稱，尺證翻。宦者因言：「臣見長安全盛時，大明、興慶宮樓觀以百數。唐都長安，大明宮東內也，興慶宮南內也。觀，工喚翻。今日宅家曾無避暑之所，宮殿之盛曾不及當時公卿第舍耳。」帝乃命宮苑使王允平別建一樓以清暑。宦者曰：「郭崇韜常不伸眉，爲孔謙論用度不足，爲，于僞翻。恐陛下雖欲營繕，終不可得。」上曰：「吾自用內府錢，無關經費。」經費，謂國之經常調度，其費仰於租庸使者。然猶慮崇韜諫，遣中使語之曰：語，牛倨翻。「今歲盛暑異常，朕昔在河上，與梁人相拒，行營卑濕，被甲乘馬，被，皮義翻。親當矢石，猶無此暑。今居深宮之中而暑不可度，柰何？」對曰：「陛下昔在河上，勍敵未滅，勍，渠京翻。深念讎恥，雖有盛暑，不介聖懷。今外患已除，海內賓服，故雖珍臺閒館猶覺鬱蒸也。陛下儻不忘艱難之時，則暑氣自消矣。」郭崇韜之言，其指明居養之移人，可謂婉切，其如帝不聽何！帝默然。宦者曰：「崇韜之第，無異皇居，宜其不知至尊之熱也。」帝卒命允平營樓，卒，子恤翻。日役萬人，所費巨萬。崇韜諫曰：「今兩河水旱，軍食不充，願且息役，以俟豐年。」帝不聽。

21 帝將伐蜀，辛卯，詔天下括市戰馬。

22 吳鎭海節度判官、楚州團練使陳彥謙有疾，陳彥謙，徐溫所親信者也。徐知誥恐其遺言及繼嗣事，遺之醫藥金帛，相屬於道。遺，唯季翻；下同。屬，之欲翻。彥謙臨終，密留書遺徐溫，請以所生子爲嗣。以父子血氣所屬之親感動徐溫。

23 太后疾甚。秋，七月，甲午，成德節度使李嗣源以邊事稍弭，表求入朝省太后，省，悉景翻。帝不許。壬寅，太后殂。帝哀毀過甚，五日方食。

24八月，癸未，杖殺河南令羅貫。初，貫爲禮部員外郎，性強直，爲郭崇韜所知，用爲河南令。爲政不避權豪，伶宦請託，書積几案，一不報，皆以示崇韜，崇韜奏之，由是伶宦切齒。河南尹張全義亦以貫高伉，惡之，伉，苦浪翻。惡，烏路翻。遣婢訴於皇后，劉后以父事張全義，故得遣婢出入宮掖。后與伶宦共毀之，帝含怒未發。會帝自往壽安視坤陵役者，九域志：壽安縣在洛陽西南七十里。五代會要曰：上欲祔太后於代州太祖園陵，中書門下奏議曰：「人君以四海爲家，不當分南北。洛陽是帝王之宅，四時朝拜，理須便近，不能遠幸代州。漢朝諸陵皆近秦雍；國家園寢布列京畿。後魏文帝自代遷洛之後，園陵皆在河南，兼敕應勳臣之家不許北葬，今魏氏諸陵尚在京畿。祔葬代州，理未爲允。」於是作坤陵。道路泥濘，濘，乃定翻，淖也。橋多壞。帝問主者爲誰，宦官對屬河南。帝怒，下貫獄；獄吏榜掠，下，戶嫁翻。榜，音彭。掠，音亮。體無完膚，明日，傳詔殺之。崇韜諫曰：「貫坐橋道不脩，法不至死。」帝怒曰：「太后靈駕將發，天子朝夕往來，橋道不脩，卿言無罪，是黨也！」崇韜曰：「陛下以萬乘之尊，怒一縣令，使天下謂陛下用法不平，臣之罪也。」帝曰：「既公所愛，任公裁之。」拂衣起入宮，崇韜隨之，論奏不已；帝自闔殿門，崇韜不得入。貫竟死，暴尸府門，遠近冤之。羅貫之死，崇韜可以去而不能去，自致夷滅，哀哉！

25丁亥，遣吏部侍郎李德休等賜吳越國王玉册、金印，紅袍御衣。

26九月，蜀主與太后、太妃遊青城山，歷丈人觀、上清宮，青城山在蜀州青城縣北三十三里。杜光庭曰：岷山連峯接岫，千里不絶，青城山乃第一峯也。丈人觀在青城北二十里。上清宮在高臺山丈人祠之側。高臺山在岷山上，有天池，晉朝立天宮於上，號上清宮。遂至彭州陽平化、彭州濛陽縣北四十里有葛仙山，二十四化之第五化也。漢州三學山而還。還，從宣翻，又如字。

27 乙未，立皇子繼岌爲魏王。

28 丁酉，帝與宰相議伐蜀，威勝節度使李紹欽素諂事宣徽使李紹宏，紹宏薦「紹欽有蓋世奇才，雖孫、吳不如，可以大任。」郭崇韜曰：「段凝亡國之將，姦諂絶倫，不可信也。」改鄧州宣化軍爲威勝軍。段凝降，賜姓名李紹欽，事並見上卷元年。衆舉李嗣源，崇韜曰：「契丹方熾，總管不可離河朔。離，力智翻。魏王地當儲副，未立殊功，請依故事，以爲伐蜀都統，安祿山之亂，玄宗分命諸子爲諸道都統，此唐故事也。成其威名。」帝曰：「兒幼，豈能獨往，當求其副。」既而曰：「無以易卿。」庚子，以魏王繼岌充西川四面行營都統，崇韜充東北面行營都招討制置等使，軍事悉以委之。又以荆南節度使高季興充東南面行營都招討使，鳳翔節度使李繼曮充都供軍轉運應接等使，同州節度使李令德充行營副招討使，陝州節度使李紹琛充蕃漢馬步軍都排陳斬斫使兼馬步軍都指揮使，李令德，朱友謙之子也；李紹琛，康延孝也；皆降唐賜姓名。陳，讀曰陣。西京留守張筠充西川管內安撫應接使，華州節度使毛璋充左廂馬步都虞候，邠州節度使董璋充右廂馬步都虞候，客省使李嚴充西川管內招撫使，將兵六萬伐蜀，仍詔季興自取夔、忠、萬三州爲巡屬。唐時夔、忠、萬三州本屬荆南節度，唐末之亂，王建據蜀，併而有之。都統置中軍，以供奉官李從襲充中軍馬步都指揮監押，高品李廷安、呂知柔充魏王府通謁。李從襲等皆宦官也。辛丑，以工部尚書任圜、翰林學士李愚並參預都統軍機。

29 自六月甲午雨，罕見日星，江河百川皆溢，凡七十五日乃霽。

30 郭崇韜以北都留守孟知祥有薦引舊恩，事見二百七十卷梁均王貞明五年。將行，言於上曰：「孟知祥信厚有謀，若得西川而求帥，無踰此人者。」帥，所類翻。又薦鄴都副留守張憲謹重有識，可爲相。戊申，大軍西行。

31 蜀安重霸勸王承休請蜀主東遊秦州。承休到官，即毁府署，作行宫，大興力役，强取民間女子教歌舞，圖形遺韓昭，遺，唯季翻。韓昭諛佞，蜀主狎而信之。使言於蜀主；又獻花木圖，盛稱秦州山川土風之美。蜀主將如秦州，羣臣諫者甚衆，皆不聽；王宗弼上表諫，蜀主投其表於地；太后涕泣不食，止之，亦不能得。前秦州節度判官蒲禹卿上表幾二千言，上，時掌翻。幾，居依翻。其略曰：「先帝艱難創業，欲傳之萬世。陛下少長富貴，少，詩照翻。長，知兩翻。荒色惑酒。秦州人雜羌、胡，地多瘴癘，萬衆困於奔馳，郡縣罷於供億。瘴，之亮翻。罷，讀曰疲。鳳翔久爲仇讎，必生釁隙；唐國方通歡好，恐懷疑貳。好，呼到翻。言無事舉兵東出，恐因而致寇。先皇未嘗無故盤游，陛下率意頻離宫闕。離，力智翻。秦皇東狩，鑾駕不還；見秦紀。煬帝南巡，龍舟不返。見隋紀。蜀都強盛，雄視鄰邦，邊庭無烽火之虞，境內有腹心之疾，百姓失業，盜賊公行。昔李勢屈於桓溫，見九十七卷晉孝宗永和三年。劉禪降於鄧艾，見七十七卷魏元帝景元四年。降，戶江翻。山河險固，不足憑恃。」韓昭謂禹卿曰：「吾收汝表，俟主上西歸，自秦州歸成都曰西歸。當使獄吏字字問汝！」蜀主歸，未及以問蒲禹卿，而韓昭身首已異處矣。王承休妻嚴氏美，蜀主私焉，故銳意欲行。

32 冬，十月，排陳斬斫使李紹琛與李嚴將驍騎三千、步兵萬人爲前鋒，招討判官陳乂至寶雞，稱疾乞留。李愚厲聲曰：「陳乂見利則進，懼難則止。今大軍涉險，自寶雞入散關，則涉棧閣之險。人心易搖，易，以豉翻。宜斬以徇！」由是軍中無敢顧望者。乂，薊州人也。薊，音計。

33 癸亥，蜀主引兵數萬發成都，甲子，至漢州。武興節度使王承捷告唐兵西上，蜀置武興軍於鳳州。唐自關東進兵攻蜀爲西上。上，時掌翻。蜀主以爲羣臣同謀沮己，沮，在呂翻。猶不信，大言曰：「吾方欲耀武。」遂東行。在道與羣臣賦詩，殊不爲意。

34 丁丑，李紹琛攻蜀威武城，蜀指揮使唐景思將兵出降；城使周彥禋等知不能守，亦降。考異曰：實錄：「十月，戊寅，魏王繼岌至鳳州，王承捷以鳳、興、文、成四州降。前一日，康延孝、李嚴至故鎮威武城，唐景思等降。」按今故鎮在鳳州西四程，延孝未下鳳州，何能先至故鎮！又蜀之守禦必在鳳州之東，或者當時鳳州之東別有威武城亦名故鎮，非今之故鎮歟？景思，秦州人也。得城中糧二十萬斛。紹琛縱其敗兵萬餘人逸去，因倍道趣鳳州。縱敗兵先去以懼蜀人，而倍道踵其後以趣鳳州。趣，七喻翻。李嚴飛書以諭王承捷。李繼曮竭鳳翔蓄積以饋軍，不能充，人情憂恐。郭崇韜入散關，指其山曰：「吾輩進無成功，不得復還此矣。當盡力一決。一決者，一決戰也。復，扶又翻；下同。今饋運將竭，宜先取鳳州，因其糧。」諸將皆言蜀地險固，未可長驅，宜按兵觀釁。崇韜以問李愚，愚曰：「蜀人苦其主荒淫，莫爲之用。宜乘其人心崩離，風驅霆擊，彼皆破膽，雖有險阻，誰與守之！兵勢不可緩也。」是日李紹琛告捷，是日，崇韜入散關之日也，蓋卽丁丑。崇韜喜，謂李愚曰：「公料敵如此，吾復何憂！」乃倍道而進。復，扶又翻。戊寅，王承捷以鳳、興、文、扶四州印節迎降，四州州印及武興節度使印及旌節也。得兵八千，糧四十萬斛。崇韜曰：「平蜀必矣。」兵威已振，有糧可因，知功必成。卽以都統牒命承捷攝武興節度使。

己卯，蜀主至利州，威武敗卒奔還，始信唐兵之來。王宗弼、宋光嗣言於蜀主曰：「東川、山南兵力尚完，東川謂梓、遂諸州；山南謂興元諸州。陛下但以大軍扼利州，唐人安敢懸兵深入！」從之。庚辰，以隨駕清道指揮使王宗勳、王宗儼、兼侍中王宗昱爲三招討，將兵三萬逆戰。從駕兵自綿、漢至深渡，從，才用翻。深渡在利州綿谷縣北大漫天、小漫天之間。千里相屬，屬，之欲翻。皆怨憤，曰：「龍武軍糧賜倍於他軍，龍武糧賜優厚事見上年。他軍安能禦敵！」

李紹琛等過長舉，長舉，漢沮縣地，西魏置盤頭郡，隋置長舉縣，唐屬興州。九域志：在州西一百里。興州都指揮使程奉璉將所部兵五百來降，且請先治橋棧以俟唐軍，璉，力展翻。治，直之翻。棧，士限翻。由是軍行無險阻之虞。辛巳，興州刺史王承鑒棄城走，紹琛等克興州，考異曰：實錄：「甲申，魏王至故鎮，康延孝收興州。」十國紀年：「辛巳，承鑒出奔，甲申，繼岌、郭崇韜至威武城。」今從之。郭崇韜以唐景思攝興州刺史。乙酉，成州刺史王承朴棄城走。九域志：興州西至成州二百一十五里。李紹琛等與蜀三招討戰于三泉，三泉縣，唐屬興元府。九域志：興州東南至三泉一百四十五里，有百牢關、金牛道之險。蜀兵大敗，斬首五千級，餘衆潰走。又得糧十五萬斛於三泉，由是軍食優足。優，饒也。

35 戊子，葬貞簡太后于坤陵。

36 蜀主聞王宗勳等敗，自利州倍道西走，斷桔柏津浮梁；桔，古屑翻。斷，音短。命中書令、判六軍諸衞事王宗弼將大軍守利州，且令斬王宗勳等三招討。以三泉之敗也。李紹琛晝夜兼行趣利州。九域志：三泉西至利州一百八十九里。趣，七喻翻。蜀武德留後宋光葆遺郭崇韜書，遺，唯季翻。「請唐兵不入境，當舉巡屬內附；苟不如約，則背城決戰以報本朝。」背，蒲昧翻。宋光葆謂蜀爲本朝。朝，直遙翻。崇韜復書撫納之。乙【章：十二行本「乙」作「己」；乙十一行本同；張校同，云無註本亦誤「乙」。】丑，魏王繼岌至興州，光葆以梓、綿、劍、龍、普五州，武定節度使王承肇以洋、蓬、壁三州，山南節度使【章：十二行本「使」下有「兼侍中」三字；乙十一行本同。】

王宗威以梁、開、通、渠、麟五州，渠州潾山縣，唐武德元年置潾州，八年州廢，以潾山縣屬渠州；當是蜀復置潾州也。「麟」，當作「潾」，音力珍翻。又唐貞觀中置麟州以處生羌歸附者，屬松州都督府，唐至德後淪沒久矣，當以渠潾之潾爲是。階州刺史王承岳以階州，皆降。承肇，宗侃之子也。自餘城鎮皆望風款附。

天雄節度使王承休與副使安重霸謀掩擊唐軍，欲自秦州掩擊唐軍之後。重霸曰：「擊之不勝，則大事去矣。蜀中精兵十萬，天下險固，唐兵雖勇，安能直度劍門邪！然公受國恩，聞難不可不赴，難，乃旦翻。願與公俱西。」言自秦州西赴成都。承休素親信之，以爲然。重霸請賂羌人買文、扶州路以歸；承休從之，使重霸將龍武軍及所募兵萬二千人以從。將行，州人餞於城外。承休上道，以從，才用翻。上，時掌翻。重霸拜於馬前曰：「國家竭力以得秦、隴，蜀得秦、隴，見二百六十九卷梁均王貞明元年。若從開府還朝，朝，直遙翻。誰當守之！開府行矣，重霸請爲公留守。」蜀蓋加王承休開府儀同三司，故稱之。爲，于僞翻；下爲陳同。守，式又翻。承休業已上道，無如之何，遂與招討副使王宗汭自扶、文而南；其地皆不毛，羌人抄之，抄，楚交翻。且戰且行，士卒凍餒，比至茂州，餘衆二千而已。此自秦州取道文、扶，循山至茂州也。爲王承休、宗汭爲魏王繼岌所誅張本。比，必利翻。重霸遂以秦、隴來降。

37 高季興常欲取三峽，畏蜀峽路招討使張武威名，不敢進。至是，乘唐兵勢，使其子行軍司馬從誨權軍府事，自將水軍上峽取施州。張武以鐵鎖斷江路，斷，音短。季興遣勇士乘舟斫之。會風大起，舟絓於鎖，不能進退，絓，音掛。矢石交下，壞其戰艦，壞，音怪。季興輕舟遁去。使蜀之邊帥盡如張武，散關豈易入哉。爲後孟知祥復用張武張本。既而聞北路陷敗，以夔、忠、萬三州遣使詣魏王降。

38 郭崇韜遺王宗弼等書，爲陳利害；遺，唯季翻。李紹琛未至利州，宗弼棄城引兵西歸。王宗勳等三招討追及宗弼於白芀，九域志，簡州金水縣有白芀鎮。芀，都聊翻。宗弼懷中探詔書示之曰：探，吐南翻。「宋光嗣令我殺爾曹。」因相持而泣，遂合謀送款於唐。

鄧廣銘標點聶崇岐覆校

資治通鑑卷第二百七十四

端明殿學士兼翰林侍讀學士太中大夫提舉西京嵩山崇福宮上柱國河内郡開國公食邑二千六百户食實封一千户臣 司馬光 奉敕編集
後學天台胡三省 音註

後唐紀三 起旃蒙作噩(乙酉)十一月,盡柔兆閹茂(丙戌)三月,不滿一年。

莊宗光聖神閔孝皇帝下

同光三年(乙酉、九二五)

1 十一月,丙申,蜀主至成都,百官及後宫迎于七里亭。亭去成都城七里,因以爲名。蜀主入妃嬪中作回鶻隊入宫。效回鶻曳隊以入宫。丁酉,出見羣臣於文明殿,按五代會要,梁開明元年改洛陽宫貞觀殿爲文明殿。貞觀殿,洛陽宫前殿也,唐昭宗遷洛後更名。今蜀亦有文明殿。蜀宫倣唐宫之制;意文明,唐末殿名也。泣下霑襟,君臣相視,竟無一言以救國患。

戊戌,李紹琛至利州,脩桔柏浮梁。桔柏浮梁爲蜀所斷,故脩之以濟。昭武節度使林思諤先棄城奔閬州,蜀置昭武節度於利州。九域志:利州東南至閬州二百三十五里。遣使請降。甲辰,魏王繼岌至劍州，九域志：劍州東北至利州一百九十里。蜀武信節度使兼中書令王宗壽以遂、合、渝、瀘、昌五州降。蜀置武信軍於遂州。

王宗弼至成都，登大玄門，嚴兵自衛。蜀主及太后自往勞之，勞，力到翻。宗弼驕慢無復臣禮。乙巳，劫遷蜀主及太后後宮諸王于西宮，收其璽綬，璽，斯氏翻。綬，音受。使親吏於義興門邀取內庫金帛，悉歸其家。其子承涓杖劍入宮，取蜀主寵姬數人以歸。涓，圭淵翻。丙午，宗弼自稱權西川兵馬留後。

李紹琛進至綿州，九域志：劍州西至綿州二百八十里。倉庫民居已爲蜀兵所燔，又斷綿江浮梁，斷，丁管翻。綿州謂之左綿，以綿水逕其左故也。水深，無舟楫可渡，紹琛謂李嚴曰：「吾懸軍深入，利在速戰。乘蜀人破膽之時，但得百騎過鹿頭關，彼且迎降不暇；降，戶江翻；下同。若俟脩繕橋梁，必留數日，或教王衍堅閉近關，折吾兵勢，近關，卽謂鹿頭關。折，之舌翻。儻延旬浹，則勝負未可知矣。」言深入之兵利於飄忽震蕩，難以持久。乃與嚴乘馬浮渡江，從兵得濟者僅千人，從，才用翻。溺死者亦千餘人，遂入鹿頭關；丁未，進據漢州；九域志：綿州西南至漢州一百八十九里。居三日，後軍始至。

宗弼遣使以幣馬牛酒勞軍，且以蜀主書遺李嚴遺，唯季翻。曰：「公來吾卽降。」或謂嚴：或謂嚴者，或以人語嚴也。「公首建伐蜀之策，事見上卷上年。蜀人怨公深入骨髓，不可往。」

嚴不從，欣然馳入成都，九域志：漢州南至成都九十五里。撫諭吏民，告以大軍繼至。蜀君臣後宮皆慟哭。蜀主引嚴見太后，以母妻爲託。宗弼猶乘城爲守備，嚴悉命撤去樓櫓。乘，登也。去，羌呂翻。

己酉，魏王繼岌至綿州，蜀主命翰林學士李昊草降表，又命中書侍郎、同平章事王鍇草降書，降表以上皇帝，降書以達軍前。鍇，口駭翻。遣兵部侍郎歐陽彬奉之以迎繼岌及郭崇韜。王宗弼稱蜀君臣久欲歸命，而內樞密使宋光嗣、景潤澄、宣徽使李周輅、歐陽晃熒惑蜀主；皆斬之，函首送繼岌。又責文思殿大學士、禮部尚書、成都尹韓昭佞諛，梟于金馬坊門。金馬坊在成都城中，以有金馬碧雞祠，因而名坊。又有碧雞坊。內外馬步都指揮使兼中書令徐延瓊、果州團練使潘在迎、嘉州刺史顧在珣及諸貴戚皆惶恐，傾其家金帛妓妾以賂宗弼，僅得免死。妓，渠綺翻。凡素所不快者，宗弼皆殺之。

辛亥，繼岌至德陽。九域志：德陽縣在漢州東北八十五里。宗弼遣使奉牋，稱已遷蜀主於西第，已奉表降唐，不敢稱西宮，故稱西第。安撫軍城，以俟王師。又使其子承班以蜀主後宮及珍玩賂繼岌及郭崇韜，求西川節度使，繼岌曰：「此皆我家物，奚以獻爲！」留其物而遣之。宗弼之獻，繼岌之留，賢不肖之相去，其間不能以寸。

李紹琛留漢州八日以俟都統，都統，繼岌也。甲寅，繼岌至漢州，王宗弼迎謁；乙卯，至成都。丙辰，李嚴引蜀主及百官儀衛出降於升遷橋，按薛史，升遷橋在成都北五里。蜀主白衣、銜璧、牽羊，草繩縈首，百官衰絰、徒跣、輿櫬，號哭俟命。衰，倉回翻。櫬，初覲翻。空棺爲櫬。號，戶刀翻。繼岌受璧，崇韜解縛，焚櫬，承制釋罪；君臣東北向拜謝。唐昭宗大順二年王建取蜀，至衍而亡。丁巳，大軍入成都。崇韜禁軍士侵掠，市不改肆。自出師至克蜀，凡七十日。考異曰：實錄：「自興師出洛至定蜀城，計七十五日。」薛史因之。按唐軍九月戊申離洛城，十一月丁巳入成都，止七十日耳，實錄、薛史誤也。得節度十，武德、武信、永平、武泰、鎮江、山南、武定、天雄、武興、昭武凡十節度，西川爲蜀都，不與也。州六十四，歐史職方考：前蜀所有益、漢、彭、蜀、綿、眉、嘉、劍、梓、遂、果、閬、普、陵、資、榮、簡、邛、黎、雅、維、茂、文、龍、黔、施、夔、忠、萬、歸、峽、興、利、開、通、涪、渝、瀘、合、昌、巴、蓬、集、壁、渠、戎、梁、洋、金、秦、鳳、階、成五十三州而已。縣二百四十九，兵三萬，鎧仗、錢糧、金銀、繒錦共以千萬計。繒，慈陵翻。

高季興聞蜀亡，方食，失匕箸，箸，遲倨翻。曰：「是老夫之過也。」高季興勸伐蜀見二百七十二卷元年。梁震曰：「不足憂也。唐主得蜀益驕，亡無日矣，梁震之料莊宗，如燭照數計。安不【章：十二行本無「不」字；乙十一行本同；張校同。】知其不爲吾福！」荆南之福則未聞也。以三郡之地介乎強國之間，惴惴僅能自全，何福之有！

楚王殷聞蜀亡，上表稱：「臣已營衡麓之間爲菟裘之地，衡麓，衡山之麓也；山足曰麓。左傳：魯隱公使營菟裘，吾將老焉。馬殷言將致事而歸老於衡麓，聞蜀亡而懼也。菟，同都翻。願上印綬以保餘齡。」齡，年也。記文王世子曰：古者謂年齡，齒亦齡也。上，時掌翻。上優詔慰諭之。

2 平蜀之功，李紹琛爲多，位在董璋上；而璋素與郭崇韜善，崇韜數召璋與議軍事。數，所角翻。紹琛心不平，謂璋曰：「吾有平蜀之功，公等樸樕相從，樸，蒲木翻。樕，蘇谷翻。樸樕小木，以喻董璋小材也。反呫囁於郭公之門，呫，叱涉翻。囁，而涉翻。呫囁，細語也。謀相傾害。吾爲都將，帝命李紹琛爲行營馬步軍都指揮使，董璋爲左廂虞候，故云然。獨不能以軍法斬公邪！」璋訴于崇韜。十二月，崇韜表璋爲東川節度使，考異曰：莊宗實錄：「十二月丙寅，以靜難節度使董璋爲東川節度副大使。」又康延孝傳云：「郭崇韜除董璋爲東川節度使。延孝與華州節度使毛璋見崇韜，請以工部任尚書爲東川帥。崇韜怒曰：『紹琛反邪，敢違吾節度！』不及二旬，崇韜爲繼岌所害。」按大軍以十一月二十八日丁巳入西川，至十二月八日丙寅除董璋東川，凡十日；明年正月八日殺崇韜，至此凡六十日，而云「不及二旬崇韜遇害」，日月殊不相合。蓋十二月丙寅崇韜始表璋鎮東川之日耳，非降制日也。云「不及二旬」亦恐誤。解其軍職。解董璋軍職，則李紹琛不得以軍法令之，此崇韜之所以保護董璋者也。紹琛愈怒，曰：「吾冒白刃，陵險阻，定兩川，璋乃坐有之邪！」冒，莫北翻。乃見崇韜言：「東川重地，任尚書有文武才，宜表爲帥。」任圜時以工部尚書參預軍機。帥，所類翻。崇韜怒曰：「紹琛反邪，何敢違吾節度！」紹琛懼而退。

初，帝遣宦者李從襲等從魏王繼岌伐蜀；繼岌雖爲都統，軍中制置補署一出郭崇韜，崇韜終日決事，將吏賓客趨走盈庭，而都統府惟大將晨謁外，牙門索然，索，蘇各翻。索然，言寂寘也。從襲等固恥之。及破蜀，蜀之貴臣大將爭以寶貨、妓樂遺崇韜及其子廷誨，妓，渠綺翻。遺，唯季翻。魏王所得，不過匹馬、束帛、唾壺、麈柄而已，麈，之庾翻。從襲等益不平。

王宗弼之自爲西川留後也，賂崇韜求爲節度使，崇韜陽許之，考異曰：實錄、薛史皆云崇韜以蜀帥許之，按崇韜有識略，豈可興大兵取西川，反以與宗弼乎！此庸人所不爲也。蓋於時宗弼尚據成都，崇韜恐其悔而違拒，故陽許之以安其意耳。既而久未得，乃帥蜀人列狀見繼岌，請留崇韜鎮蜀。帥，讀曰率。從襲等因謂繼岌曰：「郭公父子專橫，橫，戶孟翻。今又使蜀人請己爲帥，帥，所類翻。其志難測，王不可不爲之備。」繼岌謂崇韜曰：「主上倚侍中如山嶽，不可離廟堂，郭崇韜官侍中，故繼岌稱之。離，力智翻。豈肯棄元老於蠻夷之域乎！且此非余之所敢知也，請諸人詣闕自陳。」由是繼岌與崇韜互相疑。此段自平蜀之功以下，爲李紹琛反張本；自初帝遣李從襲從繼岌以下，爲殺郭崇韜張本。

會宋光葆自梓州來，訴王宗弼誣殺宋光嗣等；又，崇韜徵犒軍錢數萬緡於宗弼，宗弼靳之，犒，苦到翻。靳，居焮翻。士卒怨怒，夜，縱火諠譟。崇韜欲誅宗弼以自明，己巳，白繼岌收宗弼及王宗勳、王宗渥，皆數其不忠之罪，數，所具翻。族誅之，籍沒其家。蜀人爭食宗弼之肉。

3 辛未，閩忠懿王審知卒，年六十四。子延翰自稱威武留後。延翰字子逸，審知長子也。汀州民陳本聚衆三萬圍汀州，延翰遣右軍都監柳邕等將兵二萬討之。監，古銜翻。

4 癸酉，王承休、王宗汭至成都，十月自秦州上道，爲始至成都。魏王繼岌詰之曰：「居大鎮，擁強兵，何以不拒戰？」對曰：「畏大王神武。」曰：「然則何以不降？」對曰：「王師不入境。」曰：「所俱入羌者幾人？」對曰：「萬二千人。」曰：「今歸者幾人？」對曰：「二千人。」曰：「可以償萬人之死矣。」皆斬之，幷其子。

5 丙子，以知北都留守事孟知祥爲西川節度使、同平章事，促召赴洛陽。召之至洛陽而後赴鎮。爲孟知祥據蜀張本。帝議選北都留守，樞密承旨段徊等惡鄴都留守張憲，不欲其在朝廷，段徊必宦人也。皆曰：「北都非張憲不可。憲雖有宰相器，郭崇韜薦張憲爲相，帝欲用之，故段徊等云然。今國家新得中原，宰相在天子目前，事有得失，可以改更，更，工衡翻。比之北都獨繫一方安危，不爲重也。」乃徙憲爲太原尹，知北都留守事。以尹知留守事，非正爲留守也。以戶部尚書王正言爲興唐尹，知鄴都留守事。正言昏耄，帝以武德使史彥瓊爲鄴都監軍。後唐武德使本掌宮中事。明宗時嘗旱，已而雪，暴坐庭中，詔武德司宮中無掃雪，是其證也。彥瓊，本伶人也，有寵於帝。魏、博等六州軍旅金穀之政皆決於彥瓊，威福自恣，陵忽將佐，自正言以下皆諂事之。爲王正言、史彥瓊不能守鄴都張本。

6 初，帝得魏州銀槍效節都近八千人，以爲親軍，見二百六十九卷梁均王貞明元年。近，其靳翻。

皆勇悍無敵。夾河之戰，實賴其用，屢立殊功，常許以滅梁之日大加賞賚。既而河南平，梁滅而河南平。雖賞賚非一，而士卒恃功，驕恣無厭，厭，於鹽翻。更成怨望。是歲大饑，民多流亡，租賦不充，道路塗潦，漕輦艱澀，漕，水運；輦，陸運。澀，色立翻。東都倉廩空竭，無以給軍士。租庸使孔謙日於上東門外洛城東面三門：中曰建春，左曰上東，右曰永通。九域志：洛陽上東門、建春門皆爲鎮，屬河南縣，蓋喪亂丘墟，非復盛唐之舊也。望諸州漕運，至者隨以給之。軍士乏食，有雇妻鬻子者，老弱採蔬於野，百十爲羣，往往餒死，流言怨嗟，而帝遊畋不息。己卯，獵於白沙，皇后、皇子、後宮畢從。庚辰，宿伊闕；辛巳，宿潭泊；壬午，宿龕澗；癸未，還宮。自白沙至龕澗，其地皆在洛陽東。按薛史李愚避難居洛，表白沙之別墅。龕澗近伊闕。從，才用翻。龕，苦含翻。時大雪，吏卒有僵仆於道路者。伊、汝間饑尤甚，衞兵所過，責其供餉，不得，則壞其什器，僵，居良翻。壞，音怪。撤其室廬以爲薪，甚於寇盜，縣吏皆竄匿山谷。

7有白龍見於漢宮，漢主改元白龍，更名曰龔。見，賢遍翻。更，工衡翻。

8長和驃信鄭旻遣其布燮鄭昭淳求婚于漢，漢主以女增城公主妻之。長和卽唐之南詔也。唐末，南詔改曰大禮，至是又改曰長和。五代會要曰：郭崇韜平蜀之後，得王衍所獲蠻俘數千，以天子命，令使人入其部，被止於界上，惟國信、蠻俘得往。續有轉牒，稱督爽大長和國宰相、布燮等上大唐皇帝舅奏疏一封，差人轉送黎州，其紙厚硬如皮，筆力遒健，有詔體，後有督爽陀酋、忍爽王寶、督爽彌勒、忍爽董德義、督爽長垣緯、忍爽楊希變等所署。有彩牋一軸，轉韻詩一章，章三韻，共十聯，有類擊筑詞，頗有本朝姻親之意，語亦不遜。

9 成德節度使李嗣源入朝。

10 閏月，己丑朔，孟知祥至洛陽，帝寵待甚厚。

11 帝以軍儲不足，謀於羣臣，豆盧革以下皆莫知爲計。吏部尚書李琪上疏，以爲：「古者量入以爲出，量，音良。計農而發兵，故雖有水旱之災而無匱乏之憂。近代稅農以養兵，未有農富給而兵不足，農捐瘠而兵豐飽者也。今縱未能蠲省租稅，苟除折納、紐配之法，折納，謂抑民使折估而納其所無；紐配，謂紐數而科配之也。農亦可以小休矣。」帝卽敕有司如琪所言，然竟不能行。

12 丁酉，詔蜀朝所署官四品以上降授有差，五品以下才地無取者悉縱歸田里；其先降及有功者，委崇韜隨事奬任。又賜王衍詔，略曰：「固當裂土而封，必不薄人於險。三辰在上，一言不欺。」誓之以三辰而終殺之，非信也。

13 庚子，彰武、保大節度使兼中書令高萬興卒，梁貞明四年，高萬興兼鎭鄜延。唐以延州置保塞軍，岐改爲忠義軍，後唐改爲彰武軍。鄜，保大軍。以其子保大留後允韜爲彰武留後。

14 帝以軍儲不充，欲如汴州，諫官上言：「不如節儉以足用，自古無就食天子。今楊氏未滅，不宜示以虛實。」謂吳近在淮南，不宜使之知中國虛實。上，時掌翻。乃止。

15 辛亥，立皇弟存美爲邕王，存霸爲永王，存禮爲薛王，存渥爲申王，存乂爲睦王，存確爲通王，存紀爲雅王。

16 郭崇韜素疾宦官，嘗密謂魏王繼岌曰：「大王他日得天下，騬馬亦不可乘，騬，食陵翻，犗馬也，以喻宦官。史炤曰：犗，音戒；俗呼扇馬爲改馬，卽犗馬也。況任宦官！宜盡去之，專用士人。」去，羌呂翻。呂知柔竊聽，聞之，呂知柔時爲都統牙通謁。由是宦官皆切齒。時成都雖下，而蜀中盜賊羣起，布滿山林。崇韜恐大軍旣去，更爲後患，命任圜、張筠分道招討，以是淹留未還。帝遣宦者向延嗣促之，崇韜不出郊迎，及見，禮節又倨，宦官固可疾，然天子使之將命，敬之者所以敬君也，烏可倨見哉！唐莊宗使刑臣將命於大臣非也，郭崇韜倨見之亦非也。嗚呼！刑臣將命，自唐開元以後皆然矣。延嗣怒。李從襲謂延嗣曰：「魏王，太子也；主上萬福，而郭公專權如是。郭廷誨擁徒出入，日與軍中饒將、蜀土豪傑狎飲，指天畫地，近聞白其父請表己爲蜀帥；帥，所類翻；下同。又言『蜀地富饒，大人宜善自爲謀。』今諸軍將校皆郭氏之黨，王寄身於虎狼之口，一朝有變，吾屬不知委骨何地矣。」因相向垂涕。延嗣歸，具以語劉后。語，牛倨翻；下語之同。后泣訴於帝，請早救繼岌之死。

前此帝聞蜀人請崇韜爲帥，已不平，至是聞延嗣之言，不能無疑。帝閱蜀府庫之籍，曰：「人言蜀中珍貨無算，何如是之微也？」延嗣曰：「臣聞蜀破，其珍貨皆入於崇韜父子，崇韜有金萬兩，銀四十萬兩，錢百萬緡，名馬千匹，他物稱是，廷誨所取，復在其外；稱，尺證翻。復，扶又翻。故縣官所得不多耳。」帝遂怒形於色。及孟知祥將行，帝語之曰：「聞郭崇韜有異志，卿到，爲朕誅之。」爲，于僞翻。知祥曰：「崇韜，國之勳舊，不宜有此。俟臣至蜀察之，苟無他志則遣還。」還，從宣翻，又如字。帝許之。

壬子，知祥發洛陽。帝尋復遣衣甲庫使馬彥珪復，扶又翻；下后復同。衣甲庫使，盛唐無之，蓋帝所置，亦內諸司使之一也。馳詣成都觀崇韜去就，如奉詔班師則已，若有遷延跋扈之狀，則與繼岌圖之。觀莊宗所以命孟知祥、馬彥珪者如此，就使李從襲等不以劉后敎行之，崇韜得東還，亦必不能自全矣。彥珪見皇后，說之曰：說，式芮翻。「臣見向延嗣言蜀中事勢憂在朝夕，今上當斷不斷，言帝詔旨持兩端，無決然使殺崇韜之命。斷，丁亂翻。夫成敗之機，間不容髮，安能緩急稟命於三千里外乎！」成都至洛陽三千二百一十六里，見舊唐書地理志。皇后復言於帝，帝曰：「傳聞之言，未知虛實，豈可遽爾果決！」皇后不得請，退，自爲敎與繼岌，令殺崇韜。知祥行至石壕，石壕村在陝縣東、新安縣西，杜少陵詩所謂「暮投石壕村」者也。九域志：陝州陝縣有石壕鎮。彥珪夜叩門宣詔，促知祥赴鎮，知祥竊歎曰：「亂將作矣！」乃晝夜兼行。孟知祥倍道而行，非能救郭崇韜之死也，恐崇韜死而生他變耳。

17 初，楚王殷既得湖南，不征商旅，由是四方商旅輻湊。湖南地多鉛鐵，殷用軍都判官高郁策，軍都判官，諸軍都判官也。高郁在馬殷府，其位任在行軍司馬之上。鑄鉛鐵爲錢，商旅出境，無所用之，皆易他貨而去，故能以境內所餘之物易天下百貨，國以富饒。湖南民不事桑蠶，郁命民輸稅者皆以帛代錢，未幾，民間機杼大盛。幾，居豈翻。高郁佐馬殷治湖南，巧於使民而民勸趨於利，蓋學管子之術者也。

18 吳越王鏐遣使者沈瑫致書，以受玉册、封吳越國王告於吳，瑫，土刀翻。吳人以其國名與己同，嫌其居越而兼吳國之名。不受書，遣瑫還。仍戒境上無得通吳越使者及商旅。

明宗聖德和武欽孝皇帝上之上

諱嗣源，應州人。世本夷狄，無姓氏。父霓，鴈門都將。帝少名邈佶烈，太祖養以爲子，乃姓李，名嗣源，卽位後改名亶。

天成元年（丙戌、九二六）是年四月方改元，見下卷。

1 春，正月，庚申，魏王繼岌遣李繼曮、李嚴部送王衍及其宗族百官數千人詣洛陽。

2 河中節度使、尚書令李繼麟自恃與帝故舊，且有功，梁之乾化二年，朱友謙卽以河中附晉，故自恃故舊。自附晉之後，晉王與梁人戰於河上，汾，晉無後顧之虞，以此爲有功。帝待之厚，亦以此自恃。苦諸伶宦求匄無厭，厭，於鹽翻。遂拒不與。大軍之征蜀也，繼麟閱兵，遣其子令德將之以從。景進與宦官譖之曰：「繼麟聞大軍起，以爲討己，故驚懼，閱兵自衞。」又曰：「崇韜所以敢倔強於蜀者，從，才用翻。倔，其勿翻。強，其兩翻。與河中陰謀，內外相應故也。」繼麟聞之懼，欲身入朝以自明，其所親止之，繼麟曰：「郭侍中功高於我。今事勢將危，吾得見主上，面陳至誠，則讒人獲罪矣。」郭侍中，謂崇韜。功高，以其有滅梁、蜀之功，非己之所能及也。讒人，指伶宦也。癸亥，繼麟入朝。爲繼麟得禍張本。

3 魏王繼岌將發成都，令任圜權知留事，以俟孟知祥。諸軍部署已定，部署行留已定也。是日，馬彥珪至，以皇后教示繼岌，繼岌曰：「大軍垂發，垂發，猶言臨發也。彼無釁端，安可爲此負心事！公輩勿復言。復，扶又翻。且主上無敕，獨以皇后教殺招討使，可乎？」李從襲等泣曰：「既有此迹，萬一崇韜聞之，中塗爲變，益不可救矣。」相與巧陳利害，繼岌不得已從之。甲子旦，從襲以繼岌之命召崇韜計事，繼岌登樓避之。崇韜方升階，繼岌從者李環撾碎其首，并殺其子廷誨、廷信。撾，則瓜翻。郭崇韜蓋與二子俱至繼岌所，故同時見殺。外人猶未之知。都統推官滏【章：十二行本「滏」作「饒」；乙十一行本同；退齋校同。】陽李崧謂繼岌曰：「今行軍三千里外，初無敕旨，擅殺大將，大王柰何行此危事！獨不能忍之至洛陽邪？」繼岌曰：「公言是也，悔之無及。」崧乃召書吏數人，登樓去梯，去，羌呂翻。矯爲敕書，用蠟印宣之，以蠟摹刊爲中書省印，以印敕書而宣之也。軍中粗定。崇韜左右皆竄匿，獨掌書記滏陽張礪詣魏王府慟哭久之。張礪爲崇韜府掌書記。史言其事府主能始終。繼岌命任圜代崇韜總軍政。

4魏王通謁李廷安獻蜀樂工二百餘人，有嚴旭者，王衍用爲蓬州刺史，帝問曰：「汝何以得刺史？」對曰：「以歌。」帝使歌而善之，許復故任。人皆謂帝克蜀而不察蜀之所以亡，故不旋踵而敗；不知此乃帝氣習也，觀諸李存賢、周匝之事可見。

5戊辰，孟知祥至成都。時新殺郭崇韜，人情未安，知祥慰撫吏民，犒賜將卒，去留帖然。史言孟知祥之才，所以能有蜀。犒，苦到翻。

6閩人破陳本，斬之。陳本圍汀州，見上年十二月。

7契丹主擊女眞及勃海，女眞始見於此。其國本肅愼氏，東漢謂之挹婁，元魏謂之勿吉，隋、唐謂之靺鞨，五代時始號女眞。女眞有數種，居混同江之南者爲熟女眞，江之北者爲生女眞。混同江卽鴨淥水。恐唐乘虛襲之，戊寅，遣梅老鞋里來修好。好，呼到翻。

8馬彥珪還洛陽，乃下詔暴郭崇韜之罪，幷殺其子廷說、廷讓、廷議，此郭崇韜諸子之在洛陽者也。說，讀曰悅。於是朝野駭惋，朝，直遙翻。惋，烏貫翻。羣議紛然，帝使宦者潛察之。保大節度使睦王存乂，崇韜之壻也；宦者欲盡去崇韜之黨，言「存乂對諸將攘臂垂泣，爲崇韜稱冤，去，羌呂翻。爲，于僞翻。言辭怨望。」庚辰，幽存乂於第，尋殺之。

景進言：「河中人有告變，言李繼麟與郭崇韜謀反；崇韜死，又與存乂連謀。」宦官因共勸帝速除之，帝乃徙繼麟爲義成節度使，是夜，遣蕃漢馬步使朱守殷以兵圍其第，歐史作

「圍其館」，蓋謂朱友謙無私第在洛陽也。驅繼麟出徽安門外殺之，復其姓名曰朱友謙。唐昭宗之遷洛也，車駕由徽安門入宮。唐六典：東都北面二門，東曰延喜，西曰徽安。朱友謙賜姓名見二百七十二卷元年。友謙二子，令德爲武信節度使，令錫爲忠武節度使；詔魏王繼岌誅令德於遂州，鄭州刺史王思同誅令錫於許州，唐置忠武軍於許州，匡國軍於同州，至梁之時兩易軍號，後唐滅梁，皆復其故。河陽節度使李紹奇誅其家人於河中。紹奇至其家，友謙妻張氏帥家人二百餘口見紹奇帥，讀曰率。曰：「朱氏宗族當死，願無濫及平人。」乃別其婢僕百人，別，彼列翻。以其族百口就刑。張氏又取鐵券以示紹奇曰：「此皇帝去年所賜也，我婦人，不識書，不知其何等語也。」紹奇亦爲之慚。爲，于僞翻。慚朝廷之失信。友謙舊將史武等七人，時爲刺史，皆坐族誅。

時洛中諸軍飢窘，窘，渠隕翻。妄爲謠言，伶官采之以聞於帝，故朱友謙、郭崇韜皆及於禍。成德節度使兼中書令李嗣源亦爲謠言所屬，屬，之欲翻。帝遣朱守殷察之；守殷私謂嗣源曰：「令公勳業振主，宜自圖歸藩以遠禍。」「振」，當作「震」。遠，于願翻。嗣源曰：「吾心不負天地，禍福之來，無所可避，皆委之於命耳。」李嗣源答朱守殷之言，安於死生禍福之際，英雄識度自有不可及者。時伶宦用事，勳舊人不自保，嗣源危殆者數四，賴宣徽使李紹宏左右營護，以是得全。

9 魏王繼岌留馬步都指揮使陳留李仁罕、馬軍都指揮使東光潘仁嗣、左廂都指揮使趙廷隱、右廂都指揮使浚儀張業、牙內指揮使文水武漳、驍銳指揮使平恩李延厚戍成都。爲諸將在蜀卒爲孟知祥效死張本。甲申，繼岌發成都，命李紹琛帥萬二千人爲後軍，行止常差中軍一舍。三十里爲一舍。差後於中軍三十里也。帥，讀曰率。

10 二月，己丑朔，以宣徽南院使李紹宏爲樞密使。代郭崇韜也。

11 魏博指揮使楊仁晸晸，知領翻。將所部兵戍瓦橋，將，即亮翻。踰年代歸，至貝州，以鄴都空虛，恐兵至爲變，敕留屯貝州。

時天下莫知郭崇韜之罪，民間訛言云：「崇韜殺繼岌，自王於蜀，王，于況翻。故族其家。」朱友謙子建徽爲澶州刺史，帝密敕鄴都監軍史彥瓊殺之。澶州，魏博巡屬也，故密敕魏博監軍殺朱建徽。澶，時連翻。門者白留守王正言曰：「史武德夜半馳馬出城，不言何往。」史彥瓊以武德使出爲監軍，稱其內職。又訛言云：「皇后以繼岌之死歸咎於帝，已弒帝矣，故急召彥瓊計事。」人情愈駭。訛言方興，而史彥瓊所爲有可疑可駭者，訛言所以益甚，而亂隨之。

楊仁晸部兵皇甫暉與其徒夜博不勝，因人情不安，遂作亂，劫仁晸曰：「主上所以有天下，吾魏軍力也；謂因魏博兵力以破梁。魏軍甲不去體，馬不解鞍者十餘年，今天下已定，天子不念舊勞，更加猜忌。遠戍踰年，方喜代歸，去家咫尺，不使相見。言使之留屯貝州，不許還魏州也。九域志：貝州南至魏州二百二十五里。今聞皇后弒逆，京師已亂，將士願與公俱歸，仍表聞朝廷。若天子萬福，興兵致討，以吾魏博兵力足以拒之，皇甫暉，銀槍效節卒也，從莊宗戰河上，習見莊宗之用兵，與夫諸軍之勇怯，故敢發此言。安知不更爲富貴之資乎！」仁晸不從，暉殺之；又劫小校，不從，又殺之。校，戶教翻。效節指揮使趙在禮聞亂，衣不及帶，踰垣而走，暉追及，曳其足而下之，示以二首，示以楊仁晸及小校之首。在禮懼而從之。亂兵遂奉以爲帥，帥，所類翻。焚掠貝州。暉，魏州人；在禮，涿州人也。詰旦，暉等擁在禮南趣臨清、永濟、館陶，所過剽掠。趣，七喻翻。剽，匹妙翻。

壬辰晚，有自貝州來告軍亂將犯鄴都者，都巡檢使孫鐸等亟詣史彥瓊，亟，紀力翻，急也。請授甲乘城爲備。彥瓊疑鐸等有異志，曰：「告者云今日賊至臨清，計程須六日晚方至，九域志：臨清縣南至魏州城一百五十里。皇甫暉等以壬辰至臨清，史彥瓊以爲六日晚方至魏州者，以師行日五十里，故計其涉三日方至也。壬辰二月四日，六日，謂二月六日也，是日甲午。爲備未晚。」孫鐸曰：「賊既作亂，必乘吾未備，晝夜倍道，安肯計程而行！請僕射帥衆乘城，史彥瓊蓋加僕射，故孫鐸稱之。帥，讀曰率。鐸募勁兵千人伏於王莽河逆擊之，賊既勢挫，必當離散，然後可撲討。撲，普木翻。【張：「討」作「滅」。】也。必俟其至城下，萬一有姦人爲內應，則事危矣。」彥瓊曰：「但嚴兵守城，何必逆戰！」是夜，賊前鋒攻北門，弓弩亂發。時彥瓊將部兵宿北門樓，聞賊呼聲，呼，火故翻。卽時驚潰。彥瓊單騎奔洛陽。

癸巳，賊入鄴都，孫鐸等拒戰不勝，亡去。趙在禮據宮城，帝卽位於魏州，以牙城爲宮城。署皇甫暉及軍校趙進爲馬步都指揮使，縱兵大掠。進，定州人也。

王正言方據案召吏草奏，無至者，正言怒，其家人曰：「賊已入城，殺掠於市，吏皆逃散，公尚誰呼！」正言驚曰：「吾初不知也。」又索馬，不能得，索，山客翻。乃帥僚佐步出府門謁在禮，帥，讀曰率。再拜請罪。在禮亦拜，曰：「士卒思歸耳，尚書重德，勿自卑屈！」慰諭遣之。王正言以戶部尚書出知留守，故趙在禮稱之。

衆推在禮爲魏博留後，具奏其狀。北京留守張憲家在鄴都，去年張憲自鄴都留守遷北京，故其家尚留鄴都。在禮厚撫之，遣使以書誘憲，憲不發封，斬其使以聞。使，疏吏翻。誘，音酉。

12 甲午，以景進爲銀青光祿大夫、檢校右散騎常侍兼御史大夫、上柱國。

13 丙申，史彥瓊至洛陽。自鄴都逃至洛陽。帝問可爲大將者於樞密使李紹宏，紹宏復請用李紹欽，伐蜀之役，李紹宏已薦李紹欽而不用，故言復。帝許之，令條上方略。上，時掌翻。紹欽所請偏裨，皆梁舊將，己所善者，帝疑之而止。皇后曰：「此小事，不足煩大將，紹榮可辦也。」紹榮，元行欽。帝乃命歸德節度使李紹榮將騎三千詣鄴招撫，將，卽亮翻；下同。騎，奇寄翻。亦徵諸道兵，備其不服。

14 郭崇韜之死也，李紹琛謂董璋曰：「公復欲呫囁誰門乎？」復，扶又翻。璋懼，謝罪。魏王繼岌軍還至武連，還，從宣翻。武連，漢梓潼縣地，宋置武都郡及下辨縣，又改下辨爲武功縣，後魏改爲武連縣，唐屬劍州。九域志：在州西八十五里。遇敕使，諭以朱友謙已伏誅，令董璋將兵之遂州誅朱令德。時紹琛將後軍在魏城，西魏置魏城縣於巴西，唐屬綿州。九域志：在州東六十五里。宋白曰：魏城本漢涪縣地，西魏於涪縣立潼州，析此立爲魏城縣。李膺記云：肆溪東五十里有東西井，井西爲涪縣界，井東爲魏城界。聞之，以帝不委己殺令德而委璋，大驚。俄而璋過紹琛軍，不謁。紹琛怒，乘酒謂諸將曰：「國家南取大梁，西定巴、蜀，皆郭公之謀而吾之戰功也；至於去逆效順，與國家犄角以破梁，則朱公也。犄，居蟻翻。謂朱友謙以蒲、同附晉，相爲犄角以破梁。今朱、郭皆無罪族滅，歸朝之後，行及我矣。朝，直遙翻。寃哉，天乎！柰何！」紹琛所將多河中兵，將，卽亮翻。河中將焦武等號哭於軍門曰：「西平王何罪，闔門屠膾！號，戶刀翻。朱友謙再以河中附晉，晉封爲西平王。闔門屠膾，謂其家悉誅夷也。我屬歸則與史武等同誅，言史武等既以河中將誅，若東歸則亦與之同罪而誅死。決不復東矣。」復，扶又翻。是日，魏王繼岌至泥溪，紹琛至劍州，遣人白繼岌云：「河中將士號哭不止，欲爲亂。」丁酉，紹琛自劍州擁兵西還，自稱西川節度、三川制置等使，移檄成都，稱奉詔代孟知祥，招諭蜀人，三日間衆至五萬。

15 戊戌，李繼曮至鳳翔，監軍使柴重厚不以符印與之，促令詣闕。唐僖宗光啓三年，李茂貞據鳳翔，至是而代。其後明宗復令李繼曮鎭鳳翔。

16己亥，魏王繼岌至利州，李紹琛遣人斷桔柏津。斷，丁管翻。桔，吉屑翻。繼岌聞之，以任圜爲副招討使，將步騎七千，與都指揮使梁漢顒、顒，魚容翻。監軍李延安追討之。考異曰：莊宗實錄：「己亥，繼岌奏康延孝叛，遣任圜追討。」按延孝丁酉叛於劍州，豈得己亥奏報已至洛！廣本：「己亥，魏王至利州，桔柏津使夜來告繼岌，言李紹琛令斷浮梁。繼岌署任圜爲副招討使，令率七千人騎，與都指揮使梁漢顒、監軍李延安討之。」今從之。

17庚子，邢州左右步直兵趙太等四百人步直兵，謂步兵長直者也。據城自稱安國留後；詔東北面招討副使李紹眞討之。李紹眞卽霍彥威。

18辛丑，任圜先令別將何建崇擊劍門關，下之。恐李紹琛拒守劍門關，故先擊下之，紹琛將何所至哉！

19李紹榮至鄴都，攻其南門，遣人以敕招諭之，趙在禮以羊酒犒師，拜於城上曰：「將士思家擅歸，相公誠善爲敷奏，犒，苦到翻。李紹榮以節度使同平章事，故稱之爲相公，所謂使相也。後之世，凡建節者皆稱相公。爲，于僞翻。得免於死，敢不自新！」遂以敕徧諭軍士。史彥瓊戟手大罵曰：「羣死賊，城破萬段！」皇甫暉謂其衆曰：「觀史武德之言，上不赦我矣。」因聚譟，掠敕書，手壞之，掠，奪也。壞，音怪。守陴拒戰。紹榮攻之不利，以狀聞，帝怒曰：「克城之日，勿遺噍類！」噍，才笑翻。大發諸軍討之。壬寅，紹榮退屯澶州。

20 甲辰夜，從馬直軍士王溫等五人殺軍使，謀作亂，擒斬之。從，才用翻。從馬直指揮使郭從謙，本優人也，優名郭門高。帝與梁相拒於得勝，得勝即德勝。募勇士挑戰，從謙應募，俘斬而還，挑，徒了翻。還，從宣翻，又如字。由是益有寵。帝選諸軍驍勇者爲親軍，分置四指揮，號從馬直，從謙自軍使積功至指揮使。郭崇韜方用事，從謙以叔父事之，睦王存乂以從謙爲假子。及崇韜、存乂得罪，從謙數以私財饗從馬直諸校，數，所角翻。校，戶教翻。對之流涕，言崇韜之冤。及王溫作亂，帝戲之曰：「汝既負我附崇韜、存乂，又教王溫反，欲何爲也？」從謙益懼。既退，陰謂諸校曰：「主上以王溫之故，俟鄴都平定，盡阬若曹。若，猶汝也。家之所有宜盡市酒肉，勿爲久計也。」由是親軍皆不自安。爲張破敗作亂、郭從謙弒逆張本。郭崇韜勳舊也，以無罪而族；康延孝之亂，皇甫暉之亂，張破敗之亂，卒以成郭從謙之弒，皆由崇韜之死而將校之心不自安也。

21 乙巳，王衍至長安，有詔止之。止不使至洛陽。

22 先是，帝諸弟雖領節度使，皆留京師，但食其俸。先，悉薦翻。戊申，始命護國節度使永王存霸至河中。既殺朱友謙，故令存霸赴鎮以代之。

23 丁未，李紹榮以諸道兵再攻鄴都。庚戌，裨將楊重霸帥衆數百登城，帥，讀曰率。後無繼者，重霸等皆死。賊知不赦，堅守無降意。降，戶江翻。朝廷患之，日發中使促魏王繼岌東還。繼岌以中軍精兵皆從任圜討李紹琛，留利州待之，未得還。還，從宣翻，又如字。

李紹榮討趙在禮久無功，趙太據邢州未下。滄州軍亂，小校王景戡討定之，因自爲留後；河朔州縣告亂者相繼。帝欲自征鄴都，宰相、樞密使皆言京師根本，車駕不可輕動，帝曰：「諸將無可使者。」皆曰：「李嗣源最爲勳舊。」帝心忌嗣源，曰：「吾惜嗣源，欲留宿衞。」皆曰：「他人無可者。」忠武節度使張全義亦言：「河朔多事，久則患深，宜令總管進討；時李嗣源雖留洛陽，而蕃漢内外馬步軍都總管之官如故。若倚紹榮輩，未見成功之期。」李紹宏亦屢言之，帝以内外所薦，【章：十二行本「薦」下有「久乃許之」四字；乙十一行本同；退齋校同；張校同，云無註本亦無。】内則李紹宏，外則張全義及在廷之臣。甲寅，命嗣源將親軍討鄴都。

24 延州言綏、銀軍亂，剽州城。綏、銀時爲夏州巡屬，延州以鄰鎮奏言之耳。趙珣聚米圖經，宋康定、慶曆間所進也，其書云：綏州故城見在延州東北無定河川，西至夏州四百里，南至延州界三百四十里，北至銀州一百六十里。夏州東至銀州二百里。剽，匹妙翻。

25 董璋將兵二萬屯綿州，會任圜討李紹琛。帝遣中使崔延琛至成都，遇紹琛軍，紿之曰：「吾奉詔召孟郎，孟知祥妻，太祖弟克讓女也，故呼爲孟郎。俗謂壻爲郎也。公若緩兵，自當得蜀。」既至成都，勸孟知祥爲戰守備。知祥浚壕樹柵，遣馬步都指揮使李仁罕將四萬人，驍鋭指揮使李延厚將二千人討紹琛。既浚壕樹柵爲守城之備，又遣重兵出討，以兵有邂逅，戰苟不利則退守無倉卒失措之憂。孟知祥初至西川，其審愼如此。然當時蜀之舊兵敗散已多，北兵留戍計不過數千，李仁罕所將未必及四萬之數。更須博考。延厚集其衆詢之曰：「有少壯勇銳，欲立功求富貴者東！少，詩照翻。衰疾畏懦，厭行陳者西！」行，戶剛翻。得選兵七百人以行。兵不貴多而貴精也。

是日，任圜軍追及紹琛於漢州，紹琛出兵逆戰；招討掌書記張礪請伏精兵於後，以羸兵誘之，郭崇韜之爲招討使也，以張礪爲掌書記。崇韜既死，繼岌以任圜爲招討副使，以討李紹琛，故礪以幕屬從軍。羸，倫爲翻。誘，音酉。圜從之，使董璋以東川羸兵先戰而卻。紹琛輕圜書生，又見其兵羸，極力追之，伏兵發，大破之，斬首數千級。自是紹琛入漢州，閉城不出。

26 三月，丁巳朔，李紹眞奏克邢州，擒趙太等。庚申，紹眞引兵至鄴都，營於城西北，以太等徇於鄴都城下而殺之。是不足以懼皇甫暉等，適以堅其死守之心耳。

27 辛酉，以威武節度副使王延翰爲威武節度使。命王延翰嗣有閩土。

28 壬戌，李嗣源至鄴都，營於城西南；甲子，嗣源下令軍中，詰旦攻城。詰，去吉翻。是夜，從馬直軍士張破敗作亂，考異曰：莊宗實錄：「壬戌，今上至鄴都。癸亥夜，張破敗作亂，明日，入鄴都。」明宗實錄：「三月六日，帝至鄴都，八日夜，破敗作亂。」薛史莊宗紀：「壬子，嗣源至鄴都；甲寅夜，破敗作亂。」明宗紀與實錄同。按長曆，此月丁巳朔，無壬子、甲寅。今從實錄及明宗本紀。帥衆大譟，帥，讀曰率；下同。殺都將，將，卽亮翻。焚營舍。詰旦，亂兵逼中軍，嗣源帥親軍拒戰，不能敵，亂兵益熾。從亂者愈衆也。嗣源叱而問之曰：「爾曹欲何爲？」對曰：「將士從主上十年，百戰以得天下。今主上棄恩任威，貝州戍卒思歸，主上不赦，云『克城之後，當盡阬魏博之軍』；謂皇甫暉等也。莊宗忿暉等不降，嘗有「克城之日，勿遺噍類」之語。近從馬直數卒諠競，遽欲盡誅其衆。謂王溫等亂也。郭從謙因王溫亂後，矯言帝意以扇動張破敗等之亂心。我輩初無叛心，但畏死耳。今衆議欲與城中合勢擊退諸道之軍，請主上帝河南，令公帝河北，爲軍民之主。」李嗣源官中書令，故稱之爲令公。嗣源泣諭之，不從。嗣源曰：「爾不用吾言，任爾所爲，我自歸京師。」亂兵拔白刃環之，環，音宦。曰：「此輩虎狼也，不識尊卑，令公去欲何之！」因擁嗣源及李紹眞等入城，城中不受外兵，皇甫暉逆擊張破敗，斬之，外兵皆潰。趙在禮帥諸校迎拜嗣源，泣謝曰：「將士輩負令公，李嗣源以蕃漢馬步軍都總管統諸軍禦契丹，凡河北諸鎭兵皆屬焉，而魏兵作亂，是負之也。敢不惟命是聽！」嗣源詭說在禮曰：說，式芮翻。「凡舉大事，須藉兵力，今外兵流散無所歸，我爲公出收之。」藉，慈夜翻。爲，于僞翻。外兵，謂城外之兵，嗣源、紹眞所領者也。在禮乃聽嗣源、紹眞俱出城，宿魏縣，散兵稍有至者。

29 漢州無城塹，樹木爲柵。乙丑，任圜進攻其柵，縱火焚之，李紹琛引兵出戰於金鴈橋，金鴈橋在漢州雒縣東鴈江之上，俗傳曾有金鴈，故名。兵敗，與十餘騎奔綿竹，九域志：綿竹縣在漢州東北九十三里。追擒之。孟知祥自至漢州犒軍，與任圜、董璋置酒高會，引李紹琛檻車至座中，知祥自酌大卮飲之，飲，於禁翻。謂曰：「公已擁節旄，又有平蜀之功，何患不富貴，而求入此檻車邪！」紹琛曰：「郭侍中佐命功第一，兵不血刃取兩川，一旦無罪族誅；郭侍中，謂崇韜。如紹琛輩安保首領！以此不敢歸朝耳。」朝，直遥翻。魏王繼岌既獲紹琛，乃引兵倍道而東。

孟知祥獲陝虢都指揮使汝陰李肇、河中都指揮使千乘侯弘實，陝，失冉翻。乘，繩證翻。以肇爲牙内馬步都指揮使，弘實副之。爲李肇等爲孟知祥用張本。蜀中羣盜猶未息，知祥擇廉吏使治州縣，蠲除横賦，安集流散，下寬大之令，與民更始。孟知祥已有據蜀規摹。治，直之翻。横，戶孟翻。更，工衡翻。遣左廂都指揮使趙廷隱、右廂都指揮使張業將兵分討羣盜，悉誅之。

30 李嗣源之爲亂兵所逼也，李紹榮有衆萬人，營於城南，嗣源遣牙將張虔釗、高行周等七人相繼召之，欲與共誅亂者。紹榮疑嗣源之詐，留使者，閉壁不應。及嗣源入鄴都，遂引兵去。嗣源在魏縣，衆不滿百，又無兵仗；李紹眞所將鎮兵五千，聞嗣源得出，相帥歸之，鎮兵蓋鎮州兵也。李嗣源本鎮鎮州，故其兵相帥歸之。帥，讀曰率。由是嗣源兵稍振。嗣源泣謂諸將曰：「吾明日當歸藩，欲歸鎮州也。上章待罪，上，時掌翻。章，表也，奏也。聽主上所裁。」李紹眞及中門使安重誨曰：「此策非宜。公爲元帥，不幸爲凶人所劫；李紹榮不戰而退，歸朝必以公藉口。言李紹榮必奏天子，稱己所以退師者，以嗣源入魏與賊合也。公若歸藩，則爲據地邀君，適足以實讒慝之言耳。不若星行詣闕，星行者，戴星而行也。面見天子，庶可自明。」嗣源曰：「善！」丁卯，自魏縣南趣相州，趣，七喻翻。遇馬坊使康福，後唐起於太原，馬牧多在幷、代。莊宗在河上與梁戰，置馬牧於相州，以康福爲小馬坊使以鎮之，蓋以幷、代之廄牧爲大馬坊也。唐內諸司有小馬坊使，宦官爲之，非此。薛史唐莊宗曰：「康福體貌豐厚，可令總轄馬牧。」由是署爲馬坊使。及明宗離魏縣，會福牧小馬於相州，乃驅而歸命。得馬數千匹，始能成軍。福，蔚州人也。蔚，紆勿翻。

31 平盧節度使符習將本軍攻鄴都，聞李嗣源軍潰，引兵歸；至淄州，監軍使楊希望遣兵逆擊之，平盧節度治青州。九域志：青州西至淄州一百一十三里。習懼，復引兵而西。復，扶又翻。青州指揮使王公儼攻希望，殺之，因據其城。

時近侍爲諸道監軍者，宦官常侍天子左右，故曰近侍。皆恃恩與節度使爭權，及鄴都軍變，所在多殺之。安義監軍楊繼源謀殺節度使孔勍，勍先誘而殺之。勍，渠京翻。誘，音酉。武寧監軍以李紹眞從李嗣源，謀殺其元從，元從，謂舊從李紹眞之將士，所謂義故也。紹眞時從李嗣源，監軍謀殺其元從之留彭城者。據城拒之；權知留後淳于晏帥諸將先殺之。帥，讀曰率；下同。晏，登州人也。

32 戊辰，以軍食不足，敕河南尹豫借夏秋稅；民不聊生。

33 忠武節度使、尚書令齊王張全義聞李嗣源入鄴都，憂懼不食，辛未，卒於洛陽。張全義之憂死，自以薦李嗣源北討也。

34 租庸使以倉儲不足，頗朘刻軍糧，朘，息緣翻，縮也，減也。軍士流言益甚。宰相懼，帥百官上表言：「今租庸已竭，內庫有餘，諸軍室家不能相保，儻不賑救，賑，津忍翻。懼有離心。俟過凶年，其財復集。」復，扶又翻。集，聚也。上卽欲從之，劉后曰：「吾夫婦君臨萬國，雖藉武功，亦由天命。命既在天，人如我何！」紂責命于天，紂所以亡，未聞妲己有是言也。宰相又於便殿論之，后屬耳於屏風後，屬，之欲翻。須臾，出妝具及三銀盆、皇幼子三人於外曰：「人言宮中蓄積多，四方貢獻隨以給賜，所餘止此耳，請鬻以贍軍！」宰相惶懼而退。嗚呼，劉后囊金寶繫馬鞍之時，能盡將內庫所積而行乎！

35 李紹榮自鄴都退保衛州，奏李嗣源已叛，與賊合；嗣源遣使上章自理，一日數輩。嗣源長子從審爲金槍指揮使，莊宗得魏，因魏銀槍軍置帳前銀槍都，後又置金槍軍。帝謂從審曰：「吾深知爾父忠厚，爾往諭朕意，勿使自疑。」從審至衛州，紹榮囚，欲殺之。從審曰：「公等既不亮吾父，亮，信也。吾亦不能至父所，今人多謂不欲行爲不能。請復還宿衛。」復，扶又翻。還，從宣翻，又如字。乃釋之。帝憐從審，賜名繼璟，待之如子。是後嗣源所奏，皆爲紹榮所遏，不得通，嗣源由是疑懼。石敬瑭曰：「夫事成於果決而敗於猶豫，安有上將與叛卒入賊城，而他日得保無恙乎！將，卽亮翻。大梁，天下之要會也，大梁控引河、汴，南通淮、泗，北接滑、魏，舟車之所湊集，且梁舊都也，故云然。願假三百騎先往取之；若幸而得之，公宜引大軍亟進，亟，紀力翻，急也。如此始可自全。」據大梁則逼洛陽，嗣源可以自全，莊宗將何以自全乎？石敬瑭惡察察言，故云爾。突騎指揮使康義誠曰：「主上無道，軍民怨怒，公從衆則生，守節則死。」康義誠胡人獷直，觀此言可見也。爲義誠由此爲明宗所親任張本。嗣源乃令安重誨移檄會兵。義誠，代北胡人也。時齊州防禦使李紹虔、即王晏球。泰寧節度使李紹欽、即段凝。貝州刺史李紹英即房知溫。屯瓦橋，以備契丹。北京右廂馬軍都指揮使安審通屯奉化軍，五代會要：後唐天成三年三月，升奉化軍爲泰州，以清苑縣爲理所。新唐書地理志：清苑縣屬莫州。宋保州治清苑，蓋又改泰州爲保州也。嗣源皆遣使召之。紹英，瑕丘人，本姓房，名知溫；審通，金全之姪也。安金全有卻梁兵、全晉陽之功。嗣源家在眞定，嗣源鎮眞定，入朝于洛，其家留眞定。虞候將王建立先殺其監軍，由是獲全。爲嗣源以王建立鎮眞定張本。將，卽亮翻。建立，遼州人也。李從珂自橫水將所部兵由盂縣趣鎮州，李從珂謫戍橫水，見上卷同光三年。盂，春秋晉之盂邑，漢爲縣，中廢，隋開皇十六年置原仇縣，大業初改曰盂，唐屬太原府。九域志：盂縣東北至鎮州一百里。與王建立軍合，倍道從嗣源。嗣源以李紹榮在衞州，謀自白皋濟河，分三百騎使石敬瑭將之前驅，李從珂爲殿，殿，丁練翻。於是軍勢大盛。嗣源從子從璋自鎮州引兵而南，過邢州，邢人奉爲留後。河北蓋悉從嗣源矣。從子之從，才用翻。

36 癸酉，詔懷遠指揮使白從暉將騎兵扼河陽橋，恐李嗣源自懷、孟犯洛也。帝乃出金帛給賜諸軍，樞密宣徽使及供奉內使景進等皆獻金帛以助給賜。事已至此，帝及嬖倖始知財物之不可守。軍士負物而詬曰：「吾妻子已殍死，得此何爲！」詬，古候翻，又許候翻。殍，被表翻。甲戌，李紹榮自衛州至洛陽，帝如鷂店勞之。薛史作「耀店」。紹榮曰：「鄴都亂兵已遣其黨翟建白據博州，欲濟河襲鄆、汴，李紹榮所言指趙在禮所遣兵也，殊不知李嗣源已定入汴之計矣。勞，力到翻。翟，萇伯翻。願陛下幸關東招撫之。」帝從之。關東，謂汜水關以東。

37 景進等言於帝曰：「魏王未至，康延孝初平，西南猶未安；王衍族黨不少，聞車駕東征，恐其爲變，不若除之。」少，詩沼翻。帝乃遣中使向延嗣向，式亮翻。齎敕往誅之，敕曰：「王衍一行，並從殺戮。」已印畫，印者，用中書印；畫者，畫可。敕又用御寶。樞密使張居翰覆視，就殿柱揩去「行」字，改爲「家」字，揩，口皆翻，摩也。去，羌呂翻。由是蜀百官及衍僕役獲免者千餘人。延嗣至長安，盡殺衍宗族於秦川驛。衍母徐氏且死，呼曰：呼，火故翻。「吾兒以一國迎降，不免族誅，降，戶江翻。信義俱棄，吾知汝行亦受禍矣！」

38 乙亥，帝發洛陽；丁丑，次汜水；戊寅，遣李紹榮將騎兵循河而東。將，卽亮翻。李嗣源親黨從帝者多亡去；或勸李繼璟宜早自脫，繼璟終無行意。帝屢遣繼璟詣嗣源，繼璟固辭，願死於帝前以明赤誠。赤誠，猶言赤心。誠者心之實；言赤誠者謂赤心之實。帝聞嗣源在黎陽，強遣繼璟渡河召之，強，其兩翻；下強出同。此時召嗣源，嗣源必不敢前。道遇李紹榮，紹榮殺之。李繼璟以死事君，以明父之心迹，得其死矣。

39 吳越王鏐有疾，如衣錦軍，命鎮海、鎮東節度使留後傳瓘監國。衣，於既翻。監，古銜翻。

吳徐溫遣使來問疾，左右勸鏐勿見，鏐曰：「溫陰狡，此名問疾，實使之覘我也。」覘，丑廉翻，又丑豔翻。强出見之。溫果聚兵欲襲吳越，聞鏐疾瘳而止。史言錢、徐之智力足以相制而不足以相勝。鏐尋還錢塘。按九域志，自臨安東還錢塘一百二十里。

40 吳以左僕射、同平章事徐知誥爲侍中，右僕射嚴可求兼門下侍郎、同平章事。

41 庚辰，帝發汜水。發汜水而東也。

辛巳，李嗣源至白皋，遇山東上供絹數船，取以賞軍。此蓋青、兗上供泝河而上者也。安重誨從者爭舟，行營馬步使陶玘斬以徇，從，才用翻。玘，墟里翻。由是軍中肅然。玘，許州人也。嗣源濟河，至滑州，遣人招符習，習與嗣源會於胙城，舊唐書地理志：胙城，漢南燕縣。安審通亦引兵來會。知汴州孔循遣使奉表西迎帝，亦遣使北輸密款於嗣源，曰：「先至者得之。」

先是，帝遣騎將滿城西方鄴守汴州；先是，悉薦翻。石敬瑭使裨將李瓊以勁兵突入封丘門，敬瑭踵其後，自西門入，遂據其城，西方鄴請降。敬瑭使趣嗣源；壬午，嗣源入大梁。趣，讀曰促。九域志：胙城縣南至大梁一百二十里。

是日，帝至滎澤東，九域志：滎澤縣西北距汜水四十五里。命龍驤指揮使姚彥溫將三千騎爲前軍，曰：「汝曹汴人也，龍驤軍，梁之舊兵，本皆汴人。吾入汝境，不欲使他軍前驅，恐擾汝室家。」厚賜而遣之。彥溫卽以其衆叛歸嗣源，謂嗣源曰：「京師危迫，主上爲元行欽所惑，事勢已離，不可復事矣。」元行欽賜姓名李紹榮。復，扶又翻。嗣源曰：「汝自不忠，何言之悖也！」悖，蒲妹翻。即奪其兵。指揮使潘環守王村寨，有芻粟數萬，帝遣騎視之，環亦奔大梁。

帝至萬勝鎮，萬勝鎮在中牟縣，東距大梁不過數十里耳。聞嗣源已據大梁，諸軍離叛，神色沮喪，沮，在呂翻。喪，息浪翻。登高歎曰：「吾不濟矣！」即命旋師。【章：十二行本「師」下有「是夜復至汜水」六字；乙十一行本同；退齋校同；張校同，云無註本亦無。】帝之出關也，扈從兵二萬五千，從，才用翻；下從官同。及還，已失萬餘人，乃留秦州都指揮使張唐以步騎三千守關。癸未，帝還過罌子谷，劉昫曰：罌子谷在成皋。又云在汜水縣西。汜水縣，古之成皋縣。道狹，每遇衛士執兵仗者，輒以善言撫之曰：「適報魏王又進西川金銀五十萬，適報，猶言近方得報也。到京當盡給爾曹。」對曰：「陛下賜已晚矣，人亦不感聖恩！」帝流涕而已。又索袍帶賜從官，內庫使張容哥稱頒給已盡，索，山客翻。內庫使，亦莊宗所置內諸司使之一。衛士叱容哥曰：「致吾君失社稷，皆此閹豎輩也。」抽刀逐之；或救之，獲免。容哥謂同類曰：「皇后吝財致此，吝財事見上。今乃歸咎於吾輩；事若不測，吾輩萬段，吾不忍待也。」因赴河死。衛士言致禍之源出於宦官，不特指張容哥一人，容哥遂先赴河而死者，蓋以身爲內庫使，內庫積而不發，出納之吝，諸軍以爲罪，禍必先及，故遽引決耳。

甲申，帝至石橋西，石橋在洛城東。置酒悲涕，謂李紹榮等諸將曰：「卿輩事吾以來，急難富貴靡不同之；難，乃旦翻。今致吾至此，皆無一策以相救乎？」諸將百餘人，皆截髮置地，誓以死報，因相與號泣。號，戶刀翻。是日晚，入洛城。

李嗣源命石敬瑭將前軍趣汜水收撫散兵，嗣源繼之；李嗣源在河北時奏章爲元行欽所壅遏，猶可言也。渡河據大梁，莊宗嘗至萬勝鎮，君臣相望數十里間耳，旣無一奏陳情，又無一騎迎候，莊宗旣還，但以兵踵之而西，此意何在哉！李紹虔、李紹英引兵來會。李紹虔、李紹英皆自瓦橋引兵踵嗣源之後而來會于大梁。

丙戌，宰相、樞密使共奏：「魏王西軍將至，車駕宜且控扼汜水，收撫散兵以俟之。」帝從之，自出上東門閱騎兵，戒以詰旦東行。

資治通鑑卷第二百七十五

端明殿學士兼翰林侍讀學士太中大夫提舉西京嵩山崇福宮上柱國河内郡開國公食邑二千六百戶食實封一千戶臣 司馬光 奉敕編集

後學天台 胡三省 音註

後唐紀四 起柔兆閹茂（丙戌）四月，盡強圉大淵獻（丁亥）六月，凡一年有奇。

明宗聖德和武欽孝皇帝上之下

天成元年（丙戌、九二六）

1 夏，四月，丁亥朔，嚴辦將發，凡天子將出，侍中奏中嚴外辦。此時未必能爾，沿襲舊來嚴辦之言而言之耳。騎兵陳於宣仁門外，唐昭宗天祐二年，敕改東都延喜門爲宣仁門。又唐六典：東都東城在皇城之東，東曰宣仁門，南曰承福門。陳，讀曰陣；下同。步兵陳於五鳳門外。從馬直指揮使郭從謙不知睦王存乂已死，存乂養郭從謙爲假子及其被誅事，並見上卷本年二月。請諸王不出閤者皆在禁中，故存乂死而從謙不知。從，才用翻。欲奉之以作亂，帥所部兵帥，讀曰率；下同。自營中露刃大呼，呼，火故翻。與黃甲兩軍攻興教門。唐昭宗之遷洛也，改延喜門爲宣政門，重明門爲興教門。五鳳門蓋宮城南門也。唐六典曰：

洛陽皇城南面三門，中曰應天，左曰興教，右曰光政。帝方食，聞變，帥諸王及近衞騎兵擊之，逐亂兵出門。時蕃漢馬步使朱守殷將騎兵在外，帝遣中使急召之，欲與同擊賊；守殷不至，引兵憩於北邙茂林之下。憩，去例翻，息也。邙，莫郎翻。亂兵焚興教門，緣城而入，近臣宿將皆釋甲潛遁，李紹榮必已遁矣。獨散員都指揮使李彥卿及宿衞軍校何福進、王全斌等十餘人力戰。俄而帝爲流矢所中，李彥卿卽符彥卿，存審之子。散，悉亶翻。校，戶教翻。中，竹仲翻。斌，音彬。鷹坊人善友扶帝自門樓下，至絳霄殿廡下，鷹坊，唐時五坊之一也。姓譜，善，姓也，堯師善卷。門樓，興教門樓。廡，罔甫翻。抽矢，渴懣求水，皇后不自省視，遣宦者進酪，懣，音悶。省，悉景翻。酪，歷各翻，乳漿也。凡中矢刃傷血悶者，得水尚可活，飲酪是速死也。須臾，帝殂。年四十二。李彥卿等慟哭而去，左右皆散，善友斂廡下樂器覆帝尸而焚之。覆，敷又翻。自此以上至是年正月，書「帝」者皆指言莊宗。莊宗好優而斃於郭門高，好樂而焚以樂器，故歐陽公引「君以此始，必以此終」之言以論其事，示戒深矣。彥卿，存審之子；福進、全斌皆太原人也。李彥卿後復姓符，與何福進、王全斌皆以功名自見。劉后囊金寶繫馬鞍，與申王存渥及李紹榮引七百騎，焚嘉慶殿，自師子門出走。通王存確、雅王存紀奔南山。洛陽之南入伊川皆大山。宮人多逃散，朱守殷入宮，選宮人三十餘人，各令自取樂器珍玩，內於其家。於是諸軍大掠都城。

是日，李嗣源至罌子谷，考異曰：莊宗實錄云：「今上至鄭州聞變。」今從明宗實錄。余按罌子谷在鄭州境。聞之，慟哭，謂諸將曰：「主上素得士心，正爲羣小蔽惑至此，今吾將安歸乎！」

戊子，朱守殷遣使馳白嗣源，以「京城大亂，諸軍焚掠不已，願亟來救之！」乙丑，嗣源入洛陽，止于私第，禁焚掠，拾莊宗骨於灰燼之中而殯之。

嗣源之入鄴也，前直指揮使平遙侯益脫身歸洛陽，前直指揮使領上前直衞之兵。劉昫曰：平遙卽漢平陶縣，魏避國諱，改「陶」爲「遙」；唐屬汾州。宋白曰：後魏以太武帝名燾，改「平陶」爲「平遙」。莊宗撫之流涕。至是，益自縛請罪；嗣源曰：「爾爲臣盡節，又何罪也！」使復其職。

嗣源謂朱守殷曰：「公善巡徼，以待魏王。徼，吉弔翻。言善巡徼宮闕及皇城內外坊市，以待魏王繼岌。淑妃、德妃在宮，供給尤宜豐備。韓淑妃、伊德妃先在晉陽宮，蓋莊宗都洛之後迎至洛宮，及其遭變，不從劉后出奔，時在宮中也。按淑妃韓氏，本莊宗元妃衞國夫人也；德妃伊氏，次妃燕國夫人也。劉后之次在三，越次而正位中宮，雖莊宗之過，亦郭崇韜希指迎合之罪也。五代會要曰：同光二年十二月，冊德妃、淑妃，以宰臣豆盧革、韋說爲冊使，出應天門外登輅車，鹵簿鼓吹前導，至右永福門降車，入右銀臺門，至淑妃宮，受冊於內，文武百官立班稱賀。通鑑書二年二月冊劉后，蓋冊后之後至十二月冊二妃也。吾俟山陵畢，社稷有奉，則歸藩爲國家捍禦北方耳。」歸藩，言欲歸眞定。爲，于僞翻。

是日，豆盧革帥百官上牋勸進，下之於上，不從其令而從其意。帥，讀曰率。上，時掌翻。嗣源面諭之曰：「吾奉詔討賊，不幸部曲叛散；欲入朝自訴，又爲紹榮所隔，披猖至此。吾本無他心，諸君遽爾見推，殊非相悉，悉，息七翻，諳也，究也，詳也，盡也。願勿言也！」革等固請，嗣源不許。

李紹榮欲奔河中就永王存霸，從兵稍散；庚寅，至平陸，從，才用翻。唐書地理志曰：括地志：陝州河北縣本漢大陽縣，天寶元年，太守李齊物開三門以利漕運，得古刃，有篆文曰「平陸」，因更河北縣爲平陸縣。九域志：縣在陝州北五里，隔大河。止餘數騎，爲人所執，折足送洛陽。折，而設翻。存霸亦帥衆千人棄鎮奔晉陽。

2 辛卯，魏王繼岌至興平，聞洛陽亂，復引兵而西，復，扶又翻。謀保據鳳翔。

3 向延嗣至鳳翔，以莊宗之命誅李紹琛。莊宗已殂，故不書帝而以廟號書之也。李紹琛反於蜀被擒，見上卷本年三月。

4 初，莊宗命呂、鄭二內養在晉陽，一監兵，一監倉庫，監，工銜翻。自留守張憲以下皆承應不暇。及鄴都有變，又命汾州刺史李彥超爲北都巡檢。彥超，彥卿之兄也。

莊宗既殂，推官河間張昭遠勸張憲奉表勸進，憲曰：「吾一書生，自布衣至服金紫，皆出先帝之恩，豈可偷生而不自愧乎！」昭遠泣曰：「此古人之事，公能行之，忠義不朽矣。」張昭遠儒者也，故勉成張憲之志節。其後昭遠避漢高祖名，止名昭。

有李存沼者，莊宗之近屬，考異曰：唐愍帝實錄符彥超傳云「皇弟存沼」，薛史、歐陽史彥超傳作「存霸」；莊宗列傳、薛史張憲傳但云「李存沼」。按莊宗弟無名存沼者；存霸自河中衣僧服而往，非今日傳莊宗之命者也。或者武皇之姪，莊宗之弟。別無所據，不敢決定，故但云近屬。按莊宗謚光聖神閔皇帝，唐愍帝實錄卽莊宗實錄也，「愍」、「閔」字通。自洛陽奔晉陽，矯傳莊宗之命，陰與二內養謀殺憲及彥超，據晉陽拒守。彥超知之，密告憲，欲先圖之。憲曰：「僕受先帝厚恩，不忍爲此。徇義而不免於禍，乃天也。」彥超謀未決，壬辰夜，軍士共殺二內養及存沼於牙城，因大掠達旦。憲聞變，出奔忻州。九域志：太原府東北至忻州二百里。此以宋氏徙府後言也。會嗣源移書至，彥超號令士卒，城中始安，遂權知太原軍府。

百官三牋請嗣源監國，考異曰：監國本太子之事，非官非爵。然五代唐明宗、潞王、周太祖皆嘗監國。漢太后令曰，「中外事取監國處分，」又誥曰，「監國可卽皇帝位，」是時直以監國爲稱號也。今從之。嗣源乃許之。甲午，入居興聖宮，按是時莊宗之殯在西宮，興聖宮蓋在西宮之東。按薛史，莊宗卽位於魏州，以子繼岌充北都留守、興聖宮使，及平定河南，充東京留守、興聖宮使，則東京、北都皆有興聖宮。宋白所記見前。始受百官班見。示卽眞之漸。見，賢遍翻。下令稱教，百官稱之曰殿下。莊宗後宮存者猶千餘人，宣徽使選其美少者數百獻於監國，少，詩照翻。監國曰：「奚用此爲！」對曰：「宮中職掌不可闕也。」監國曰：「宮中職掌宜諳故事，諳，烏含翻。此輩安知！」乃悉用老舊之人補之，其少年者皆出歸其親戚，無親戚者任其所適。蜀中所送宮人亦準此。

乙未，以中門使安重誨爲樞密使，安重誨本成德軍中門使，監國所親任者也。鎭州別駕張延朗爲副使。延朗，開封人也，仕梁爲租庸吏，按歐史，張延朗仕梁，以租庸吏爲鄆州糧料使，明宗克鄆州得之，復以爲糧料使，後徙鎭宣武、成德，以爲元從孔目官，蓋由此選爲鎭州別駕也。性纖巧，善事權貴，以女妻重誨之子，妻，七細翻。故重誨引之。

監國令所在訪求諸王。通王存確、雅王存紀匿民間，或密告安重誨，重誨與李紹眞謀曰：「今殿下既監國典喪，諸王宜早爲之所，以壹人心。殿下性慈，不可以聞。」乃密遣人就田舍殺之。後月餘，監國乃聞之，切責重誨，傷惜久之。

劉皇后與申王存渥奔晉陽，在道與存渥私通。存渥至晉陽，李彥超不納，走至風谷，「風谷」恐當作「嵐谷」。唐長安三年分宜芳縣置嵐谷縣，屬嵐州。爲其下所殺。明日，永王存霸亦至晉陽，從兵逃散俱盡，從，才用翻。存霸削髮、僧服謁李彥超，「願爲山僧，幸垂庇護。」軍士爭欲殺之，彥超曰：「六相公來，當奏取進止。」存霸第六。軍士不聽，殺之於府門之碑下。劉皇后爲尼於晉陽，監國使人就殺之。薛王存禮及莊宗幼子繼嵩、繼潼、繼蟾、繼嶢，嶢，倪么翻。遭亂皆不知所終。惟邕王存美以病風偏枯得免，居于晉陽。沙陀自唐末強盛，蓋至於此。恐赤心之支胤或有存者；晉王父子相傳，其血嗣殲矣。且明宗，晉王義兒也，得國之後，坐視義父之遺育爲魚爲肉，何忍也！他日詎可望麥飯灑陵乎！

6 徐溫、高季興聞莊宗遇弒，益重嚴可求、梁震。嚴可求料唐有內變，見二百七十二卷莊宗同光元年；梁震料莊宗必亡，見二百七十四卷三年。梁震薦前陵州判官貴平孫光憲於季興，使掌書記。貴平縣，漢廣都縣之東南界，後魏置和仁郡，仍置平井、貴平、可曇三縣。唐廢平井、可曇，以貴平縣治和仁城。開元十四年移治祿川，屬陵州。宋省貴平入廣都縣。季興大治戰艦，欲攻楚，治，直之翻。艦，戶黯翻。光憲諫曰：「荊南亂離之後，賴公休息士民，始有生意，若又與楚國交惡，他國乘吾之弊，良可憂也。」季興乃止。

7 戊戌，李紹榮至洛陽，陝州械送至洛陽。監國責之曰：「吾何負於爾，而殺吾兒？」謂紹榮殺從審也。見上卷本年三月。紹榮瞋目直視曰：瞋，昌眞翻。「先帝何負於爾？」遂斬之，元行欽雖死，監國豈不有愧於其言！復其姓名曰元行欽。李紹榮賜姓名見二百六十九卷梁均王貞明元年。

8 監國恐征蜀軍還爲變，還，從宣翻，又如字。以石敬瑭爲陝州留後；己亥，以李從珂爲河中留後。陝州以備其徑至洛陽，河中以備其北歸晉陽。陝，失冉翻。

9 樞密使張居翰乞歸田里，許之。李紹眞屢薦孔循之才，庚子，以循爲樞密副使。李紹宏請復姓馬。李紹宏賜姓名見二百七十卷梁均王貞明五年。

監國下教，數租庸使孔謙奸佞侵刻窮困軍民之罪而斬之，數，所具翻。凡謙所立苛斂之法斂，力贍翻。皆罷之，因廢租庸使及內勾司，租庸使，唐末及梁置。內勾司，莊宗同光二年置。依舊爲鹽鐵、戶部、度支三司，委宰相一人專判。唐制：戶部、度支以本司郎中、侍郎判其事，又置鹽鐵轉運使。其後用兵，以國計爲重，遂以宰相領其職。乾符已後，天下喪亂，國用愈空，始置租庸使，用兵無常，隨時調斂，兵罷則止。梁興，置租庸使，領天下錢穀，廢鹽鐵、戶部、度支之官。莊宗滅梁，因而不改。明宗入立，誅租庸使孔謙而廢其使職，以大臣一人判戶部、度支、鹽鐵，號曰判三司。至長興元年，張延朗因請置三司使，事下中書。中書用唐故事，拜延朗特進、工部尚書，充諸道鹽鐵轉運等使，兼判戶部度支事；詔以延朗充三司使，班在宣徽使下。三司置使，則自梁始。宋白曰：同光二年，左諫議大夫竇專奏請廢租庸使名目歸三司，略曰：伏見天下諸色錢穀，比屬戶部，設度支、金部、倉部，各有郎中、員外，將地賦、山海鹽鐵分擘支計徵輸。後爲租賦繁多，添置三司使額，同資國力，共致豐財。安、史作亂，民戶流亡，征租不時，經費多闕，惟江、淮、嶺表郡縣完全，總三司貨財，發一使徵賦，在處勘覆，名曰租庸。收復京城，尋廢其職務。廣明中，黃巢叛逆，僖宗播遷，依前又以江、淮徵賦置租庸使，及至還京，旋亦停廢。僞梁將四鎮節制徵輸，置宮使名目；後廢宮使，改置租庸。又罷諸道監軍使；以莊宗由宦官亡國，命諸道盡殺之。

10 魏王繼岌自興平退至武功，宦者李從襲曰：「禍福未可知，退不如進，請王亟東行以救內難。」繼岌從之。還，至渭水，權西都留守張籛已斷浮梁；難，乃旦翻。籛，則前翻。斷，音短。循水浮渡，是日至渭南，腹心呂知柔等皆已竄匿。從襲謂繼岌曰：「時事已去，王宜自圖。」繼岌徘徊流涕，乃自伏於床，命僕夫李環縊殺之。繼岌以李從襲、呂知柔而殺郭崇韜，而殺繼岌者豈他人哉！李環卽擿殺崇韜者也。考異曰：莊宗實錄，「征蜀初爲都監，後勸繼岌殺郭崇韜者李從襲也。」明宗實錄云「宦者都監李繼襲勸繼岌東還」，及今自殺，又云「任圜監軍李廷襲欲存康延孝」，及至華州爲李沖所殺者，復云「李從襲」。蓋「從襲」誤爲「繼襲」、「廷襲」。今從莊宗實錄。任圜代將其衆而東。監國命石敬瑭慰撫之，軍士皆無異言。史言西軍歸心於新主。

先是，監國命所親李沖爲華州都監，應接西師。先，昔薦翻。華，戶化翻。西師，卽謂魏王繼岌之師。沖擅逼華州節度使史彥鎔入朝；同州節度使李存敬過華州，沖殺之，幷屠其家；又殺西川行營都監李從襲。李從襲死有餘罪，監國未卽肆諸市朝，而李沖殺之則爲失刑耳。彥鎔泣訴於安重誨，重誨遣彥鎔還鎭，召沖歸朝。

自監國入洛，內外機事皆決於李紹眞。紹眞擅收威勝節度使李紹欽、太子少保李紹沖下獄，下，戶嫁翻。欲殺之。安重誨謂紹眞曰：「溫、段罪惡皆在梁朝，今殿下新平內難，冀安萬國，豈專爲公報仇邪！」難，乃旦翻。爲，于僞翻。按歐史，霍彥威素與溫、段有隙。紹眞由是稍沮。沮，在呂翻。辛丑，監國敎，李紹沖、紹欽復姓名爲溫韜、段凝，溫韜、段凝賜姓名並見二百七十二卷莊宗同光元年。並放歸田里。

11 壬寅，以孔循爲樞密使。

12 有司議卽位禮。李紹眞、孔循以爲唐運已盡，宜自建國號。監國問左右：「何謂國號？」對曰：「先帝賜姓於唐，爲唐復讎，賜姓於唐，謂獻祖以平龐勛之功始賜姓李也。爲唐復讎，謂莊宗滅梁也。爲，于僞翻。繼昭宗後，故稱唐。言以同光元年繼天祐二十年也。今梁朝之人不欲殿下稱唐耳。」霍彥威、孔循皆嘗事梁者也。當時在監國左右者未必皆儒生；觀其所對辭意，於正閏之位致其辯甚嚴，雖儒生不能易也。監國曰：「吾年十三事獻祖，獻祖以吾宗屬，視吾猶子。莊宗即位，尊其祖國昌爲獻祖。監國亦沙陀種，故云宗屬。又事武皇垂三十年，莊宗追尊父晉王克用爲太祖武皇帝。先帝垂二十年，經綸攻戰，未嘗不預；武皇之基業則吾之基業也，先帝之天下則吾之天下也，安有同家而異國乎！」令執政更議。更，工行翻。吏部尚書李琪曰：「若改國號，則先帝遂爲路人，梓宮安所託乎！不惟殿下忘三世舊君，以監國歷事獻祖、太祖、莊宗三世也。吾曹爲人臣者能自安乎！前代以旁支入繼多矣，宜用嗣子柩前即位之禮。」記曰：在床曰尸，在棺曰柩。鄭氏註曰：尸，陳也，言形體在；柩之言究也，白虎通云，久也。柩，音新舊之舊。衆從之。丙午，監國自興聖宮赴西宮，服斬衰，於柩前即【章：十二行本「即」下有「皇帝」二字；乙十一行本同。】位，斬衰，下不緶，子爲父服之。衰，倉回翻。自己丑入洛，至此二十日。先是未敢即位者，魏王繼岌猶在故也；繼岌既死，乃決爲之。百官縞素。既而御衮冕受册，徐無黨曰：既用嗣君之禮矣，遽釋衰而服冕，可以見其情詐。百官吉服稱賀。

13 戊申，敕中外之臣毋得獻鷹犬奇玩之類。

14 有司劾奏太原尹張憲委城之罪；庚戌，賜憲死。以張憲前朝大臣，加之罪而殺之耳。

15 任圜將征蜀兵二萬六千人至洛陽，征蜀之初，出師六萬，除留戍于蜀及康延孝叛死亡之外，還洛者二萬六千人耳。明宗慰撫之，各令還營。以通鑑書法言之，「明宗」二字當書「帝」字，此因前史成文，偶遺而不之改耳。

16 甲寅，大赦，改元。始改元天成。量留後宮百人，宦官三十人，教坊百人，鷹坊二十人，御廚五十人，量，音良。自餘任從所適。諸司使務有名無實者皆廢之。分遣諸軍就食近畿，以省饋運。除夏、秋稅省耗。舊例，夏、秋二稅先有省耗，每斗一升，今後祇納正稅數，不量省耗。節度、防禦等使，正、至、端午、降誕四節聽貢奉，元正、冬至、端午、幷降誕節爲四。按五代會要，唐咸通八年九月九日帝始生於代北金鳳城，以其日爲應聖節。毋得斂百姓；斂，力贍翻。刺史以下不得貢奉。選人先遭塗毁文書者，塗毁選人告身，見二百七十三卷莊宗同光二年。令三銓止除詐僞，餘復舊規。唐六典：吏部尚書、侍郎之職，掌天下官吏，以三銓分其選：一曰尚書銓，二曰中銓，三曰東銓。或云吏部東、西銓幷流外銓爲三銓。宋白曰：太和四年七月，吏部奏：「當司西銓侍郎廳，舊以尚書之次爲中銓，次爲東銓。乾元中，侍郎崔器奏改中銓爲西銓，以久次侍郎居左，新除侍郎居右，因循倒置，議者非之。請自今久次侍郎居西銓，新除侍郎居東銓。」敕旨依。又曰：兵部尚書爲中銓，幷東銓、西銓爲三銓。

17 五月，丙辰朔，以太子賓客鄭珏、珏，古岳翻。工部尚書任圜並爲中書侍郎、同平章事；圜仍判三司。圜憂公如家，簡拔賢俊，杜絕僥幸，期年之間，僥，堅堯翻。期，讀曰朞。府庫充實，軍民皆足，朝綱粗立。史言任圜輔相有績。粗，坐五翻。圜每以天下爲己任，由是安重誨忌之。爲安重誨譖殺任圜張本。

18 武寧節度使李紹眞、忠武節度使李紹瓊、貝州刺史李紹英、齊州防禦使李紹虔、河陽節度使李紹奇、洺州刺史李紹能，各請復舊姓名爲霍彦威、萇從簡、房知溫、王晏球、夏魯奇、米君立，許之。李紹眞、紹虔以梁將歸降賜姓名，李紹瓊、紹英、紹奇、紹能以事莊宗有戰功賜姓名；通鑑不盡載其賜姓名之由，略之也。從簡，陳州人也。晏球本王氏子，畜於杜氏，畜，吁玉翻。故請復姓王。

19 丁巳，初令百官正衙常朝外，五日一赴內殿起居。時正衙常朝御文明殿，朔望御之。內殿，中興殿也。朝，直遙翻。

20 宦官數百人竄匿山林，或落髮爲僧，至晉陽者七十餘人，詔北都指揮使李從溫悉誅之。從溫，帝之姪也。

21 帝以前相州刺史安金全有功於晉陽，事見二百六十九卷梁均王貞明二年。相，息亮翻。壬戌，以金全爲振武節度使、同平章事。

22 丙寅，趙在禮請帝幸鄴都。戊辰，以在禮爲義成節度使；辭以軍情未聽，不赴鎭。趙在禮實爲魏兵所劫制，不容其赴滑州。

23 李彦超入朝，帝曰：「河東無虞，爾之力也。」河東軍府在晉陽，李存沼死，張憲出走，鎭定軍皆李彦超之力也。庚午，以爲建雄留後。使之鎭晉州而未授節旄，且爲留後。

24 甲戌，加王延翰同平章事。王延翰承其先業，據有閩地。

25帝目不知書，四方奏事皆令安重誨讀之，重誨亦不能盡通，乃奏稱：「臣徒以忠實之心事陛下，得典樞機，今事粗能曉知，至於古事，非臣所及。願倣前朝侍講、侍讀、近代直崇政、樞密院，侍講、侍讀，盛唐之制也。直崇政院，梁制也。直樞密院，莊宗制也。宋白曰：同光二年崇政院依舊爲樞密院，以宰臣兼使，置直院一人。選文學之臣與之共事，以備應對。」乃置端明殿學士，春明退朝錄：端明殿，西京正衙殿。蓋改文明曰端明。五代會要：唐同光二年正月改解卸殿爲端明殿。按端明殿是燕閒接御儒臣之地，必非正衙殿，當以五代會要爲據。端明殿學士始此。宋白曰：長興四年，劉昫入相，中謝。是日大祠，明宗不御中興殿而坐於端明殿。昫至中興殿門，中使曰：「舊禮，宰臣謝恩須於正殿通喚，今日上以大祠不坐正殿，請俟來日。」趙延壽曰：「命相之制已下三日，中謝無宜後時。」即奏聞。昫雖中謝於端明殿，而自端明學士拜相，復謝於本殿，人士榮之。乙亥，以翰林學士馮道、趙鳳爲之。

26丙子，聽郭崇韜歸葬，復朱友謙官爵；二人以讒死見上卷本年正月。兩家貨財田宅，前籍沒者皆歸之。

27戊寅，以安重誨領山南東道節度使。重誨以襄陽要地，襄陽控蜀扼荆，故曰要地。不可乏帥，帥，所類翻；下同。無宜兼領，固辭；許之。

28詔發汴州控鶴指揮使張諫等三千人戍瓦橋。六月，丁酉，出城，復還，作亂，控鶴，梁之侍衛親軍，積驕而憚遠戍，故作亂。蓋當時天下皆驕兵也。復，扶又翻。焚掠坊市，殺權知州、推官高逖。逼馬步都指揮使、曹州刺史李彥饒爲帥，彥饒曰：「汝欲吾爲帥，當用吾命，禁止焚掠。」衆從之。己亥旦，彥饒伏甲於室，諸將入賀，彥饒曰：「前日唱亂者數人而已，」遂執張諫等四人，斬之。其黨張審瓊帥衆大譟於建國門，帥，讀曰率。彥饒勒兵擊之，盡誅其衆四百人，軍、州始定。卽日，以軍、州事牒節度推官韋儼權知，具以狀聞。符彥饒攝於汴而亂於滑，豈當時將士驕悖，習以成俗，彥饒久而與之俱化邪！　庚子，詔以樞密使孔循知汴州，收爲亂者三千家，悉誅之。彥饒，彥超之弟也。

29 蜀百官至洛陽，永平節度使兼侍中馬全曰：「國亡至此，生不如死！」不食而卒。書馬全之官，蜀官也。蜀置永平軍於雅州。　以平章事王鍇等鍇，口駭翻。爲諸州府刺史、少尹、判官、司馬，亦有復歸蜀者。復，扶又翻。

30 辛丑，滑州都指揮使于可洪等縱火作亂，攻魏博戍兵三指揮，逐出之。

31 乙巳，敕：「朕二名，但不連稱，皆無所避。」二名不偏諱，古也。

32 戊申，加西川節度使孟知祥兼侍中。

33 李繼曮至華州，聞洛中亂，復歸鳳翔；帝爲之誅柴重厚。爲，于僞翻。柴重厚不納李從曮，見上卷本年二月。

34 高季興表求夔、忠、萬三州爲屬郡，詔許之。莊宗之伐蜀也，詔高季興自取夔、忠、萬三州爲巡屬；

季興不能取。王衍既敗，三州歸唐，季興乃求爲巡屬，雖不許可也。爲季興不式王命、興兵致討張本。考異曰：莊宗實錄云：「王建於夔州置鎮江軍節度，以夔、忠、萬、施爲屬郡。雲安監有榷鹽之利，建升爲安州。上舉軍平蜀，詔季興自收元管屬郡。荆南軍未進，夔州連帥以州降繼岌。」十國紀年荆南史：「天成元年二月，王表請夔、忠、萬三州及雲安監隸本道；莊宗許之。詔命未下，莊宗遇弑。六月，王表求三州；明宗許之。」劉恕按，莊宗實錄及薛史帝紀，「同光三年十一月庚戌，荆南高季興奏收復夔、忠等州」；曾顏勃海行年記云「得夔、忠、萬等州」；明宗實錄及薛史韋說傳云：「討西蜀，季興請攻峽內，先朝許之，如能得三州，俾爲屬郡。三川既定，季興無尺寸之功。」莊宗實錄：「同光四年三月丙寅，高季興請峽內夔、忠、萬等州割歸當道。」明宗實錄：「天成元年六月甲寅，高季興奏：『去冬先朝詔命攻取峽內屬郡，尋有施州官吏知臣上峽，率先歸投，忠、萬、夔三州旦夕期於收復，被郭崇韜專將文字約臣回歸，方欲陳論，便値更變。』」此說頗近實，故從之。蓋三年十月，夔、忠、萬三州降於繼岌，十一月庚戌，季興奏請三州爲屬郡，舊史誤云奏收復也。行年記差繆最多，不可爲據。或者夔州雖自降於繼岌，季興表云收復三州，攘爲己功，亦無足怪。今從明宗實錄。

35 **安重誨恃恩驕橫，**橫，戶孟翻。**殿直馬延誤衝前導，**左、右班殿直，天子侍官也，宋熙寧以前以爲西班小使臣寄祿官。職官分紀曰：殿直，五代本曰殿前承旨，晉天福五年詔除翰林承旨外，殿前承旨改曰殿直。按天成元年安重誨斬殿直馬延，潞王清泰元年殿直承旨都知趙處願等令具襴鞹，則殿直名官已在晉天福之前，職官分紀誤矣。後周廣順間，殿直楚延祚、殿直王巒亦見於史。**斬之於馬前，御史大夫李琪以聞。**李琪憚安重誨權勢，不敢劾奏，但以其事聞耳。**秋，七月，重誨白帝下詔，稱延陵突重臣，戒諭中外。**只此一事，安重誨已足以取死。

36 于可洪與魏博戍將互相奏云作亂，帝遣使按驗得實，辛酉，斬可洪於都市，其首謀滑州左崇牙全營族誅，助亂者右崇牙兩長劍建平將校百人亦族誅。校，戶教翻。

37 壬申，初令百官每五日起居，轉對奏事。時依盛唐之制，百官轉對各奏本司公事。

38 契丹主攻勃海，拔其夫餘城，卽唐高麗之夫餘城也。時高麗王王建有國，限混同江而守之，混同江之西不能有也，故夫餘城屬勃海國。混同江卽鴨淥水。夫，音扶。更命曰東丹國。更，工衡翻。命其長子突欲鎭東丹，號人皇王，以次子德光守西樓，號元帥太子。爲突欲來奔張本。宋白曰：耶律德光本名耀屈之，慕中國文字，改焉。

帝遣供奉官姚坤告哀於契丹。考異曰：漢高祖實錄作「苗紳」，今從莊宗列傳。契丹主聞莊宗爲亂兵所害，慟哭曰：「我朝定兒也。吾方欲救之，以勃海未下，不果往，致吾兒及此。」哭不已。虜言「朝定」，猶華言朋友也。又謂坤曰：「今天子聞洛陽有急，何不救？」對曰：「地遠不能及。」曰：「何故自立？」坤爲言帝所以卽位之由，契丹主曰：「漢兒喜飾說，毋多談！」爲，于僞翻。喜，許計翻。突欲侍側，曰：「牽牛以蹊人之田而奪之牛，可乎？」引左傳申叔之言。史言契丹慕中國，效中國人道書語。坤曰：「中國無主，唐天子不得已而立；亦猶天皇王初有國，豈強取之乎！」指言阿保機不肯受代、擊滅七部事也。強，如字。契丹主曰：「理當然。」聞姚坤言，不得不服。又曰：「聞吾兒專好聲色遊畋，【章：十二行本「畋」下有「不恤軍民」四字；乙十一行本同；退齋校同；張校同，云無註本亦無。】好，呼報翻。宜其及此。我自聞之，舉家不飲酒，散遣伶人，解縱鷹犬。若亦效吾兒所爲，行自亡矣。」契丹主智識如此，固宜其能立國傳世也。又曰：「吾兒與我雖世舊，然屢與我戰爭；於今天子則無怨，足以脩好。若與我大河之北，吾不復南侵矣。」坤曰：「此非使臣之所得專也。」復，扶又翻；下復召、乃復同。契丹主怒，囚之，旬餘，復召之，曰：「河北恐難得，得鎭、定、幽州亦可也。」給紙筆趣令爲狀，趣，讀曰促。坤不可，欲殺之，韓延徽諫，乃復囚之。囚而復囚，欲姚坤之爲狀。縱使姚坤爲狀，中國肯割地而與之乎？此欲用抵冒度湟之故智耳。

39 丙子，葬光聖神閔孝皇帝于雍陵，雍陵在河南新安縣。考異曰：實錄：「乙亥，梓宮發引，是日遷幸雍陵。」按莊宗實錄哀册文云丙子，今從之。廟號莊宗。

40 丁丑，鎭州留後王建立奏涿州刺史劉殷肇不受代，謀作亂，已討擒之。唐之方鎭，涿州，幽州節度屬郡也，不屬鎭州節度；而王建立得討之者，明宗初得天下，方鎭州郡反側者尚多，王建立明宗之所親者，越境討擒劉殷肇，奏以爲不受代，朝廷亦聽之耳。

41 己卯，置彰國軍於應州。新、舊唐書地理志未有應州，歐史職方考始有應州，故屬大同節度而不載其建置之始；意晉王克用分雲州置應州也。九域志：化外州，應州領金城、混源二縣。竊意金城即以明宗所生之地金鳳城置縣也；今置彰國軍節度，亦以帝鄉也。匈奴須知：應州東至幽州八百五十里。又薛史周密傳，神武川屬應州。蓋朱邪執宜徙河東，始保神武川之黃花堆，沙陀由是而基霸業，故以其地置應州也。

42門下侍郎、同平章事豆盧革、韋說奏事帝前，或時禮貌不盡恭；說，讀曰悅。百官俸錢皆折估，折，之舌翻。估，音古，價也。而革父子獨受實錢；百官自五月給，而革父子自正月給；由是衆論沸騰。說以孫爲子，奏官；受選人王傪賂，選，須絹翻。傪，七感翻，又音倉含翻。除近官。近官，近畿州縣之官。中旨以庫部郎中蕭希甫爲諫議大夫，革、說覆奏。希甫恨之，上疏言「革、說不忠前朝，阿諛取容」；因誣「革強奪民田，縱田客殺人，說奪鄰家井，取宿藏物。」宿藏物，前人所窖藏而不及發取者。此蓋言藏之於井。制貶革辰州刺史，說漵州刺史。漵，音敍。庚辰，賜希甫金帛，擢爲散騎常侍。散，昔亶翻。騎，奇計翻。

43辛巳，契丹主阿保機卒於夫餘城，卒，子恤翻。述律后召諸將及酋長難制者之妻，酋，慈秋翻。長，知兩翻。謂曰：「我今寡居，汝不可不效我。」又集其夫泣問曰：「汝思先帝乎？」對曰：「受先帝恩，豈得不思！」曰：「果思之，宜往見之。」遂殺之。爲述律后囚於阿保機墓張本。

44癸未，再貶豆盧革費州司戶，韋說夷州司戶。甲申，革流陵州，說流合州。自唐末以來，流竄者率賜死，革、說其得至流所乎！

45孟知祥陰有據蜀之志，閱庫中，得鎧甲二十萬，置左右牙等兵十六營，凡萬六千人，營於牙城內外。

46八月，乙酉朔，日有食之。

47 丁亥，契丹述律后使少子安端少君守東丹，少，詩照翻。與長子突欲奉契丹主之喪，將其衆發夫餘城。

48 初，郭崇韜以蜀騎兵分左、右驍衛等六營，凡三千人；步兵分左、右寧遠等二十營，凡二萬四千人。庚寅，孟知祥增置左、右衝山等六營，凡六千人，營於羅城內外；又置義寧等二十營，凡萬六千人，分戍管內州縣就食；因分戍而使就食於所戍州縣。又置左、右牢城四營，凡四千人，分戍成都境內。

49 王公儼既殺楊希望，事見上卷本年三月。欲邀節鉞，揚言符習爲治嚴急，軍府衆情不願其還。治，直吏翻。習還，至齊州，公儼拒之，習不敢前。齊州東至青州三百四十餘里，中間猶隔淄州。符習聞王公儼阻兵，遽不敢前，欲使之戡難，難矣。公儼又令將士上表請己爲帥，帥，所類翻。詔除登州刺史。

公儼不時之官，託云軍情所留；帝乃徙天平節度使霍彥威爲平盧節度使，聚兵淄州，以圖攻取，九域志：淄州東北至青州一百二十里。公儼懼，乙未，始之官。丁酉，彥威至青州，追擒之，并其族黨悉斬之，支使北海韓叔嗣預焉。其子熙載將奔吳，密告其友汝陰進士李穀，穀送至正陽，九域志：潁州潁上縣有正陽鎮，在淮津之西。淮之東津曰東正陽，則吳境也。痛飲而別。熙載謂穀曰：「吳若用吾爲相，當長驅以定中原。」穀笑曰：「中原若用吾爲相，取吳如囊中物耳。」其後周世宗以李穀爲相，用其謀以取淮南；而韓熙載亦相南唐，終不能有所爲也。相，息亮翻。

50 庚子，幽州言契丹寇邊，命齊州防禦使安審通將兵禦之。

51 九月，壬戌，孟知祥置左、右飛棹兵六營，凡六千人，分戍濱江諸州，習水戰以備夔、峽。

52 癸酉，盧龍節度使李紹斌請復姓趙，歐史曰：趙德鈞，幽州人也，事劉守文、守光爲軍使，莊宗伐燕得之，賜姓名李紹斌。從之，仍賜名德鈞。德鈞養子延壽尚帝女興平公主，故德鈞尤蒙寵任。延壽本蓨令劉邟之子也。蓨，音條。邟，若浪翻。

53 加楚王殷守尚書令。

54 契丹述律后愛中子德光，欲立之，中，讀曰仲。至西樓，西樓，契丹上都也。先是，契丹主使德光留守。命與突欲俱乘馬立帳前，謂諸酋長曰：「二子吾皆愛之，莫知所立，汝曹擇可立者執其轡。」酋長知其意，爭執德光轡讙躍曰：「願事元帥太子。」后曰：「衆之所欲，吾安敢違。」遂立之爲天皇王。突欲慍，帥數百騎欲奔唐，爲邏者所遏；讙，許元翻。慍，於問翻。朱子曰：慍，不是大段怒，但心裏略有不平意便是慍。邏，音郎佐翻。述律后不罪，遣歸東丹。天皇王尊述律后爲太后，國事皆決焉。太后復納其姪爲天皇王后。復，扶又翻。天皇王性孝謹，母病不食亦不食，侍於母前應對或不稱旨，稱，尺證翻。母揚眉視之，輒懼而趨避，非復召不敢見也。復，扶又翻。以韓延徽爲政事令。歐史：契丹以韓延徽爲相，號政事令。聽姚坤歸復命，阿保機囚姚坤事見上。遣其臣阿思沒骨餒來告哀。考異曰：漢高祖實錄作「沒姑餒」，今從明宗實錄及會要。

55 壬午，賜李繼曮名從曮。以子行待之也。

56 冬，十月，甲申朔，初賜文武官春冬衣。五代會要：同光三年，租庸院奏新定四京及諸道副使判官以下俸料，有春衣絹、冬衣絹。此蓋賜在京文武官以已成之衣。

57 昭武節度使、同平章事王延翰，「昭武」當作「威武」。驕淫殘暴，己丑，自稱大閩國王。立宮殿，置百官，威儀文物皆倣天子之制，羣下稱之曰殿下。赦境內，追尊其父審知曰昭武王。爲王延翰不終張本。

58 靜難節度使毛璋，驕僭不法，訓卒繕兵，有跋扈之志，若毛璋者，其跋扈亦何能爲，不過欲據邠州耳。詔以潁州團練使李承約爲節度副使以察之。壬辰，徙璋爲昭義節度使。莊宗改潞州昭義軍爲安義軍，尋復舊。璋欲不奉詔，承約與觀察判官長安邊蔚從容說諭，蔚，音鬱。從，千容翻。說，式芮翻；下說之同。久之，乃肯受代。

59 庚子，幽州奏契丹盧龍節度使盧文進來奔。盧文進入契丹見二百六十九卷梁均王貞明三年。初，文進爲契丹守平州，帝卽位，遣間使說之，爲，于僞翻。間，古莧翻。以易代之後，無復嫌怨。莊宗怨盧文進殺其弟而奔契丹，又引契丹而擾邊，今莊宗殂而明宗立，則無復嫌怨矣。文進所部皆華人，思歸，乃殺契丹戍平州者，帥其衆十餘萬、車帳八千乘來奔。爲後盧文進又奔淮南張本。帥，讀曰率。

60 初，魏王繼岌、郭崇韜率蜀中富民輸犒賞錢五百萬緡，聽以金銀繒帛充，犒，苦到翻。繒，慈陵翻。晝夜督責，有自殺者，給軍之餘，猶二百萬緡。至是，任圜判三司，知成都富饒，同光之末，任圜從軍伐蜀，故知其富饒。遣鹽鐵判官、太僕卿趙季良爲孟知祥官告國信兼三川都制置轉運使。帝卽位，加孟知祥侍中，故使趙季良奉官告國信入蜀，因制置轉運。甲辰，季良至成都。蜀人欲皆不與，知祥曰：「府庫他人所聚，輸之可也。州縣租稅，以贍鎮兵十萬，決不可得。」觀孟知祥此語，專制蜀土之心已呈露矣。季良但發庫物，不敢復言制置轉運職事矣。復，扶又翻。

安重誨以知祥及東川節度使董璋皆據險要，擁強兵，恐久而難制；又知祥乃莊宗近姻，孟知祥之妻，莊宗之從姊妹也。陰欲圖之。客省使、泗州防禦使李嚴職官分紀曰：梁有客省使，宋因之，掌四方進奉及四夷朝貢、牧伯朝覲、賜酒饌饔餼及宰相近臣禁軍將校節儀、諸州進奉使賜物回詔之事。李嚴領泗州防禦耳，泗州時屬吳。自請爲西川監軍，必能制知祥；己酉，以嚴爲西川都監，文思使太原朱弘昭爲東川副使。文思使，掌文思院，宋以爲西班使臣，以處武臣。李嚴母賢明，謂嚴曰：「汝前啓滅蜀之謀，事見二百七十三卷莊宗同光二年。今日再往，必以死報蜀人矣。」爲李嚴爲孟知祥所殺張本。

61 舊制，吏部給告身，先責其人輸朱膠綾軸錢。宋白曰：故事，如封建諸王、内命婦及宰相、翰林學士、中書舍人、諸道節度、觀察、團練、防禦，日後卽中書帖官告院素綾紙褾軸，下所司書寫，印署畢，進入宣賜；其文武兩班幷諸道官員及奏薦將校，敕下後，並合是本道進奏院或本官自於所司送納朱膠綾紙價錢，各請出給。陸游曰：江鄰幾嘉祐雜志言唐告身初用紙，肅宗朝有用絹，貞元後始用綾。余在成都見周世宗除劉仁贍侍中告乃用紙，在金彥亨尚書之子處。**喪亂以來，**喪，息浪翻。**貧者但受敕牒，多不取告身。**受敕牒以照驗供職，苟得一時之祿利；告身，無其錢則不及取矣。**十一月，甲戌，吏部侍郎劉岳上言：「告身有褒貶訓戒之辭，**此中書所行辭也。**豈可使其人初不之覩！」敕文班丞、郎、給、諫，**丞、郎，謂尚書左右丞及二十四曹郎，給謂給事中，諫謂諫議大夫。**武班大將軍以上，宜賜告身。其後執政議，以爲朱膠綾軸，厥費無多，朝廷受以官祿，何惜小費！**「受」，當作「授」。歐史曰：故事，吏部官告身皆輸朱膠綾軸錢然後給，其品高則賜之。貧者不能輸錢，往往但得敕牒而無告身。五代之亂，因以爲常，卑者無復給告身，中書但錄其制辭而編爲敕甲。劉岳建言，以謂「制辭或任其才能，或褒其功行，或申之以訓誡，而受官者既不給告身，皆不知受命之所以然，非王言所告詔之意，請一切賜之。」由是百官皆賜告身，自岳始也。**乃奏：「凡除官者更不輸錢，皆賜告身。」當是時，所除正員官之外，其餘試銜、帖號止以寵激軍中將校而已，**試銜，謂試某官某階，皆以入銜也。帖號，謂帖以諸銜將軍、郎將之號。**及長興以後，所除浸多，乃至軍中卒伍，使、州、鎮、戍胥吏，皆得銀青階及憲官，**使，疏吏翻。使謂諸道節度使、觀察使司。御史臺官謂之憲官，此亦言試銜官也。**歲賜告身以萬數矣。**史因賜告身文，言當時除授之濫。

62 **閩王延翰蔑棄兄弟，襲位纔踰月，出其弟延鈞爲泉州刺史。延翰多取民女以充後庭，**

采擇不已。延鈞上書極諫，延翰怒，由是有隙。父審知養子延稟爲建州刺史，延稟本周氏子，王審知養以爲子。延翰與書使之采擇，延稟復書不遜，亦有隙。十二月，延稟、延鈞合兵襲福州。延稟順流先至，自建溪順流東下福州，水路縈紆幾數百里，而水勢湍疾，輕舟朝發夕至。九域志：建州東南至福州五百二十里，蓋言陸路也。福州指揮使陳陶帥衆拒之，兵敗，陶自殺。是夜，延稟帥壯士百餘人趣西門，帥，讀曰率。趣，七喻翻。梯城而入，執守門者，發庫取兵仗。及寢門，延翰驚匿別室；辛卯旦，延稟執之，暴其罪惡，且稱延翰與妻崔氏共弒先王，誣以弒君父之罪。告諭吏民，斬于紫宸門外。唐都長安，內中有紫宸殿、紫宸門，閩人僭倣其名耳。是日，延鈞至城南，延稟開門納之，推延鈞爲威武留後。王延鈞，審知次子也。

63 癸巳，以盧文進爲義成節度使、同平章事。

64 庚子，以皇子從榮爲天雄節度使、同平章事。

65 趙季良等運蜀金帛十億至洛陽，詩：萬億及秭。釋云：萬億曰兆。孔穎達曰：萬億曰兆者，依如算法，億之數有大小二法，其小數以十爲等，十萬曰億，十億曰兆也。其大數以萬爲等，數萬至萬爲億，是萬萬爲億，又從億數至萬億爲兆，故詩頌毛氏傳云，數萬至萬曰億，數億至億曰秭，兆在億秭之間，是大數之法。魏風刺在位貪殘：「胡取禾三百億兮！」魏國褊小，不應過多，故以小數言之，故云十萬曰億。今趙季良運金帛十億，若以小億計之則百萬耳，安能濟朝廷之匱乏哉？若以大億計之，則十萬萬也。未知孰是。時朝廷方匱乏，賴此以濟。

66是歲，吳越王鏐以中國喪亂，朝命不通，改元寶正；其後復通中國，乃諱而不稱。喪，昔浪翻。朝，直遥翻。復，扶又翻。考異曰：閻自若唐末汎聞錄云：「同光四年，京師亂，朝命斷絶，鏐遂僭大號，改元保正；明年，明宗錫命至，乃去號，復用唐正朔。」紀年通譜云：「鏐雖外勤貢奉，而陰爲僭竊，私改年號於其國。其後子孫奉中朝正朔，漸諱改元事。及錢俶納土，凡其境内有石刻僞號者，悉使人交午鑿滅之。惟今杭州西湖落星山塔院中有鏐封此山爲壽星寶石山僞詔，刻之於石，雖經鑱毁，其文尚可讀，後題云『寶正六年，歲在辛卯』，明宗長興二年也；其元年卽天成元年也。好事者或傳曰『保正』，非也。」余公綽閩王事迹云：「同光元年春，梁策錢鏐爲尚父；來年改寶正元年。永隆三年吳越世宗文穆王薨。」林仁志王氏啓運圖云：「同光元年，梁封浙東尚父爲吳越國王，尋自改元寶正。長興三年，吳越武肅王崩，子世皇嗣。永隆二年，吳越世皇崩，子成宗嗣。」公綽、仁志所記年歲差繆，然可見錢氏改元及廟號，故兼載焉。至今兩浙民間猶謂錢鏐爲錢太祖。今參取諸書爲據。

二年（丁亥、九二七）

1春，正月，癸丑朔，帝更名亶。更，工行翻。

2孟知祥聞李嚴來監其軍，惡之；惡，烏路翻。或請奏止之，知祥曰：「何必然，猶言何必如此也。吾有以待之。」遣吏至綿、劍迎候。綿、劍，二州名。會武信節度使李紹文卒，知祥自言嘗受密詔許便宜從事，孟知祥自言嘗受莊宗密詔也。壬戌，以西川節度副使、内外馬步軍都指揮使李敬周爲遂州留後，代李紹文。趣之上道，趣，讀曰促。上，時兩翻。然後表聞。嚴先遣使至成都，知祥自以於嚴有舊恩，孟知祥救李嚴之死，見二百六十八卷梁均王乾化二年。冀其懼而自回，乃盛陳甲兵以示之，嚴不以爲意。

3 安重誨以孔循少侍宮禁，謂其諳練故事，知朝士行能，多聽其言。孔循少給事梁太祖帳中，唐末歷宣徽、樞密院，故安重誨意其諳練及知人。少，詩照翻。諳，烏含翻。行，下孟翻。豆盧革、韋說既得罪，見上年。朝廷議置相，循意不欲用河北人，孔循少長河南，故不欲用河北人。先已薦鄭珏，又薦太常卿崔協。任圜欲用御史大夫李琪；鄭珏素惡琪，惡，烏路翻。故循力沮之，謂重誨曰：「李琪非無文學，但不廉耳。宰相但得端重有器度者，足以儀刑多士矣。」他日議於上前，上問誰可相者，重誨以協對。圜曰：「重誨未悉朝中人物，悉，詳也。爲人所賣。協雖名家，識字甚少。少，詩沼翻。臣既以不學忝相位，柰何更益以協，爲天下笑乎！」上曰：「宰相重任，卿輩更審議之。吾在河東時見馮書記多才博學，與物無競，此可相矣。」馮書記，謂馮道也。道事晉王克用爲河東掌書記。既退，孔循不揖，拂衣徑去，曰：「天下事一則任圜，二則任圜，圜何者！」孔循之衆辱任圜亦甚矣，而圜不以爲怒者，憚安重誨也。史言五季待宰相之輕。使崔協暴死則已，不死會須相之。」因稱疾不朝者數日，上使重誨諭之，方入。重誨私謂圜曰：「今方乏人，協且備員，可乎？」圜曰：「明公捨李琪而相崔協，是猶棄蘇合之丸，後漢書西域傳曰：大秦國合會諸香，煎其汁以爲蘇合。取蛣蜣之轉也。」蛣蜣，蜣蜋也。陶隱居曰：莊子云，蛣蜣之智在於轉丸。其喜入人糞中，取屎丸而卻推之，俗名爲推丸。陸佃埤雅曰：蜣蜋黑甲，翅在甲下，五六月之間，經營穢場之下，車走糞丸，一前挽之，一後推之，若僕人轉車。蛣，去吉翻。蜣，丘良翻。循與重誨共事，安重誨爲樞密使，孔循爲副使。日短琪而譽協，譽，音余。癸亥，竟以端明殿學士馮道及崔協並爲中書侍郎、同平章事。協，邠之曾孫也。崔邠，鄲之兄也。

4 戊辰，王延稟還建州，王延鈞送之，將別，謂延鈞曰：「善守先人基業，勿煩老兄再下！」延鈞遜謝甚恭而色變。爲王延稟再下攻延鈞而敗死張本。

5 庚午，初令天下長吏每旬親引慮繫囚。引慮繫囚，卽漢書所謂錄囚徒也。自唐以來率曰慮囚。考之先儒音義，慮亦讀爲錄。

6 孟知祥禮遇李嚴甚厚，一日謁知祥，知祥謂曰：「公前奉使王衍，歸而請兵伐蜀，莊宗用公言，遂致兩國俱亡。謂莊宗空國以伐蜀，蜀亡而謀臣死，根本虛，而莊宗亦亡。今公復來，復，扶又翻。蜀人懼矣。且天下皆廢監軍，罷諸道監軍，見本卷上年。公獨來監吾軍，何也？」嚴惶怖求哀，怖，普故翻。知祥曰：「衆怒不可遏也。」遂揖下，斬之。李嚴卒如其母之言。又召左廂馬步都虞候丁知俊，知俊大懼，知祥指嚴尸謂曰：「昔嚴奉使，汝爲之副，然則故人也，爲我瘗之。」爲，于僞翻。瘗，於計翻。因誣奏：「嚴詐宣口敕，云代臣赴闕，言李嚴矯敕云代知祥，使知祥赴闕。又擅許將士優賞，臣輒已誅之。」

內八作使楊令芝以事入蜀，八作使，掌八作司之八作工匠。至鹿頭關，聞嚴死，奔還。朱弘昭在東川，朱弘昭爲東川副使，與李嚴同時受命。聞之，亦懼，謀歸洛；會有軍事，董璋使之入奏，弘昭僞辭然後行，由是得免。兩川跋扈之迹著矣，安重誨制之之術窮矣，及乎分鎮增兵，則兩川反矣。

7癸酉，以皇子從厚同平章事，充河南尹，判六軍諸衞事。【章：十二行本「事」下有「從厚，從榮之母弟也」八字；孔本同；張校同；乙十一行本無「從厚」二字；退齋校同。】從榮聞之，不悅。既尹京邑，又握兵柄，地親權重，從榮惡其逼也，故不悅。爲從榮忌從厚張本。

8己卯，加樞密使安重誨兼侍中，孔循同平章事。

9吳馬軍都指揮使柴再用戎服入朝，御史彈之，再用恃功不服。侍中徐知誥陽於便殿誤通起居，退而自劾，劾，戶概翻，又戶得翻。吳王優詔不問，知誥固請奪一月俸；由是中外肅然。法之不行，自上犯之；法行於上，故中外肅然。

10契丹改元天顯，葬其主阿保機於木葉山。契丹主以其所居爲上京，起樓其間，號西樓，又於其東千里起東樓，北三百里起北樓，南木葉山起南樓。按木葉山，契丹置錦州。匈奴須知：錦州東北至東京四百里，木葉山西南至上京三百里。則錦州與木葉山又是兩處。通鑑後書晉之齊王北遷至錦州，契丹令拜阿保機墓，則又似木葉山在錦州。歐史諸書言契丹於南木葉山起南樓，是在上京之南也。須知謂木葉山西南至上京三百里，是在上京東北也。無亦契丹中有南木葉山又有北木葉山邪？述律太后左右有桀黠者，黠，下八翻。后輒謂曰：「爲我達語於先帝！」爲，于僞翻。至墓所則殺之，前後所殺以百數。最後，平州人趙思溫當往，思溫不行，后曰：「汝事先帝嘗親近，何爲不行？」對曰：「親近莫如后，后行，臣則繼之。」后曰：「吾非不欲從先帝於地下也，顧嗣子幼弱，國家無主，不得往耳。」乃斷一腕，斷，音短。腕，烏貫翻。令置墓中。思溫亦得免。

11 帝以冀州刺史烏震三將兵運糧入幽州，時契丹常以勁騎徜徉幽州四郊之外，抄掠糧運，故以三將兵運糧，善達者爲勞績。二月，戊子，以震爲河北道副招討，領寧國節度使，寧國軍宣州，屬吳。屯盧【蘆】臺軍。句斷。盧〔蘆〕臺軍臨御河之岸，周建乾寧軍，東至滄州一百里，西至瀛州百七十里。代泰寧節度使、同平章事房知溫歸兗州。房知溫本鎮兗州。

12 庚寅，以保義節度使石敬瑭兼六軍諸衛副使。石敬瑭時鎮陝州。

13 丙申，以從馬直指揮使郭從謙爲景州刺史，既至，遣使族誅之。討其弑君之罪也。

14 高季興既得三州，請朝廷不除刺史，去年以三州與高季興。自以子弟爲之，不許。及夔州刺史潘炕罷官，潘炕，蜀王氏之舊臣。炕，苦浪翻。季興輒遣兵突入州城，殺戍兵而據之。朝廷除奉聖指揮使西方鄴爲刺史，五代會要：應順元年改龍武、神武四十指揮爲捧聖左右軍，捧聖卽奉聖也。應順乃閔帝元年，而此時已有奉聖軍。不受；又遣兵襲涪州，不克。九域志：涪州東至忠州三百五十里。高季興既得夔、忠、萬三州，又襲涪州而不克。涪，音浮。魏王繼岌遣押牙韓珙等部送蜀珍貨金帛四十萬，浮江而下，季興殺珙等於峽口，此峽口謂西陵峽口。珙，居勇翻。盡掠取之。此去年事，蓋同光、天成間也。掠，奪也。朝廷詰之，對曰：「珙等舟行下峽，涉數千里，欲知覆溺之故，自宜按問水神。」

此慢辭也。若春秋楚人答齊桓公問昭王南征不復之辭。帝怒，壬寅，制削奪季興官爵，以山南東道節度使劉訓爲南面招討使、知荊南行府事，忠武節度使夏魯奇爲副招討使，將步騎四萬討之。東川節度使董璋充東南面招討使，新夔州刺史西方鄴副之，考異曰：按梓、夔皆在荊南之西南，而云東南面者，蓋據夔、梓所向言之耳。將蜀兵下峽；此峽謂自瞿唐峽直至西陵峽口，所謂三峽也。仍會湖南軍三面進攻。湖南軍，楚王馬殷之軍。

15 三月，甲寅，以李敬周爲武信留後。從孟知祥之請也。

16 丙辰，初置監牧，蕃息國馬。蕃，扶元翻。唐置監牧以畜馬。喪亂以來，馬政廢矣，今復置監牧以蕃息之。然此時監牧必置於幷、代之間，若河、隴諸州不能復盛唐之舊。是後帝問樞密使范延光馬數幾何，對曰：「騎軍三萬五千。」帝曰：「吾居兵間四十年，太祖在太原時馬數不過七千，莊宗與梁戰河上，馬纔萬匹，今馬多矣，不能一天下，柰何？」延光曰：「一馬之費，足以養步卒五人。」帝曰：「肥戰馬以瘠吾人，其愧多矣。」今因置監牧事，併錄之。

17 初，莊宗之克梁也，以魏州牙兵之力；及其亡也，皇甫暉、張破敗之亂亦由之。以魏州牙兵克梁事始二百六十九卷梁均王貞明元年，終二百七十卷莊宗同光元年。皇甫暉、張破敗之亂事見二百七十四卷天成元年。趙在禮之徙滑州，不之官，亦實爲其下所制。事見上年。在禮欲自謀脫禍，陰遣腹心詣闕求移鎮，帝乃爲之除皇甫暉陳州刺史，趙進貝州刺史，爲，于僞翻。皇甫暉、趙進，制趙在禮不得左右者也。從在禮爲橫海節度使；以皇子從榮鎮鄴都，命宣徽北院使范延光將兵送之，且制置鄴都軍事。乃出奉節等九指揮三千五百人，使軍校龍晊部之，晊，之日翻。戍盧【蘆】臺軍以備契丹，不給鎧仗，但繫幟於長竿以別隊伍，由是皆俛首而去。繫，音計。幟，昌志翻。別，彼列翻。俛，音免。中塗聞孟知祥殺李嚴，軍中籍籍，已有訛言；既至，會朝廷不次擢烏震爲副招討使，訛言益甚。

房知溫怨震驟來代己，房知溫自莊宗時戍邊，以舉兵從帝建節；烏震自刺史領節，又代知溫爲副招討，故怨其驟。震至，未交印。壬申，震召知溫及諸道先鋒馬軍都指揮使、齊州防禦使安審通博於東寨，時盧〔蘆〕臺戍軍夾河東西爲兩寨。知溫誘龍晊所部兵殺震於席上，其衆譟於營外，譟者，烏震親兵也。歐史以爲譟者亂兵。誘，音酉。安審通脫身走，奪舟濟河，將騎兵按甲不動。知溫恐事不濟，亦上馬出門，甲士攬其轡曰：「公當爲士卒主，去欲何之？」知溫紿之曰：「騎兵皆在河西，不收取之，獨有步兵，何能集事！」遂躍馬登舟濟河，與審通合謀擊亂兵，亂兵遂南行。騎兵徐踵其後，部伍甚整。亂者相顧失色，列炬宵行，疲於荒澤，詰朝，騎兵四合擊之，詰，去吉翻。亂兵殆盡，餘衆復趣故寨，審通已焚之，亂兵進退失據，遂潰。其匿於叢薄溝塍，塍，石陵翻。得免者什無一二。范延光還至淇門，聞盧【蘆】臺亂，發滑州兵復如鄴都，以備奔逸。

18 帝遣客省使李仁矩如西川，傳詔安諭孟知祥及吏民；以孟知祥殺李嚴，懼其不自安也。知祥自此浸驕。甲戌，至成都。

19 劉訓兵至荆南，楚王殷遣都指揮使許德勳等將水軍屯岳州。以應劉訓也。高季興堅壁不戰，求救於吳，吳人遣水軍援之。

20 夏，四月，庚寅，敕盧【蘆】臺亂兵在營家屬並全門處斬。處，昌呂翻。自帝即位已來，汴州張諫之亂，滑州于可洪之亂，以至盧（蘆）臺之亂，凡亂兵皆夷其家。然而流言不息，盻盻然疾視其上者相環也。此無他，以亂止亂故爾。敕至鄴都，闔九指揮之門，驅三千五百家凡萬餘人於石灰窰，悉斬之，永濟渠爲之變赤。唐開元二十八年，魏州刺史盧暉徙永濟渠，自石灰窰引流至城西至魏橋以通江、淮之漕。爲，于僞翻。

21 朝廷雖知房知溫首亂，欲安反仄，癸巳，加知溫兼侍中。

22 先是，孟知祥遣牙內指揮使文水武漳迎其妻瓊華長公主及子仁贊於晉陽，孟仁贊後改名昶。及鳳翔，行及鳳翔也。李從曮聞知祥殺李嚴，止之，以聞，帝聽其歸蜀；丙申，至成都。

23 鹽鐵判官趙季良與孟知祥有舊，知祥奏留季良爲副使。朝廷不得已，丁酉，以季良爲西川節度副使。趙季良由此遂爲孟知祥佐命之臣。李昊歸蜀，李昊隨王衍東遷，至是歸蜀。知祥以爲觀察推官。

24 江陵卑濕，復值久雨，復，扶又翻。糧道不繼，將士疾疫，劉訓亦寢疾；癸卯，帝遣樞密使孔循往視之，且審攻戰之宜。

25 五月，癸丑，以威武留後王延鈞爲本道節度使、【章：十二行本「使」下有「守中書令」四字；乙十一行本同；孔本同；張校同；退齋校同。】琅邪王。

26 孔循至江陵，攻之不克，遣人入城說高季興，說，式芮翻。季興不遜。丙寅，遣使賜湖南行營夏衣萬襲；丁卯，又遣使賜楚王殷鞍馬玉帶，督饋糧於行營，竟不能得。湖南、荊南輔車相依，雖厚賜楚人以督其饋軍，終不奉詔。庚午，詔劉訓等引兵還。

27 楚王殷遣中軍使史光憲入貢，帝賜之駿馬十，美女二。過江陵，高季興執光憲而奪之，且請舉鎮自附於吳。徐溫曰：「爲國者當務實效而去虛名。去，羌呂翻。高氏事唐久矣，自唐滅梁，高氏卽事之。洛陽去江陵不遠，舊唐書地理志：洛陽至江陵一千三百一十五里。唐人步騎襲之甚易，易，以豉翻。我以舟師泝流救之甚難。夫臣人而弗能救，使之危亡，能無愧乎！」乃受其貢物，辭其稱臣，聽其自附於唐。史言徐溫能自保其國，不務遠略。

28 任圜性剛直，且恃與帝有舊，任圜與帝同事莊宗，且全征蜀之兵以歸帝。勇於敢爲，權倖多疾之。舊制，館券出於戶部，唐舊制：使臣出四方，皆自戶部給券。安重誨請從內出，請從內出，則樞密院得專其事。與圜爭於上前，往復數四，聲色俱厲。上退朝，宮人問上：「適與重誨論事爲誰？」常語，近方爲適。上曰：「宰相。」宮人曰：「妾在長安宮中，此蓋唐時宮人，老於事者。未嘗見宰相、樞密奏事敢如是者，蓋輕大家耳。」上愈不悅，唐明宗起於行伍而爲天子，常疑宰相輕己。豆盧革、韋說之死，猶曰自取，然以此而斥任圜，卒亦置之死地，大誤矣。卒從重誨議。卒，子恤翻。圜因求罷三司，爲安重誨譖殺任圜張本。詔以樞密承旨孟鵠充三司副使權判。五代置樞密院都承旨、副承旨，以諸衞將軍充。權判者，權判三司事也。鵠，魏州人也。

29 六月，庚辰，太子詹事溫輦請立太子。

30 丙戌，門下侍郎、同平章事任圜罷守太子少保。

31 己丑，以宣徽北院使張延朗判三司。

32 壬辰，貶劉訓爲檀州刺史。以征荊南無功也。檀州密雲郡，因白檀古縣名以名州。

33 丙申，封楚王殷爲楚國王。

34 西方鄴敗荊南水軍於峽中，復取夔、忠、萬三州。敗，補邁翻。

鄧廣銘標點聶崇岐覆校

資治通鑑卷第二百七十六

端明殿學士兼翰林侍讀學士太中大夫提舉西京嵩山崇福宮上柱國河内郡開國公食邑二千六百户食實封一千户臣　司馬光　奉敕編集

後　學　天　台　胡三省　音　註

後唐紀五 起強圉大淵獻(丁亥)七月，盡屠維赤奮若(己丑)，凡二年有奇。

明宗聖德和武欽孝皇帝中之上

天成二年(丁亥、九二七)

1 秋，七月，以歸德節度使王晏球爲北面副招討使。烏震既死，以王晏球代之。按薛史，是年七月戊辰詔曰：「本朝親王遥領方鎮，遂有副大使知節度事，年代已深，相沿未改。其西川、東川今後落副大使，只云節度使。」尋諸鎮皆正授節度使。

2 丙寅，升夔州爲寧江軍，以西方鄴爲節度使。賞破高季興軍，復夔、忠、萬之功也。蜀以夔州爲鎮江軍，今改爲寧江軍。

3 癸巳，【章：十二行本「巳」作「酉」；乙十一行本同；張校同，云無註本亦誤「巳」。】以與高季興夔、忠、萬三州爲豆盧革、韋説之罪，元年以三州與季興，革、説猶爲相，因以此罪之。皆賜死。

4 流段凝於遼州，溫韜於德州，劉訓於濮州。自唐末以來，流貶者皆不至其地。遼、德、濮皆唐境也，此三人皆使至流所。

5 任圜請致仕居磁州，磁，牆之翻。許之。

6 八月，己卯朔，日有食之。

7 冊禮使至長沙，楚王殷始建國，封楚王殷爲國王見上卷是年六月。立宮殿，置百官，皆如天子，或微更其名：示不敢擬天朝也。更，工行翻。翰林學士曰文苑學士，知制誥曰知辭制，樞密院曰左右機要司，羣下稱之曰殿下，令曰教。以姚彥章爲左丞相，許德勳爲右丞相，李鐸爲司徒，崔穎爲司空，拓跋恆爲僕射，張彥瑤、張迎判機要司。馬殷所恃以爲國者高郁也，建國置官，郁不與焉，何也？豈殷諸子已有忌郁之心歟？然管內官屬皆稱攝，惟朗、桂節度使先除後請命。朗，武平軍，桂，靜江軍，時皆屬楚。恆本姓元，避殷父諱改焉。

8 九月，帝謂安重誨曰：「從榮左右有矯宣朕旨，令勿接儒生，恐弱人志氣者。朕以從榮年少臨大藩，是年三月從榮鎮鄴都，事見上卷。少，詩照翻。故擇名儒使輔導之，今奸人所言乃如此！」欲斬之；重誨請嚴戒而已。安重誨非儒也，故寬言者之罪。獨不思矯宣上旨，國有常刑邪！

9 北都留守李彥超請復姓符，從之。彥超，李存審子；存審本姓符。

10 丙寅，以樞密使孔循兼東都留守。帝欲東巡，使孔循留守洛陽。莊宗同光三年，復以洛陽爲東都。

11 壬申，契丹來請脩好，好，呼到翻。遣使報之。

12 冬，十月，乙酉，帝發洛陽，將如汴州；丁亥，至滎陽。九域志：滎陽縣在鄭州西六十里，東至大梁一百四十里。

民間訛言帝欲自擊吳，又云欲制置東方諸侯。宣武節度使、檢校侍中朱守殷疑懼，判官高密孫晟勸守殷反，高密，漢古縣，隋亂廢，唐武德三年置於義城堡，六年移就故夷安城，即高密古縣也，屬密州。九域志：在州東北一百二十里。考異曰：江南録作「孫忌」。今從王溥周世宗實録。晟，承正翻。守殷遂乘城拒守。帝遣宣徽使范延光往諭之，延光曰：「不早擊之，則汴城堅矣；願得五百騎與俱。」帝從之。延光暮發，未明行二百里，抵大梁城下，與汴人戰，汴人大驚。戊子，帝至京水，京水在滎陽之東，索水之西。遣御營使石敬瑭將親兵倍道繼之。自梁以來，有侍衛親軍、侍衛馬軍、侍衛步軍。

或謂安重誨曰：「失職在外之人，乘賊未破，或能爲患，不如除之。」重誨以爲然，奏遣使賜任圜死。任圜罷相見上卷是年六月。端明殿學士趙鳳哭謂重誨曰：「任圜義士，安肯爲逆！公濫刑如此，何以贊國！」使者至磁州，圜聚其族酣飲，然後死，神情不撓。撓，奴教翻。

13 己丑，帝至大梁，四面進攻，吏民縋城出降者甚衆。縋，馳僞翻。守殷知事不濟，盡殺其族，引頸命左右斬之。乘城者望見乘輿，乘，承正翻。相帥開門降。帥，讀曰率；下同。孫晟奔吳，徐知誥客之。為孫晟盡節於江南張本。

14 戊戌，詔免三司逋負近二百萬緡。近，其靳翻。

15 辛丑，吳大丞相、都督中外諸軍事、諸道都統、鎮海・寧國節度使兼中書令東海王徐溫卒。

初，溫子行軍司馬、忠義節度使、同平章事知詢以其兄知誥非徐氏子，徐溫養知誥為子，見二百六十卷唐昭宗乾寧二年。數請代之執吳政，數，所角翻。溫曰：「汝曹皆不如也。」嚴可求及行軍副使徐玠屢勸溫以知詢代知誥，徐知誥之於嚴可求，結之以婚姻，而可求之心不為之變。徐溫之門，忠於所事者，嚴可求、陳彥謙而已。溫以知誥孝謹，不忍也。陳夫人曰：「知誥自我家貧賤時養之，陳夫人，徐溫之妻，子畜知誥者也。奈何富貴而棄之！」可求等言之不已。溫欲帥諸藩鎮入朝，勸吳王稱帝，帥，讀曰率。將行，有疾，乃遣知詢奉表勸進，因留代知誥執政。知誥草表欲求洪州節度使，俟旦上之，上，時兩翻。是夕，溫凶問至，乃止。史言徐知誥得吳國之政，亦有數存乎其間；篡吳之業自此成矣。知詢亟歸金陵。為知誥、知詢不相容張本。吳主贈溫齊王，諡曰忠武。

16 山南西道節度使張筠久疾，將佐請見，不許。副使符彥琳等疑其已死，恐左右有奸謀，請權交符印；筠怒，收彥琳及判官都指揮使下獄，誣以謀反。下，遐嫁翻。詔取彥琳等詣闕，按之無狀，釋之；覿于可洪、張筠之事，帝之廟號曰明，亦有以也。徙筠為西都留守。莊宗同光三年，復以長安爲西都。

17 癸卯，以保義節度使石敬瑭爲宣武節度使，朱守殷反死，以石敬瑭代之。兼侍衛親軍馬步都指揮使。

18 十一月，庚戌，吳王即皇帝位，追尊孝武王曰武皇帝，景王曰景皇帝，宣王曰宣皇帝。孝武王，忠武王行密也；景王，威王渥也；宣王者，隆演也。

19 安重誨議伐吳，安重誨欲乘徐溫之死而伐之，且問其舉大號之罪。帝不從。根本不固而伐人之國，莊宗覆車可鑒也；故不許。

20 甲子，吳大赦，改元乾貞。

丙子，吳主尊太妃王氏曰皇太后，以徐知詢爲諸道副都統、鎮海寧國節度使兼侍中，若使之嗣徐溫之官職者。加徐知誥都督中外諸軍事。吳國中外大權實皆歸於徐知誥。

21 十二月，戊寅朔，孟知祥發民丁二十萬脩成都城。

22 吳主立兄廬江公濛爲常山王，弟鄱陽公澈爲平原王，澈，敕列翻。兄子南昌公珙爲建安王。珙，居勇翻。吳主稱帝，封其兄弟及其兄子皆自公陞王。

23 初，晉陽相者周玄豹相，息亮翻。嘗言帝貴不可言，帝即位，欲召詣闕；趙鳳曰：「玄豹言陛下當爲天子，今已驗矣，無所復詢。復，扶又翻。若置之京師，則輕躁狂險之人必輻輳其門，爭問吉凶。自古術士妄言，致人族滅者多矣，非所以靖國家也。」史言趙鳳有識。帝乃就除光祿卿致仕，厚賜金帛而已。

24中書舍人馬縞縞，工老翻。請用漢光武故事，七廟之外別立親廟；見四十一卷漢光武建武三年。中書門下奏請如漢孝德、孝仁皇例，稱皇不稱帝。孝德皇見五十卷漢安帝建光元年；孝仁皇見五十六卷靈帝建寧元年。帝欲兼稱帝，羣臣乃引德明、玄元、興聖皇帝例，皆立廟京師；唐尊皐陶爲德明皇帝，老子爲玄元皇帝，涼武昭王爲興聖皇帝。例，時詣翻。帝令立於應州舊宅，自高祖考妣以下皆追諡曰皇帝、皇后，墓曰陵。五代會要：帝追尊高祖聿爲孝恭皇帝，廟號惠祖，陵曰遂陵，妣崔氏曰昭皇后；曾祖敎曰孝質皇帝，廟號毅祖，陵曰衍陵，妣張氏曰順皇后；祖琰曰孝靖皇帝，廟號烈祖，陵曰奕陵，妣何氏曰穆皇后；父霓曰孝成皇帝，廟號德祖，陵曰慶陵。歐史曰：高祖妣劉氏，曾祖諱敖，父孝成，妣劉氏諡懿皇后，四陵皆在應州金城縣。按帝之先本夷狄，旣無姓氏，其名必當時有司所製也。

25漢主如康州。九域志：廣州南至康州一百九十里。

26是歲，蔚、代緣邊粟斗不過十錢。蔚，紆勿翻。

三年（戊子、九二八）

1春，正月，丁巳，吳主立子璉爲江都王，璘爲江夏王，璆爲宜春王，宣帝子廬陵公玢爲南陽王。璉，力展翻。璘，離珍翻。璆，音求。玢，悲巾翻。吳主諡兄隆演曰宣皇帝。

2 昭義節度使毛璋所爲驕僭，時服赭袍，赭袍，天子所服。赭，音者。縱酒爲戲，左右有諫者，剖其心而視之。帝聞之，徵爲右金吾衞上將軍。毛璋在邠州以驕僭徵，及在潞州復然，謂之不軌可也。然一詔徵之則束手入衞，蓋其人冥頑驕虐，本無他心，不知僭擬之爲非；然亦明宗能容之耳。

3 契丹陷平州。元年冬盧文進來奔，唐得平州，至是復爲契丹所陷。

4 二月，丁丑朔，日有食之。

5 帝將如鄴都，時扈駕諸軍家屬甫遷大梁，又聞將如鄴都，皆不說，詾詾有流言；說，讀曰悅。詾，許拱翻。帝聞之，不果行。

6 吳自莊宗滅梁以來，使者往來不絕。庚辰，吳使者至，安重誨以爲楊溥敢與朝廷抗禮，並立爲帝，是抗禮也。遣使窺覘，覘，丑廉翻，又丑豔翻。拒而不受，自是遂與吳絕。

7 張籛至長安，去年徙張籛留守西都。守兵閉門拒之；上意也。籛單騎入朝，以爲左衞上將軍。

8 壬辰，寧江節度使西方鄴攻拔歸州；未幾，荆南復取之。歸州，高季興巡屬也。九域志：夔州東至歸州三百三十里。幾，居豈翻。復，扶又翻；下宜復同。

9 樞密使、同平章事孔循，性狡佞，安重誨親信之。帝欲爲皇子娶重誨女，爲，于僞翻。循謂重誨曰：「公職居近密，不宜復與皇子爲婚。」重誨辭之。久之，或謂重誨曰：「循善離間人，問，古莧翻。不可置之密地。」循知之，陰遣人結王德妃，求納其女；德妃請娶循女爲從厚婦，帝許之。王德妃有寵於帝，言無不行，後進拜淑妃。重誨大怒，乙未，以循同平章事，充忠武節度使兼東都留守。解其近密之職。

重誨性強愎。愎，蒲逼翻。秦州節度使華溫琪入朝，請留闕下，帝嘉之，當時諸帥皆樂在方鎮得自恣，獨華溫琪入朝請留，故嘉之。華，戶化翻。除左驍衞上將軍，月別賜錢穀。俸給之外別賜錢穀。歲餘，帝謂重誨曰：「溫琪舊人，宜擇一重鎮處之。」華溫琪仕梁已爲節鎮，故云然。處，昌呂翻。重誨對以無闕。他日，帝屢言之，重誨慍曰：「臣累奏無闕，惟樞密使可代耳。」帝曰：「亦可。」重誨無以對。華溫琪之才誠不足以當重鎮，安重誨以君臣相得之雅，詳明敷奏，明宗宜無不從；今則上下之言交不能暢其意，相厲而已，斯不學至此也。溫琪聞之懼，數月不出。

重誨惡成德節度使、同平章事王建立，奏建立與王都交結，有異志。惡，烏路翻。初，帝爲代州刺史，王建立已爲虞候將，後從鎮眞定。帝自鄴爲亂兵所逼，舉兵南向，建立殺眞定監軍，帝家屬得全，由是愛之；及帝即位，擢爲眞定帥。安重誨亦帝潛躍之時所親信者也，即位，自中門使擢樞密使。重誨之所以惡建立，權寵之間耳。又，是時王都在中山有異志，數以書通建立，約爲兄弟，故重誨言之。建立亦奏重誨專權，求入朝面言其狀，帝召之；既至，言重誨與宣徽使判三司張延朗結婚，相表裏，弄威福。三月，辛亥，帝見重誨，氣色甚怒，謂曰：「今與卿一鎮自休息，以王建立代卿，張延朗亦除外官。」重誨曰：「臣披荆棘事陛下數十年，值陛下龍飛，承乏機密，承乏者，承人之乏也，言適時乏人，故己得任機密。數年間天下幸無事；今一旦棄之外鎮，臣願聞其罪！」帝不懌而起，此段自孔循以下言重誨與孔循相傾，自華溫琪以下言其君臣嫌隙之所自來。蓋重誨挾依乘之舊，戀權而不肯退，明宗積受浸潤之譖，欲遠之而不能，至於決裂，則不可救矣。以語宣徽使朱弘昭，語，牛倨翻。弘昭曰：「陛下平日待重誨如左右手，柰何以小忿棄之！願垂三思。」朱弘昭今日之言，知重誨之眷未衰也；鳳翔之奏，知重誨之權已去也。小人之智，隨時而反覆，可畏也哉！帝尋召重誨慰撫之。明日，建立辭歸鎮，帝曰：「卿比奏欲入分朕憂，比，毗至翻，近也。今復去何之！」復，扶又翻；下不復同。會門下侍郎兼刑部尚書、同平章事鄭珏請致仕，己未，以珏爲左僕射致仕；癸亥，以建立爲右僕射兼中書侍郎、同平章事、判三司。

10 孟知祥屢與董璋爭鹽利，蜀中井鹽，東、西川巡屬之內皆有之，各欲障固以專其利，故爭。按唐盛時，邛、嘉、眉有井十三，劍南西川院領之；梓、遂、綿、合、昌、渝、瀘、資、榮、陵、簡有井四百六十，劍南東川院領之。東川鹽利多於西川矣。璋誘商旅販東川鹽入西川，知祥患之，乃於漢州置三場重征之，漢州東南與東川接界，故列置三場以征鹽商。歲得錢七萬緡，商旅不復之東川。之，往也。

11 楚王殷如岳州，遣六軍使袁詮、詮，丑緣翻。副使王環、監軍馬希瞻將水軍擊荆南，高季興以水軍逆戰。至劉郎洑，江陵府石首縣沙步有劉郎浦，蜀先主納吳女處也。洑，房六翻。洄流曰洑。希瞻夜匿戰艦數十艘於港中；艦，戶黯翻。艘，疏留翻。港，古項翻。詰旦，兩軍合戰，希瞻出戰艦橫擊之，季興大敗，俘斬以千數，進逼江陵。季興請和，歸史光憲于楚。高季興執史光憲見上卷上年。軍還。還，從宣翻，又如字。楚王殷讓環不遂取荊南，環曰：「江陵在中朝及吳、蜀之間，中朝，謂唐也，既在中原，且天朝也。四戰之地也，四面受敵，謂之四戰之地。宜存之以爲吾扞蔽。」宋時趙韓王勸太祖緩取太原，意亦如此。殷悅。環每戰，身先士卒，先，悉薦翻。與衆同甘苦；常置鍼藥於座右，戰罷，索傷者於帳前，自傅治之。鍼，諸深翻。索，山客翻。治，直之翻。士卒隸環麾下者相賀曰：「吾屬得死所矣。」故所向有功。史言爲將得士卒之死力者勝。

12 楚大舉水軍擊漢，圍封州。宋白曰：封州卽漢蒼梧郡之廣信縣也，梁置梁信郡，隋置封州，在豐水之陽。漢主以周易筮之，遇大有，龜爲卜，策爲筮。以四十九策信手分開，視其奇耦，三變而成爻，十有八變而成卦。於是大赦，改元大有；命左右街使蘇章將神弩三千、戰艦百艘救封州。漢都番禺，倣唐上京，置左、右街使。九域志：廣州西至封州六百一十里。章至賀江，沈鐵絙於水，沈，持林翻。絙，居登翻。兩岸作巨輪挽絙，築長堤以隱之，伏壯士於堤中。章以輕舟逆戰，陽不利，楚人逐之，入堤中；挽輪舉絙，楚艦不能進退，以強弩夾水射之，射，而亦翻。楚兵大敗，解圍遁去。漢主以章爲封州團練使。

13 夏，四月，以鄴都留守從榮爲河東節度使、北都留守，以客省使太原馮贇爲副留守，贇，於倫翻。夾馬指揮使新平楊思權爲步軍都指揮使以佐之。戊寅，以宣武節度使石敬瑭爲鄴都留守、天雄節度使，加同平章事；以樞密使范延光爲成德節度使。丙戌，以樞密使安重誨兼河南尹，以河南尹從厚爲宣武節度使，仍判六軍諸衛事。從厚本以河南尹判六軍諸衛事，今易鎮汴州而判六軍諸衛事如故。

14 吳右雄武軍使苗璘、靜江統軍王彥章將水軍萬人攻楚岳州，至君山，岳州治巴陵，洞庭湖在巴陵西，君山在洞庭湖中，方六十里。楚王殷遣右丞相許德勳將戰艦千艘禦之。德勳曰：「吳人掩吾不備，見大軍，必懼而走。」乃潛軍角子湖，使王環夜帥戰艦三百，絕【章：十二行本「絕」上有「屯陽林浦」四字；乙十一行本同；退齋校同；張校同，云無註本亦無。】吳歸路。帥，讀曰率。遲明，吳人進軍荊江口，遲，直二翻。荊江口，洞庭湖與大江會處。將會荊南兵攻岳州，丁亥，至道人磯。德勳命戰棹都虞候詹信以輕舟三百出吳軍後，德勳以大軍當其前，夾擊之，吳軍大敗，虜璘及彥章以歸。

15 初，義武節度使兼中書令王都鎮易定十餘年，梁均王龍德元年，王都得定州，至是九年。自除刺史以下官，租賦皆贍本軍。及安重誨用事，稍以法制裁之；帝亦以都篡父位，惡之。王都囚其父處直而篡其位，見二百七十一卷後梁均王龍德元年。惡，烏路翻。時契丹數犯塞，數，所角翻。朝廷多屯兵於幽、易間，瓦橋、盧〔蘆〕臺皆在幽、易之間。大將往來，都陰爲之備，浸成猜阻。都恐朝廷移之他鎮，腹心和昭訓勸都爲自全之計，都乃求婚於盧龍節度使趙德鈞。又知成德節度使王建立與安重誨有隙，遣使結爲兄弟，陰與之謀復河北故事，欲復如唐河北諸鎮世襲，不輸朝廷貢賦，不受朝廷徵發。建立陽許而密奏之。都又以蠟書遺青、徐、潞、益、梓五帥，離間之。是時青帥霍彦威，徐帥房知溫，潞帥毛璋，益帥孟知祥，梓帥董璋，皆倔強難制者也。遺，唯季翻；下金遺同。間，古莧翻。又遣人說北面副招討使歸德節度使王晏球，說，式芮翻。晏球不從；乃以金遺晏球帳下，使圖之，不克；遺，于季翻。癸巳，晏球以都反狀聞，詔宣徽使張延朗與北面諸將議討之。北面諸將，謂招討王晏球及所部戍幽、易間諸將及幽州帥趙德鈞也。

16 戊戌，吳徙常山王濛爲臨川王。

17 庚子，詔削奪王都官爵。壬寅，以王晏球爲北面招討使，權知定州行州事，以橫海節度使安審通爲副招討使，以鄭州防禦使張虔釗爲都監，監，古銜翻。發諸道兵會討定州。是日，晏球攻定州，拔其北關城。權知定州行州事者，以未得定州城，使王晏球權知行州事於城外，以招撫定州之民。蓋此命未頒，晏球之兵已至定州城下矣。都以重賂求救於奚酋禿餒，禿餒卽圍莊宗者，虜酋之桀也。酋，慈秋翻。五月，禿餒以萬騎突入定州；晏球退保曲陽，曲陽，漢之上曲陽縣，隋改爲恆陽；唐元和十五年更名曲陽，避穆宗名也，屬定州。九域志：縣在州西六十里。都與禿餒就攻之。晏球與戰於嘉山下，大破之，禿餒以二千騎奔還定州。晏球追至城門，因進攻之，得其西關城。定州城堅，不可攻，晏球增脩西關城以爲行府，置招討使行府及定州行州於西關城。使三州民輸稅供軍食而守之。三州，定、祁、易也。王晏球之攻定州，以持久弊之，此其先定之計也。

18 辛酉，以天雄節度副使趙敬怡爲樞密使。

19 王晏球聞契丹發兵救定州，將大軍趣望都，趣，七喻翻。遣張延朗分兵退保新樂。九域志：望都縣在定州東北六十里，新樂縣在州西南五十里。延朗遂之眞定，之，往也。同光初，建北都於鎮州，以鎮州爲眞定府，尋廢北都而眞定府不廢。九域志：自新樂縣西南至眞定七十里。留趙州刺史朱建豐將兵脩新樂城。契丹已自他道入定州，與王都夜襲新樂，破之，殺建豐。乙丑，王晏球、張延朗會於行唐，九域志：行唐縣在眞定府北五十五里。丙寅，至曲陽。自行唐西北至曲陽三十許里。王都乘勝，悉其衆與契丹五千騎合萬餘人，邀晏球等於曲陽，丁卯，戰于城南。晏球集諸將校令之曰：「王都輕而驕，將，即亮翻。校，戶教翻。令，魯定翻。輕，牽正翻。可一戰擒也。今日，諸君報國之時也。悉去弓矢，去，羌呂翻。以短兵擊之，回顧者斬！」於是騎兵先進，奮檛揮劍，直衝其陣，大破之，僵尸蔽野；用短兵則將士齊致死，直衝其陣則敵不及拒。北人所恃者弓矢，既入其陣，皆不得用，而檛劍所及，不死則傷，是以甚敗。檛，則瓜翻。僵，居良翻。陳，讀曰陣。契丹死者過半，過，音戈。餘衆北走；都與禿餒得數騎，僅免。盧龍節度使趙德鈞邀擊契丹，北走者殆無孑遺。孑，吉列翻，單也，言無單孑得遺也。

20吳遣使求和於楚，請苗璘、王彥章；楚王殷歸之，使許德勳餞之。德勳謂二人曰：「楚國雖小，舊臣宿將猶在，願吳朝勿以措懷。朝，直遙翻。必俟衆駒爭皁棧，皁，才早翻。棧，士限翻。皁，馬櫪也。棧，以竹木藉之。然後可圖也。」時殷多內寵，嫡庶無別，諸子驕奢，故德勳語及之。別，彼列翻。其後馬氏諸子爭国，南唐乘而取之，卒如許德勳之言。然德勳相楚，知其將亂，不以告戒其主而以語鄰國之人，非忠也。左傳鄭子太叔謂晉張趯有智，然猶在君子之後者，正此類也。

21六月，辛巳，高季興復請稱藩于吳，吳徐溫議不受高季興稱臣，見上卷上年五月。吳進季興爵秦王，帝詔楚王殷討之。殷遣許德勳將兵攻荆南，以其子希範爲監軍，次沙頭；次沙頭，則已逼江陵矣。季興從子雲猛指揮使從嗣單騎造楚壁，請與希範挑戰決勝，副指揮使廖匡齊出與之鬭，拉殺之。從子，才用翻。造，七到翻。挑，徒了翻。廖，力救翻。拉，盧合翻。季興懼，明日，請和，德勳還。匡齊，贛人也。還，從宣翻，又如字。贛縣屬虔州。贛，音紺。

22王晏球知定州有備，未易急攻，易，以豉翻。朱弘昭、張虔釗宣言大將畏怯；有詔促令攻城。晏球不得已，乙未，攻之，殺傷將士三千人。張虔釗不知鑒定州之事，其後急攻鳳翔，以致敗國，身爲亡虜，其誤明宗之社稷多矣。

23先是，詔發西川兵戍夔州，備高季興也。先，昔薦翻。孟知祥遣左肅邊指揮使毛重威將三千人往。頃之，知祥奏「夔、忠、萬三州已平，請召戍兵還，還，從宣翻，又如字。以省饋運。」孟知祥恐戍兵爲唐所留，坐自削弱，故請召還。帝不許。知祥陰使人誘之，誘，音酉。重威帥其衆鼓譟逃歸；帝命按其罪，知祥請而免之。史言唐之威令不行於蜀中。

24 陝州行軍司馬王宗壽請葬故蜀主王衍，王衍死於長安，見二百七十四卷元年。陝，失冉翻。秋，七月，【章：十二行本「月」下有「乙巳」二字；乙十一行本同；張校同，云無註本亦無。】贈衍順正公，以諸侯禮葬之。王宗壽，許州民家子也，王建以其同姓，錄之爲子。事王衍，數直諫，衍不聽，以至亡國。衍死，宗壽東遷，至澠池，聞莊宗遇弒，逃入熊耳山。至是復出，詣京師，求衍宗族葬之。帝嘉其忠，以爲保義行軍司馬，得衍等十八喪，葬之長安南三趙村。

25 北面招討使安審通卒。「招討」之下當有「副」字。

26 東都民有犯私麴者，留守孔循族之。或請聽民造麴，而於秋稅畝收五錢；己未，敕從之。按唐初無榷酒之法。德宗建中三年初榷天下酒，悉令官釀，斛收直三千，米雖賤不得減二千；委州縣綜領，醨薄、私釀罪有差；京師特免榷。元和六年，京兆府奏榷酒錢除出正酒戶外，一切隨兩稅青苗據貫均率。會昌六年敕：「揚州八道置榷麴并置官店沽酒，代百姓納榷酒錢，并充資助軍用。有人私沽酒及置私麴者，罪止一身。」至是，以孔循過行酷法，敕：「應三京、鄴都諸道州府鄉村人戶，於夏秋田苗上每畝納麴錢五文足陌，一任百姓造麴醞酒供家，其錢隨夏秋徵納，並不折色。其京都及諸道縣鎮坊界及關城草市內，應逐年賣官麴酒戶，便許自造麴醞酒貨賣。應諸處麴務，仰十分減八分價錢出賣，不得更請官本踏造。」麴，音曲。

27 壬戌，契丹復遣其酋長惕隱將七千騎救定州，復，扶又翻。王晏球逆戰於唐河北，惕，他力翻。水經註：滱水出代郡靈丘縣高氏山，東南過中山上曲陽縣，又東過唐縣，謂之唐河。大破之；甲子，追至易州。時久雨水漲，契丹爲唐所俘斬及陷溺死者，不可勝數。勝，音升。

28戊辰，以威武節度使王延鈞爲閩王。

29契丹北走，道路泥濘，濘，乃定翻。人馬飢疲，入幽州境。八月，壬【章：十二行本「壬」作「甲」；乙十一行本同；張校同，云無註本亦誤「壬」。】戌，趙德鈞遣牙將武從諫將精騎邀擊之，分兵扼險要，生擒惕隱等數百人；餘衆散投村落，村民以白梃擊之，梃，徒頂翻，杖也。其得脫歸國者不過數十人。自是契丹沮氣，不敢輕犯塞。沮，在呂翻。

30初，莊宗徇地河北，獲小兒，畜之宮中，及長，畜，吁玉翻。長，知兩翻。賜姓名李繼陶；帝卽位，縱遣之。王都得之，使衣黃袍坐堞間，歐史曰：帝卽位，安重誨出繼陶以乞段徊，徊亦惡而逐之，都使人求得之。衣，於既翻。堞，達協翻。謂王晏球曰：「此莊宗皇帝子也，已卽帝位。公受先朝厚恩，曾不念乎！」王晏球卽杜晏球。莊宗之滅梁也，晏球以軍降，莊宗賜以姓名而用之。王都欲以此動晏球。晏球曰：「公作此小數竟何益！吾今教公二策，不悉衆決戰，則束手出降耳，自餘無以求生也。」

31王建立以目不知書，請罷判三司，不許。

32乙未，吳大赦。

33 吳越王鏐欲立中子傳瓘爲嗣，中，讀曰仲。謂諸子曰：「各言汝功，吾擇多者而立之。」言欲擇功多者立以爲嗣。傳瓘兄傳璹、傳璙、傳璟皆推傳瓘，璹，殊六翻。璙，力弔翻，又力小翻。璟，於景翻，又古永翻。乃奏請以兩鎮授傳瓘。閏月，丁未，詔以傳瓘爲鎮海、鎮東節度使。

34 戊申，趙德鈞獻契丹俘惕隱等，諸將皆請誅之，帝曰：「此曹皆虜中之驍將，殺之則虜絕望，不若存之以紓邊患。」紓，商居翻，緩也。乃赦惕隱等酋長五十人，置之親衞，後唐蓋倣盛唐之制，朝會立仗有親、勳、翊三衞。餘六百人悉斬之。爲契丹屢求惕隱等張本。

35 契丹遣梅老季素等入貢。

36 初，盧文進來降，事見上卷元年。契丹以蕃漢都提舉使張希崇代之爲盧龍節度使，守平州，遣親將以三百騎監之。監，工銜翻。希崇本書生，爲幽州牙將，沒於契丹，歐史曰：劉守光使張希崇戍平州，契丹陷平州得之。性和易，契丹將稍親信之，易，以豉翻。將，卽亮翻。因與其部曲謀南歸。部曲泣曰：「歸固寢食所不忘也，然虜衆我寡，柰何？」希崇曰：「吾誘其將殺之，誘，音酉。兵必潰去。此去虜帳千餘里，比其知而徵兵，比，必利翻，及也。吾屬去遠矣。」衆曰：「善！」乃先爲穽，實以石灰，穽，才性翻。石灰，鑿取山石，煅之爲灰，今在處有之。明日，召虜將飲，醉，并從者殺之，投諸穽中。從，才用翻。其營在城北，亟發兵攻之，此所發者漢兵也。契丹衆皆潰去。希崇悉舉其所部二萬餘口來奔，詔以爲汝州刺史。歐史曰：以爲汝州防禦使。

37 吳王太后殂。吳主之母王氏也。

38 九月，辛巳，荆南敗楚兵于白田，執楚岳州刺史李廷規，歸于吳。九域志：岳州巴陵縣有白田鎭。時荆南稱藩于吳。敗，補賣翻。

39 乙未，敕以溫韜發諸陵，段凝反覆，令所在賜死。去年，溫韜流德州，段凝流遼州。

40 己亥，以武寧節度使房知溫兼荆南行營招討使，知荆南行府事；分遣中使發諸道兵赴襄陽，以討高季興。前年劉訓討荆南不克，今復招討之。

41 辛丑，徙慶州防禦使竇廷琬爲金州刺史；冬，十月，廷琬據慶州拒命。

42 丙午，以横海節度使李從敏兼北面行營副招討使。代安審通也。從敏，帝之從子也。從子，才用翻。

43 戊申，詔靜難節度使李敬通【章：十二行本「通」作「周」；乙十一行本同。】發兵討竇廷琬。慶州，靜難軍巡屬也，故使討之。難，乃旦翻。

44 王都據定州，守備固，伺察嚴，伺，相吏翻。諸將屢有謀翻城應官軍者，皆不果。帝遣使者促王晏球攻城，晏球與使者聯騎巡城，騎，奇計反。指之曰：「城高峻如此，借使主人聽外兵登城，亦非梯衝所及。梯，雲梯。衝，衝車。徒多殺精兵，無損於賊，如此何爲！不若食三州之租，愛民養兵以俟之，彼必内潰。」帝從之。用兵之術，攻城最難。然攻城有二術：城有外援，則須悉力急攻，以求必克；城無外援，則持久以弊之，在我者兵力不損而坐收全勝。古之善用兵者皆知此術也。

45 十一月，有司請爲哀帝立廟，詔立廟於曹州。爲，于僞翻。梁太祖開平二年弑唐哀帝於曹州，事見二百六十六卷。

46 平盧節度使晉忠武公霍彥威卒。

47 忠州刺史王雅取歸州。忠州時屬夔州寧江軍，西方鄴所部也。歸州時屬荆南軍，高季興所部也。

48 庚寅，皇子從厚納孔循女爲妃，循因之得之大梁，時孔循兼留守東都，帝在大梁。得之者，得往也。有職守者不得擅離職守，今循因嘉禮得至行在所。「得之」，本或作「得至」。按唐都洛陽，以大梁爲東都，孔循職守在東都，而曰得之大梁者，蓋安重誨怒孔循，自樞密出爲忠武帥兼東都留守，時帝在大梁，循未得領留守之職，今因嫁女得至東都耳。以下文促令歸鎮明之，可以知矣。厚結王德妃之黨，乞留。安重誨具奏其事，力排之，禮畢，嘉禮畢也。促令歸鎮。復歸忠武軍所鎮。

49 甲午，以中書侍郎、同平章事王建立同平章事，充平盧節度使。

50 丙申，上問趙鳳：「帝王賜人鐵券，何也？」對曰：「與之立誓，令其子孫長享爵祿耳。」上曰：「先朝受此賜者止三人，薛居正五代史：莊宗同光二年正月甲寅，帝御中興殿，面賜郭崇韜鐵券；二月丁亥，賜李嗣源鐵券；二年，賜朱友謙姓名李繼麟，入屬籍，賜鐵券。崇韜、繼麟尋皆族滅，二人族滅事見二百七十四卷元年。朝，直遙翻。朕得脫如毫釐耳。」帝爲莊宗所猜忌，又困於讒，事始於二百七十三卷同光三年取鄴都細鎧之時，訖於二百七十四卷元年出鄴都在魏縣之日。因歎息久之。趙鳳曰：「帝王心存大信，固不必刻之金石也。」

51 十二月，甲辰，李敬周奏拔慶州，族竇廷琬。

52 荆南節度使高季興寢疾，命其子行軍司馬、忠義節度使、同平章事從誨權知軍府事；丙辰，季興卒。考異曰：唐明宗實錄：「天成三年十一月壬午，房知溫奏高季興卒。」烈祖實錄亦云「乾貞二年十一月，季興卒」。蓋傳聞之誤。按陶穀季興神道碑及勃海行年記，皆云「十二月十五日卒」，今從之。吳主以從誨爲荆南節度使兼侍中。高從誨，字遵聖，季興長子也。

53 史館脩撰張昭遠上言：「臣竊見先朝時，皇弟、皇子皆喜俳優，喜，許計翻。入則飾姬妾，出則誇僕馬；習尚如此，何道能賢！言何道而能爲賢人也。諸皇子宜精擇師傅，令皇子屈身師事之，講禮義之經，論安危之理。古者人君卽位則建太子，所以明嫡庶之分，塞禍亂之源。今卜嗣建儲，臣未敢輕議。至於恩澤賜與之間，昏姻省侍之際，嫡庶長幼，宜有所分，示以等威，絕其僥冀。」分，扶問翻。塞，昔則翻。省，昔井翻。長，知兩翻。僥，堅堯翻。帝賞歎其言而不能用。自梁開平以來，至于天成，惟張昭遠一疏能以所學而論時事耳。不有儒者，其能國乎！惜其言之不用也。史言賞歎而不能用，嗚呼！帝之賞歎者，亦由時人言張昭遠儒學而賞歎之耳，豈知所言深有益於人之國哉！

54 閩王延鈞度民二萬爲僧，由是閩中多僧。

55 河東節度使、北都留守從榮，年少驕很，少，詩照翻。很，戶懇翻。不親政務，帝遣左右素與從榮善者往與之處，使從容諷導之。處，昌呂翻。從，千容翻。其人私謂從榮曰：「河南相公恭謹好善，親禮端士，有老成之風；從厚時爲河南尹，故稱之爲河南相公。端士，正士也。好，音呼到翻。相公齒長，長，知兩翻。言從榮之年長於從厚也。宜自策勵，勿令聲問出河南之下。」從榮不悅，退，告步軍都指揮使楊思權曰：「朝廷之人皆推從厚而短我，我其廢乎！」思權曰：「相公手握強兵，且有思權在，何憂！」因勸從榮多募部曲，繕甲兵，陰爲自固之備。觀從榮之問與楊思權之對，其所以求自安者乃所以自危也。又謂帝左右曰：「君每譽弟而抑其兄，譽，音余。我輩豈不能助之邪！」其人懼，以告副留守馮贇，贇密奏之。帝遣左右諷導從榮，是其密受上指最爲親切。從榮之不悅，楊思權之脅持，凡此情狀，其人當密以奏聞，安得以告馮贇而待贇奏之也，此其間必有曲折。帝召思權詣闕，以從榮故，亦弗之罪也。帝不罪楊思權，其後遂爲從厚之禍。然二子嫌隙已搆，雖罪思權，亦末如之何矣。

四年（己丑、九二九）

1 春，正月，馮贇入爲宣徽使，謂執政曰：「從榮剛僻而輕易，易，以豉翻。宜選重德輔之。」

2 王都、禿餒欲突圍走，不得出。二月，癸丑，定州都指揮使馬讓能開門納官軍，都舉族自焚，擒禿餒及契丹二千人。王晏球自去年四月攻王都，至是克之。辛亥，以王晏球爲天平節度使，與趙德鈞並加兼侍中。賞王晏球，以平王都之功也；賞趙德鈞，以擒惕隱之功也。禿餒至大梁，斬於市。

3樞密使趙敬怡卒。

4甲子，帝發大梁。

5丁卯，門下侍郎、同平章事崔協卒於須水。唐初置須水縣，貞觀中併入鄭州管城縣。九域志：鄭州滎陽縣有須水鎮。卒，音子恤翻。

6庚午，帝至洛陽。二年冬十月，帝如大梁，至是還洛陽。

7王晏球在定州城下，日以私財饗士，自始攻至克城未嘗戮一卒。三月，辛巳，晏球入朝，帝美其功；晏球謝久煩饋運而已。史言王晏球有功而不伐。

8皇子右衞大將軍從璨性剛，安重誨用事，從璨不爲之屈。爲，于僞翻。帝東巡，卽謂如大梁時也。以從璨爲皇城使。從璨與客宴於會節園，會節園在洛陽城中。張全義鎮洛歲久，私第在會節坊，室宇園池爲一時巨麗，輸之官以爲會節園。酒酣，戲登御榻，凡御園設御榻，遊幸之所御也。重誨奏請誅之；丙戌，賜從璨死。

9橫山蠻寇邵州，邵州，漢爲昭陵縣，屬長沙國，東漢屬長沙、零陵二郡，又改昭陵爲昭陽縣。吳立邵陵郡，晉武帝改昭陽曰邵陽縣。隋廢郡，唐置南梁州，改爲邵州，時屬楚境。

10楚王殷命其子武安節度副使、判長沙府希聲知政事，總錄內外諸軍事，自是國政先歷希聲，乃聞於殷。希聲，字若訥，殷次子也。爲殺高郁張本。

11夏，四月，庚子朔，禁鐵錫錢。時湖南專用錫錢，銅錢一直錫錢百，流入中國，法不能禁。馬殷得湖南，鑄錫爲錢，本用之境内，其後遂流入中國。五代會要：同光二年三月敕：「泉布之弊，雜以鉛錫，江湖之外，盜鑄尤多，市肆之間，公行無畏。因是綱商挾帶，舟載往來，換易好錢，藏貯富室，實爲蠹弊，須有條流。宜令京城及諸道於市行使錢内點檢，雜惡鉛錫並宜禁斷。沿江州縣，每有舟船到岸，嚴加覺察，若私載往來，並宜收納。」天成元年十二月敕：「行使銅錢之内，如聞挾帶鐵錢，若不嚴加科流，轉恐私加鑄造。應中外所使銅錢内鐵鑞錢即宜毁棄，不得輒更有行使。如違，其所使錢不計多少，並納入官，仍科深罪。」蓋鐵錫錢之禁舊矣，今又申嚴之而不能禁也。

12丙午，楚六軍副使王環敗荆南兵于石首。敗，補賣翻。

13初令緣邊置場市党項馬，不令詣闕。先是，党項皆詣闕，以貢馬爲名，國家約其直酬之，加以館穀賜與，歲費五十餘萬緡；有司苦其耗蠹，故止之。五代會要曰：自上御極以來，党項之衆競赴闕下賣馬，常賜食於禁廷，醉則連袂歌其土風。凡將到馬，無駑良，並云上進，雖約給價直，然館給賜賚，耗蠹爲多，雖降敕止之，竟不能行。党，底朗翻。

14壬子，以皇子從榮爲河南尹、判六軍諸衛事，從厚爲河東節度使、北都留守。兩易二子之任。

15契丹寇雲州。

16 甲寅，以端明殿學士、兵部侍郎趙鳳爲門下侍郎、同平章事。

17 五月，乙酉，中書言：「太常改謚哀帝曰昭宣光烈孝皇帝，廟號景宗。既稱宗則應入太廟，在別廟則不應稱宗。」哀帝廟在曹州。乃去廟號。去，羌呂翻。

18 帝將祀南郊，遣客省使李仁矩以詔諭兩川，令西川獻錢一百萬緡，東川五十萬緡；皆辭以軍用不足，西川獻五十萬緡，東川獻十萬緡。仁矩，帝在藩鎮時客將也，爲安重誨所厚，恃恩驕慢。至梓州，東川節度治梓州。董璋置宴召之，日中不往，方擁妓酣飲。妓，渠綺翻。璋怒，從卒徒執兵入驛，立仁矩於階下而詬之曰：「公但聞西川斬李客省，詬，古候翻，又許侯翻。李客省，謂李嚴也。斬李嚴見上卷二年。謂我獨不能邪！」仁矩流涕拜請，僅而得免；既而厚賂仁矩以謝之。欲以賂絕其口。仁矩還，言璋不法。未幾，幾，居啓翻。帝復遣通事舍人李彥珣詣東川，復，扶又翻。入境，失小禮，璋拘其從者，從，才用翻。彥珣奔還。還，從宣翻，又如字。

19 高季興之叛也，見上卷二年。其子從誨切諫，不聽。從誨既襲位，謂僚佐曰：「唐近而吳遠，【章：十二行本「遠」下有「捨近臣遠」四字；乙十一行本同；退齋校同；張校同，云無註本亦無。】非計也。」乃因楚王殷以謝罪於唐。又遺山南東道節度使安元信書，遺，惟季翻。求保奏，復脩職貢。丙申，元信以從誨書聞，帝許之。

20 契丹寇雲州。一月之間再寇雲州者，契丹主耶律德光漸西徙也。

21 六月，戊申，復以鄴都爲魏州，莊宗同光元年即位於魏州，以魏州爲興唐府，建東京。既還洛，同光三年，復唐之舊，以洛陽爲東都，改魏州之東京爲鄴都，今復以爲魏州。留守、皇城使並停。

22 庚申，高從誨自稱前荆南行軍司馬、歸州刺史，上表求內附。秋，七月，甲申，以從誨爲荆南節度使兼侍中。己丑，罷荆南招討使。討荆南事始上卷二年，今以其內附罷兵。

23 八月，吳武昌節度使兼侍中李簡以疾求還江都，揚州治江都縣，吳所都也。癸丑，卒于採石。徐知詢，簡壻也，擅留簡親兵二千人于金陵，徐知詢時代父溫鎮金陵。表薦簡子彥忠代父鎮鄂州，武昌節度使治鄂州。徐知誥以龍武統軍柴再用爲武昌節度使；知詢怒曰：「劉崇俊，兄之親，三世爲濠州；吳初用劉金爲濠州刺史；金卒，子仁規代之；仁規卒，子崇俊代之。彥忠吾妻族，獨不得邪！」

24 初，楚王殷用都軍判官高郁爲謀主，馬殷初得潭州，即用高郁爲謀主。國賴以富強，如收茶征、令民種桑、以繒纊充賦之類。鄰國皆疾之。莊宗入洛，殷遣其子希範入貢，見二百七十二卷莊宗同光元年。莊宗愛其警敏，曰：「比聞馬氏當爲高郁所奪，今有子如此，郁安能得之！」此言所以間高郁也。比，毗至翻。高季興亦以流言間郁於殷，間，古莧翻。殷不聽，乃遣使遺節度副使、知政事希聲書，遺，惟季翻。盛稱郁功名，願爲兄弟。使者言於希聲曰：「高公常云『馬氏政事皆出高郁』，此子孫之憂也。」希聲信之。行軍司馬楊昭遂，希聲之妻族也，謀代郁任，日譖之於希聲。希聲屢言於殷，稱郁奢僭，且外交鄰藩，請誅之。殷曰：「成吾功業，皆郁力也；汝勿爲此言！」希聲固請罷其兵柄，乃左遷郁行軍司馬。郁謂所親曰：「亟營西山，吾將歸老。西山，卽長沙西岸嶽麓諸山也。猘子漸大，能咋人矣。」猘，征例翻。犬強爲猘。咋，鉏陌翻，齧也。希聲聞之，益怒，明日，矯以殷命殺郁於府舍，府舍，荆南軍府署舍也。牓諭中外，誣郁謀叛，并誅其族黨。至暮，殷尚未知，是日，大霧，殷謂左右曰：「吾昔從孫儒渡淮，唐昭宗光啓三年，馬殷從孫儒渡淮，事見二百五十七卷。每殺不辜，多致茲異。馬步院豈有冤死者乎？」時諸鎮皆有馬步司，置獄院以鞫囚。今大藩亦有兵馬司。明日，吏以郁死告，殷撫膺大慟曰：「吾老耄，政非己出，使我勳舊橫罹冤酷！」橫，戶孟翻。旣而顧左右曰：「吾亦何可久處此乎！」蓋是時馬殷尸居而已，不復能制其子。處，昌呂翻。

25 九月，上與馮道從容語及年穀屢登，從，千容翻。屢，龍遇翻。四方無事。道曰：「臣常記昔在先皇幕府，謂爲河東掌書記時也。奉使中山，歷井陘之險，自太原使中山經井陘之道。陘，音刑。臣憂馬蹶，執轡甚謹，幸而無失；逮至平路，放轡自逸，俄至顛隕。凡爲天下者亦猶是也。」上深以爲然。上又問道：「今歲雖豐，百姓贍足否？」道曰：「農家歲凶則死於流殍，殍，被表翻。歲豐則傷於穀賤，豐凶皆病者，惟農家爲然。臣記進士聶夷中詩云：『二月賣新絲，五月糶新穀；醫得眼下瘡，剜卻心頭肉。』語雖鄙俚，曲盡田家之情狀。謂絲穀未熟，農家艱食，先稱貸以自給，至於賣絲糶穀僅足以償債耳。聶，尼輒翻。糶，他弔翻。剜，烏丸翻。農於四人之中最爲勤苦，士、農、工、商，是謂四民。唐避太宗諱，率謂民爲人。人主不可不知也。」上悅，命左右錄其詩，常諷誦之。

26 鄜州兵戍東川者歸本道，鄜，音夫。董璋擅留其壯者，選羸老歸之，羸，倫爲翻。仍收其甲兵。

27 癸巳，西川右都押牙孟容弟爲資州稅官，坐自盜抵死，律，監臨自盜，贓重者至死。抵，至也。觀察判官馮瑑、中門副使王處回爲之請，瑑，柱兗翻。爲，于僞翻。孟知祥曰：「雖吾弟犯法，亦不可貸，況他人乎！」

28 吳越王鏐居其國好自大，朝廷使者曲意奉之則贈遺豐厚，不然則禮遇疏薄。好，呼到翻。遺，惟季翻；下同。嘗遺安重誨書，辭禮頗倨。薛史曰：錢鏐致書安重誨云：「吳越國王致書于某官執事。」不敍寒暄。重誨怒其無禮。帝遣供奉官烏昭遇、考異曰：吳越備史、十國紀年皆云「監門衛上將軍」，蓋借官耳。今從實錄等諸書。韓玫使吳越，玫，莫杯翻。昭遇與玫有隙，使還，使，疏吏翻。還，從宣翻，又如字。玫奏：「昭遇見鏐，稱臣拜舞，謂鏐爲殿下，及私以國事告鏐。」安重誨奏賜昭遇死。癸巳，制鏐以太師致仕，自餘官爵皆削之，凡吳越進奏官、使者、綱吏，令所在繫治之。治，直之翻。鏐令子傳瓘等上表訟冤，皆不省。省，昔井翻。

29 初，朔方節度使韓洙卒，梁均王乾化四年，韓洙嗣鎮朔方。弟澄爲留後。未幾，定遠軍使李匡賓聚黨據保靜鎮作亂，幾，居豈翻。保靜，隋之弘靜縣也，唐神龍元年，改曰安靜，至德元載，改曰保靜縣，屬靈州。宋白曰：保靜鎮在黃河北岸。朔方不安；冬，十月，丁酉，韓澄遣使齎絹表乞朝廷命帥。帥，所類翻。

前磁州刺史康福，善胡語，上退朝，多召入便殿，訪以時事，福以胡語對；安重誨惡之，惡其以胡語奏事，在左右者莫之曉也。惡，烏路翻。常戒之曰：「康福，汝但妄奏事，會當斬汝！」福懼，求外補。重誨以靈州深入胡境，爲帥者多遇害，戊戌，以福爲朔方、河西節度使。唐之盛時，河西節度使治涼州，與朔方、隴西並爲緣邊大鎮；肅、代以後淪陷；宣宗大中間收復，然隔以吐蕃、党項，朝廷懸屬而已。至于唐末，以朔方兼節度河西，然亦聲勢不接。趙珣聚米圖經：靈州西至涼州九百里。福見上，涕泣辭之；上命重誨爲福更他鎮，爲，于僞翻。更，工行翻。重誨曰：「福自刺史無功建節，尚復何求！復，扶又翻。且成命已行，難以復改。」上不得已，謂福曰：「重誨不肯，非朕意也。」福辭行，上遣將軍牛知柔、河中都指揮使衛審峹等將兵萬人衛送之。審峹，徐州人也。峹，與都同。

30 辛亥，割閬、果二州置保寧軍，壬子，以內客省使李仁矩爲節度使。欲以制兩川也。爲李仁矩敗沒張本。按職官分紀，五代有內客省使、客省使、副使，各一官。通鑑於天成二年三月書客省使李仁矩，今書內客省使，豈自客省使陞爲內客省使邪？

先是，西川常發芻糧饋峽路，先，悉薦翻。孟知祥辭以本道兵自多，難以奉他鎮，峽路時別爲寧江軍，故云然。詔不許，屢督之；甲寅，知祥奏稱財力乏，不奉詔。

31吳諸道副都統、鎮海寧國節度使兼侍中徐知詢自以握兵據上流，金陵在廣陵上流。意輕徐知誥，數與知誥爭權，內相猜忌，數，所角翻。知誥患之；內樞密使王令謀曰：「公輔政日久，挾天子以令境內，誰敢不從！知詢年少，恩信未洽於人，無能爲也。」少，詩照翻。知詢待諸弟薄，諸弟皆怨之。徐玠知知詢不可輔，反持其短以附知誥。徐玠本勸徐溫以知詢代知誥者也，其事見本卷上年十月。吳越王鏐遺知詢金玉鞍勒、器皿，皆飾以龍鳳；知詢不以爲嫌，乘用之。錢鏐以此間徐知詢，知詢不之覺，其庸昧如此。路振九國志以爲錢弘佐所遺，非也。知詢典客周廷望說知詢曰：「公誠能捐寶貨以結朝中勳舊，使皆歸心於公，則彼誰與處！」說，式芮翻。朝，直遙翻。處，昌呂翻。彼，謂徐知誥也。知詢從之，使廷望如江都諭意。諭，音喻。廷望與知誥親吏周宗善，密輸款於知誥，款，誠也。亦以知誥陰謀告知詢。周廷望處人兄弟之間，而反覆兩端，固取死之道也。知詢召知誥詣金陵除父溫喪，知誥稱吳主之命不許，周宗謂廷望曰：「人言侍中有不臣七事，徐知詢之代父鎮金陵也，加侍中，故以稱之。宜亟入謝！」誘之入朝，徐知誥之計也。廷望還，以告知詢。十一月，知詢入朝，知誥留知詢爲統軍，領鎮海節度使，遣右雄武都指揮使柯厚徵金陵兵還江都，姓譜：柯姓，吳公子柯盧之後。又拓跋興，諸姓有柯拔氏改爲柯氏。知誥自是始專吳政。史言徐知誥之篡事至此方成。知詢責知誥曰：「先王違世，先王，謂徐溫也。兄爲人子，初不臨喪，可乎？」知誥曰：「爾挺劍待我，挺，待鼎翻，拔也。我何敢往！爾爲人臣，畜乘輿服御物，亦可乎？」畜，敕六翻。乘，繩證翻。謂知詢用錢鏐所遺龍鳳飾鞍勒、器皿也。天子服用之物，謂之乘輿物。知詢又以廷望所言詰知誥，詰，去吉翻。知誥曰：「以爾所爲告我者，亦廷望也。」遂斬廷望。

32 壬辰，吳主加尊號曰睿聖文明光孝皇帝，大赦，改元大和。

33 康福行至方渠，羌胡出兵邀福，福擊走之；至青剛峽，自方渠橐駝路出青岡峽，過旱海至靈州。趙珣聚米圖經曰：環州洪德寨歸德、青剛兩川，歸德川在洪德東透入鹽州，青剛川在洪德西北，本靈州大路，自此過美利寨入浦洛河，至耀德清邊鎮入靈州。自過美利寨後漸入平夏，經旱海中，難得水泉。遇吐蕃野利、大蟲二族數千帳，皆不覺唐兵至，福遣衛審峹掩擊，大破之，殺獲殆盡。由是威聲大振，遂進至靈州，自是朔方始受代。

34 十二月，吳加徐知誥兼中書令，領寧國節度使。徐知誥奪知詢寧國節而自領之。知誥召徐知詢飲，以金鍾酌酒賜之，曰：「願弟壽千歲。」知詢疑有毒，引他器均之，跽獻知誥曰：「願與兄各享五百歲。」跽，其几翻，跟跽也。知誥變色，左右顧，不肯受，知詢捧酒不退。左右莫知所爲，伶人申漸高徑前爲詼諧語，掠二酒合飲之，不以禮取之爲掠。合，音閤。懷金鍾趨出，知誥密遣人以良藥解之，已腦潰而卒。考異曰：鄭文寶南唐近事：「烈祖曲宴便殿，引酖觥賜周本，本疑而不飲，佯醉，別引一卮，均酒之半，跪捧而進曰：『陛下千萬歲。陛下若不飲此，非君臣同心同德之義也，臣不敢奉詔。』上色變無言，久之，左右皆相顧流汗，莫知所從。伶倫申漸高有機智者，竊諭其旨，乃乘談諧，盡併兩盞以飲之，內杯於懷中，亟趨而出。上密使親信持藥詣私第解之，已不及矣，漸高腦潰而卒。」江表志：「烈祖曲宴，引金鍾賜知詢酒，曰：『願我弟百千長壽。』知詢疑懼，引他器均之，曰：『願與兄各享五百歲。』知誥不飲。久之，樂工申漸高乘詼諧併而飲之，至家腦潰而卒。」二書皆出文寶，而不同乃爾。按知誥既即位，欲除周本，自應多方，不須如此。云酖知詢近是，今從之。

35 奉國節度使、知建州王延稟稱疾退居里第，請以建州授其子繼雄；庚子，詔以繼雄爲建州刺史。時王延稟既與王延鈞弒其君延翰，兵強權重，建州又居福州上流，勢陵延鈞，故不復稟命於延鈞而專達洛陽。

36 安重誨既以李仁矩鎮閬州，使與綿州刺史武虔裕皆將兵赴治。赴治者，赴治所也。虔裕，帝之故吏，重誨之外兄也。重誨使仁矩詗董璋反狀，詗，火迥翻，又翾正翻。仁矩增飾而奏之。朝廷又使武信節度使夏魯奇治遂州城隍，治，直之翻。繕甲兵，益兵戍之。璋大懼。時道路傳言，又將割綿、龍爲節鎮，孟知祥亦懼。分閬、遂爲節鎮，欲以制東川也，故董璋懼。綿州逼近成都，而龍州又鄧艾入蜀之道也，武虔裕既刺綿州，是亦有分鎮之漸矣，重以傳聞，故孟知祥亦懼。璋素與知祥有隙，未嘗通問，至是，璋遣使詣成都，請爲其子娶知祥女；爲，于僞翻。知祥許之，謀併力以拒朝廷。爲兩川連兵攻陷遂、閬張本。

資治通鑑卷第二百七十七

端明殿學士兼翰林侍讀學士太中大夫提舉西京嵩山崇福宮上柱國河内郡開國公食邑二千六百戸食實封一千戸臣司馬光　奉敕編集

後學天台胡三省　音註

後唐紀六 起上章攝提格（庚寅），盡玄黓執徐（壬辰）六月，凡二年有奇。

明宗聖德和武欽孝皇帝中之下

長興元年（庚寅、九三〇）是年二月方改元。

1春，正月，董璋遣兵築七寨於劍門。辛巳，孟知祥遣趙季良如梓州脩好。先是董璋在東川，與孟知祥鄰鎮而未嘗通問；天成三年，兩鎮因爭鹽利而有違言；去年璋遣使求昏於知祥，今知祥遣報使以脩好，兩釋嫌怨以從講解，懼朝廷加兵也。同舟遇風則胡、越相應如左右手，斯之謂矣。安重誨患兩川之難制，不能因其構隙而鬬之，反從而合之，可以爲善謀國乎！兵法曰：合則能離之。安重誨反是。好，呼到翻；下同。

2鴻臚少卿郭在徽奏請鑄當五千、三千、一千大錢；朝廷以其指虛爲實，無識妄言，左遷衞尉少卿、同正。此唐官所謂「員外置同正員」者也。

3吳徙平原王澈爲德化王。江州德化縣，本漢尋陽縣。宋白曰：南唐所改。

4 二月，乙未朔，趙季良還成都，謂孟知祥曰：「董公貪殘好勝，志大謀短，終爲西川之患。」史紀趙季良之言，爲董璋攻孟知祥張本。

都指揮使李仁罕、張業欲置宴召知祥，先二日，有尼告二將謀以宴日害知祥；先，悉薦翻。知祥詰之，無狀，無謀害之狀也。詰，去吉翻。丁酉，推始言者軍校都延昌、王行本，腰斬之。校，戶教翻。都，姓也。春秋時鄭大夫公孫閼字子都，子孫以爲氏。戊戌，就宴，盡去左右，去，羌呂翻。獨詣仁罕第；仁罕叩頭流涕曰：「老兵惟盡死以報德。」由是諸將皆親附而服之。史言孟知祥能推心以得人死力。

5 壬子，孟知祥、董璋同上表言：「兩川聞朝廷於閬中建節，綿、遂益兵，無不憂恐。」閬中建節，謂置保寧軍於閬州；綿、遂益兵，謂武虔裕刺綿州，夏魯奇帥遂州，皆益兵戍之。事並見上卷上年。上以詔書慰諭之。

6 乙卯，上祀圜丘，大赦，改元。改元長興。鳳翔節度使兼中書令李從曮入朝陪祀，三月，壬申，制徙從曮爲宣武節度使。天成元年，李從曮再鎮鳳翔，至是徙鎮。

7 癸酉，吴主立江都王璉爲太子。璉，立展翻。

8 丙子，以宣徽使朱弘昭爲鳳翔節度使。

9 康福奏克保靜鎮，斬李匡賓。李匡賓據保靜鎮見上卷上年。

10 復以安義爲昭義軍。梁均王龍德二年，晉王改昭義軍曰安義軍，見二百七十一卷。

11 帝將立曹淑妃爲后，淑妃謂王德妃曰：「吾素病中煩，中煩，謂胸中煩熱。倦於接對，妹代我爲之。」德妃曰：「中宮敵偶至尊，誰敢干之！」庚寅，立淑妃爲皇后。德妃事后恭謹，后亦憐之。

初，王德妃因安重誨得進，常德之。歐史曰：德妃王氏，邠州餅家女也，有美色，號花見羞。少賣爲梁將劉鄩侍兒。鄩卒，王氏無所歸。是時帝正室夏夫人已卒，方求別室，有言王氏於安重誨者，以告於帝而納之。帝性儉約，及在位久，宮中用度稍侈，重誨每規諫。妃取外庫錦造地衣，重誨切諫，引劉后爲戒；謂莊宗劉皇后也。妃由是怨之。

12 高從誨遣使奉表詣吳，告以墳墓在中國，高季興，陝州硤石人也，故云然。恐爲唐所討，吳兵援之不及，謝絕之。高季興請附於吳，見二百七十五卷天成二年。吳遣兵擊之，不克。

13 董璋恐綿州刺史武虔裕窺其所爲，按九域志，綿州東南至梓州一百三十七里。以其逼近，故恐爲所窺。夏，四月，甲午朔，表兼行軍司馬，囚之府廷。以兼行軍司馬誘之，至梓州而囚之。府廷，東川府廷也。

14 宣武節度使符習，自恃宿將，符習本成德將，從莊宗戰於河上，故自恃爲耆宿。論議多抗安重誨，重誨求其過失，奏之；丁酉，詔習以太子太師致仕。

15 戊戌，加孟知祥兼中書令，夏魯奇同平章事。

16 初，帝在眞定，莊宗同光二年，帝鎭眞定。李從珂與安重誨飲酒爭言，從珂毆重誨，毆，烏口翻。重誨走免；既醒，悔謝，重誨終銜之。至是，重誨用事，自皇子從榮、從厚皆敬事不暇。不暇，謂不敢自暇也。時從珂爲河中節度使、同平章事，重誨屢短之於帝，帝不聽。重誨乃矯以帝命諭河東牙内指揮使楊彦溫使逐之。「河東」當作「河中」。是日，承上戊戌，故曰是日。從珂出城閲馬，彦溫勒兵閉門拒之，從珂使人扣門詰之曰：詰，去吉翻。「吾待汝厚，何爲如是？」對曰：「彦溫非敢負恩，受樞密院宣耳。樞密院用宣，三省用堂帖。今堂帖謂之省劄，宣謂之密劄。請公入朝。」從珂止于虞鄉，九域志：虞鄉縣在河中府東六十里。遣使以狀聞。使者至，壬寅，帝問重誨曰：「彦溫安得此言？」謂言受樞密院宣也。對曰：「此姦人妄言耳，宜速討之。」帝疑之，欲誘致彦溫訊其事，訊，問也。誘，音酉。除彦溫絳州刺史。重誨固請發兵擊之，乃命西都留守索自通、索，蘇各翻，姓也。步軍都指揮使藥彦稠將兵討之。藥，姓也，漢有藥崧。按薛史：藥彦稠，沙陀三部落人，必非崧後。帝令彦稠必生致彦溫，吾欲面訊之。召從珂詣洛陽。從珂知爲重誨所構，馳入自明。

17 加安重誨兼中書令。

18 李從珂至洛陽，上責之使歸第，絕朝請。薛史曰：歸清化里第。辛亥，索自通等拔河中，斬楊彦溫，承安重誨指，斬楊彦溫以滅口。爲潞王殺藥彦稠、索自通自投於水張本。癸丑，傳首來獻。上怒藥彥稠不生致，不生致楊彥溫也。深責之。安重誨諷馮道、趙鳳奏從珂失守，宜加罪。上曰：「吾兒爲姦黨所傾，未明曲直，公輩何爲發此言，意不欲置之人間邪？此皆非公輩之意也。」言二人爲安重誨所使。二人惶恐而退。他日，趙鳳又言之，上不應。明日，重誨自言之，上曰：「朕昔爲小校，校，戶教翻。家貧，賴此小兒拾馬糞自贍，以至今日爲天子，曾不能庇之邪！卿欲如何處之於卿爲便？」上亦以此語激安重誨。處，昌呂翻。重誨曰：「陛下父子之間，臣何敢言！惟陛下裁之！」上曰：「使閒居私第亦可矣，何用復言！」復，扶又翻。

丙辰，以索自通爲河中節度使。自通至鎭，承重誨指，籍軍府甲仗數上之，上，時掌翻。以爲從珂私造；賴王德妃居中保護，從珂由是得免。士大夫不敢與從珂往來，惟禮部郎中史館脩撰呂琦居相近，時往見之，從珂每有奏請，皆咨琦而後行。從珂居閒，奏請咨呂琦而後行；及其在位，能厚琦而不能用琦，何也？

19 戊午，帝加尊號曰聖明神武文德恭孝皇帝。

20 安重誨言昭義節度使王建立過魏州有搖衆之語，五月，丙寅，制以太傅致仕。安重誨、王建立交惡，見上卷天成三年。

21 董璋閱集民兵，皆剪髮黥面，復於劍門北置永定關，布列烽火。復，扶又翻。

22孟知祥累表請割雲安等十三鹽監隸西川，雲安縣，漢巴郡朐䏰縣地，周武帝改爲雲安縣，屬巴東郡，唐屬夔州，後改爲雲安監。又夔州大昌縣、萬州南浦縣漁陽監皆有鹽官，隸寧江軍巡屬；而所謂十三監未知盡在何所。以鹽直贍寧江屯兵，辛卯，許之。

23六月，癸巳朔，日有食之。

24辛亥，敕防禦、團練使、刺史、行軍司馬、節度副使，自今皆朝廷除之，諸道無得奏薦。

25董璋遣兵掠遂、閬鎮戍，秋，七月，戊辰，兩川以朝廷繼遣兵屯遂、閬，復有論奏，復，扶又翻。自是東北商旅少敢入蜀。少，詩沼翻。

26八月，乙未，捧聖軍使李行德、按五代會要，應順元年，改龍武、神武四十指揮爲捧聖左、右軍。據此，則是時先已有捧聖軍矣。宋白曰：長興三年改在京龍武、神武四十指揮爲捧聖左、右軍。十將張儉引告密人邊彥溫告「安重誨發兵，云欲自討淮南；因天成二年安重誨嘗有伐吳之議，遂以是誣告之。又引占相者問命。」相，息亮翻。帝以問侍衞都指揮使安從進、藥彥稠，二人曰：「此姦人欲離間陛下勳舊耳。間，古莧翻。重誨事陛下三十年，梁均王貞明二年，帝始爲安國節度，以安重誨爲中門使，至是纔十六年；蓋帝與重誨皆應州人，其相從久矣。幸而富貴，何苦謀反！臣等請以宗族保之。」帝乃斬彥溫，召重誨慰撫之，君臣相泣。蓋是時安重誨之跡已危矣。

27以前忠武節度使張延朗行工部尚書，充三司使。三司使之名自此始。自宋熙寧以前，三司使位亞執政，專制國計，權任重矣。

28 吳徐知誥以海州都指揮使王傳拯有威名，得士心，值團練使陳宣罷歸，知誥許以傳拯代之；既而復遣宣還海州，徵傳拯還江都。傳拯怒，以爲宣毀之，己亥，帥麾下入辭宣，帥，讀曰率。因斬宣，焚掠城郭，帥其衆五千來奔。知誥曰：「是吾過也。」免其妻子。漣水制置使王巖將兵入海州，漣水至海州一百八十里。以巖爲威衞大將軍，知海州。

傳拯，綰之子也，吳先以王綰知海州，楊隆演之建國也，加鎮東大將軍。其季父輿爲光州刺史。傳拯遣間使持書至光州，間，古莧翻。使，疏吏翻。輿執之以聞，因求罷歸；以兄子外叛，身居邊郡，心迹危疑，故求罷歸。知誥以輿爲控鶴都虞候。時政在徐氏，典兵宿衞者尤難其人，知誥以輿重厚愼密，故用之。

29 壬寅，趙鳳奏：「竊聞近有姦人，誣陷大臣，搖國柱石，行之未盡。」言未盡行誅也。帝乃收李行德、張儉，皆族之。

30 立皇子從榮爲秦王；丙辰，立從厚爲宋王。

31 董璋之子光業爲宮苑使，在洛陽，璋與書曰：「朝廷割吾支郡爲節鎮，謂夏魯奇鎮遂州，李仁矩鎮閬州，又傳割綿、龍也。屯兵三千，【張：「千」作「川」。】是殺我必矣。汝見樞要爲吾言：樞要，謂兩樞密。董璋意專指安重誨。爲，于僞翻。如朝廷更發一騎入斜谷，吾必反！與汝訣矣。」騎，奇寄翻。斜，余遮翻。谷，音浴。光業以書示樞密承旨李虔徽。未幾，朝廷又遣別將荀咸乂將兵戍閬州，幾，居豈翻。光業謂虔徽曰：「此兵未至，吾父必反。吾不敢自愛，言不敢愛其死也。恐煩朝廷調發，言恐須用兵。調，徒釣翻。願止此兵，吾父保無他。」虔徽以告安重誨，重誨不從。璋聞之，遂反。利、閬、遂三鎭以聞，利帥李彥琦，閬帥李仁矩，遂州夏魯奇。且言已聚兵將攻三鎭。重誨曰：「臣久知其如此，陛下含容不討耳。」帝曰：「我不負人，人負我則討之。」

32 九月，癸亥，西川進奏官蘇愿白孟知祥云：「朝廷欲大發兵討兩川。」進奏官在京師，故以其事白其主帥。知祥謀於副使趙季良，季良請以東川兵先取遂、閬，然後併兵守劍門，則大軍雖來，吾無內顧之憂矣。兩川同心協力守險，則西川無內顧之憂。知祥從之，遣使約董璋同舉兵。璋移檄利、閬、遂三鎭，數其離間朝廷，數，所具翻。間，古莧翻；下無間同。引兵擊閬州。九域志：梓州東北至閬州三百九里。庚午，知祥以都指揮使李仁罕爲行營都部署，漢州刺史趙廷隱副之，簡州刺史張業爲先鋒指揮使，將兵三萬攻遂州；九域志：遂州北至梓州二百五里。別將牙內都指揮使侯弘實、先登指揮使孟思恭將兵四千會璋攻閬州。

33 安重誨久專大權，中外惡之者衆；惡，烏路翻。王德妃及武德使孟漢瓊浸用事，數短重誨於上。數，所角翻。重誨內憂懼，表解機務，上曰：「朕無間於卿，誣罔者朕既誅之矣，謂李行德、張儉也。卿何爲爾？」甲戌，重誨復面奏曰：復，扶又翻。「臣以寒賤，致位至此，忽爲人誣以反，非陛下至明，臣無種矣。種，章勇翻。由臣才薄任重，恐終不能鎮浮言，願賜一鎮以全餘生。」上不許；重誨求之不已，上怒曰：「聽卿去，朕不患無人！」前成德節度使范延光勸上留重誨，且曰：「重誨去，誰能代之？」上曰：「卿豈不可？」延光曰：「臣受驅策日淺，且才不逮重誨，何敢當此！」上遣孟漢瓊詣中書議重誨事，馮道曰：「諸公果愛安令，時安重誨兼中書令，故稱之。宜解其樞務爲便。」馮道肯發此言，蓋知之矣。趙鳳曰：「公失言！」乃奏大臣不可輕動。

34 東川兵至閬州，諸將皆曰：「董璋久蓄反謀，以金帛啗其士卒，啗，徒濫翻。銳氣不可當，宜深溝高壘以挫之，不過旬日，大軍至，賊自走矣。」李仁矩曰：「蜀兵懦弱，安能當我精卒！」遂出戰，兵未交而潰歸。董璋晝夜攻之，庚辰，城陷，殺仁矩，滅其族。

初，璋爲梁將，指揮使姚洪嘗隸麾下，至是，將兵千人戍閬州；璋密以書誘之，洪投諸廁。誘，音酉。城陷，璋執洪而讓之曰：「吾自行間獎拔汝，行，戶剛翻。今日何相負？」洪曰：「老賊！汝昔爲李氏奴，董璋先爲汴富人李讓家僮。掃馬糞，得臠炙，感恩無窮。臠，力兗翻，肉作片也。炙，之夜翻，燔肉也。今天子用汝爲節度使，何負於汝而反邪？汝猶負天子，吾受汝何恩，而云相負哉！汝奴材，固無恥；吾義士，豈忍爲汝所爲乎！吾寧爲天子死，寧爲，于僞翻。不能與人奴並生！」璋怒，然鑊於前，鑊，戶郭翻。鼎大無足曰鑊。然，燒也。令壯士十人刲其肉自啗之，刲，涓畦翻，割也。洪至死罵不絕聲。帝置洪二子於近衛，厚給其家。

35 甲申，以范延光爲樞密使，安重誨如故。言雖進用范延光，而安重誨職任如故。

36 丙戌，下制削董璋官爵，興兵討之。丁亥，以孟知祥兼西南【章：十二行本「南」下有「面」字；乙十一行本同；張校同，云無註本亦無。】供饋使。孟知祥之兵已攻遂州，朝廷豈不知之邪？猶欲懷輯之以離董璋之交耳。脣亡齒寒，已了了於知祥胸中，此策安所施哉！以天雄節度石敬瑭爲東川行營都招討使。「節度」之下當有「使」字。蜀本有「使」字。【章：十二行本「度」下正有「使」字；張校同，云無註本亦無。】以夏魯奇爲之副。

璋使孟思恭分兵攻集州，集州，本漢宕渠縣，宇文周置集州，隋廢爲難江縣，唐復置集州，宋熙寧五年復廢州爲難江縣，屬巴州。九域志：縣在州北一百六十里。思恭輕進，敗歸；璋怒，遣還成都，知祥免其官。

戊子，以石敬瑭權知東川事。庚寅，以右武衛上將軍王思同爲西都留守兼行營馬步都虞候，爲伐蜀前鋒。

37 漢主遣其將梁克貞、李守鄜攻交州，拔之，執靜海節度使曲承美以歸，唐末曲顥據交州，至承美而敗。以其將李進守交州。

38 冬，十月，癸巳，李仁罕圍遂州，夏魯奇嬰城固守；孟知祥命都押牙高敬柔帥資州義軍二萬人築長城環之。帥，讀曰率。環，音宦。魯奇遣馬軍都指揮使康文通出戰，文通聞閬州陷，遂以其衆降於仁罕。

戊戌，董璋引兵趣利州，九域志：閬州西北至利州二百四十里。趣，七喻翻；下同。遇雨，糧運不繼，還閬州。知祥聞之，驚曰：「比破閬中，比，毗至翻。正欲徑取利州，其帥不武，必望風遁去。利帥李彥琦。帥，所類翻。吾獲其倉廩，據漫天之險，漫天寨在利州北，有小漫天、大漫天二寨。北軍終不能西救武信。武信軍，遂州。今董公僻處閬州，遠棄劍閣，非計也。」處，昌呂翻。欲遣兵三千助守劍門；璋固辭曰：「此已有備。」爲劍門失守張本。

39錢鏐因朝廷册閩王使者裴羽還，裴羽蓋册閩王延鈞者也。還，從宣翻，又如字。附表引咎；其子傳瓘及將佐屢爲鏐上表自訴。爲，于僞翻。癸卯，敕聽兩浙綱使自便。繫治兩浙綱使見上卷上年。

40以宣徽北院使馮贇爲左衞上將軍、北都留守。

41丁未，族誅董光業。以其父璋反也。

42楚王殷寢疾，遣使詣闕，請傳位於其子希聲。朝廷疑殷已死，辛亥，以希聲爲起復武安節度使兼侍中。

43孟知祥以故蜀鎭江節度使張武爲峽路行營招收討伐使，將水軍趣夔州，前蜀置鎭江軍於夔州，張武其舊帥也。趣，七喻翻。以左飛棹指揮使袁彥超副之。天成元年，孟知祥置左、右飛棹六營。

癸丑，東川兵陷徵、合、巴、蓬、果五州。偏考隋唐地理志、五代職方考、元豐九域志，皆無徵州。按東川之兵時自遂、閬東略，九域志，合州在遂州東二百二十里，果州在遂州東南一百八十里，巴州在閬州東二百四十五里，蓬州在果州東北一百八十五里；徵州必在遂、合、果三州之間。

44 丙辰，吳左僕射、同平章事嚴可求卒。嚴可求忠於徐氏者也。徐溫既卒，可求相吳，坐視徐知詢之廢不能出一計，權不在焉故也。徐知誥以其長子大將軍景通爲兵部尚書、參政事，知誥將出鎮金陵故也。

45 漢將梁克貞入占城，取其寶貨以歸。占城國在西南海上，其地方千里，東至海，西至雲南，南鄰眞臘，北抵驩州。其人俗與大食同，其乘象馬，其食稻米。

46 十一月，戊辰，張武至渝州，刺史張環降之，遂取瀘州，九域志：渝、瀘二州相去七百餘里。降，戶江翻。瀘，音盧。遣先鋒將朱偓分兵趣黔、涪。九域志：涪州西至渝州三百四十里，東南至黔州四百九十里。將，卽亮翻。趣，七喩翻。黔，其今翻。涪，音浮。

47 己巳，楚王殷卒，年七十九。遺命諸子，兄弟相繼；置劍於祠堂，曰：「違吾命者戮之！」爲殷諸子爭國以至於亡張本。諸將議遣兵守四境，然後發喪，兵部侍郎黃損曰：「吾喪君有君，用左傳語。吾喪，息浪翻。何備之有！宜遣使詣鄰道告終稱嗣而已。」

48 石敬瑭入散關，階州刺史王弘贄、瀘州刺史馮暉與前鋒馬步都虞候王思同、步軍都指揮使趙在禮引兵出人頭山後，過劍門之南，還襲劍門，克【章：十二行本「克」上有「壬申」二字；乙十一行本同；退齋校同；張校同，云無註本亦無。】之，殺東川兵三千人，獲都指揮使齊彥溫，據而守之。

暉，魏州人也。甲戌，弘贇等破劍州，而大軍不繼，乃焚其廬舍，取其資糧，還保劍門。今利州昭化縣南有白衞嶺，與劍門相接。九域志：劍州東北至劍門五十五里。考異曰：實錄：「辛巳，軍前奏：『今月十三日，王弘贇、馮暉自利州入山路，出劍門關外倒下，殺董璋把關兵士約三千人，獲都指揮使齊彥溫，大軍進攻入劍門次。』又，丙戌，軍前奏：『今月十七日收下劍州，破賊千餘人，獲指揮使劉太。』」李昊蜀高祖實錄：「己卯，東川告急，今月十八日北軍自白衞嶺人頭山後過，從小劍路至漢源驛出頭倒入劍門，打破關寨，掩捉彥溫及將士五百餘人，遂相次構喚大軍，據關下營。又，龐福誠、謝鍠相謂曰：『北軍昨來既得關寨之後，隔一日，大軍曾下至劍州，而乃般運糧食，燒舍自驚，還奔關寨。』」十國紀年後蜀史：「壬申，弘贇、暉襲陷劍門；癸酉，攻焚劍州，取糧還屯劍門。己卯，東川告急使至成都，知祥命牙內都指揮使李肇帥兵五千赴援，董璋自閬州帥兩川兵屯木馬寨。先是，龐福誠、謝鍠屯閬州北來蘇寨，聞劍門陷，懼北軍據劍州，帥部兵千餘人由間道先董璋至劍州，壁于衙城後。士卒方食，北軍萬餘人自北山馳下，福誠等趨河橋迎擊之，北軍小卻。福誠帥數百人夜升北山顛，轉至北軍壁外大呼譟，鍠命將士以弓弩短兵急擊之，北軍驚擾，棄戈甲而遁。鍠追襲之，北軍退保劍門，十餘日不窺劍州。」按劍門至成都尚十許程，若十八日劍門失守，何得二十日知祥已聞之邪！今從實錄十三日壬申爲定。若隔一日下至劍州，則十五日甲戌，非十七日也。蓋思同等以大軍未至，故收糧燒舍，還保劍門，故福誠等得復入劍州。李昊敍事甚詳，無執劉太事，今刪之。晉高祖實錄云「甲申平劍州，破賊千餘人」，尤誤也。

乙亥，詔削孟知祥官爵。

己卯，董璋遣使至成都告急。知祥聞劍門失守，大懼，曰：「董公果誤我！」庚辰，遣牙內都指揮使李肇將兵五千赴之，戒之曰：「爾倍道兼行，先據劍州，北軍無能爲也。」又遣使詣遂州，令趙廷隱將萬人會屯劍州。時趙廷隱與李仁罕圍遂州，孟知祥知夏魯奇無能爲，而劍閣之險不可不爭，故使趙廷隱赴之。又遣故蜀永平節度使李筠將兵四千趣龍州，守要害。防唐兵由鄧艾故道而入蜀也。史言孟知祥慮患之周。時天寒，士卒恐懼，觀望不進，廷隱流涕諭之曰：「今北軍勢盛，汝曹不力戰卻敵，則妻子皆爲人有矣。」衆心乃奮。蜀兵皆亡國之餘。王衍之亡也，蜀人妻子係虜者多矣，趙廷隱以其所經見實利害告之，夫安得而不奮！

董璋自閬州將兩川兵屯木馬寨。木馬寨在閬州西北，劍州東南。宋白曰：梁大同中於巴嶺側近立東巴州，治木馬。按木馬，地名，在今洋州界，無復遺址。

先是，西川牙內指揮使太谷龐福誠、昭信指揮使謝鍠屯來蘇村，益昌江東越大山數重有狹徑，名來蘇，蜀人於江西置柵守之。渡江出劍門南二十里至青彊店與官路合。九域志：蓬州儀隴縣有來蘇鎮，即其地。鍠，戶盲翻。聞劍門失守，相謂曰：「使北軍更得劍州，則二蜀勢危矣。」遽引部兵千餘人間道趣劍州。始至，間，古莧翻。趣，七喻翻；下同。官軍萬餘人自北山大下，會日暮，二人謀曰：「衆寡不敵，逮明則吾屬無遺矣。」福誠夜引兵數百升北山，大譟於官軍營後，鍠帥餘衆操短兵自其前急擊之；帥，讀曰率。操，七刀翻。官軍大驚，空營遁去，復保劍門，十餘日不出。

孟知祥聞之，喜曰：「吾始謂弘贊等克劍門，徑據劍州，堅守其城，或引兵直趣梓州，董公必棄閬州奔還；我軍失援，亦須解遂州之圍。如此則內外受敵，兩川震動，勢可憂危；今乃焚毁劍州，運糧東歸劍門，頓兵不進，吾事濟矣。」孟知祥喜兵勢之小寬，自言其料敵方略，此如棋工之說棋耳。

官軍分道趣文州，將襲龍州，自文州界青塘嶺至龍州一百五十里。郡志云：自北至南者，右肩不得易所負，謂之左擔路，鄧艾伐蜀所由之路也。爲西川定遠指揮使潘福超、義勝都頭太原沙延祚所敗。姓苑云：沙姓，神農夙沙氏之後。此傳會之說耳。

甲申，張武卒於渝州；知祥命袁彦超代將其兵。

朱偓將至涪州，武泰節度使楊漢賓棄黔南，奔忠州；九域志：黔州北至忠州三百七十九里。偓追至豐都，舊唐書地理志曰：豐都，漢巴郡枳縣地，後漢置平都縣，隋義寧二年分臨江置豐都縣。九域志：豐都縣在忠州西九十二里。還取涪州。九域志：忠州豐都縣西至涪州百許里。涪，音浮。知祥以成都支使崔善權武泰留後。董璋遣前陵州刺史王暉將兵三千會李肇等分屯劍州南山。

49 丙戌，馬希聲襲位，稱遺命去建國之制，楚王建國見上卷天成二年。去，羌呂翻。復藩鎮之舊。

50 契丹東丹王突欲自以失職，突欲不得立，見二百七十五卷天成元年。帥部曲四十人越海自登州來奔。九域志，登州東北至海五里。新唐志：登州東北海行，過大謝島、龜歆島、淤島、烏湖島三百里，北渡烏湖海，至馬石山東之都里鎮二百里，東傍海壖，過青泥浦、桃花浦、杏花浦、石人汪、橐駝灣、烏骨江八百里，乃南傍海壖，過烏牧島、貝江口、椒島，得新羅西北之長口鎮。又過秦王石橋、麻田島、古寺島、得物島，千里至鴨淥江唐恩浦口，乃東南陸行七百里至新羅王城。自鴨淥江口舟行百餘里，乃小舫泝流，東北三十里至泊灼口，得勃海之境；又泝流五百里至丸都縣城，故高麗王都；又東北泝流二百里至神州；又陸行四百里至顯州，天寶中王所都；又正北如東六百里至勃海王城。按契丹東丹王居扶餘城，在唐高麗扶餘川中。考異曰：實錄：「阿保機妻令元帥太子往勃海代慕華歸西樓，欲立爲契丹王；而元帥太子既典兵柄，不欲之勃海，遂自立爲契丹王，謀害慕華，其母不能止。慕華懼，遂航海內附。」按天皇王入汴，猶求害東丹者誅之，豈有在國欲殺之理！今不取。

51 十二月，壬辰，石敬瑭至劍門。乙未，進屯劍州北山；趙廷隱陳于牙城後山，郭忱劍州靜照堂記曰：前瞰巨澗，後倚層巒。又春風樓記曰：邊山而立是州，一逕坡陀，中貫大溪，太守之居已在平山內外，居民悉在山上。則劍州之山川可知矣。陳，讀曰陣；下同。李肇、王暉陳于河橋。按劍州無所謂河。路振九國志曰：王師陷劍門，趙廷隱帥兵據石橋。恐當作「石橋」。敬瑭引步兵進擊廷隱，廷隱擇善射者五百人伏敬瑭歸路，按甲待之，矛稍欲相及，乃揚旗鼓譟擊之，北軍退走，顛墜下山，俘斬百餘人。敬瑭又使騎兵衝河橋，李肇以強弩射之，射，而亦翻。騎兵不能進。薄暮，敬瑭引去，廷隱引兵躡之，與伏兵合擊，敗之。敗，補邁翻。敬瑭還屯劍門。

52 癸卯，夔州奏復取開州。舊唐書地理志曰：開州亦漢巴郡朐䏰縣地，梁置永豐縣，西魏改曰永寧，隋開皇末改曰盛山縣，唐武德初置開州。時蓋爲蜀兵所陷而復取之也。

53 庚戌，以武安節度使馬希聲爲武安、靜江節度使，加兼中書令。

54 石敬瑭征蜀未有功，使者自軍前來，多言道險狹，進兵甚難，關右之人疲於轉餉，往往竄匿山谷，聚爲盜賊。上憂之，壬子，謂近臣曰：「誰能辦吾事者！吾當自行耳。」安重誨曰：「臣職忝機密，軍威不振，臣之罪也，臣請自往督戰。」上許之。重誨即拜辭，癸丑，遂行，日馳數百里。西方藩鎮聞之，無不惶駭。陝州保義軍，華州鎮國軍，同州匡國軍，耀州順義軍，鳳翔，山南西道，皆西方藩鎮也。錢帛、芻糧晝夜輦運赴利州，人畜斃踣於山谷者不可勝紀。踣，蒲北翻。勝，音升。時上已疏重誨，石敬瑭本不欲西征，及重誨離上側，離，力智翻。乃敢累表奏論，以爲蜀不可伐，上頗然之。

55 西川兵先戍夔州者千五百人，上悉縱歸。

二年（辛卯、九三一）

1 春，正月，壬戌，孟知祥奉表謝。表謝遣還戍兵而已，遂、劍之兵未嘗解也。

2 庚午，李仁罕陷遂州，夏魯奇自殺。

癸酉，石敬瑭復引兵至劍州，復，扶又翻；下同。屯于北山。孟知祥梟夏魯奇首以示之。梟，堅堯翻。魯奇二子從敬瑭在軍中，泣請往取其首葬之，敬瑭曰：「知祥長者，必葬而父，長，知兩翻。而，汝也。豈不愈於身首異處乎！」言知祥若收葬之，則身首猶合於一處；若取葬其首而身在敵中，必異處也。既而知祥果收葬之。敬瑭與趙廷隱戰不利，復還劍門。

3 丙戌，加高從誨兼中書令。

4 東川歸合州于武信軍。合州本武信巡屬；東川先取合州，今西川取遂州，故歸之武信。

5 初，鳳翔節度使朱弘昭諂事安重誨，連得大鎮。重誨過鳳翔，弘昭迎拜馬首，館於府舍，館，古玩翻。延入寢室，妻子羅拜，奉進酒食，禮甚謹。重誨爲弘昭泣言：「讒人交構，幾不免，賴主上明察，得保宗族。」爲，于僞翻。讒人，謂李行德、張儉等，事見上年。重誨既去，弘昭即奏「重誨怨望，有惡言，不可令至行營，恐奪石敬瑭兵柄。」又遺敬瑭書，言「重誨舉措孟浪，遺，唯季翻。孟浪，猶言張大而無拘束也。若至軍前，恐將士疑駭，不戰自潰，宜逆止之。」敬瑭大懼，即上言：「重誨至，恐人情有變，宜急徵還。」宣徽使孟漢瓊自西方還，亦言重誨過惡，有詔召重誨還。

二月，己丑朔，石敬瑭以遂、閬既陷，糧運不繼，燒營北歸。軍前以告孟知祥，軍前，謂趙廷隱、李肇之軍。知祥匿其書，謂趙季良曰：「北軍漸進，柰何？」季良曰：「不過綿州，必遁。」知祥問其故，曰：「我逸彼勞，彼懸軍千里，糧盡，能無遁乎！」史言懸軍涉險，糧道不繼，爲敵人所窺。知祥大笑，以書示之。

6 安重誨至三泉，得詔亟歸；過鳳翔，朱弘昭不內，重誨懼，馳騎而東。

7 兩川兵追石敬瑭至利州，劍州北至利州二百三十里。壬辰，昭武節度使李彥琦棄城走；甲午，兩川兵入利州。孟知祥以趙廷隱爲昭武留後，孟知祥遂得據漫天之險，如其宿規矣。廷隱遣使密言於知祥曰：「董璋多詐，可與同憂，不可與共樂，他日必爲公患。因其至劍州勞軍，請圖之。樂，音洛。勞，力到翻。并兩川之衆，可以得志於天下。」知祥不許。趙廷隱所以能拒石敬瑭者，依險而戰也。平原易地，烏能當北兵？就使殺董璋，并兩川之衆，亦不能得志於天下。孟知祥之不許，蓋審己量彼也。璋入廷隱營，留宿而去。廷隱歎曰：「不從吾謀，禍難未已！」難，乃旦翻。

8 庚子，孟知祥以武信留後李仁罕孟知祥得遂、閬二鎮，就以與其將，故李仁罕、趙廷隱各竭其力。爲峽路行營招討使，使將水軍東略地。

9 辛丑，以樞密使兼中書令安重誨爲護國節度使。安重誨還，未至京師而除河中，不容其入朝也。趙鳳言於上曰：「重誨陛下家臣，其心終不叛主，但以不能周防，爲人所讒；陛下不察其心，死【章：十二行本「死」上有「重誨」二字；乙十一行本同。】無日矣。」上以爲朋黨，不悅。考趙鳳前後所言，誠有黨安重誨之心。明宗已察見其情，而趙鳳言之不已，乃所以速其死也。

10 乙巳，趙廷隱、李肇自劍州引還，引還成都。留兵五千戍利州。丙午，董璋亦還東川，留兵三千戍果、閬。果、閬，二州名。

11 丁巳，李仁罕陷忠州。

12 吳徐知誥欲以中書侍郎、內樞使宋齊丘爲相，內樞使卽內樞密使之職。齊丘自以資望素淺，欲以退讓爲高，謁歸洪州葬父，宋齊丘本洪州進士。因入九華山，九華山在池州青陽縣界，本名九子山，李白以其峯如蓮花，改爲九華。止于應天寺，啓求隱居；吳主下詔徵之，知誥亦以書招之，皆不至。知誥遣其子景通自入山敦諭，齊丘始還朝，究觀宋齊丘晚年之心迹，則始焉之所爲者皆僞也。朝，直遙翻。除右僕射致仕，更命應天寺曰徵賢寺。更，工衡翻。

13 三月，己未朔，李仁罕陷萬州；庚申，陷雲安監。九域志，萬州在忠州東北二百八十六里，雲安軍又在萬州東北二百五十七里，監又在軍東北三十里。其地產鹽，故置監。

14 辛酉，賜契丹東丹王突欲姓東丹，名慕華，以爲懷化節度使、瑞·慎等州觀察使；時置懷化軍於慎州。瑞州領遠來一縣，慎州領逢龍一縣，蓋皆後唐所置。薛史：瑞、慎二州本遼東之地，唐末爲懷化節度。余按唐貞觀十年，以烏突汗達干部落置威州於營州之境，後更名瑞州，僑治良鄉之廣陽城。武德初，以速末烏素固部落置慎州，僑治良鄉之故都鄉城。其部曲及先所俘契丹將惕隱等，皆賜姓名。惕隱姓狄，名懷忠。【章：十二行本「忠」作「惠」；乙十一行本同。】擒惕隱見上卷天成三年。

15 李仁罕至夔州，寧江節度使安崇阮棄鎮，與楊漢賓自均、房逃歸；壬戌，仁罕陷夔州。孟知祥遂幷有夔、忠、萬三州。

16 帝既解安重誨樞務，乃召李從珂，泣謂曰：「如重誨意，汝安得復見吾！」安重誨欲殺從珂事見上元年。丙寅，以從珂爲左衛大將軍。

17 壬申，橫海節度使、同平章事孔循卒。

18 乙酉，復以錢鏐爲天下兵馬都元帥、尚父、吳越國王，遣監門上將軍張籛往諭旨，以鏐日致仕，安重誨矯制也。籛，則前翻。錢鏐致仕事見上卷天成四年。

19 丁亥，以太常卿李愚爲中書侍郎、同平章事。

20 夏，四月，辛卯，以王德妃爲淑妃。唐制因隋之舊，貴妃、淑妃、賢妃各一人，正一品。時曹后自淑妃正位中宮，故陞德妃爲淑妃。

21 閩奉國節度使兼中書令王延稟聞閩王延鈞有疾，以次子繼昇知建州留後，帥建州刺史繼雄將水軍襲福州。帥，讀曰率。癸卯，延稟攻西門，繼雄攻東門；延鈞遣樓船指揮使王仁達將水軍拒之。仁達伏甲舟中，僞立白幟請降，繼雄喜，屏左右，幟，昌志翻。降，戶江翻。屏，必郢翻，又卑正翻。登仁達舟慰撫之；仁達斬繼雄，梟首於西門。延稟方縱火攻城，見之，慟哭，仁達因縱兵擊之，衆潰，左右以斛舁延稟而走，斛，概量之器，十斗爲斛。舁，音余，又羊茹翻。甲辰，追擒之。延鈞見之曰：「果煩老兄再下！」王延稟此語見二百七十五卷天成二年。延稟慙不能對。延鈞囚于別室，遣使者如建州招撫其黨；其黨殺使者，奉繼昇及弟繼倫奔吳越。仁達，延鈞從子也。爲延鈞忌仁達而殺之張本。從，才用翻。

22 以宣徽北院使趙延壽爲樞密使。

23 己酉，天雄節度使、同平章事石敬瑭兼六軍諸衛副使。

24 辛亥，以朱弘昭爲宣徽南院使。

25 五月，閩王延鈞斬王延稟於市，復其姓名曰周彥琛，遣其弟都教練使延政如建州撫慰吏民。爲王延政以建州與福州相攻張本。

26 丁卯，罷畝稅麴錢，計畝稅麴錢見上卷天成三年。城中官造麴減舊半價，鄉村聽百姓自造；民甚便之。

27 己卯，以孟漢瓊知內侍省事，充宣徽北院使。漢瓊，本趙王鎔奴也。時范延光、趙延壽雖爲樞密使，懲安重誨以剛愎得罪，愎，蒲逼翻。每於政事不敢可否；獨漢瓊與王淑妃居中用事，人皆憚之。先是，宮中須索稍踰常度，重誨輒執奏，由是非分之求殆絕。先，悉薦翻。須，求也。索，亦求也。索，山客翻。分，扶問翻。至是，漢瓊直以中宮之命取府庫物，不復關由樞密院及三司，亦無文書，所取不可勝紀。勝，音升。

28 辛巳，以相州刺史孟鵠爲左驍衞大將軍，充三司使。

29 昭武留後趙廷隱自成都赴利州，踰月，請兵進取興元及秦、鳳；孟知祥以兵疲民困，不許。孟知祥量力而後動，所以能跨有三蜀也。

30 護國節度使兼中書令安重誨內不自安，表請致仕；閏月，庚寅，制以太子太師致仕。是日，其子崇贊、崇緒逃奔河中。

壬辰，以保義節度使李從璋爲護國節度使。甲午，遣步軍指揮使藥彥稠將兵趣河中。搖於讒口，遣藥彥稠以兵討安重誨。安崇贊等至河中，重誨驚曰：「汝安得來？」既而曰：「吾知之矣，此非渠意，爲人所使耳。渠，猶言其也。吾以死徇國，夫復何言！」夫，音扶。復，扶又翻。乃執二子表送詣闕。明日，有中使至，見重誨，慟哭久之；重誨問其故，中使曰：「人言令公有異志，朝廷已遣藥彥稠將兵至矣。」重誨曰：「吾受國恩，死不足報，敢有異志，更煩國家發兵，貽主上之憂，罪益重矣。」崇贊等至陝，有詔繫獄。皇城使翟光鄴素惡重誨，惡，烏路翻。帝遣詣河中察之，曰：「重誨果有異志則誅之。」史言帝無決然殺重誨之旨。郭崇韜之死亦猶是也。上無道揆，下無法守，無怪乎爾。光鄴至河中，李從璋以甲士圍其第，自入見重誨，拜于庭下。重誨驚，降階答拜，從璋奮檛擊其首；妻張氏驚救，亦檛殺之。考異曰：五代史闕文：「李從璋奮檛擊重誨于地，重誨曰：『重誨死無恨，但不與官家誅得潞王，他日必爲朝廷之患。』言終而絕。」按重誨自以私憾欲殺從珂，當是時從珂未有跋扈之跡，重誨何以知其爲朝廷之患！此恐是清泰篡立之後，人譽重誨者造此語，未可信也。奏至，己亥，下詔，以重誨離間孟知祥、董璋、錢鏐爲重誨罪，間，古莧翻。離間事並見上。又誣其欲自擊淮南以圖兵柄，因邊彥溫所告而誣之。遣元隨竊二子歸本道；并二子誅之。

31 丙午，帝遣西川進奏官蘇愿、東川軍將劉澄各還本鎮，諭以安重誨專命，興兵致討，今已伏辜。

32 六月，乙丑，復以李從珂同平章事，充西都留守。按重誨既死，復用李從珂守長安。

33 丙子，命諸道均民田稅。

34 閩王延鈞好神仙之術，道士陳守元、巫者徐彥林與【章：十二行本「與」作「興」；乙十一行本同。】盛韜共誘之作寶皇宮，極土木之盛，薛史：福州城中有王霸壇、鍊丹井。壇旁有皂莢木，久枯，一旦忽生枝葉。井中有白龜浮出，掘地得石銘，有「王霸裔孫」之文，昶以爲己應之，於壇側建寶皇宮。好，呼到翻。以守元爲宮主。陳守元、盛韜等見信，而薛文傑得行其姦妄矣。史言閩政自是愈亂。

35 秋，九月，己亥，更賜東丹慕華姓名曰李贊華。是年三月慕華賜名，今更賜姓。

36 吳鎮南節度使、同平章事徐知諫卒；以諸道副都統、鎮海節度使、守中書令徐知詢代之，賜爵東海郡王。徐知誥之召知詢入朝也，事見上卷天成四年。知諫豫其謀。知詢遇其喪於塗，知諫之喪自洪州還，而知詢往赴洪州，故相遇於塗。撫棺泣曰：「弟用心如此，我亦無憾，然何面見先王於地下乎！」先王，謂徐溫也。

37 辛丑，加樞密使范延光同平章事。

38 辛亥，敕解縱五坊鷹隼，隼，聳尹翻。內外無得更進。馮道曰：「陛下可謂仁及禽獸。」上曰：「不然。朕昔嘗從武皇獵，武皇，晉王克用謚。時秋稼方熟，有獸逸入田中，遣騎取之，比及得獸，餘稼無幾。比，必利翻。幾，居豈翻。以是思之，獵有損無益，故不爲耳。」

39冬，十月，丁卯，洋州指揮使李進唐攻通州，拔之。洋州東南至通州七百三十九里。先是，蜀人蓋嘗取通州，故復攻拔之。宋乾德二年改通州爲達州，以淮南有通州也。

40壬午，以王延政爲建州刺史。

41十一月，甲申朔，日有食之。

42癸巳，蘇愿至成都，孟知祥聞甥姪在朝廷者皆無恙，恙，余亮翻。遣使告董璋，欲與之俱上表謝罪。璋怒曰：「孟公親戚皆完，固宜歸附；璋已族滅，謂朝廷族誅其子董光業也。尚何謝爲！詔書皆在蘇愿腹中，劉澄安得豫聞，璋豈不知邪！」由是復爲怨敵。爲董璋攻西川敗死張本。復，扶又翻。

43乙未，李仁罕自夔州引兵還成都。孟知祥既盡得前蜀夔、黔之土，不復東略。

44吳中書令徐知誥表稱輔政歲久，請歸老金陵；乃以知誥爲鎮海、寧國節度使，鎮金陵，餘官如故，總錄朝政如徐溫故事。徐溫先鎮京口，總錄吳朝之政，後徙金陵。朝，直遥翻。以其子兵部尚書、參政事景通爲司徒、同平章事，知中外左右諸軍事，留江都輔政；徐知誥襲徐溫之跡，而景通襲知誥之跡，吳祚自此移於李氏。以内樞使、同平章事王令謀爲左僕射，兼門下侍郎，以宋齊丘爲右僕射，兼中書侍郎，並同平章事，兼内樞使，以佐景通。

賜德勝節度使張崇爵清河王。吳置德勝軍於廬州。崇在廬州貪暴，州人苦之，屢嘗入朝，厚以貨結權要，由是常得還鎮，爲廬州患者二十餘年。

45 十二月，甲寅朔，初聽百姓自鑄農器幷雜鐵器，按五代會要，雜鐵器謂燒器動使諸物。熟鐵亦任百姓自煉。徐無黨曰：稅農具錢，至今因之。每田二畝，夏秋輸農具三錢。

46 武安、靜江節度使馬希聲聞梁太祖嗜食雞，慕之，既襲位，日殺五十雞爲膳；居喪無戚容。庚申，葬武穆王于衡陽，馬殷謚武穆王。衡陽，本漢蒸陽縣，吳分置臨蒸縣，隋改臨蒸縣爲衡陽縣，唐屬衡州，爲治所。將發引，頓食雞臛數盤，引，讀曰靷。臛，黑角翻，羹也。前吏部侍郎潘起譏之曰：「昔阮籍居喪食蒸豚；晉阮籍任情不羈而性至孝，母終，將葬，食一蒸豚，飲二斗酒，然後臨決，直言「窮矣！」舉聲一號，吐血數升，毀瘠骨立，殆至滅性。然不可以訓也。何代無賢！」

47 癸亥，徐知誥至金陵。

48 昭武留後趙廷隱白孟知祥以利州城塹已完，頃在劍州與牙內都指揮使李肇同功，事見上年十一月。願以昭武讓肇，知祥褒諭，不許；廷隱三讓，癸酉，知祥召廷隱還成都，以肇代之。

49 閩陳守元等稱寶皇之命，謂閩王延鈞曰：「苟能避位受道，當爲天子六十年。」延鈞信之，丙子，命其子節度副使繼鵬權軍府事。延鈞避位受籙，道名玄錫。

50 愛州將楊廷藝養假子三千人，圖復交州；漢交州守將李進知之，受其賂，不以聞。是歲，廷藝舉兵圍交州，舊唐書地理志：交州西至愛州界小黄江口，水路四百一十六里。漢主遣承旨程寶救【章：十二行本「救」上有「將兵」二字；乙十一行本同。】之，未至，城陷。進逃歸，漢主殺之。寶圍交州，廷藝出戰，寶敗死。去年漢取交州，今復失之。

三年（壬辰、九三二）

1 春，正月，樞密使范延光言：「自靈州至邠州方渠鎮，宋白曰：通遠軍本靈州方渠鎮，晉天福四年改爲威州，仍割木波、馬嶺二鎮隸之，周廣順二年避諱改爲環州，顯德四年降爲通遠軍。使臣及外國入貢者多爲党項所掠，請發兵擊之。」己丑，遣靜難節度使藥彦稠、前朔方節度使康福將步騎七千討党項。党，底朗翻。

2 乙未，孟知祥妻福慶長公主卒。歐史：長興元年秋，改封知祥妻瓊華長公主爲福慶長公主。長，知兩翻。

3 孟知祥以朝廷恩意優厚，而董璋塞綿州路，不聽遣使入謝，由成都趣劍、利，路由綿州。塞，悉則翻。與節度副使趙季良等謀，欲發使自峽江上表，上，時掌翻。掌書記李昊曰：「公不與東川謀而獨遣使，則異日負約之責在我矣。」乃復遣使語之，復，扶又翻。語，牛倨翻。璋不從。

二月，趙季良與諸將議遣昭武都監太原高彦儔將兵攻取壁州，舊唐書地理志：壁州諸水縣，後漢之宣漢縣；梁分宣漢置始寧縣，元魏分始寧置諸水縣。唐武德初分巴東之始寧置壁州，治諸水，宋廢壁州，以其地入巴州之曾口、通江二縣。以絶山南兵轉入山後諸州者；山後諸州，謂巴、蓬、果等州。孟知祥謀於僚佐，李昊曰：「朝廷遣蘇愿等西歸，未嘗報謝，今遣兵侵軼，軼，徒結翻。公若不顧墳墓、甥姪，孟知祥之先墳墓在邢州龍岡縣，其甥姪時皆仕於朝。則不若傳檄舉兵直取梁、洋，安用璧州乎！」知祥乃止。季良由是惡昊。惡，烏路翻。

4 辛未，初令國子監校定九經，雕印賣之。印賣九經始此。

5 藥彥稠等奏破党項十九族，俘二千七百人。

6 賜高從誨爵勃海王。

7 吳徐知誥作禮賢院於府舍，作之於金陵府舍。聚圖書，延士大夫，與孫晟及海陵陳覺談議時事。

8 孟知祥三遣使說董璋，說，式芮翻。以主上加禮於兩川，苟不奉表謝罪，恐復致討；復，扶又翻。璋不從。三月，辛丑，遣李昊詣梓州，極論利害，璋見昊，詬怒，不許。詬，古候翻，又許候翻。昊還，還，從宣翻，又如字。言於知祥曰：「璋不通謀議，不通謀議，猶今人言不容商量也。且有窺西川之志，公宜備之。」

9 甲辰，閩王延鈞復位。延鈞避位受籙，見上年。

10 吳越武肅王錢鏐疾，謂將吏曰：「吾疾必不起，諸兒皆愚懦，誰可爲帥者？」衆泣曰：「兩鎮令公仁孝有功，孰不愛戴！」天成三年錢鏐以兩鎮授傳瓘，事見上卷。按是年秋，朝廷始加傳瓘中書令，其下過呼之耳。鏐乃悉出印鑰授傳瓘，印，吳越國印及鎮海、鎮東印也。鑰，內外城諸門及宮門契鑰也。曰：「將吏推爾，宜善守之。」又曰：「子孫善事中國，勿以易姓廢事大之禮。」時中國率數年一易姓。錢鏐之意，蓋謂偏據一隅，知以小事大而已。苟中國有主，則臣事之，其自興自仆，吾不問也。庚戌卒，年八十一。

傳瓘與兄弟同幄行喪，內牙指揮使陸仁章曰：「令公嗣先王霸業，將吏旦暮趨謁，當與諸公子異處。」處，昌呂翻。乃命主者更設一幄，扶傳瓘居之，告將吏曰：「自今惟謁令公，禁諸公子從者無得妄入。」從，才用翻。晝夜警衛，未嘗休息。陸仁章雖不學，而其所爲闇與趙熹合。鏐末年左右皆附傳瓘，獨仁章數以事犯之。至是，傳瓘勞之，數，所角翻。勞，力到翻。仁章曰：「先王在位，仁章不知事令公，今日盡節，猶事先王也。」先王，謂鏐。傳瓘嘉歎久之。

傳瓘既襲位，更名元瓘，兄弟名「傳」者皆更爲「元」。更，工衡翻。以遺命去國儀，吳越建國，見二百七十一卷梁均王龍德三年。用藩鎮法；除民田荒絕者租稅。荒者，有主而不耕；絕者，戶絕而無主。命處州刺史曹仲達權知政事。置擇能院，掌選舉殿最，殿，丁練翻。以浙西營田副使沈崧領之。

內牙指揮使富陽劉仁杞富陽縣本漢富春縣，晉避鄭太后諱改名富陽，後世遂因之。九域志：富陽縣屬杭州，在州西南七十三里。及陸仁章久用事，仁章性剛，仁杞好毀短人，皆爲衆所惡。惡，烏路翻。

一日，諸將共詣府門請誅之；元瓘使從子仁俊諭之從，才用翻。曰：「二將事先王久，吾方圖其功，汝曹乃欲逞私憾而殺之，可乎？吾爲汝王，汝當稟吾命；不然，吾當歸臨安以避賢路！」錢氏本居臨安。衆懼而退。乃以仁章爲衢州刺史，仁杞爲湖州刺史。中外有上書告訐者，訐，居謁翻。元瓘皆置不問，由是將吏輯睦。

11 初，契丹舍利荊剌與惕隱皆爲趙德鈞所擒，舍利、惕隱，皆契丹管軍頭目之稱。荊，士力翻。剌，來達翻。被擒見上卷天成三年。契丹屢遣使請之。上謀於羣臣，德鈞等皆曰：「契丹所以數年不犯邊、數求和者，以此輩在南故也，縱之則邊患復生。」數，所角翻。復，扶又翻。上以問冀州刺史楊檀，對曰：「荊剌，契丹之驍將，曏助王都謀危社稷，幸而擒之，陛下免其死，爲賜已多。契丹失之如喪手足。喪，息浪翻。彼在朝廷數年，知中國虛實，若得歸，爲患必深，彼纔出塞，則南向發矢矣，恐悔之無及。」上乃止。檀，沙陀人也。楊檀後改名光遠。

12 上欲授李贊華以河南藩鎮，羣臣皆以爲不可，上曰：「吾與其父約爲昆弟，故贊華歸我。吾老矣，後世繼體之君，雖欲招之，其可致乎！」夏，四月，癸亥，以贊華爲義成節度使，爲選朝士爲僚屬輔之。爲選，于僞翻。贊華但優遊自奉，不豫政事；上嘉之，雖時有不法亦不問，以莊宗後宮夏氏妻之。五代會要：莊宗昭容夏氏封虢國夫人。薛史曰：明宗入洛，莊宗宮人數百悉令歸其骨肉，惟夏氏無所歸，明宗以夏魯奇是其同宗，因命歸之；今以妻贊華。妻，七細翻。贊華好飲人血，姬妾多刺臂以吮之；婢僕小過，或抉目，或刀刲火灼；好，呼到翻。刺，七亦翻。吮，士兗翻。抉，於穴翻。刲，涓畦翻。夏氏不忍其殘，奏離婚爲尼。

13 乙丑，加宋王從厚兼中書令。

14 東川節度使董璋會諸將謀襲成都，皆曰必克；前陵州刺史王暉曰：「劍南萬里，成都爲大，時方盛夏，師出無名，必無成功。」【章：十二行本「功」下有「璋不從」三字；乙十一行本同；張校同，云無註本亦無。】孟知祥聞之，遣馬軍都指揮使潘仁嗣將三千人詣漢州詗之。詗，古永翻，又休正翻。璋入境，破白楊林鎮，白楊林鎮當在漢州界上。執戍將武弘禮，聲勢甚盛，知祥憂之，趙季良曰：「璋爲人勇而無恩，士卒不附，城守則難克，野戰則成擒矣。今不守巢穴，公之利也。璋用兵精鋭皆在前鋒，公宜以羸兵誘之，以勁兵待之，始雖小衄，後必大捷。此孫臏三駟之說也，自古以來以此取勝者多矣，楚以之破吳師而滅舒鳩，周訪以之破杜曾而淸襄、沔，王茂章以之斬朱友寧，其策略皆不出此。羸，倫爲翻。衄，女六翻。璋素有威名，今舉兵暴至，人心危懼，公當自出禦之，以強衆心。」趙廷隱以季良言爲然，曰：「璋輕而無謀，輕，墟正翻。舉兵必敗，當爲公擒之。」爲，于僞翻。辛巳，以廷隱爲行營馬步軍都部署，將三萬人拒之。

五月，壬午朔，廷隱入辭。董璋檄書至，又有遺季良、廷隱及李肇書，董璋書獨不及李仁罕者，以趙季良者孟知祥之謀主，趙廷隱、李肇嘗與璋同禦石敬瑭於劍州，故皆先以書誘之；李仁罕未嘗共事，故不及。遺，唯季翻。誣之云，季良、廷隱與己通謀，召己令來。知祥以書授廷隱，廷隱不視，投之於地，曰：「不過爲反間，令，力呈翻；下同。間，古莧翻。欲令公殺副使與廷隱耳。」趙季良爲節度副使，故廷隱稱之。再拜而行。知祥曰：「事必濟矣。」肇素不知書，視之，曰：「璋教我反耳。」因其使者，然亦擁衆爲自全計。李肇時鎮利州。

璋兵至漢州，潘仁嗣與戰于赤水，大敗，爲璋所擒，赤水在漢州東南。璋遂克漢州。

癸未，知祥留趙季良、高敬柔守成都，自將兵八千趣漢州，至彌牟鎮，九域志：成都府新都縣有彌牟鎮。趣，七喻翻。趙廷隱陳於鎮北。陳，讀曰陣；下同。甲申，遲明，遲，直二翻。廷隱陳於雞蹤橋，薛史孟知祥傳云：知祥親帥其衆與趙廷隱等逆戰於金鴈橋，璋軍大敗。按金鴈橋在漢州雒縣南，璋兵既敗，知祥追之，夕宿雒縣。豈金鴈橋卽雞蹤橋邪？義勝定遠都知兵馬使張公鐸陳於其後。俄而璋望西川兵盛，退陳於武侯廟下，諸葛武侯有功於蜀，蜀人所在爲立廟。璋帳下驍卒大譟曰：「日中曝我輩何爲！」【章：十二行本「爲」下有「何不速戰」四字；乙十一行本同；退齋校同；張校同，云無註本亦無。】曝，步木翻。璋乃上馬。前鋒始交，東川右廂馬步都指揮使張守進降於知祥，言「璋兵盡此，無復後繼，復，扶又翻。當急擊之。」知祥登高冢督戰，左明義指揮使毛重威、左衝山指揮使李瑭守雞蹤橋，孟知祥置左、右衝山六營，見二百七十五卷天成元年。皆爲東川兵所殺；趙廷隱三戰不利，牙內都指揮副使侯弘實兵亦卻，知祥懼，以馬箠指後陳。箠，止蘂翻。張公鐸帥衆大呼而進，帥，讀曰率。呼，火故翻。東川兵大敗，死者數千人，擒東川中都指揮使元瓌、牙內副指揮使董光演等八十餘人。中都指揮使，中軍都指揮使也，一本有「軍」字。瓌，公回翻。璋拊膺曰：「親兵皆盡，吾何依乎！」與數騎遁去，餘衆七千人降，降，戶江翻；下同。復得潘仁嗣。復，扶又翻。知祥引兵追璋至五侯津，五侯津在漢州西南。東川馬步都指揮使元瓌降。元瓌疑卽前元瓌。通鑑集衆書以成書，以其官有「中」與「馬步」之異，其字有「瓌」與「瓌」之異，因再書之耳。西川兵入漢州府第，求璋不得，士卒爭璋軍資，故璋走得免。趙廷隱追至赤水，又降其卒三千人。是夕，知祥宿雒縣。自唐以來，漢州治雒縣。知祥入漢州，不居州宅而宿雒縣，蓋漢州州宅爲追兵剽掠不可居，故宿雒縣廨舍也。命李昊草牓諭東川吏民，及草書勞問璋，勞，力到翻。且言將如梓州如，往也。詢負約之由，請見伐之罪。乙酉，知祥會廷隱於赤水，遂西還，還，從宣翻，又如字。命廷隱將兵攻梓州。

璋至梓州，肩輿而入，王暉迎問曰：「太尉全軍出征，洪邁曰：唐節度帶檢校官，其初只檢校散騎常侍，如李愬在唐鄧時所稱者也；後乃轉尚書及僕射、司空、司徒，能至此者蓋少。僖、昭以降，藩鎮盛強，武夫得志，纔建節鉞，其資級已高，於是復升太保、太傅、太尉，其上惟有太師，故將帥悉稱太尉。余按唐制，太師、太傅、太保爲三師，太尉、司徒、司空爲三公；太尉古以主兵，故呼將帥爲太尉耳。若唐末，藩鎮固亦有加太師者。唐自睿宗之末，邊鎮置節度使，如薛訥等已是後來使相之職，其帶御史大夫、中丞、六曹尚書者，僕射、侍中、中書令者，往往有之，李愬之帥唐、鄧、隨，以資淺帶散騎常侍耳。洪說未爲精當。今還者無十人，何也？」璋涕泣不能對。

至府第，方食，暉與璋從子牙內都虞候延浩帥兵三百大譟而入。帥，讀曰率；下同。璋引妻子登城，子光嗣自殺。璋至北門樓，呼指揮使潘稠使討亂兵，稠引十卒登城，斬璋首，及取光嗣首以授王暉，暉舉城迎降。趙廷隱入梓州，封府庫以待知祥。李肇聞璋敗，始斬其使以聞。李肇持兩端，聞璋敗始斬其使。

丙戌，知祥入成都，丁亥，復將兵八千如梓州。至新都，九域志：新都縣在成都府北四十五里。復，扶又翻。趙廷隱獻董璋首。己丑，發玄武，舊唐書地理志：玄武，漢氏道縣，晉改曰玄武。九域志：宋大中祥符五年改爲中江縣，在梓州西九十里。趙廷隱帥東川將吏來迎。

15 康福奏党項鈔盜者已伏誅，餘皆降附。鈔，楚交翻。

16 壬辰，孟知祥有疾，癸巳，疾甚，中門副使王處回侍左右，庖人進食，必空器而出，以安衆心。李仁罕自遂州來，趙廷隱迎于板橋；板橋在梓州東南。仁罕不稱東川之功，侵侮廷隱，廷隱大怒。乙未，知祥疾瘳；瘳，丑留翻。丁酉，入梓州。戊戌，犒賞將士，既罷，犒，苦到翻。知祥謂李仁罕、趙廷隱曰：「二將誰當鎭此？」仁罕曰：「令公再與蜀州，亦行耳。」先是，朝廷加孟知祥中書令，故李仁罕稱之。仁罕蓋先嘗領蜀州。廷隱不對。知祥愕然，退，命李昊草牒，俟二將有所推則命一人爲留後，昊曰：「昔梁祖、莊宗皆兼領四鎭，梁太祖領宣武、宣義、天平、護國四鎭，莊宗領河東、魏博、盧龍、成德四鎭。今二將不讓，惟公自領之爲便耳。公宜亟還府，府，謂成都，西川帥府所在。更與趙僕射議之。」趙僕射，謂趙季良。

17己亥，契丹使者迭羅卿辭歸國，上曰：「朕志在安邊，不可不少副其求。」少，詩沼翻。乃遣莿骨舍利與之俱歸。契丹以不得莿剌，自是數寇雲州及振武。數，所角翻。

18孟知祥命李仁罕歸遂州，留趙廷隱東川巡檢，以李昊行梓州軍府事。昊曰：「二虎方爭，僕不敢受命，願從公還。」乃以都押牙王彥銖爲東川監押。監，古銜翻。癸卯，知祥至成都，趙廷隱尋亦引兵西還。還，從宣翻，又如字。

知祥謂李昊曰：「吾得東川，爲患益深。」昊請其故，知祥曰：「自吾發梓州，得仁罕七狀，皆云『公宜自領東川，不然諸將不服。』廷隱言『本不敢當東川，因仁罕不讓，遂有爭心耳。』君爲我曉廷隱，爲，于僞翻。復以閬州爲保寧軍，董璋取閬州，廢保寧軍；今孟知祥復以爲節鎮，以賞趙廷隱。益以果、蓬、渠、開四州，往鎮之。吾自領東川，以絕仁罕之望。」廷隱猶不平，請與仁罕鬬，勝者爲東川；昊深解之，乃受命。六月，以廷隱爲保寧留後。戊午，趙季良帥將吏請知祥兼鎮東川，許之。帥，讀曰率。季良等又請知祥稱王，權行制書，賞功臣，不許。

董璋之【章：十二行本「之」下有「起兵」二字；乙十一行本同。】攻知祥也，山南西道節度使王思同以聞，范延光言於上曰：「若兩川併於一賊，撫衆守險，則取之益難，宜及其交爭，早圖之。」上命思同以興元之兵密規進取。興元之兵既不足以進取，王思同之才又不足以進取。劉曄料魏之羣臣無能敵劉備、孫權者，所以重於用兵也。未幾，幾，居豈翻。聞璋敗死，延光曰：「知祥雖據全蜀，然士卒皆東方人，知祥恐其思歸爲變，亦欲倚朝廷之重以威其衆，陛下不屈意撫之，彼則無從自新。」上曰：「知祥吾故人，爲人離間至此，何屈意之有！」離間，蓋指安重誨也。孟知祥本有據蜀之志，使重誨不相猜阻，亦必別求釁端而動，明宗蓋未能察見知祥之心術也。間，古莧翻。乃遣供奉官李存瓌此供奉官乃殿頭供奉官，非禁中供奉官也。賜知祥詔曰：「董璋狐狼，曰狐者，言其依憑窟穴；曰狼者，言其抗厲犯上。自貽族滅。卿丘園親戚皆保安全，言董光業族滅，而孟知祥墳墓甥姪皆無他。所宜成家世之美名，守君臣之大節。」存瓌，克寧之子，知祥之甥也。李克寧妻孟氏見二百六十六卷梁太祖開平二年。

19 閩王延鈞謂陳守元曰：「爲我問寶皇：爲，于僞翻。既爲六十年天子，陳守元此語，見上年。後當何如？」明日，守元入白：「昨夕奏章，得寶皇旨，當爲大羅仙主。」徐彥林【章：十二行本無「林」字；乙十一行本同。】等亦曰：「北廟崇順王嘗見寶皇，其言與守元同。」延鈞益自負，史言王延鈞之昏愚。始謀稱帝。表朝廷云：「錢鏐卒，請以臣爲吳越王；馬殷卒，請以臣爲尚書令。」錢鏐卒於是年三月，馬殷卒於去年十一月。朝廷不報，自是職貢遂絕。

鄧廣銘標點聶崇岐覆校

資治通鑑卷第二百七十八

端明殿學士兼翰林侍讀學士太中大夫提舉西京嵩山崇福宮上柱國河內郡開國公食邑二千六百戶食實封一千戶臣　司馬光　奉敕編集

後學天台　胡三省　音註

後唐紀七起玄黓執徐（壬辰）七月，盡閼逢敦牂（甲午）閏正月，凡一年有奇。

明宗聖德和武欽孝皇帝下

長興三年（壬辰、九三二）

1 秋，七月【張：「月」下脫「辛巳」二字。】朔，朔【章：十二行本不重「朔」字；乙十一行本同。】方奏夏州党項入寇，擊敗之，夏，戶雅翻。敗，補邁翻。追至賀蘭山。賀蘭山在靈州保靜縣。

2 己丑，加鎮海、鎮東軍節度使錢元瓘守中書令。

3 庚寅，李存瓌至成都，是年六月遣李存瓌諭孟知祥，事始見上卷。孟知祥拜泣受詔。孟知祥之拜泣，豈其本心之誠然邪？

4 武安、靜江節度使馬希聲以湖南比年大旱，命閉南嶽及境內諸神祠門，比，毗至翻；下比者同。舊以霍山爲南嶽，今灊中天柱山是也。蓋漢武帝以衡山遐遠，遂徙南嶽於灊山耳。至唐，復以衡山爲南嶽。竟不雨。辛卯，希聲卒，六軍使袁詮、潘約等迎鎭南節度使希範於朗州而立之。詮，且緣翻。鎭南軍洪州時屬吳，馬希範領節耳。希範字寶規，殷第四子。

5 乙未，孟知祥遣李存瓌還，還，從宣翻，又如字。上表謝罪，且告福慶公主之喪。是年春正月主卒。自是復稱藩。【章：十二行本「藩」下有「然益驕倨矣」五字；乙十一行本同；退齋校同；張校同，云無註本亦無。】復，扶又翻。

6 庚子，以西京留守、同平章事李從珂爲鳳翔節度使。爲李從珂自鳳翔奪嫡張本。

7 廢武興軍，復以鳳、興、文三州隸山南西道。鳳、興、文本山南西道巡屬，唐末始分鳳州置感義軍，尋廢。前蜀王氏復置武興軍，今廢之，州還舊屬。

8 丁未，以門下侍郎、同平章事趙鳳同平章事，充安國節度使。

9 八月，庚申，馬希範至長沙；辛酉，襲位。

10 甲子，孟知祥令李昊爲武泰趙季良等五留後草表，爲，于僞翻；下同。請以知祥爲蜀王，行墨制，仍自求旌節，昊曰：「比者諸將攻取方鎭，卽有其地，比，毗至翻。謂李仁罕克遂州卽爲武信留後，趙廷隱克梓州遂爭東川也。今又自求【章：十二行本「求」下有「朝廷」二字；乙十一行本同；張校同，云無註本亦無。】節鉞及明公封爵，然則輕重之權皆在羣下矣；借使明公自請，豈不可邪！」知祥大悟，更令昊爲已草表，請行墨制，補兩川刺史已下；更，工衡翻。又表請以季良等五留後爲節度使。武泰留後趙季良，武信留後李仁罕，保寧留後趙廷隱，寧江留後張業，昭武留後李肇。

初，安重誨欲圖兩川，自知祥殺李嚴，見二百七十五卷天成二年。每除刺史，皆以東兵衞送之，小州不減五百人，夏魯奇、李仁矩、武虔裕各數千人，皆以牙隊爲名。按天成二年，李敬周爲武信留後；四年，使節度使夏魯奇治遂州城。魯奇蓋三年、四年間至遂州也。李仁矩鎭閬州，武虔裕刺綿州，見上卷天成四年。及知祥克遂、閬、利、夔、黔、梓六鎭，得東兵無慮三萬人，恐朝廷徵還，表請其妻子。

11 吳徐知誥廣金陵城周圍二十里。徐溫先已築金陵，今知誥復廣之，將以貽子孫也。

12 初，契丹既強，寇抄盧龍諸州皆徧，抄，楚交翻。幽州城門之外，虜騎充斥。每自涿州運糧入幽州，虜多伏兵於閻溝，掠取之。據水經，漢涿郡故安縣有閻鄉，其西山則易水所出也。歐史作「鹽溝」。及趙德鈞爲節度使，城閻溝而戍之，爲良鄉縣，良鄉，漢古縣，趙德鈞移之於閻溝耳。匈奴須知：閻溝縣北至燕六十里，古良鄉空城南至涿州四十里。蓋契丹得燕之後改良鄉縣爲閻溝縣，而所謂古良鄉空城卽趙德鈞未移縣之前古城也。糧道稍通。幽州東十里之外，人不敢樵牧；德鈞於州東五十里城潞縣而戍之，潞，漢古縣，唐屬幽州。匈奴須知：潞縣東二里有潞河，自潞縣西至燕六十里。近州之民始得稼穡。至是，又於州東北百餘里城三河縣以通薊州運路，唐開元四年，分潞縣置三河縣，屬薊州。匈奴須知：三河縣西至燕一百七十里，薊州西至三河縣七十里。虜騎來爭，德鈞擊卻之。九月，庚辰朔，奏城三河畢。邊人賴之。

13 壬午，以鎮南節度使馬希範爲武安節度使，兼侍中。馬希範以領鎮南節自朗州入嗣，今使爲武安節度使，嗣封楚王之漸也。

14 孟知祥命其子仁贊攝行軍司馬，兼都總轄兩川牙內馬步都軍事。

15 冬，十月，己酉朔，帝復遣李存瓌如成都，是年七月李存瓌還自成都，今復遣之。復，扶又翻；下不復同。凡劍南自節度使、刺史以下官，聽知祥差署訖奏聞，朝廷更不除人；唯不遣戍兵妻子，然其兵亦不復徵也。

16 秦王從榮喜爲詩，聚浮華之士高輦等於幕府，與相唱和，喜，許記翻；下同。和，戶臥翻。頗自矜伐。每置酒，輒令僚屬賦詩，有不如意者面毀裂抵棄。壬子，從榮入謁，帝語之曰：「吾雖不知書，然喜聞儒生講經義，開益人智思。語，牛倨翻。思，相吏翻。吾見莊宗好爲詩，將家子文非素習，徒取人竊笑，汝勿效也。」明宗之誨其子，可謂名言。好，呼到翻。將，即亮翻。

17 丙辰，幽州奏契丹屯捺剌泊。時幽州有備，契丹寇掠不得其志。契丹主西徙橫帳，居捺剌泊，出寇雲、朔之間。薛史本紀，是年十一月，雲州奏契丹主在黑榆林南捺剌泊治造攻城之具。是後石敬瑭鎮河東，因契丹部落近在雲、應，遂資其兵力以取中國，而燕、雲十六州之地遂皆爲北方引弓之民。捺，奴葛翻。剌，來達翻。

18 前彰義節度使李金全屢獻馬，李金全先嘗鎮涇州。上不受，曰：「卿在鎮爲治何如？勿但以獻馬爲事！」唐明宗雖出於胡人，斯言也，君人之言也。治，直吏翻。金全，吐谷渾人也。

19 壬申，大理少卿康澄上書曰：「臣聞童謠非禍福之本，妖祥豈隆替之源！故雊雉升鼎而桑穀生朝，不能止殷宗之盛；雊，古候翻。殷王太戊時，亳有祥桑穀共生於朝。武丁祭成湯，有飛雉升鼎耳而雊。二君懼而脩德，殷道復興。太戊廟號中宗，武丁廟號高宗。朝，直遙翻。神馬長嘶而玉龜告兆，不能延晉祚之長。晉懷帝永嘉六年二月，神馬嘶南城門。魏明帝時，張掖柳谷水湧，有石馬、石牛、石龜之祥，人以爲晉興應之。是知國家有不足懼者五，有深可畏者六：陰陽不調不足懼，三辰失行不足懼，小人訛言不足懼，山崩川涸不足懼，蟊賊傷稼不足懼；蟊，莫侯翻。食根曰蟊，食節曰賊，皆害稼者也。賢人藏匿深可畏，四民遷業深可畏，上下相徇深可畏，廉恥道消深可畏，毀譽亂眞深可畏，譽，音余。直言蔑聞深可畏。不足懼者，願陛下存而勿論；深可畏者，願陛下脩而靡忒。」康澄所謂不足懼，非果不足懼也，直言人事之不得，其可畏有甚於所懼者。然其詞氣之間抑揚太過，將使人君忽於變異災傷而不知警省，非篤論也。優詔獎之。

20 秦王從榮爲人鷹視，輕佻峻急；鷹視者，如飛鷹欲攫，俯而側目視物。佻，土雕翻。既判六軍諸衞事，復參朝政，復，扶又翻。多驕縱不法。初，安重誨爲樞密使，上專屬任之。屬，之欲翻。從榮及宋王從厚自襁褓與之親狎，雖典兵，常爲重誨所制，畏事之。重誨死，誅安重誨，見上卷二年。王淑妃與宣徽使孟漢瓊宣傳帝命，范延光、趙延壽爲樞密使，從榮皆輕侮之。河陽節度使、同平章事石敬瑭兼六軍諸衛副使，其妻永寧公主與從榮異母，素相憎疾。明宗諸子，史皆不載其母誰氏，惟許王從益爲王淑妃所子，是時尚幼，外此子女之年長者皆微時所生也。從榮以從厚聲名出己右，尤忌之；事始見二百七十六卷天成三年。從厚善以卑弱奉之，故嫌隙不外見。見，賢遍翻。石敬瑭不欲與從榮共事，從榮判六軍諸衛事，石敬瑭爲副使，是共事也。常思外補以避之。范延光、趙延壽亦慮及禍，屢辭機要，請與舊臣迭爲之，上不許。會契丹欲入寇，上命擇帥臣鎮河東，延光、延壽皆曰：「當今帥臣可往者獨石敬瑭、康義誠耳。」康義誠起代北，事晉王及莊宗及帝，三世在兵間，不聞有功，但以鄴都兵亂之時贊帝舉兵南向爲功耳。帥，所類翻；下同。敬瑭亦願行，上即命除之。既受詔，不落六軍副使，敬瑭復辭，復，扶又翻。上乃以宣徽使朱弘昭知山南東道，代義誠詣闕。康義誠時爲山南東道節度使，今召令詣闕，命朱弘昭往知節度事以代之，未正授以旌節也。

21 十一月，辛巳，以三司使孟鵠爲忠武節度使，以忠武節度使馮贇充宣徽南院使，判三司。鵠本刀筆吏，與范延光鄉里厚善，范延光，相州臨漳人。孟鵠，魏州人。相、魏鄰接，言二人居鄉里時相與厚善。數年間引擢至節度使；上雖知其太速，然不能違也。

22 乙酉，上以胡寇浸逼北邊，命趣議河東帥；趣，讀曰促；下同。石敬瑭欲之，而范延光、趙延壽欲用康義誠，議久不決。權樞密直學士李崧以爲非石太尉不可，延光曰：「僕亦累奏用之，上欲留之宿衞耳。」會上遣中使趣之，衆乃從崧議。丁亥，以石敬瑭爲北京留守、河東節度使，兼大同、振武、彰國、威塞等軍蕃漢馬步總管，唐末移大同軍於雲州、振武軍於朔州。帝應州人，即位置彰國軍於應州，以興唐軍爲寰州隸之。莊宗同光元年置威塞軍於新州，以嬀、儒、武三州隸之。四軍皆節鎮也。加兼侍中。爲石敬瑭以河東倚契丹之援而得中國張本。

23 己丑，加樞密使趙延壽同平章事。

24 吳以諸道都統徐知誥爲大丞相、太師，加領得勝節度使；「得勝」當作「德勝」。【章：乙十一行本正作「德勝」。】吳之先王楊行密起於廬州，故因置德勝節度於廬州，言以德而勝也。知誥辭丞相、太師。

25 大同節度使張敬達聚兵要害，契丹竟不敢南下而還。按薛史，時契丹帥族帳自黑榆林捺剌泊至沒越泊，云借漢界水草；張敬達聚兵遏其衝要，虜竟不敢南牧。還，從宣翻，又如字。敬達，代州人也。

26 蔚州刺史張彥超本沙陀人，嘗爲帝養子，與石敬瑭有隙；聞敬瑭爲總管，舉城附於契丹，契丹以爲大同節度使。蔚，紆勿翻。

27 石敬瑭至晉陽，以部將劉知遠、周瓌爲都押衙，委以心腹；軍事委知遠，爲劉知遠爲石敬瑭佐命、又以是而基漢業張本。帑藏委瓌。帑，他朗翻。藏，徂浪翻。瓌，晉陽人也。

28 十二月，戊午，以康義誠爲河陽節度使，兼侍衞親軍馬步都指揮使；葉夢得石林燕語云：自梁置在京馬步軍都指揮使，後唐遂置侍衞親軍都指揮使。以朱弘昭爲山南東道節度使。朱弘昭始正授襄陽旌節。

29是歲，漢主立其子耀樞爲雍王，雍，於用翻。龜圖爲康王，弘度爲賓王，弘熙【嚴：「熙」改「燕」。】爲晉王，弘昌爲越王，弘弼爲齊王，弘雅爲韶王，弘澤爲鎮王，弘操爲萬王，弘杲爲循王，弘暐爲思王，弘邈爲高王，弘簡爲同王，弘建爲益王，弘濟爲辯王，弘道爲貴王，弘昭爲宜王，弘政爲通王，弘益爲定王；未幾，徙弘度爲秦王。幾，居豈翻。漢諸王皆以州爲名。

四年（癸巳、九三三）

1春，正月，戊子，加秦王從榮守尚書令，兼侍中。庚寅，以端明殿學士歸義劉昫爲中書侍郎、同平章事。歸義縣屬涿州。昫，吁句翻，又許羽翻。

2閩人有言眞封宅龍見者，眞封宅，蓋王延鈞未得國之時所居也。見，賢遍翻。更【章：十二行本「更」上有「閩王延鈞」四字；乙十一行本同；孔本同；張校同。】命其宅曰龍躍宮。更，工衡翻；下更名同。遂詣寶皇宮受册，備儀衛，入府，卽皇帝位，國號大閩，大赦，改元龍啓；更名璘。追尊父祖，立五廟。以其僚屬李敏爲左僕射、門下侍郎，其子節度副使繼鵬爲右僕射、中書侍郎，並同平章事；以親吏吳勗爲樞密使。唐册禮使裴傑、程侃適至海門，海門，卽今福清縣之海門鎮是也。閩主以傑爲如京使；侃固求北還，不許。閩主自以國小地僻，常謹事四鄰，由是境內差安。史言閩主雖惑於神仙妖妄，而能粗安者，以善鄰而然。

3二月，戊申，孟知祥墨制以趙季良等爲五鎭節度使。孟知祥爲五帥請節鉞，朝廷依違不報，而許之墨制署授，故知祥因而授五帥。昔唐之季也，强藩悍將猶知長安本色之爲貴，若趙季良等，知稟命於孟知祥而已，豈復知重朝命哉！

4涼州大將拓跋承謙及耆老上表，請以權知留後孫超爲節度使。上問使者：「超爲何人？」對曰：「張義潮在河西，張義潮以河西來歸，事始二百四十九卷唐宣宗大中五年。朝廷以天平軍二千五百人戍涼州，自黄巢之亂，涼州爲党項所隔，鄆人稍稍物故皆盡，超及城中之人皆其子孫也。」

5乙卯，以馬希範爲武安、武平節度使，馬希範席父兄之業，故朝廷仍命以潭、朗兩鎭。兼中書令。

6戊午，定難節度使李仁福卒；庚申，軍中立其子彝超爲留後。

7癸亥，以孟知祥爲東西川節度使、蜀王。

8先是，河西諸鎭皆言李仁福潛通契丹，是時河西止有涼州、沙州二鎭，然使命不常通也。竊意「河西」當作「關西」，歐史只作「邊將多言仁福通於契丹」，尤爲檃括。先，悉薦翻。朝廷恐其與契丹連兵，併吞河右，南侵關中，會仁福卒，三月，癸未，以其子彝超爲彰武留後，唐末以延州置保塞軍，岐改爲忠義軍，後唐改爲彰武軍。徙彰武節度使安從進爲定難留後，仍命靜塞【章：十二行本「塞」作「難」；乙十一行本同。】節度使藥彥稠將兵五萬，以宮苑使安重益爲監軍，送從進赴鎭。從進，索葛人也。難，乃旦翻。索葛部居振武。宋白曰：安從進本貫振武軍索葛府索葛村。索，蘇各翻。

9 乙酉，始下制除趙季良等爲五鎮節度使。孟知祥既以墨制命之，朝廷不能違，遂爲之下制。

10 丁亥，敕諭夏、銀、綏、宥將士吏民，以「夏州窮邊，李彝超年少，少，詩照翻。未能扞禦，故使【章：十二行本「使」作「徙」；乙十一行本同；孔本同；退齋校同。】之延安，延州，延安郡。從命則有李從曮、高允韜富貴之福，李從曮事見上卷長興元年；又是年高允韜自鄜、延徙安國。違命則有王都、李匡賓覆族之禍。」王都事見二百七十六卷天成四年；李匡賓事見上卷元年。夏，四月，彝超上言，爲軍士百姓擁留，未得赴鎮，詔遣使趣之。趣，讀曰促。

11 言事者請爲親王置師傅，爲，于僞翻。宰相畏秦王從榮，不敢除人，請令王自擇。秦王府判官、太子詹事王居敏薦兵部侍郎劉瓚於從榮，瓚，才旱翻。歐史作「劉贊」，時爲刑部侍郎。從榮表請之。癸丑，以瓚爲祕書監、秦王傅，前襄州支使山陽魚崇遠爲記室。漢之山陽郡，唐爲曹、濟之地。此山陽，唐楚州之山陽縣也。舊唐書地理志曰：山陽縣，漢臨淮郡之射陽縣地。晉置山陽郡，改爲山陽縣，唐爲楚州治所。瓚自以左遷，泣訴，不得免。唐制，六部侍郎除吏部之外，餘皆從四品下；王傅從三品。然六部侍郎爲嚮用，王傅爲左遷，以職事有閒劇之不同也。當是時，從榮地居儲副，則秦王傅不可以閒官言。蓋以從榮輕佻峻急，恐預其禍，求自脫耳。王府參佐皆新進少年，輕脫諂諛，瓚獨從容規諷，從，千容翻。從榮不悅。瓚雖爲傅，從榮一概以僚屬待之，瓚有難色；從榮覺之，自是戒門者勿爲通，勿爲，于僞翻。月聽一至府，或竟日不召，亦不得食。

12 李彝超不奉詔，詔趣李彝超赴延安而不奉詔。遣其兄阿囉王守青嶺門，囉，魯何翻。青嶺門蓋漢上郡橋山之長城門也，東北過奢延澤至夏州。集境內党項諸胡以自救。藥彥稠等進屯蘆關，蘆子關在延州延昌縣北。趙珣聚米圖經曰：蘆關在延州塞門寨北十五里。彝超遣党項抄糧運及攻具，抄，楚交翻。官軍自蘆關退保金明。金明，漢膚施縣地。後魏太平眞君十二年置金明郡，隋廢郡爲縣，縣又尋廢。唐武德二年，分膚施縣復置金明縣。宋熙寧五年，省金明縣爲寨，屬膚施縣。趙珣聚米圖經曰：自蘆關南入塞門，卽金明路。陳執中曰：塞門至金明二百里。

13 閩主璘立子繼鵬爲福王，充寶皇宮使。

14 五月，戊寅，立皇子從珂爲潞王，從益爲許王，從子天平節度使從溫爲兗王，護國節度使從璋爲洋王，成德節度使從敏爲涇王。從子，才用翻。

15 庚辰，閩地震，閩主璘避位脩道，命福王繼鵬權總萬機。初，閩王審知性節儉，府舍皆庳陋；庳，皮靡翻。至是，大作宮殿，極土木之盛。

16 甲申，帝暴得風疾；庚寅，小愈，見羣臣於文明殿。薛史，梁開平三年，改西京貞觀殿爲文明殿。

17 壬辰夜，夏州城上舉火，比明，雜虜數千騎救之，夜舉火於城上，及明而雜虜至；蓋先約以舉烽爲號，欲內外夾擊唐兵也。比，必利翻。安從進遣先鋒使宋溫擊走之。

18 吳宋齊丘勸徐知誥徙吳主都金陵，知誥乃營宮城於金陵。

19 帝旬日不見羣臣，都人恟懼，恟，許勇翻。或潛竄山野，或寓止軍營。寓止軍營者，恐軍中起變，欲依之以自全。秋，七月，庚辰，帝力疾御廣壽殿，廣壽殿不知其創造之始。薛史本紀：長興四年重脩廣壽殿，帝曰：「此殿經焚，不可不脩。」蓋焚於同光之末也。人情始安。

20 安從進攻夏州。州城赫連勃勃所築，夏州城，赫連勃勃蒸土所築統萬城也，事見一百一十七卷晉安帝義熙九年。宋白曰：統萬城在朔方之北、黑水之南，其城土白而堅，南有亢敵峻險，非人力所攻，迄今雉堞雖久，崇墉若新。堅如鐵石，斸鑿不能入。斸，株玉翻，斫也。又党項萬餘騎徜徉四野，抄掠糧餉，徜，常羊翻。徉，音羊。抄，楚交翻。官軍無所芻牧。山路險狹，關中民輸斗粟束藁費錢數緡，民間困竭不能供。李彝超兄弟登城謂從進曰：「夏州貧瘠，非有珍寶蓄積可以充朝廷貢賦也；但以祖父世守此土，唐僖宗時拓跋思恭據夏州，傳思諫、彝昌、仁福以至彝超。不欲失之。蕞爾孤城，蕞，徂外翻。勝之不武，何足煩國家勞費如此！幸爲表聞，爲，于僞翻。若許其自新，或使之征伐，願爲衆先。」上聞之，壬午，命從進引兵還。還，從宣翻；下同。

其後有知李仁福陰事者，云：「仁福畏朝廷除移，揚言結契丹爲援，除移，謂除移他鎮。揚言者，播其言使人知。契丹實不與之通也；致朝廷誤興是役，無功而還。」自是夏州輕朝廷，每有叛臣，必陰與之連以邀賂遺。遺，唯季翻。上疾久未平，征夏州無功，軍士頗有流言，乙酉，賜在京諸軍優給有差；既賞賚無名，士卒由是益驕。唐兵之驕，始於同光，甚於長興，極於清泰。至開運之末，契丹入汴，晉兵有不得食者矣。

21丁亥，賜錢元瓘爵吳王。元瓘於兄弟甚厚，其兄中吳、建武節度使元璙自蘇州入見，元璙卽傳璙。元瓘嗣國，兄弟名從「傳」者並改爲「元」。吳越於蘇州置中吳節度。薛史曰：唐莊宗三年升蘇州爲中吳軍。見，賢遍翻。元瓘以家人禮事之，奉觴爲壽，曰：「此兄之位也，而小子居之，兄之賜也。」元璙讓位於元瓘，見二百七十六卷天成三年。元璙曰：「先王擇賢而立之，君臣位定，元璙知忠順而已。」因相與對泣。元瓘篤友悌之義，元璙知忠順之節，兄弟輯睦以保其國，異乎夫己氏者矣。

22戊子，閩主璘復位。王璘避位六十五日，特以厭地震之異耳。初，福建中軍使薛文傑，性巧佞，璘喜奢侈，文傑以聚斂求媚，喜，許記翻。斂，力贍翻。璘以爲國計使，親任之。文傑陰求富民之罪，籍沒其財，被榜捶者胸背分受，仍以銅斗火熨之。榜，音彭。捶，止橤翻。熨，紆勿翻，又紆胃翻。建州土豪吳光入朝，文傑利其財，求其罪，將治之；治，直之翻。光怨怒，帥其衆且萬人叛奔吳。爲吳光引吳兵攻建州而文傑誅張本。帥，讀曰率。

23帝以工部尚書盧文紀、禮部郎中呂琦爲蜀王册禮使，并賜蜀王一品朝服。知祥自作九旒冕，九章衣，車服旌旗皆擬王者。王者，謂天子也。唐制：眞王正一品。朝廷既賜孟知祥以一品朝服，知祥又作九旒，九章之法服，是爲王矣；所謂「車服旌旗皆擬王者」，是擬天子也。八月，乙巳朔，文紀等至成都。戊申，知祥服袞冕，備儀衞詣驛，時館盧文紀等於成都驛舍。降階北面受册，升玉輅，至府門，乘步輦以歸。玉輅，天子之輅。步輦，以人挽之。文紀，簡求之孫也。盧簡求，綸之子也，唐宣宗、懿宗之時，內歷臺閣，外踐節鎮。

24 戊申，羣臣上尊號曰聖明神武廣道法天文德恭孝皇帝，大赦。在京及諸道將士各等第優給。時一月之間再行優給，乙酉至戊申，二十四日耳。由是用度益窘。明宗之優給，懲莊宗之過也。給之愈濫，士心愈驕，由是有「到鳳翔更請一分」之事。窘，巨隕翻。

25 太僕少卿【章：十二行本「卿」下有「致仕」二字；乙十一行本同；張校同，云無註本亦無。】何澤見上寢疾，秦王從榮權勢方盛，冀己復進用，歐史曰：何澤外雖直言而內實佞邪，與宰相趙鳳有舊，數私干鳳；鳳薄其爲人，以爲太常少卿。敕未出，澤先知之，卽稱新官上章自訴。章下中書，鳳等言：「澤未拜命而稱新官，輕侮朝廷，請坐以法。」乃以太僕少卿致仕，居于河陽。表請立從榮爲太子。上覽表泣下，私謂左右曰：「羣臣請立太子，朕當歸老太原舊第耳。」此唐宣宗所謂「若立太子則朕便爲閒人」之見也。富有天下，不思貽後之謀，而爲此論，意趣凡近，良可憫笑。帝事太祖、莊宗，起於晉陽，有舊第在焉。不得已，丙【張：「丙」作「壬」。】戌，詔宰相樞密使議之。丁卯，從榮見上，見，賢遍翻。言曰：「竊聞有姦人請立臣爲太子，臣幼少，且願學治軍民，不願當此名。」治，直之翻。上曰：「羣臣所欲也。」從榮退，見范延光、趙延壽曰：「執政欲以吾爲太子，是欲奪我兵柄，幽之東宮耳。」從榮之言，與明宗之言同一戀權之心耳。延光等知上意，且懼從榮之言，卽具以白上；辛未，制以從榮爲天下兵馬大元帥。

26 九月，甲戌朔，吳主立德妃王氏爲皇后。

27 戊寅，加范延光、趙延壽兼侍中。

28 癸未，中書奏節度使見元帥儀，雖帶平章事，亦以軍禮廷參，從之。時中書門下奏：「自歷朝以來，無天下兵馬大元帥公事儀注；或專一面之權，或總諸道之帥，其儀注規程公事載詳故實，未見明文。臣等謹沿近事，伏見招討使、總管兼受副使已下櫜鞬庭禮，今望令諸道節度使以下，凡帶兵權者，見元帥，階下具軍禮參見，皆申公狀；其使相者初相見亦以軍禮，一度已後客禮相見。應天下諸軍務公事，元帥府行指揮；其判六軍諸衞事則行公牒往來。其元帥府所置官屬、補奏軍職，則委元帥奏請署置。」按是時執政畏從榮，崇秩太過。

29 帝欲加宣徽使、判三司馮贇同平章事；贇父名章。贇父璋事帝於潛躍，爲閽者。執政誤引故事，庚寅，加贇同中書門下二品，充三司使。唐制：中書門下二省，惟中書令、侍中正二品，侍郎則正三品。以兩省侍郎兼宰相之職，則謂之同中書門下平章事，而官則自依本品。今同中書門下二品，則其品同兩省長官，是誤也。

30 秦王從榮請嚴衞、捧聖步騎兩指揮爲牙兵。五代會要：應順元年三月，改左、右羽林四十指揮爲嚴衞左、右軍，龍武、神武四十指揮爲捧聖左、右軍。按是年帝殂，明年正月閔帝改元應順，四月潞王入立，改元清泰。數月之間，乃宋、潞二王兵爭之際，何暇改屯衞諸軍號乎！是必改於天成、長興之間，會要誤也。每入朝，從數百騎，張弓挾矢，馳騁衢路；令文士試草檄淮南書，陳己將廓清海內之意。從榮不快於執政，私謂所親曰：「吾一旦南面，必族之。」范延光、趙延壽懼，屢求外補以避之。上以爲見己病而求去，甚怒，曰：「欲去自去，奚用表爲！」齊國公主復爲延壽言於禁中，云「延壽實有疾，不堪機務。」趙延壽尚帝女齊國公主。復，扶又翻；下同。爲，于僞翻。丙申，二人復言於上曰：「臣等非敢憚勞，願與勳舊迭爲之。亦不敢俱去，願聽一人先出。若新人不稱職，稱，尺證翻。復召臣，臣卽至矣。」上乃許之。戊戌，以延壽爲宣武節度使；以山南東道節度使朱弘昭爲樞密使、同平章事。制下，弘昭復辭，亦懼從榮之禍也。下，戶嫁翻。上叱之曰：「汝輩皆不欲在吾側，吾蓄養汝輩何爲！」弘昭乃不敢言。

31 吏部侍郎張文寶泛海使杭州，使，疏吏翻。船壞，水工以小舟濟之，風飄至天長；天長縣在揚州西一百一十里，其地北不至淮，東不至海，豈小舟隨風所能至！今通州海門縣崇明鎮東海中有大洲，謂之天賜鹽場，舟人揚帆遇順，東南可以徑至明州定海，西南可以至許浦、達蘇州，恐是此處。宋之通州，吳之靜海軍也。從者二百人，所存者五人。吳主厚禮之，資以從者儀服錢幣數萬，仍爲之牒錢氏，從，才用翻。爲，于僞翻。使於境上迎候。文寶獨受飲食，餘皆辭之，曰：「本朝與吳久不通問，今既非君臣，又非賓主，若受茲物，何辭以謝！」吳主嘉之，竟達命於杭州而還。還，從宣翻，又如字。

32 庚子，以前義成節度使李贇華爲昭信節度使，留洛陽食其俸。去年以李贇華帥義成，事見上卷。按唐末於金州置昭信節度，五代兵爭，不復以爲節鎮。又按五代會要，長興二年升虔州爲昭信節度；時虔州屬吳，吳以爲百勝節度。贊華所領節，抑虔州之昭信軍歟？又，是年十一月庚辰，改愼州懷化軍爲昭化軍，愼州在幽州之北，唐盛時所置以處突厥降者，抑以贊華領昭化節而「信」字乃「化」字之誤歟？

33 辛丑，詔大元帥從榮位在宰相上。

34 吳徐知誥以國中水火屢爲災，曰：「兵民困苦，吾安可獨樂！」樂，音洛。悉縱遣侍妓，妓，渠綺翻。取樂器焚之。

35 閩內樞密使薛文傑說閩王抑挫諸宗室；從子繼圖不勝忿，說，式芮翻。從，才用翻。勝，音升。謀反，坐誅，連坐者千餘人。

36 冬，十月，乙卯，范延光、馮贇奏：「西北諸胡賣馬者往來如織，日用絹無慮五千匹，計耗國用什之七，天成四年，沿邊置場市馬，禁党項賣馬者到闕，而卒不能禁。今掌兵、掌計之臣復以其耗費而奏言之。請委緣邊鎭戍擇諸胡所賣馬良者給券，具數以聞。」從之。

37 戊午，以前武興節度使孫岳爲三司使。代馮贇也。

38 范延光屢因孟漢瓊、王淑妃以求出；庚申，以延光爲成德節度使，以馮贇爲樞密使。

帝以親軍都指揮使、河陽節度使、同平章事康義誠爲朴忠，親任之。時要近之官多求出以避秦王之禍，義誠度不能自脫，乃令其子事秦王，務以恭順持兩端，冀得自全。帝以康義誠爲朴忠，朴忠者能持兩端乎？是後康義誠事閔帝，自請將兵拒潞王而遂迎降，亦所以自全也，乃所以自斃。若此者果可親任耶！度，徒洛翻。

39 權知夏州事李彝超上表謝罪，求昭雪；去年秋討李彝超。昭者，明其無他；雪者，澡洗其罪。壬戌，以彝超爲定難軍節度使。難，乃旦翻。

40 十一月，甲戌，上餞范延光，酒罷，上曰：「卿今遠去，事宜盡言。」對曰：「朝廷大事，願陛下與內外輔臣參決，勿聽羣小之言。」內輔臣，謂樞密使；外輔臣，謂宰相。羣小，指孟漢瓊之黨。遂相泣而別。語而相泣，死期將至，不知泣下也。時孟漢瓊用事，附之者共爲朋黨以蔽惑上聽，故延光言及之。

41 庚辰，改愼州懷化軍。九域志：愼州，昭化軍節度。五代會要：是年十一月庚辰，改眞州懷化軍爲昭化軍。史於此蓋逸「爲昭化軍」四字。置保順軍於洮州，領洮、鄯等州。自唐肅、代以來，洮、鄯沒於吐蕃，是時必有西戎首領來歸附，故置節鎭以寵授之。洮，土刀翻。鄯，音善。

42 戊子，帝疾復作，歐史：戊子，雪，帝幸宮西士和亭，得傷寒疾。復，扶又翻。己丑，大漸，秦王從榮入問疾，帝俛首不能舉。俛，音免。王淑妃曰：「從榮在此。」帝不應。從榮出，聞宮中皆哭，從榮意帝已殂，明旦，稱疾不入。是夕，帝實小愈，歐史：從榮與朱弘昭、馮贇入問起居於廣壽殿，帝不能知人。從榮等出，乃遷於雍和殿，宮中皆慟哭。至夜半，帝蹶然自興於榻，而侍疾者皆去，顧殿上守漏宮女曰：「夜漏幾何？」對曰：「四更矣。」帝卽唾肉如肺者數片，溺便液斗餘。守漏者曰：「大家省事乎？」曰：「吾不知也。」

有頃，六宮皆至，曰：「大家還魂矣。」因進粥一器。至旦，疾少愈。薛史作「便溺升餘」。當改「斗」字從「升」字。而從榮不知。

從榮自知不爲時論所與，事始見二百七十六卷天成二年。人患不自知耳，既自知矣，而與小人謀爲自全之計，此其所以敗也。恐不得爲嗣，與其黨謀，欲以兵入侍，先制權臣。權臣，謂孟漢瓊、朱弘昭、馮贇等。辛卯，從榮遣都押牙馬處鈞謂朱弘昭、馮贇曰：「吾欲帥牙兵入宮中侍疾，帥，讀曰率。且備非常，當止於何所？」二人曰：「王自擇之。」既而私於處鈞曰：「主上萬福，今人言起居無他者爲萬福。王宜竭心忠孝，不可妄信人浮言。」從榮怒，復遣處鈞謂二人曰：「公輩殊不愛家族邪？何敢拒我！」以參夷之罪臨之。復，扶又翻。二人患之，入告王淑妃及宣徽使孟漢瓊，咸曰：「茲事不得康義誠不可濟。」康義誠時總侍衛親軍。言不得義誠與之合謀拒從榮，則事不可成。乃召義誠謀之，義誠竟無言，但曰：「義誠將校耳，將，即亮翻。校，戶教翻。不敢預議，惟相公所使。」弘昭疑義誠不欲衆中言之，夜，邀至私第問之，其對如初。康義誠之初計，欲持兩端以自全，故其對如此。

壬辰，從榮自河南府常服將步騎千人陳於天津橋。從榮時以河南尹判六軍諸衛，居河南府。是日黎明，從榮遣馬處鈞至馮贇第，語之曰：「吾今日決入，且居興聖宮。語，牛倨翻。帝之嗣位也，先入居興聖宮，故從榮欲效之。公輩各有宗族，處事亦宜詳允，處，昌呂翻；下處置同。又使處鈞以前說臨馮贇。禍福在須臾耳。」又遣處鈞詣康義誠，義誠曰：「王來則奉迎。」言來則奉迎，不來則不敢輕動，此即義誠遣子事秦府之初計也。

贇馳入右掖門，見弘昭、義誠、漢瓊及三司使孫岳方聚謀於中興殿門外，五代會要：唐莊宗同光二年改洛陽崇勳殿爲中興殿，萬春門爲中興門。贇具道處鈞之言，因讓義誠曰：「秦王言『禍福在須臾』，其事可知，公勿以兒在秦府，左右顧望！主上拔擢吾輩，自布衣至將相，苟使秦王兵得入此門，置主上何地？吾輩尚有遺種乎？」種，章勇翻。義誠未及對，監門白秦王已將兵至端門外。監門，監門衞將軍也。端門，宮城正南門。漢瓊拂衣起曰：「今日之事，危及君父，公猶顧望擇利邪？公，謂康義誠。吾何愛餘生，當自帥兵拒之耳！」帥，讀曰率；下同。即入殿門，弘昭、贇隨之，義誠不得已，亦隨之入。

漢瓊見帝曰：「從榮反，兵已攻端門，須臾入宮，則大亂矣。」宮中相顧號哭，號，戶刀翻。帝曰：「從榮何苦乃爾！」問弘昭等：「有諸？」對曰：「有之，適已令門者闔門矣。」帝指天泣下，謂義誠曰：「卿自處置，處，昌呂翻。勿驚百姓！」控鶴指揮使李重吉，從珂之子也，時侍側，帝曰：「吾與爾父，冒矢石定天下，冒，莫北翻。數脫吾於厄；數，所角翻。從榮輩得何力，今乃爲人所教，爲此悖逆！悖，蒲內翻，又蒲沒翻。我固知此曹不足付大事，當呼爾父授以兵柄耳。時從珂鎮鳳翔，帝言欲召之。汝爲我部閉諸門。」爲，于僞翻；下嘗爲同。重吉即帥控鶴兵守宮門。帥，讀曰率；下同。孟漢瓊被甲乘馬，被，皮義翻。召馬軍都指揮使朱洪實，使將五百騎討從榮。從榮方據胡牀，坐橋上，胡牀即今之交牀，自晉人已來用之。遣左右召康義誠。端門已閉，叩左掖門，端門之東門曰左掖門，西門曰右掖門，言在端門之左右，若臂掖之左右然也。從門隙中窺之，見朱洪實引騎兵北來，端門，宮城南門。兵從宮中出，自掖門外窺之，見其兵北來。走白從榮；從榮大驚，命取鐵掩心擐之，甲在胸前者謂之掩心。擐，戶慣翻。坐調弓矢。俄而騎兵大至，從榮走歸府，走歸河南府也。僚佐皆竄匿，牙兵掠嘉善坊潰去。從榮與妃劉氏匿牀下，皇城使安從益就斬之，并殺其子，以其首獻。初，孫岳頗得豫內廷密謀，馮、朱患從榮狼伉，馮、朱，謂馮贇、朱弘昭。晉周嵩謂王敦曰：「處仲狼抗無上。」岳嘗爲之極言禍福之歸；康義誠恨之，至是，乘亂密遣騎士射殺之。射，而亦翻。帝聞從榮死，悲駭，幾落御榻，絕而復蘇者再，由是疾復劇。幾，居依翻。復，扶又翻。從榮一子尚幼，養宮中，諸將請除之，帝泣曰：「此何罪！」不得已，竟與之。癸巳，馮道帥羣臣入見帝於雍和殿，帝雨泣嗚咽，見，賢遍翻。雨泣者，淚下如雨。曰：「吾家事至此，慚見卿等！」宋王從厚爲天雄節度使；甲午，遣孟漢瓊徵從厚，且權知天雄軍府事。使孟漢瓊徵從厚入侍疾，因使漢瓊權知天雄軍府。

丙申，追廢從榮爲庶人。執政共議從榮官屬之罪，馮道曰：「從榮所親者高輦、劉陟、王說而已，說，讀爲悅。任贊到官纔半月，王居敏、司徒詡在病告已半年，司徒詡，其先以官爲氏。在病告者，以病謁告家居。豈豫其謀！居敏尤爲從榮所惡，惡，烏路翻。昨舉兵向闕之際，與輦、陟並轡而行，指日景曰：『來日及今，已誅王詹事矣。』日景，日之晷景。及今，猶言及此時也。王詹事，謂王居敏，稱其官也。自非與之同謀者，豈得一切誅之乎！」朱弘昭曰：「使從榮得入光政門，唐昭宗之遷洛陽也，改長樂門爲光政門。贊等當如何任使，而吾輩猶有種乎！種，章勇翻。且首從差一等耳，今首已孥戮而從皆不問，從，才用翻。孥，音奴。凡定罪，從減爲首一等。主上能不以吾輩爲庇姦人乎！」馮贇力爭之，始議流貶。時諮議高輦已伏誅。丁酉，元帥府判官·兵部侍郎任贊、祕書監兼王傅劉瓚、友蘇瓚、記室魚崇遠、河南少尹劉陟、判官司徒詡、推官王說等八人並長流，唐法，長流人謂之「長流百姓」。河南巡官李澣、江文蔚等六人勒歸田里，蔚，紆勿翻。六軍判官·太子詹事王居敏、推官郭晙並貶官。從榮判六軍諸衞事，其府僚有判官、推官。晙，祖峻翻。澣，回之族曾孫也；李回，唐武宗朝爲宰相。詡，貝州人；文蔚，建安人也。文蔚奔吳，徐知誥厚禮之。

初，從榮失道，六軍判官、司諫郎中趙遠諫曰：「大王地居上嗣，上嗣，言齒居諸子之上，當嗣有大業。當勤脩令德，柰何所爲如是！勿謂父子至親爲可恃，獨不見恭世子、戾太子乎！」

春秋晉獻公殺其世子而非其罪，後謚曰恭。戾太子事見二十二卷漢武帝征和二年。從榮怒，出爲涇州判官；及從榮敗，遠以是知名。遠，字上交，趙遠後事漢高祖，避高祖名，以字行，故史著其名。幽州人也。

43 戊戌，帝殂。年六十七。按下文云登極之年已踰六十，則是年年六十八。帝性不猜忌，與物無競，登極之年已踰六十，每夕於宮中焚香祝天曰：「某胡人，因亂爲衆所推；事見二百七十四卷天成元年。願天早生聖人，爲生民主。」范仲淹曰：我太祖皇帝應期而生。在位年穀屢豐，屢，力住翻。兵革罕用，校於五代，粗爲小康。校，比也。小康，小安也。粗，坐五翻。

辛丑，宋王至洛陽。自魏州至洛陽。

44 閩主尊魯國太夫人黃氏爲皇太后。

閩主好鬼神，好，呼到翻。巫盛韜等皆有寵。薛文傑言於閩主曰：「陛下左右多姦臣，非質諸鬼神，質，正也。不能知也。盛韜善視鬼，宜使察之。」閩主從之。文傑惡樞密使吳勗，吳勗，本閩主親吏，故任之以機密，文傑以是惡之。惡，烏路翻。勗有疾，文傑省之，省，悉景翻。曰：「主上以公久疾，欲罷公近密，僕言公但小苦頭痛耳，將愈矣。主上或遣使來問，愼勿以他疾對也。」勗許諾。明日，文傑使韜言於閩主曰：「適見北廟崇順王訊吳勗謀反，閩主信北廟崇順王事始見上卷三年。以銅釘釘其腦，上釘如字，下釘丁定翻。金椎擊之。」閩主以告文傑，文傑曰：「未可信也，宜遣使問之。」果以頭痛對，卽收下獄，遣文傑及獄吏雜治之，勗自誣服，并其妻子誅之。「吳昉」，歐史作「吳英」。下，遐稼翻。治，直吏翻。由是國人益怒。

吳光請兵於吳，吳光奔吳見上七月。吳信州刺史蔣延徽不俟朝命，引兵會光攻建州，信州在漢時其地界於豫章餘干、會稽太末二縣之間，三國時爲鄱陽郡葛陽縣之地。晉、宋以至於隋屬東陽、鄱陽二郡，陳改葛陽爲弋陽縣。唐乾元元年析饒州之弋陽、衢州之常山、玉山及建、撫之地置信州。九域志：信州南至建州四百里。朝，直遙翻。閩主遣使求救於吳越。

45 十二月，癸卯朔，始發明宗喪，戊戌至癸卯，六日始發喪，亂故也。宋王即皇帝位。諱從厚，明宗第五子也。明宗殂四日而後宋王至，至三日始發喪即位。

46 秦王從榮既死，朱洪實妻入宮，司衣王氏【章：十二行本「氏」下有「與之」二字；乙十一行本同。】語及秦王，唐制：內職有六尚，猶外朝之六尚書也；有二十四司，猶二十四曹郎也。司衣屬尚服局，掌宮內御服、首飾，整比以時進奉。王氏曰：「秦王爲人子，不在左右侍疾，致人歸禍，是其罪也；若云大逆，則厚誣矣。朱司徒最受王恩，朱洪實蓋加檢校司徒，故稱之。當時不爲之辨，惜哉！」爲之，于僞翻；下同。洪實聞之，大懼，與康義誠以其語白閔帝，且言王氏私於從榮，爲之詷宮中事，辛亥，賜王氏死。事連王淑妃，淑妃素厚於從榮，歐史曰：初，明宗後宮有生子者，命妃母之，是爲許王從益。從益乳母司衣王氏，見明宗已老而秦王握兵，心欲自託爲後計，乃曰「兒思秦王」；是時從益已四歲，又數教從益自言求見秦王，明宗遣乳嫗將兒往來秦府，遂與從榮私通，從榮因使伺察宮中動靜。事連王淑妃，由是故也。詷，火迥翻，又休正翻。帝由是疑之。從榮已死，往事何足復論！況國難甫定，人心疑阻，宜示寬大，使各自安。帝多疑而少斷，此其所以不得令終也。

47 丙辰，以天雄左都押牙宋令詢爲磁州刺史。磁，牆之翻。朱弘昭以誅秦王立帝爲己功，欲專朝政；令詢侍帝左右最久，雅爲帝所親信，雅，素也。弘昭不欲舊人在帝側，故出之。帝不悅而無【章：十二行本「無」下有「如」字；乙十一行本同；孔本同；熊校同。】之何。

48 孟知祥聞明宗殂，謂僚佐曰：「宋王幼弱，爲政者皆胥史小人，朱弘昭、馮贇先皆以胥史事明宗於潛躍，遂階柄用，故爲孟知祥所侮易。其亂可坐俟也。」

辛未，帝始御中興殿。帝自終易月之制，循漢、晉喪制，以日易月，二十七日而釋服。卽召學士讀貞觀政要、太宗實錄，有致治之志；然不知其要，寬柔少斷。治，直吏翻。斷，丁亂翻。李愚私謂同列曰：「吾君延訪，鮮及吾輩，位高責重，事亦堪憂。」衆惕息不敢應。李愚時爲相，言帝不謀政於宰相，而專與樞密、宣徽等議事也。鮮，息淺翻。惕，他歷翻。

49 順化節度使、同平章事、判明州錢元珦驕縱不法，以吳越於台州置德化節度槪觀之，蓋置順化節度於明州也。又按薛史，長興三年昇楚州爲順化軍，以明州刺史錢元珦爲本州節度使。楚州時屬楊氏，元珦蓋鎭明州而領楚州節耳。珦，許亮翻。每請事於王府不獲，王府，謂吳越國王府。輒上書悖慢。悖，蒲昧翻，又蒲沒翻。嘗怒一吏，置鐵牀炙之，炙，之石翻。臭滿城郭。吳王元瓘遣牙將仰仁詮詣明州召之，仁詮左右慮元珦難制，勸爲之備，仁詮不從，常服徑造聽事。姓苑有仰姓。詮，且緣翻。造，七到翻。聽，讀曰廳。元珦見仁詮至，股慄，遂還錢塘，幽於別第。仁詮，湖州人也。

50 閩主改福州爲長樂府。樂，音洛。

親從都指揮使王仁達有擒王延稟之功，從，才用翻。王仁達擒延稟事見上卷長興二年。性慷慨，言事無所避。閩主惡之，惡，烏路翻。嘗私謂左右曰：「仁達智有餘，吾猶能御之，非少主臣也。」少，詩照翻。至是，竟誣以叛，族誅之。

51 初，馬希聲、希範同日生，希聲母曰袁德妃，希範母曰陳氏。希範怨希聲先立不讓，及嗣位，不禮於袁德妃。按歐史，楚王殷有子十餘人，嫡子希振長而賢，其次希聲與希範同日生，希聲以母袁夫人有色而寵盛得立，而希振棄官爲道士。希聲以長幼之序當讓希振，未當讓希範也。希聲母弟希旺爲親從都指揮使，從，才用翻。希範多譴責之；袁德妃請納希旺官爲道士，不許，解其軍職，使居竹屋草門，不得預兄弟燕集。德妃卒，希旺憂憤而卒。

潞王上

諱從珂，鎭州平山人。本姓王氏，明宗爲將時過平山掠得之，養以爲子。

清泰元年（甲午、九三四）是年四月入立，始改元清泰。

1 春，正月，戊寅，閔帝大赦，改元應順。取應天順人爲義，非繼體之君所以紀元也。

壬午，加河陽節度使兼侍衛都指揮使康義誠兼侍中，判六軍諸衛事。

2朱弘昭、馮贇忌侍衞馬軍都指揮使安【章：十二行本「安」上有「寧國節度使」五字；張校同，云無註本亦無。】彦威、侍衞步軍都指揮使、忠正節度使張從賓，五代會要：天成二年十月，升壽州爲忠正節度。時壽州屬吳，後唐蓋升節鎭以寵授其臣遥領之耳。甲申，出彦威爲護國節度使，以捧聖馬軍都指揮使朱洪實代之；出從賓爲彰義節度使，以嚴衞步軍都指揮使皇甫遇代之。朱、馮之多忌，所以速禍也。薛史：明宗長興三年，以神捷、神威、雄威、廣捷已下指揮改爲左、右羽林軍。閔帝卽位，改左、右羽林軍爲嚴衞，左・右龍武、神武軍爲捧聖。按薛史之誤與會要同。彦威，崞人；崞，音郭。遇，眞定人也。

3戊子，樞密使・同平章事朱弘昭、同中書門下二品馮贇、河東節度使兼侍中石敬瑭並兼中書令。贇以超遷太過，堅辭不受；己丑，改兼侍中。

4壬辰，以荆南節度使高從誨爲南平王，武安、武平節度使馬希範爲楚王。

5甲午，以鎭海、鎭東節度使吳王元瓘爲吳越王。

6吳徐知誥別治私第於金陵，治，直吏翻。乙未，遷居私第，虚府舍以待吳主。此吳主，楊溥。

7鳳翔節度使兼侍中潞王從珂，與石敬瑭少從明帝征伐，有功名，得衆心；少，詩照翻。朱弘昭、馮贇位望素出二人下遠甚，一旦執朝政，皆忌之。忌從珂及敬瑭也。朝，直遥翻。明宗有疾，潞王屢遣其夫人入省侍；省，悉景翻。及明宗殂，潞王辭疾不來，以主少國疑也，其相猜阻之迹見矣。使臣至鳳翔者或自言伺得潞王陰事。此小人之交鬬者迎合執政意嚮。使，疏吏翻。伺，相吏翻。

時潞王長子重吉爲控鶴都指揮使，朱、馮不欲其典禁兵，己亥，出爲亳州團練使。潞王有女惠明爲尼，在洛陽，亦召入禁中。潞王由是疑懼。爲潞王舉兵張本。

8 吳蔣延徽敗閩兵於浦城，漢末以會稽南部置漢興縣，吳更曰吳興，爲建安郡治所，隋廢郡爲縣。唐載初元年，分建安縣置唐興縣，天授二年改曰武寧，神龍元年復曰唐興，天寶元年改曰浦城，屬建州。宋白曰：浦城本東候官之北鄉也，漢末置漢興縣，吳曰吳興，唐曰唐興，天寶改浦城。有二浦，其城臨浦，故曰浦城。九域志：在州東北三百三十里。敗，補邁翻。遂圍建州，閩主璘遣上軍使張彥柔、閩置上軍使、中軍使、下軍使。驃騎大將軍王延宗將兵萬人救建州。延宗軍及中塗，士卒不進，曰：「不得薛文傑，不能討賊。」延宗馳使以聞，國人震恐。太后及福王繼鵬繼鵬，閩主長子也。泣謂璘曰：「文傑盜弄國權，枉害無辜，上下怨怒久矣。今吳兵深入，士卒不進，社稷一旦傾覆，留文傑何益！」文傑亦在側，互陳利害。璘曰：「吾無如卿何，卿自爲謀。」文傑出，繼鵬伺之於啓聖門外，以笏擊之仆地，檻車送軍前，市人爭持瓦礫擊之。礫，郎擊翻。文傑善術數，自云過三日則無患。部送者聞之，倍道兼行，二日而至，士卒見之踴躍，臠食之；臠，力兗翻。閩主亟遣赦之，不及。初，文傑以爲古制檻車疏闊，更爲之，更，工衡翻，改也。形如木匱，攢以鐵鋩，内向，動輒觸之。車成，文傑首自入焉。幷誅盛韜。盛韜，以鬼神事黨附薛文傑爲姦者也。

蔣延徽攻建州垂克，徐知誥以延徽吳太祖之壻，吳尊楊行密廟號太祖。與臨川王濛素善，恐其克建州奉濛以圖興復，濛爲徐氏父子所忌，事始二百七十一卷梁均王貞明五年。遣使召之。延徽亦聞閩兵及吳越兵將至，引兵歸；閩人追擊，敗之，士卒死亡甚衆，歸罪於都虞候張重進，斬之。敗，補邁翻。重，直龍翻。知誥貶延徽爲右威衞將軍，遣使求好于閩。好，呼到翻。

9閏月，以左諫議大夫唐汭、膳部郎中・知制誥陳乂皆爲給事中，充樞密直學士。汭以文學從帝，歷三鎮在幕府。帝以開成三年鎮宣武，明年徙鎮河東，長興元年徙鎮天雄。及卽位，將佐之有才者，朱、馮皆斥逐之。汭性迂疏，朱、馮恐帝含怒有時而發，乃引汭於密近，以其黨陳乂監之。監，古銜翻。

10丙午，尊皇后爲皇太后。皇后，明宗曹皇后也。

11安遠節度使符彥超奴王希全、任賀兒任，音壬。見朝廷多事，謀殺彥超，據安州附於吳，夜，叩門稱有急遞，軍期緊急，文書入遞不容稽違晷刻者，謂之急遞。遞，郵傳也。遞者，言郵置遞以相付而達其所。彥超出至聽事，二奴殺之，因以彥超之命召諸將，有不從己者輒殺之。己酉旦，副使李端帥州兵討誅之，并其黨。副使者，節度副使也。帥，讀曰率。

12甲寅，以王淑妃爲太妃。不曰「尊」而曰「以」，史言閔帝之薄王淑妃。

13蜀將吏勸蜀王知祥稱帝；己巳，知祥卽皇帝位于成都。孟知祥，字保胤，邢州龍岡人。

資治通鑑卷第二百七十九

端明殿學士兼翰林侍讀學士太中大夫提舉西京嵩山崇福宮上柱國河内郡開國公食邑二千六百户食實封一千户臣　司馬光　奉敕編集
後學天台胡三省音註

後唐紀八 起閼逢敦牂（甲午）二月，盡旃蒙協洽（乙未），凡一年有奇。

潞王下

清泰元年（甲午、九三四）

1 二月，癸酉，蜀主以武泰節度使趙季良爲司空兼門下侍郎、同平章事，領節度使如故。趙季良遂爲孟蜀佐命元臣。

2 吳人多不欲遷都者，吳遷都之議，始上卷明宗長興四年。都押牙周宗言於徐知誥曰：「主上西遷，公復須東行，都押牙，鎮海、寧國兩鎮都押牙也。昇州於揚州爲西，揚州於昇州爲東。言吳主若西遷金陵，徐知誥須東鎮江都也。復，扶又翻。不惟勞費甚大，且違衆心。」丙子，吳主遣宋齊丘如金陵，諭知誥罷遷都。

先是，知誥久有傳禪之志，先，悉薦翻；下先己同。以吳主無失德，恐衆心不悅，欲待嗣君；宋齊丘亦以爲然。一旦，知誥臨鏡鑷白髭，鑷，尼輒翻。髭，即移翻。在口上曰髭，在下曰鬚，在頰曰髯。歎曰：「國家安而吾老矣，柰何？」周宗知其意，請如江都，微以傳禪諷吳主，且告齊丘。齊丘以宗先己，心疾之，先，悉薦翻。遣使馳詣金陵，手書切諫，以爲天時人事未可；知誥愕然。徐知誥不意宋齊丘立異，而忽睹其異議，故愕然。使，疏吏翻。後數日，齊丘至，請斬宗以謝吳主，乃黜宗爲池州副使。池州副使，池州團練副使也。久之，節度副使李建勳、行軍司馬徐玠等屢陳知誥功業，宜早從民望，召宗復爲都押牙。知誥由是疏齊丘。爲宋齊丘邀君得禍張本。嗚呼，爲人臣者，當易姓之際，謹毋以功名自居。荀文若以之咀毒而逝，劉穆之以之發病而死，范雲恐後時不及，療疾以求速愈，至於促壽而不暇顧；若宋齊丘之疾周宗，又其輕淺者耳。

3 朱弘昭、馮贇不欲石敬瑭久在太原，且欲召孟漢瓊，孟漢瓊權知天雄軍府見上卷上年。己卯，徙成德節度使范延光爲天雄節度使，代漢瓊；徙潞王從珂爲河東節度使，兼北都留守；徙石敬瑭爲成德節度使。皆不降制書，但各遣使臣持宣監送赴鎮。宣，樞密院所行文書也。是後漢隱帝時郭威以樞密院頭子易置西京留守，豈非習於聞見而不以爲異邪！西班有大使臣、小使臣。監，古銜翻。

吳主詔徐知誥還府舍。徐知誥虛府舍以待吳主見上卷本年。甲申，金陵大火；乙酉，又火。知誥疑有變，勒兵自衛。【章：十二行本「衛」下有「己丑，復入府舍」六字；乙十一行本同；退齋校同；張校同，云無註本亦無。】徐知誥之自衛，其心猶王建也。

5 潞王既與朝廷猜阻，朝廷又命洋王從璋權知鳳翔。從璋性粗率樂禍，樂，音洛。前代安重誨鎮河中，手殺之；見二百七十七卷明宗長興二年。潞王聞其來，尤惡之，惡，烏路翻。欲拒命則兵弱糧少，少，詩沼翻。不知所爲，謀於將佐，皆曰：「主上富於春秋，政事出於朱、馮，大王功名震主，離鎮必無全理，離，力智翻。不可受也。」言不可受代。王問觀察判官滴河馬胤孫隋開皇十六年置滴河縣，屬渤海郡，唐屬棣州。九域志：滴河縣在棣州西南八十里。註云：漢都尉許商鑿此河近海，故以商爲名，後人加「水」焉。曰：「今道過京師，當何向爲便？」發此問以觀衆意。對曰：「君命召，不俟駕。引論語孔子之言。臨喪赴鎮，又何疑焉！諸人凶謀，不可從也。」衆哂之。言當過京師臨大行之喪，然後赴太原也。馬胤孫之言，儒生守經學之言也。是時勸潞王拒命者以其言爲不達時變，故相與哂之。哂，矢忍翻。笑不壞顏爲哂。王乃移檄鄰道，言「朱弘昭等乘先帝疾亟，殺長立少，謂殺從榮而立帝也。長，知兩翻。少，詩照翻。專制朝權，別疏骨肉，動搖藩垣，謂易置石敬瑭及己也。朝，直遥翻；下同。別，彼列翻。懼傾覆社稷。今從珂將入朝以清君側之惡，而力不能獨辦，願乞靈鄰藩以濟之。」

潞王以西都留守王思同當東出之道，自鳳翔趣洛陽，道出長安。尤欲與之相結，遣推官郝詡、押牙朱廷乂等相繼詣長安，說以利害，說，式芮翻。餌以美妓，妓，渠綺翻。不從則令就圖之。思同謂將吏曰：「吾受明宗大恩，王思同自燕降晉，梁、晉相距，思同未嘗有戰功，明宗時以久次爲節度使，故自言受大恩。今與鳳翔同反，借使事成而榮，猶爲一時之叛臣，況事敗而辱，流千古之醜跡乎！」遂執詡等，以狀聞。時潞王使者多爲鄰道所執，不則依阿操兩端，不，讀曰否。操，七刀翻。惟隴州防禦使相里金傾心附之，隴州東至鳳翔一百五十里。遣判官薛文遇往來計事。薛文遇由此爲潞王所信用。金，并州人也。

朝廷議討鳳翔。康義誠不欲出外，恐失軍權，明宗以康義誠爲朴忠，豈知其陰狡乃爾邪！請以王思同爲統帥，帥，所類翻。以羽林都指揮使侯益爲行營馬步軍都虞候。宋白曰：長興二年二月，敕衛軍神捷、神威、雄武及魏府廣捷已下指揮改爲左、右羽林，置四十指揮，每十指揮立爲一軍，每一軍置都指揮使一人，兼分爲左、右廂。益知軍情將變，辭【章：十二行本「辭」下有「疾」字；乙十一行本同。】不行；侯益曾經鄴都之變，故爾。執政怒之，出爲商州刺史。洛陽至商州八百八十六里。辛卯，以王思同爲西面行營馬步軍都部署，前此用兵置帥，率以都招討使命之。莊宗時，明宗爲北面招討使以禦契丹，房知溫爲副都部署，當時爲都部署者必有其人。又孟知祥拒董璋，以趙廷隱爲行營都部署，後遂以爲元帥之任，宋氏建國之初猶因而用之。前靜難節度使藥彥稠副之，難，乃旦翻；下同。前絳州刺史萇從簡爲馬步都虞候，嚴衛步軍左廂指揮使尹暉、宋白曰：應順元年三月，改在京羽林左、右四十指揮爲嚴衛左、右軍。然此時羽林指揮使楊思權與嚴衛指揮使尹暉並爲西征偏裨，則似羽林與嚴衛並置。羽林指揮使楊思權等皆爲偏裨。暉，魏州人也。

6 蜀主以中門使王處回爲樞密使。

7 丁酉，加王思同同平章事，知鳳翔行府；以護國節度使安彥威爲西面行營都監。思同雖有忠義之志，而御軍無法；潞王老於行陳，將士徼幸富貴者心皆向之。行，户剛翻。陳，讀曰陣。徼，堅堯翻。詔遣殿直楚匡祚執亳州團練使李重吉，幽於宋州。九域志：亳州西北至宋州一百四十五里。重，直龍翻。洋王從璋行至關西，函谷關之西也。聞鳳翔拒命而還。還，從宣翻，又如字。

8 三月，安彥威與山南西道張虔釗、武定孫漢韶、彰義張從賓、靜難康福等五節度使梁、洋、涇、邠四帥并安彥威而五。難，乃旦翻。奏合兵討鳳翔。漢韶，李存進之子也。晉王克用義兒百有餘人，李存進本姓孫，後復本姓。

9 乙卯，諸道兵大集於鳳翔城下攻之，克東西關城，城中死者甚衆。丙辰，復進攻城，復，扶又翻。期於必取。鳳翔城塹卑淺，守備俱乏，衆心危急，潞王登城泣謂外軍曰：「吾未冠從先帝百戰，出入生死，金創滿身，冠，古玩翻。創，初良翻。以立今日之社稷；汝曹從我，目睹其事。今朝廷信任讒臣，猜忌骨肉，我何罪而受誅乎！」因慟哭。聞者哀之。

張虔釗性褊急，主攻城西南，以白刃驅士卒登城，士卒怒，大詬，褊，補典翻。詬，古候翻，又許候翻。反攻之，虔釗躍馬走免，楊思權因大呼曰：「大相公，吾主也。」楊思權本黨於秦王從榮；從榮死，思權不自安久矣，因乘勢奉潞王。王於明宗諸子爲長，故稱爲大相公。呼，火故翻；下同。遂帥諸軍解甲投兵，請降於潞王，帥，讀曰率。降，戶江翻；下同。自西門入，以幅紙進潞王曰：「願王克京城日，以臣爲節度使，勿以爲防、團。」防、團，謂防禦、團練使也。潞王即書「思權可邠寧節度使」授之。王思同猶未之知，趣士卒登城，趣，讀曰促。尹暉大呼曰：「城西軍已入城受賞矣。」衆皆棄甲投兵而降，其聲震地。日中，亂兵悉入，外軍亦潰，思同等六節度使皆遁去。王思同及張虔釗等五節度爲六節度使。按孫漢韶時守興元，當以藥彥稠足六節度之數。潞王悉斂城中將吏士民之財以犒軍，至於鼎釜皆估直以給之。犒，苦到翻。估，音古。丁巳，王思同、藥彥稠等走至長安，西京副留守劉遂雍閉門不內，乃趣潼關。趣，七喻翻。遂雍，鄩之子也。劉鄩，梁將也，明宗以王淑妃故，遂雍皆蒙引拔。

潞王建大將旗鼓，整衆而東，以孔目官虞城劉延朗爲腹心。隋分下邑縣置虞城縣，唐屬宋州。九域志：在州東北五十五里。歐史：潞王起於鳳翔，與共事者五人：節度判官韓昭胤，掌書記李專美，牙將宋審虔，客將房暠，孔目官劉延朗。及即位，審虔將兵，專美與薛文遇主謀議，而昭胤、暠及延朗掌機密。潞王始憂王思同等併力據長安拒守，至岐山，九域志：鳳翔府岐山縣東至長安二百四十三里。聞劉遂雍不內思同，甚喜，遣使慰撫之。遂雍悉出府庫之財於外，軍士前至者即給賞令過；比潞王至，比，必利翻，及也。前軍賞遍，皆不入城。庚申，潞王至長安，遂雍迎謁，率民財以充賞。府庫之財僅足以給前軍，其隨潞王繼至者，率民財以給之。

是日，西面步軍都監王景從等自軍前奔還，中外大駭。帝不知所爲，謂康義誠等曰：「先帝棄萬國，朕外守藩方，謂鎮天雄也。當是之時，爲嗣者在諸公所取耳，朕實無心與人爭國。既承大業，年在幼沖，五代會要：明宗崩，帝卽位，年二十。國事皆委諸公。朕於兄弟間不至榛梗，榛梗者，隔塞而不通。榛，側詵翻。梗，古杏翻。諸公以社稷大計見告，朕何敢違！軍興之初，皆自夸大，以爲寇不足平；今事至於此，何方可以轉禍？言何術可以轉禍爲福。朕欲自迎潞王，以大位讓之，若不免於罪，亦所甘心。」朱弘昭、馮贇大懼，不敢對。猜間兄弟以起兵端，朱弘昭、馮贇爲之也，事敗而禍集，聞帝言乃大懼。義誠欲悉以宿衛兵迎降爲己功，乃曰：「西師驚潰，蓋主將失策耳。薦王思同者康義誠也，咎王思同者亦康義誠也。將，卽亮翻；下同。今侍衛諸軍尚多，臣請自往扼其衝要，招集離散以圖後效，幸陛下勿爲過憂！」帝遣使召石敬瑭，欲令將兵拒之。義誠固請自行，帝乃召將士慰諭，空府庫以勞之，勞，力到翻。許以平鳳翔，人更賞二百緡，府庫不足，當以宮中服玩繼之。軍士益驕，無所畏忌，負賜物，揚言於路曰：「至鳳翔更請一分。」分，扶問翻。

遣楚匡祚殺李重吉於宋州；匡祚榜棰重吉，責其家財。前已囚重吉於宋州，今又使就殺之。榜，音彭。棰，止橤翻。又殺尼惠明。召惠明入禁中見上卷本年。

初，馬軍都指揮使朱洪實爲秦王從榮所厚，及朱弘昭爲樞密使，洪實以宗兄事之；從榮勒兵天津橋，洪實首爲孟漢瓊擊從榮，事見上卷上年。首爲，于僞翻；下爲之同。康義誠由是恨之。康義誠許迎從榮，而朱洪實擊之，故恨。辛酉，帝親至左藏，藏，徂浪翻。給將士金帛。義誠、洪實共論用兵利害，洪實欲以禁軍固守洛陽，曰：「如此，彼亦未敢徑前，然後徐圖進取，可以萬全。」義誠怒曰：「洪實爲此言，欲反邪！」洪實曰：「公自欲反，乃謂誰反！」康義誠之心事，朱洪實知之矣。其聲漸厲。帝聞，召而訊之，訊，問也。二人訟於帝前，訟者，爭辯是非曲直。帝不能辨其是非，遂斬洪實，帝但以階級爲曲直，而不能察事之是非。軍士益憤怒。觀上文軍士揚言所云，但欲迎降潞王，何暇憤朱洪實之枉死！蓋憤怒者洪實之從兵耳。

壬戌，潞王至昭應，宋大中祥符八年改昭應縣爲臨潼縣。九域志：在長安東五十里。聞前軍獲王思同，王曰：「思同雖失計，然盡心所奉，亦可嘉也。」癸亥，至靈口，九域志：臨潼縣之零口鎭是也。前軍執思同以至，王責讓之，對曰：「思同起行間，行，戶剛翻。先帝擢之，位至節將，節將，言建節而爲大將。將，卽亮翻。常愧無功以報大恩。非不知附大王立得富貴，助朝廷自取禍殃，但恐死之日無面目見先帝於泉下耳。潞王聞王思同之言，豈不內愧乎！敗而釁鼓，固其所也。請早就死！」王爲之改容，曰：「公且休矣。」王欲宥之，而楊思權之徒恥見其面。楊思權等背順附逆，故恥見思同。王之過長安，過，古禾翻，又如字。尹暉盡取思同家資及妓妾，屢言於劉延朗曰：「若留思同，留者，言活之使留於人世。妓，渠綺翻。慮失士心。」屬王醉，屬，之欲翻。不待報，擅殺思同及其妻子。王醒，怒延朗，嗟惜者累日。

10 癸亥，制以康義誠爲鳳翔行營都招討使，以王思同副之。

甲子，潞王至華州，獲藥彥稠，囚之。乙丑，至閿鄉。九域志：華州東至閿鄉九十里，自閿鄉東至陝州一百七十里。華，戶化翻。閿，武巾翻，亦作「閺」。朝廷前後所發諸軍，遇西軍皆迎降，無一人戰者。丙寅，康義誠引侍衞兵發洛陽，詔以侍衞馬軍指揮使安從進爲京城巡檢；從進已受潞王書，潛布腹心矣。

是日，潞王至靈寶，靈寶縣在陝州西四十五里。護國節度使安彥威、匡國節度使安重霸皆降，莊宗同光四年，安重霸以秦州降。重，直龍翻。惟保義節度使康思立謀固守陝城以俟康義誠。陝，失冉翻。先是，捧聖五百騎戍陝西，爲潞王前鋒，至城下，呼城上人曰：「禁軍十萬已奉新帝，爾輩數人奚爲！徒累一城人塗地耳。」先，悉薦翻。累，力瑞翻。於是捧聖卒爭出迎，思立不能禁，不得已亦出迎。

丁卯，潞王至陝，僚佐說王曰：「今大王將及京畿，傳聞乘輿已播遷，說，式芮翻。乘，繩證翻。大王宜少留於此，先移書慰安京城士庶。」王從之，移書諭洛陽文武士庶，惟朱弘昭、馮贇兩族不赦外，自餘勿有憂疑。

康義誠軍至新安，新安縣西距陝州二百餘里。所部將士自相結，百什爲羣，棄甲兵，爭先詣陝降，纍纍不絕。義誠至乾壕，九域志：陝州陝縣有乾壕鎮。乾，音干。麾下纔數十人；遇潞王候騎十餘人，義誠解所佩弓劍爲信，因候騎請降於潞王。

戊辰，閔帝聞潞王至陝，義誠軍潰，憂駭不知所爲，急遣【章：十二行本「遣」下有「中」字；乙十一行本同。】使召朱弘昭謀所向，弘昭曰：「急召我，欲罪之也。」赴井死。安從進聞弘昭死，殺馮贇於第，滅其族，考異曰：張昭閔帝實錄：「帝召弘昭不至，俄聞自殺，乃令從進殺贇。」按從進傳贇首於陝，則贇死非閔帝之命明矣。今不取。傳弘昭、贇首於潞王。帝欲奔魏州，召孟漢瓊使詣魏州爲先置；先置者，先路置頓也。漢瓊不應召，單騎奔陝。

初，帝在藩鎮，愛信牙將慕容遷，及卽位，以爲控鶴指揮使；帝將北渡河，密與之謀，使帥部兵守玄武門。玄武門，洛陽宮城北門。帥，讀曰率；下同。是夕，帝以五十騎出玄武門，謂遷曰：「朕且幸魏州，徐圖興復，汝帥有馬控鶴從我。」遷曰：「生死從大家。」乃陽爲團結；帝旣出，卽闔門不行。史言自古以來，衆叛親離未有甚於此時。

己巳，馮道等入朝，及端門，聞朱、馮死，帝已北走；道及劉昫欲歸，昫，香句翻，又許羽翻。李愚曰：「天子之出，吾輩不預謀。今太后在宮，吾輩當至中書，遣小黃門取太后進止，然後歸第，人臣之義也。」道曰：「主上失守社稷，人臣惟君是奉，無君而入宮城，恐非所宜。唐之兩都，三省及寺監皆在宮城之內。潞王已處處張榜，不若歸俟教令。」乃歸。至天宮寺，安從進遣人語之曰：語，牛倨翻。「潞王倍道而來，且至矣，相公宜帥百官至穀水奉迎。」穀水在洛陽城西。乃止於寺中，召百官。中書舍人盧導至，馮道曰：「俟舍人久矣，所急者勸進文書，宜速具草。」草者，草創其辭。導曰：「潞王入朝，百官班迎可也；設有廢立，當俟太后教令，豈可遽議勸進乎？」道曰：「事當務實。」導曰：「安有天子在外，人臣遽以大位勸人者邪！若潞王守節北面，以大義見責，將何辭以對！公不如帥百官詣宮門，進名問安，取太后進止，則去就善矣。」或問馮道、李愚、盧導之論，其於新舊君之際孰爲合於義乎？曰：皆非也。此如羣奴之事主，家主死而有二子，其一養子也，其一親子也。養子與親子爭家政，養子勝而親子不勝，一奴曰，「皆郎君也，吾從其勝者而輔之；」一奴之心本亦附勝者，而不敢公言附之也，曰：「吾將決諸主母。」馮道、李愚之謂也。或曰：盧導之言何如？曰：盧導之不肯草勸進文書，是也；若其持論，則猶李愚也。至於言去就之善，若是者得爲善乎？其言之非殆有甚於李愚矣。曰：然則爲馮道、李愚者當何如？曰：若漢人之論相，主在與在，主亡與亡可也；然亦僅可而已，未能盡相道也。夫子之言曰：「危而不持，顛而不扶，則將焉用彼相矣！」明乎此，則爲相者貴於持危扶顛，不以但能盡死爲貴也。道未及對，從進屢遣人趣之曰：「潞王至矣，太后、太妃已遣中使迎勞矣，趣，讀曰促。勞，力到翻。安得百官無班！」道等卽紛然而去。既而潞王未至，三相息於上陽門外，三相，馮道、李愚、劉昫也。上陽門，上陽宮門也。上陽宮在洛陽宮城西。盧導過於前，道復召而語之，復，扶又翻。語，牛倨翻。導對如初。李愚曰：「舍人之言是也。吾輩之罪，擢髮不足數。」用戰國須賈之言。擢，拔也。數，所具翻。

康義誠至陝待罪，潞王責之曰：「先帝晏駕，立嗣在諸公；今上亮陰，政事出諸公，何爲不能終始，陷吾弟至此乎？」義誠大懼，叩頭請死。王素惡其爲人，惡，烏路翻。未欲遽誅，且宥之。馬步都虞候萇從簡、左龍武統軍王景戡皆爲部下所執，降於潞王，東軍盡降。東軍，謂自洛陽來者。潞王上牋於太后取進止，遂自陝而東。

夏，四月，庚午朔，未明，閔帝至衞州東數里，遇石敬瑭；石敬瑭自河東來朝，至此而遇帝。帝大喜，問以社稷大計，敬瑭曰：「聞康義誠西討，何如？陛下何爲至此？」帝曰：「義誠亦叛去矣。」敬瑭俛首長歎數四，俛，音免。曰：「衞州刺史王弘贄，宿將習事，請與圖之。」王弘贄從敬瑭伐蜀，嘗爲偏將。石敬瑭欲擁帝還衞州，以授弘贄，使爲之所耳。乃往見弘贄問之，弘贄曰：「前代天子播遷多矣，然皆有將相、侍衞、府庫、法物，使羣下有所瞻仰；今皆無之，獨以五十騎自隨，雖有忠義之心，將若之何？」敬瑭還，見帝於衞州驛，自弘贄所還見帝。以弘贄之言告。弓箭庫使沙守榮、奔洪進前責敬瑭曰：沙姓，古夙沙氏之後。史炤曰：奔，姓也。古有賁姓，音奔，又音肥，後遂爲奔。「公明宗愛壻，以敬瑭尙明宗女也。富貴相與共之，憂患亦宜相恤。今天子播越，委計於公，冀圖興復，乃以此四者爲辭，四者，謂敬瑭所言無將相、侍衞、府庫、法物從行幸也。是直欲附賊賣天子耳！」直指石敬瑭心術。守榮抽佩刀欲刺之，刺，七亦翻。敬瑭親將陳暉救之，守榮與暉鬬死，洪進亦自刎。刎，扶粉翻。敬瑭牙內指揮使劉知遠引兵入，盡殺帝左右及從騎，獨置帝而去。考異曰：閔帝實錄：「庚午朔四鼓，帝至衞州東七八里，遇敬瑭。」竇貞固晉高祖實錄：「始，帝欲與少主俱西，斷孟津，北據壺關，南向徵諸侯兵，乃啓問康義誠西討作何制置」云云。蘇逢吉漢高祖實錄：「是夜偵知少帝伏甲欲與從臣謀害晉高祖，詐屏人對語，方坐庭廡。帝密遣御士石敢袖鎚立於後，俄頃伏甲者起，敢有勇力，擁晉祖入一室，以巨木塞門，敢力當其鋒，死之。帝解佩刀，遇夜晦，以在地葦炬未然者奮擊之。衆謂短兵也，遂散走。帝乃匿身長垣下，聞帝親將李洪信謂人曰：『石太尉死矣。』帝隔垣呼洪信曰：『太尉無恙。』乃踰垣出就洪信兵，共護晉祖，殺建謀者，以少主授王弘贄。」南唐烈祖實錄：「弘贄曰：『今京國阽危，百官無主，必相率攜神器西向。公何不因少帝西迎潞王，此萬全之計。』敬瑭然其語。」按爲晉、漢實錄者必爲二祖飾非。今從閔帝實錄。敬瑭遂趣洛陽。趣，七喻翻。

是日，太后令內諸司至乾壕迎潞王，考異曰：廢帝實錄：「三十日，太后傳令至，并內司迎奉至乾壕，帝促令還京。」按長曆，三月辛丑朔，四月庚午朔；三月無三十日，廢帝實錄誤也。王亟遣還洛陽。

初，潞王罷河中，歸私第，事見二百七十七卷明宗長興元年。王淑妃數遣孟漢瓊存撫之。數，所角翻。漢瓊自謂於王有舊恩，至澠池西，九域志：澠池在洛陽之西一百五十六里。澠，彌兗翻。澠池，縣名。見王大哭，欲有所陳，王曰：「諸事不言可知。」仍自預從臣之列，從，才用翻。王即命斬於路隅。

11 山南西道節度使張虔釗之討鳳翔也，留武定節度使孫漢韶守興元。虔釗既敗，奔歸興元，與漢韶舉兩鎮之地降于蜀；蜀主命奉鑾肅衞馬步都指揮使、昭武節度使李肇將兵五千還利州，李肇本鎮昭武，蜀主召之入領宿衞，今使將兵還鎮以應接梁、洋。右匡聖馬步都指揮使、寧江節度使張業將兵一萬屯大漫天以迎之。先是，蜀主以兵疲民困，不用趙隱取山南之計，今乘時而坐得之，其庸多矣。

12 壬申，潞王至蔣橋，百官班迎於路，傳教以未拜梓宮，未可相見。傳教，謂傳令也。王所下令爲教。馮道等皆上牋勸進。終不用盧導之言。王入謁太后、太妃，詣西宮，伏梓宮慟哭，自陳詣闕之由。馮道帥百官班見，見，賢遍翻。拜；句絕。王答拜。道等復上牋勸進，復，扶又翻。王立謂道曰：「予之此行，事非獲已。俟皇帝歸闕，園寢禮終，當還守藩服；羣公遽言及此，甚無謂也！」

癸酉，太后下令廢少帝爲鄂王，考異曰：閔帝實錄云：「七日廢帝爲鄂王。」今從廢帝實錄。以潞王知軍國事，權以書詔印施行。書詔印，畫可所用者也。閔帝之出奔也，蓋以八寶自隨。百官詣至德宮門待罪，五代會要：天成元年，中書門下奏，請以洛京潛龍舊宅爲至德宮。蓋明宗舊第也。按歐史，時潞王入居至德宮。王命各復其位。甲戌，太后令潞王宜卽皇帝位；乙亥，卽位於柩前。

帝之發鳳翔也，許軍士以入洛人賞錢百緡。旣至，問三司使王玫玫，莫杯翻。以府庫之實，問其實數。對有數百萬在。旣而閱實，金、帛不過三萬兩、匹；而賞軍之費計應用五十萬緡。帝怒，玫請率京城民財以足之，數日，僅得數萬緡，帝謂執政曰：「軍不可不賞，人不可不恤，今將柰何？」執政請據屋爲率，無問士庶自居及僦者，預借五月僦直，從之。僦，即就翻。賃居爲僦。

13王弘贄遷閔帝於州廨，廨，古隘翻。帝遣弘贄之子殿直巒往酖之。戊寅，巒至衞州謁見，見，賢遍翻。閔帝問來故，不對。問巒以所以來之故。弘贄數進酒，數，所角翻。閔帝知其有毒，不飲，巒縊殺之。年二十一。

閔帝性仁厚，於兄弟敦睦，雖遭秦王忌疾，閔帝坦懷待之，卒免於患。事見上卷明帝長興三年。卒，子恤翻。及嗣位，於潞王亦無嫌，而朱弘昭、孟漢瓊之徒橫生猜間，橫，戶孟翻。間，古莧翻。閔帝不能違，以致禍敗焉。

孔妃尚在宮中，妃，孔循之女。潞【章：十二行本「潞」上有「王巒既還」四字；乙十一行本同；孔本同；張校同，退齋校同。】王使人謂之曰：「重吉何在？」以通鑑書法言之，潞王於此當書「帝」，蓋承前史，偶失於脩改也。遂殺妃，并其四子。

閔帝之在衞州也，惟磁州刺史宋令詢遣使問起居，聞其遇害，慟哭半日，自經死。宋令詢出磁州見上卷上年。事閔帝有始終者，宋令詢一人而已。磁，牆之翻。

14己卯，石敬瑭入朝。

15庚辰，以劉昫判三司。

16 辛巳，蜀大赦，改元明德。

17 帝之起鳳翔也，召興州刺史劉遂清，遲疑不至。聞帝入洛，乃悉集三泉、西縣、金牛、桑林戍兵以歸，自散關以南城鎮悉棄之，皆爲蜀人所有。癸未，入朝，帝欲治罪，以其能自歸，乃赦之。邊境之臣委棄城鎮，乃以其能自歸而不誅，安有效死弗去者乎！治，直之翻。遂清，鄩之姪也。

18 甲申，蜀將張業將兵入興元、洋州。

19 乙酉，改元，大赦。改元清泰。

20 丁亥，以宣徽南院使郝瓊權判樞密院，前三司使王玫爲宣徽北院使，鳳翔節度判官韓昭胤爲左諫議大夫、充端明殿學士。

21 戊子，斬河陽節度使、判六軍諸衞兼侍中康義誠，滅其族。康義誠欲舉宿衞兵迎降以爲己功，而不免於族滅，此傳瑕所以死於鄭厲公之類也。

22 己丑，誅藥彦稠。脩河中之怨也。

23 庚寅，釋王景戡、萇從簡。

24 有司百方斂民財，僅得六萬，帝怒，下軍巡使獄，晝夜督責，凡輸財稽違者，則下之軍巡使獄以督責之也。下，戶嫁翻。囚繫滿獄，至【章：十二行本「至」上有「貧者」二字；乙十一行本同；孔本同；張校同。】自經、赴井。而軍士遊市肆皆有驕色，市人聚詬之曰：「汝曹爲主力戰，立功良苦，詬，古候翻，又許候翻。爲，于僞翻；下能爲同。反使我輩鞭胸杖背，出財爲賞，汝曹猶揚揚自得，獨不愧天地乎！」

是時，竭左藏舊物及諸道貢獻，乃至太后、太妃器服簪珥皆出之，藏，徂浪翻。珥，忍止翻，耳當也。纔及二十萬緡，帝患之，李專美夜直，李專美本鳳翔掌書記，時爲樞密直學士。帝讓之曰：「卿名有才，不能爲我謀此，留才安所施乎！」爲，于僞翻。專美謝曰：「臣駑劣，陛下擢任過分，駑，音奴。分，扶問翻。然軍賞不給，非臣之責也。竊思自長興之季，賞賚亟行，卒以是驕；事始見上卷長興四年。亟，去吏翻。卒，臧沒翻，士卒也。繼以山陵及出師，帑藏遂涸。帑，他朗翻。藏，徂浪翻。涸，戶郭翻。以水爲諭，言枯涸也。雖有無窮之財，終不能滿驕卒之心，故陛下拱手於危困之中而得天下。此言在鳳翔時諸軍推戴之事。夫國之存亡，不專繫於厚賞，亦在脩法度，立紀綱。陛下苟不改覆車之轍，臣恐徒困百姓，存亡未可知也。帝起事於鳳翔，共事者五人，能言及此者獨李專美耳。今財力盡於此矣，宜據所有均給之，何必踐初言乎！」帝以爲然。壬辰，詔禁軍在鳳翔歸命者，自楊思權、尹暉等各賜二馬、一駝、錢七十緡，下至軍人錢二十緡，其在京者各十緡。軍士無厭，厭，於鹽翻。猶怨望，爲謠言曰：「除去菩薩，扶立生鐵。」以閔帝仁弱，帝剛嚴，有悔心故也。去，羌呂翻。菩，薄乎翻。薩，桑割翻。閔帝小字菩薩。

25 丙申，葬聖德和武欽孝皇帝于徽陵，徽陵在河南府洛陽縣。廟號明宗。帝衰經護從至陵所，宿焉。衰，倉回翻。從，才用翻。

26 五月，丙午，以韓昭胤爲樞密使，以莊宅使劉延朗爲樞密副使，權知樞密院房暠爲宣徽北院使。暠，長安人也。暠，古老翻。

27 帝與石敬瑭皆以勇力善鬭，事明宗爲左右；然心競，素不相悅。心競，本諸左傳師曠之言。競，爭也。帝卽位，敬瑭不得已入朝，山陵既畢，不敢言歸。時敬瑭久病羸瘠，羸，倫爲翻。瘠，秦昔翻。太后及魏國公主屢爲之言；魏國公主，明宗之女，下嫁石敬瑭，曹太后所生也。歐史：公主初號永寧公主，是年進封魏國長公主。爲，于僞翻。而鳳翔將佐多勸帝留之，惟韓昭胤、李專美以爲趙延壽在汴，不宜猜忌敬瑭。趙延壽時爲宣武帥，逼近洛都；又其父德鈞在幽州，擁強兵。言若猜忌敬瑭，趙延壽必懼而生心。帝亦見其骨立，不以爲虞，乃曰：「石郎不惟密親，兼自少與吾同艱難；少，詩照翻。今我爲天子，非石郎尚誰託哉！」乃復以爲河東節度使。復，扶又翻；又如字。縱石敬瑭歸鎭，乃復疑而徙之，此所以速禍也。

28 戊午，以隴州防禦使相里金爲保義節度使。賞其先通款於鳳翔也。

29 丁未，階州刺史趙澄降蜀。

30 戊申，以羽林軍使楊思權爲靜難節度使。踐鳳翔片紙所書之言也。難，乃旦翻。

31 己酉，張虔釗、孫漢韶舉族遷于成都。

32 庚戌，以司空兼門下侍郎、同平章事馮道同平章事，充匡國節度使。

33 以天雄節度使兼侍中范延光爲樞密使。

34 帝之起鳳翔也，悉取天平節度使李從曮家財甲兵以供軍。李從曮自其父茂貞以來再世鎮鳳翔，從曮雖移鎮，而家財甲兵猶在焉。將行，謂將東趣洛陽也。鳳翔之民遮馬請復以從曮鎮鳳翔，復，扶又翻。帝許之，至是，徙從曮爲鳳翔節度使。長興元年，從曮自鳳翔入朝，徙宣武，後徙天平，今自天平復還鎮鳳翔。

35 初，明宗爲北面招討使，莊宗同光二年始以明宗爲北面招討使。平盧節度使房知溫爲副都部署，帝以別將事之，嘗被酒忿爭，被，皮義翻。師古曰：被，加也。被酒者，爲酒所加。拔刃相擬。及帝舉兵入洛，知溫密與行軍司馬李沖謀拒之，沖請先奉表以觀形勢，還，言洛中已安定。壬【章：十二行本「壬」上有「知溫懼」三字；乙十一行本同；孔本同；張校同。】戌，入朝謝罪，帝優禮之；知溫貢獻甚厚。

36 吳鎮南節度使、守中書令東海康王徐知詢卒。

37 蜀人取成州。

38 六月，甲戌，以皇子左衛上將軍重美爲成德節度使、同平章事，兼河南尹，判六軍諸衛事。

39 文州都指揮使成延龜舉州附蜀。周文王第五子郕叔武封於郕；或言成王封季載於郕，其後以國爲氏，或去「邑」爲成氏。

40 吳徐知誥將受禪，忌昭武節度使兼中書令臨川王濛，昭武軍利州，時屬蜀，吳使濛遥領耳。遣人告濛藏匿亡命，擅造兵器；丙子，降封歷陽公，幽于和州，命控鶴軍使王宏將兵二百衞之。濛見忌之始見二百七十一卷梁貞明五年。

41 劉昫與馮道昏姻。昫性苛察，李愚剛褊；道既出鎮，謂出鎮同州也。二人論議多不合，事有應改者，愚謂昫曰：「此賢親家所爲，更之不亦便乎！」傳曰：妻父曰昏，壻父曰姻。凡娶以昏時，婦人陰也，故謂之昏。壻家，女之所因，故曰姻。二父相呼，謂之親家。更，工衡翻；下欲更同。昫恨之，由是動成忿爭，至相詬罵，各欲非時求見，見，賢遍翻。事多凝滯。帝患之，欲更命相，問所親信以朝臣聞望宜爲相者，聞，音問。皆以尚書左丞姚顗、太常卿盧文紀、祕書監崔居儉對；論其才行，互有優劣。行，下孟翻。帝不能決，乃置其名於琉璃瓶，夜焚香祝天，且以筯挾之，「挾」，當作「梜」。梜，古協翻。記曲禮：羹之有菜者用梜。註云：梜，猶箸也。今人或謂箸爲梜提。首得文紀，次得顗。秋，七月，辛亥，以文紀爲中書侍郎、同平章事。居儉，蕘之子也。崔蕘見二百五十一卷唐懿宗咸通十年。

42 帝欲殺楚匡祚，以楚匡祚殺重吉也。韓昭胤曰：「陛下爲天下父，天下之人皆陛下子，用法宜存至公。匡祚受詔檢校重吉家財，不得不爾。今族匡祚，無益死者，恐不厭衆心。」厭，益涉翻，伏也，合也。乙卯，長流匡祚於登州。

43 丁巳，立沛國夫人劉氏爲皇后。劉后，應州渾元人。「元」，一作「源」。

44 回鶻入貢者多爲河西雜虜所掠，詔將軍牛知柔帥禁兵衞送，帥，讀曰率。與邠州兵共討之。

45 吳徐知誥召左僕射兼中書侍郎、同平章事宋齊丘還金陵，以爲諸道都統判官，加司空，於事皆無所關預，徐知誥疏宋齊丘事始上二月。召之還金陵而不使預事者，恐其沮止禪代之議故爾。齊丘屢請退居，知誥以南園給之。

46 護國節度使洋王從璋，歸德節度使涇王從敏，皆罷鎮居洛陽私第，帝待之甚薄；從敏在宋州預殺重吉，帝尤惡之。歸德軍，宋州。殺重吉於宋州見上三月。惡，烏路翻。嘗侍宴禁中，酒酣，顧二王曰：「爾等皆何物，輒據雄藩！」二王大懼，太后叱之曰：「帝醉矣，爾曹速去！」

47 蜀置永平軍於雅州，以孫漢韶爲節度使。復以張虔釗爲山南西道節度使、同平章事；虔釗固辭不行。孫漢韶、張虔釗同以梁、洋降蜀，蜀以節鎮授之。孫漢韶赴雅州，而張虔釗固辭不赴梁州者，無面目以見梁州人士也。唐末置永平軍於邛州，後徙雅州。蓋莊宗滅蜀而廢之，今後蜀復置之也。

48 蜀主得風疾踰年，至是增劇；甲子，立子東川節度使、同平章事、親衞馬步都指揮使仁贊爲太子，仍監國。監，古銜翻。召司空・同平章事趙季良、武信節度使李仁罕、保寧節度使趙廷隱、樞密使王處回、捧聖控鶴都指揮使張公鐸、奉鑾肅衛指揮副使侯弘實受遺詔輔政。是夕殂，祕不發喪。

王處回夜啓義興門告趙季良，處回泣不已，季良正色曰：「今強將握兵，專伺時變，伺，相吏翻。宜速立嗣君以絕覬覦，強將，謂李仁罕、李肇等。覬，音冀。覦，音俞。豈可但相泣邪！」處回收淚謝之。季良教處回見李仁罕，審其詞旨然後告之。處回至仁罕第，仁罕設備而出，遂不以實告。史言李仁罕已遊於趙季良等數內。

丙寅，宣遺制，命太子仁贊更名昶，丁卯，卽皇帝位。昶，蜀主第三子也。更，工衡翻。

49 初，帝以王玫對左藏見財失實，事見上四月。藏，徂浪翻。見，賢遍翻。故以劉呴代判三司。呴命判官高延賞鉤考窮覈，皆積年逋欠之數，姦吏利其徵責匄取，故存之。匄，居大翻。呴具奏其狀，且請察其可徵者急督之，必無可償者悉蠲之，韓昭胤極言其便。八月，庚午，詔長興以前戶部及諸道逋租三百三十八萬，虛煩簿籍，咸蠲免勿徵。貧民大悅，而三司吏怨之。

50 辛未，以姚顗爲中書侍郎、同平章事。

51 右龍武統軍索自通，以河中之隙，見二百七十七卷明宗長興元年。心不自安，戊子，退朝過洛，自投于水而卒。洛水貫都城中，故自通退朝過之，自投于水。帝聞之，大驚，贈太尉。

52 丙申，以前安國節度使、同平章事趙鳳爲太子太保。

53 九月，癸卯，詔鳳翔益兵守東安鎭以備蜀。東安鎭當在鳳翔西界；蜀既出關收階、成之地，故益兵以備之。

54 蜀衞聖諸軍都指揮使、武信節度使李仁罕自恃宿將有功，復受顧託，復，扶又翻。求判六軍，令進奏吏宋從會以意諭樞密院，又至學士院偵草麻。偵，丑鄭翻。蜀主不得已，甲寅，加仁罕兼中書令，判六軍事；以左匡聖都指揮使、保寧節度使趙廷隱兼侍中，爲之副。

55 己未，雲州奏契丹入寇，北面招討使石敬瑭奏自將兵屯百井以備契丹。辛酉，敬瑭奏振武節度使楊檀擊契丹於境上，卻之。

56 蜀奉鑾肅衞都指揮使、昭武節度使兼侍中李肇聞蜀主卽位，顧望，不時入朝，至漢州，留與親戚燕飲踰旬；冬，十月，庚午，始至成都，稱足疾，扶杖入朝見，見，賢遍翻。見蜀主不拜。李肇之傲幼君，亦由武夫倔強，不學無識，以自貽禍。

57 戊寅，左僕射、門下侍郎、同平章事李愚罷守本官，吏部尙書兼門下侍郎、同平章事、判三司劉昫罷爲右僕射。三司吏聞昫罷相，皆相賀，無一人從歸第者。以昫奏蠲諸道逋租，吏無所並緣徵責以漁利也。

58 蜀捧聖控鶴都指揮使張公鐸與醫官使韓繼勳、豐德庫使韓保貞、茶酒庫使安思謙等皆事蜀主於藩邸，素怨李仁罕，共譖之，云仁罕有異志；蜀主令繼勳等與趙季良、趙廷隱謀，因仁罕入朝，命武士執而殺之。趙廷隱自克東川與李仁罕爭功，怨隙之深有自來。仁罕之求判六軍，蜀主命廷隱爲之副，所以防仁罕；仁罕不之覺，其冥頑凶悖，取死宜矣。然趙廷隱終亦不能免近習之讒，其得死於牖下者幸也。癸未，下詔暴其罪，并其子繼宏及宋從會等數人皆伏誅。是日，李肇釋杖而拜。李肇事孟知祥，於董璋之難，陰拱而觀其孰勝。董璋既死，肇宜不免於死矣，孟知祥念其劍州之功，不以爲罪。及事少主，釋位入朝，倨傲不拜，其誰能容之！一見李仁罕之誅，遽釋杖而拜，前倨後恭，欲以求免，不亦難乎！通鑑書之，以爲武夫恃功驕悖者之戒。

59 蜀源州都押牙文景琛據城叛，偏考新、舊唐志及九域圖志、寰宇記，皆不載源州建置之由與其地。歐史職方考曰：州縣，凡唐故而廢於五代者，若五代所置而見於今者及縣之割隸今因之者，皆宜列以備職方之考；其餘嘗置而復廢，嘗改割而復舊，皆不足書。則知源州蓋蜀所置而尋廢，此其所以無傳。同光之克蜀也，得州六十四，見於職方考者五十三州而已。如源州等蓋皆六十四州之數。按薛史，後蜀潘仁嗣授武定節度使、源、壁等州觀察營田處置等使；周師攻秦、鳳，孟貽業駐軍平利爲褒、源之援，則蜀置源州屬武定軍節度。【章：胡註：「偏考新、舊唐志及九域圖志、寰宇記皆不載源州建置之由與其地」云云。乙十一行本「源」作「渠」。按「源」、「渠」筆畫相近，乙十一行本印亦漫漶，細審乃敢定之。渠州，蜀地，見歐史職方表。此記全書專以羅列異同爲事，偶有考訂，概不闌入。此條特標舉之，自詭得見舊本，較梅磵爲多幸也。】果州刺史李延厚討平之。

60 蜀主左右以李肇倨慢，請誅之；戊子，以肇爲太子少傅致仕，徙邛州。邛，渠恭翻。

61 吳主加徐知誥大丞相、尚父、嗣齊王、九錫；辭不受。

62 雄武節度使張延朗將兵圍文州，唐末置天雄節度於秦州，後唐改爲雄武節度。階州刺史郭知瓊拔尖石寨。蜀李延厚將果州兵屯興州，遣先登指揮使范延暉將兵救文州，延朗解圍而歸。興州刺史馮暉自乾渠引戍兵歸鳳翔。時階、興二州皆已入於蜀。唐蓋使郭知瓊、馮暉領二州刺史以進取而不克也。薛史曰：長興中，馮暉爲興州刺史，以乾渠爲治所。乾，音干。

63 十一月，徐知誥召其子司徒、同平章事景通還金陵，自江都還金陵也。爲鎮海·寧國節度副大使、諸道副都統、判中外諸軍事；以次子牙內馬步都指揮使、海州團練使景遷爲左右軍都軍使、左僕射、參政事，留江都輔政。

64 十二月，己巳，以易州刺史安叔千爲振武節度使，齊州防禦使尹暉爲彰國節度使。安叔千以捍契丹之功，尹暉則鳳翔歸命之賞也。叔千，沙陀人也。宋白曰：安叔千本貫雲州界，戶屬奉誠軍灰泉村。

65 壬申，石敬瑭奏契丹引去，罷兵歸。自百井歸晉陽也。

66 乙亥，徵雄武節度使張延朗爲中書侍郎、同平章事、判三司。

67 辛巳，漢皇后馬氏殂。馬氏，楚王殷女也。

68 甲申，蜀葬文武聖德英烈明孝皇帝于和陵，廟號高祖。

69 乙酉，葬鄂王于徽陵城南，唐園陵之制，兆域之外繚以垣牆，列植柏樹，謂之柏城。封纔數尺；觀者悲之。考異曰：閔帝實録及薛史閔帝紀皆云：「晉高祖即位，謚曰閔，與秦王及重吉並葬徽陵域中。」今從廢帝實録。

70 是歲秋、冬旱，民多流亡，同、華、蒲、絳尤甚。華，戶化翻。

71 漢主命判六軍秦王弘度募宿衞兵千人，皆市井無賴子弟，弘度昵之。昵，尼質翻。同平章事楊洞潛諫曰：「秦王，國之冢嫡，冢，大也。宜親端士。使之治軍已過矣，治，直之翻。況昵羣小乎！」漢主曰：「小兒教以戎事，過煩公憂。」終不戒弘度。洞潛出，見衞士掠商人金帛，商人不敢訴，歎曰：「政亂如此，安用宰相！」因謝病歸第；久之，不召，遂卒。

二年（乙未、九三五）

1 春，正月，丙申朔，閩大赦，改元永和。

2 二月，丙寅朔，蜀大赦。

3 甲戌，以樞密使、天雄節度使兼侍中范延光爲宣武節度使兼中書令。

4 丁丑，夏州節度使李彝超上言疾病，夏，戶雅翻。上，時掌翻。疾甚爲病。以兄行軍司馬彝殷權知軍州事；彝超尋卒。

5 戊寅，蜀主尊母李氏爲皇太后。太后，太原人，本莊宗後宮也，以賜蜀高祖。孟知祥事莊宗，夙蒙親任，故以後宮賜之。史詳書李氏之所自來，以別於福慶長公主。

6 己丑，追尊帝母魯國夫人魏氏曰宣憲皇太后。魏氏，本平山王氏婦也，少寡，與帝皆爲明宗所掠。

7 閩主立淑妃陳氏爲皇后。初，閩主兩娶劉氏，皆士族，美而無寵。陳后，本閩太祖侍婢金鳳也，陋而淫，閩主嬖之，嬖，皮義翻，又必計翻。以其族人守恩、匡勝爲殿使。殿使，閩所置官。

8 三月，辛丑，以前宣武節度使兼侍中趙延壽爲忠武節度使兼樞密使。

9 以李彝殷爲定難節度使。李彝殷後避宋朝廟諱，改名彝興，其子則李繼捧、李繼遷也。難，乃旦翻。

10 己酉，贈吳越王元瓘母陳氏爲晉國太夫人。元瓘性孝，尊禮母黨，厚加賜與，而未嘗遷官，授以重任。

11 壬戌，以彰聖都指揮使安審琦領順化節度使。五代會要：清泰元年六月，改捧聖馬軍爲彰聖左、右軍，嚴衛步軍爲寧衛左、右軍。梁嘗改滄州義昌軍爲順化軍，後唐復唐之舊，爲横海軍。前此吳越錢元瓘判明州，領順化節度使；審琦所領蓋楚州順化軍也。審琦，金全之子也。安金全，代北舊將。

12 太常丞史在德，性狂狷，上書歷詆內外文武之士，薛史載在德書，其略曰：「朝廷任事率多濫進：稱武士者不閑計策，雖被堅執銳，戰則棄甲，窮則背軍。稱文士者鮮有藝能，多無士行，問策謀則杜口，作文字則倩人。所謂虛設具員，枉費國力。逢陛下維新之運，是文明革弊之秋。臣請應內外所管軍人，凡勝衣甲者，請宣下本軍大將，一一考試武藝短長，權謀深淺，居下位有將才者便拔爲大將，居上位無將略者移之下軍。其東班臣僚，請內出策題下中書令宰臣面試，如下位有大才須拔居大位，無大才卽移之下僚。」猲，吉掾翻。詆，丁禮翻。請偏加考試，黜陟能否；執政及朝士大怒，盧文紀及補闕劉濤、楊昭儉等皆請加罪。帝謂學士馬胤孫曰：「朕新臨天下，宜開言路；若朝士以言獲罪，誰敢言者！卿爲朕作詔書，宣朕意。」馬胤孫時爲翰林學士。爲，于僞翻。乃下詔，略曰：「昔魏徵請賞皇甫德參，見一百九十四卷太宗貞觀八年。今濤等請黜史在德；事同言異，何其遠哉！在德情在傾輸，安可責也！」傾輸，謂傾其胸腹所懷，而輸忠於上。昭儉，嗣復之曾孫也。楊嗣復，文宗時爲相。

13 吳加徐景遷同平章事、知左右軍事；徐知誥令尚書郎陳覺輔之，考異曰：江南錄：「時先主權位日隆，中外皆知有代謝之勢，而以吳主恭謹守道，欲待嗣君，先主次子景遷，吳主之壻也，先主鍾愛特甚。齊丘使陳覺爲景遷教授，爲之聲價。齊丘參決時政，多爲不法，輒歸過於嗣主而盛稱景遷之美，幾有奪嫡之計。所以然者，以吳主少而先主老，必不能待，他日得國，授於景遷，易制，己爲元老，威權無上矣。此其日夕爲謀也。先主覺之，乃召齊丘如金陵以爲己之副，遙兼中蔡節度使，無所關預，從容而已。」今從十國紀年。謂覺曰：「吾少時與宋子嵩論議，好相詰難，少，詩照翻。好，呼到翻。詰，去吉翻。難，乃旦翻。或吾捨子嵩還家，或子嵩拂衣而起。宋齊丘，字子嵩。子嵩攜衣笥望秦淮門欲去者數矣，秦淮門，金陵城門。數，所角翻。吾常戒門者止之。吾今老矣，猶未徧達時事，況景遷年少當國，故屈吾子以誨之耳。」

14 夏，四月，庚午，蜀以御史中丞龍門毋昭裔爲中書侍郎、同平章事。龍門縣，本漢皮氏縣，後魏更名，唐屬河中府。九域志：在府東北九十五里。毌，姓也，毌丘氏或爲毋氏，望出平昌、鉅鹿。開元補闕有毌景，洛陽人，一云吳人。毌，武夫翻。

15 癸未，加樞密使、刑部尚書韓昭胤中書侍郎、同平章事。辛卯，以宣徽南院使劉延皓爲刑部尚書，充樞密使。延皓，皇后之弟也。癸巳，以左領軍衞大將軍劉延朗爲本衞上將軍，充宣徽北院使，兼樞密副使。

16 五月，丙申，契丹寇新州及振武。

17 庚戌，賜振武節度使楊檀名光遠。薛史載中書奏：「準天成三年正月敕，凡廟諱但回避正文，其偏旁文字不在減少點畫。今定州節度使楊檀、檀州、金壇等名，酌情制宜，並請改之。其表章文案偏旁字缺點畫，凡臣僚名涉偏旁亦請改名。」詔曰：「偏旁文字，音韻懸殊，止避正呼，不宜全改。楊檀宜賜名光遠，餘依舊。」按此以明宗廟諱「亶」字避偏旁也。楊檀時不鎭定州，當從通鑑。

18 六月，吳德勝節度使兼中書令柴再用卒。先是，史官王振嘗詢其戰功，先，悉薦翻。再用曰：「鷹犬微效，皆社稷之靈，再用何功之有！」竟不報。有功而不求聞，武人如柴再用者亦可稱也。

19 契丹寇應州。

20 河東節度使、北面總管石敬瑭既還鎭，去年五月，帝令石敬瑭還太原。陰爲自全之計。帝好咨訪外事，好，呼到翻。常命端明殿學士李專美、翰林學士李崧、知制誥呂琦、薛文遇、翰林天文趙延乂等唐之中世，司天臺有天文博士二人，正八品下；天文觀生九十人，天文生五十人，皆掌候天文。翰林天文，居翰林院以候天文者也。更直於中興殿庭，與語或至夜分。時敬瑭二子爲內使，更，工衡翻。內使，內諸司使。按石敬瑭拒命之時，其子重殷爲右衞上將軍，重裔爲皇城副使。曹太后則晉國長公主之母也，敬瑭妻魏國公主，是年四月進封晉國。長，知兩翻。敬瑭賂太后左右，令伺帝之密謀，事無巨細皆知之。敬瑭多於賓客前自稱羸瘠不堪爲帥，羸，倫爲翻。瘠，在亦翻。帥，所類翻。冀朝廷不之忌。

時契丹屢寇北邊，禁軍多在幽、并，敬瑭與趙德鈞求益兵運糧，朝夕相繼。敬瑭求兵糧以實并州，趙德鈞求兵糧以實幽州。甲申，詔借河東人有蓄積者菽粟。乙酉，詔鎭州輸絹五萬匹於總管府，糴軍糧，總管府在晉陽，石敬瑭時爲北面馬步軍都總管故也。率鎭冀人車千五百乘運糧於代州；九域志：鎭州西北至代州六百二十里。乘，繩證翻。又詔魏博市糴。時水旱民饑，敬瑭遣使督趣嚴急，趣，讀曰促。山東之民流散，此謂太行、常山之東。亂始兆矣。史敍致亂之由。

敬瑭將大軍屯忻州，朝廷遣使賜軍士夏衣，傳詔撫諭，軍士呼萬歲者數四。時驕兵習於聞見，又欲扶立石敬瑭以希賞。敬瑭懼，幕僚河內段希堯請誅其唱首者，敬瑭命都押衙劉知遠斬挾馬都將李暉等三十六人以徇。希堯，懷州人也。帝聞之，益疑敬瑭。

21 壬辰，詔：「竊盜不計贓多少，并縱火強盜，並行極法。」

22 閩福王繼鵬私於宮人李春鷰，繼鵬請之於陳后，后白閩主而賜之。

23秋，七月，以樞密使劉延皓爲天雄節度使。

24乙巳，以武寧節度使張敬達爲北面行營副總管，將兵屯代州，以分石敬瑭之權。爲令張敬達討石敬瑭張本。

25帝深以時事爲憂，嘗從容讓盧文紀等以無所規贊。從，千容翻。丁巳，文紀等上言：「臣等每五日起居，與兩班旅見，暫獲對揚，見，賢遍翻。兩班者，文武官分爲東西兩班。書說命：說拜稽首曰：敢對揚天子之休命。註云：對，答也。答受美命而稱揚之。後人遂以面對爲對揚。侍衞滿前，雖有愚慮，不敢敷陳。竊見前朝自上元以來，置延英殿，或宰相欲有奏論，天子欲有咨度，【章：十二行本「度」下有「皆非時召對」五字；乙十一行本同；孔本同；張校同；退齋校同。】上元，唐肅宗年號。度，徒洛翻。旁無侍衞，故人得盡言。望復此故事，惟聽機要之臣侍側。」機要之臣，謂樞密。詔以「舊制五日起居，百僚俱退，宰相獨升，若常事自可敷奏。或事應嚴密，不以其日，或異日聽於閤門奏牓子，當盡屏侍臣，屏，必郢翻，又卑正翻。於便殿相待，何必襲延英之名也！」

26吳潤州團練使徐知諤，狎昵小人，昵，尼質翻。游燕廢務，作列肆於牙城西，躬自貿易。貿，音茂。徐知誥聞之怒，召知諤左右詰責；知諤懼。或謂知誥曰：「忠武王最愛知諤，徐溫謚忠武王。而以後事傳於公。徐知誥之得政，在於定朱瑾之難；若徐溫臨沒而傳政於知誥，非本心也。事見二百七十六卷明宗天成二年。往年知詢失守，謂自昇州召知詢還揚州也。論議至今未息。借使知諤治有能名，治，直吏翻。訓兵養民，於公何利？」知誥感悟，待之加厚。

27 九月，丙申，吳大赦，改元天祚。

28 己酉，以宣徽南院使房暠爲刑部尚書，充樞密使；暠，古老翻。宣徽北院使劉延朗爲南院使，仍兼樞密副使。於是延朗及樞密直學士薛文遇等居中用事，暠與趙延壽雖爲使長，樞密使爲樞密院之長。長，知兩翻。其聽用之言什不三四。暠隨勢可否，不爲事先；每幽、并遣使入奏，樞密諸人環坐議之，暠多俛首而寐，比覺，引頸振衣，則使者去矣。俛，音免。比，必利翻。覺，居效翻。啓奏除授，一歸延朗。爲劉延朗受誅於晉，房暠獲全張本。然二人皆帝之親臣也，延朗之好貨非也，暠之避事亦非矣。諸方鎮、刺史自外入者，必先賂延朗，後議貢獻，賂厚者先，得內地；賂薄者晚，得邊陲。由是諸將帥皆怨憤，帝不能察。

29 蜀金州防禦使全師郁寇金州，拔水寨。按元和郡縣志，漢水去金州城百步，故唐置水寨以防蜀兵。城中兵纔千人，都監陳知隱託他事將兵三百沿流遁去；防禦使馬全節罄私財以給軍，出奇死戰，蜀兵乃退。戊寅，詔斬知隱。

30 初，閩主有幸臣曰歸守明，出入臥內；閩主晚年得風疾，陳后與守明及百工院使李可殷私通，國人皆惡之，莫敢言。惡，烏路翻。

可殷嘗譖皇城使李倣於閩主，后族陳匡勝無禮於福王繼鵬，倣及繼鵬皆恨之。閩主疾甚，繼鵬有喜色。倣以閩主爲必不起，冬，十月，己卯，使壯士數人持白梃擊李可殷，殺之，梃，待鼎翻。中外震驚。庚辰，閩主疾少間，間，如字。陳后訴之。閩主力疾視朝，詰可殷死狀，倣懼而出，俄頃，引部兵鼓譟入宮。閩主聞變，匿於九龍帳下，閩主命錦工作九龍帳，國人歌之曰：「誰謂九龍帳，惟貯一歸郎。」歸郎，謂守明也。亂兵刺之而出。刺，七亦翻。閩主宛轉未絕，宮人不忍其苦，爲絕之。爲絕其命也。爲，于僞翻。倣與繼鵬殺陳后、陳守恩、陳匡勝、歸守明及繼鵬弟繼韜；繼韜素與繼鵬相惡故也。辛巳，繼鵬稱皇太后令監國，是日，即皇帝位。皇太后，璘母黃氏也。繼鵬，璘之長子。更名昶。更，工衡翻。謚其父曰齊肅明孝皇帝，廟號惠宗。既而自稱權知福建節度事，遣使奉表於唐，大赦境內；立李春鷰爲賢妃。

初，閩惠宗娶漢主女清遠公主，廣州有清遠縣。使宦者閩清林延遇置邸於番禺，唐志無閩清縣，蓋王氏始分置也。九域志：閩清縣屬福州，在州西北一百五十里。宋白曰：唐貞元元年割候官縣十鄉爲梅溪場，梁乾化元年改爲閩清縣。番，音潘。專掌國信。漢主賜以大第，稟賜甚厚，數問以閩事。稟，筆錦翻，給也。數，所角翻。延遇不對，退，謂人曰：「去閩語閩，去越語越，處人宮禁，可如是乎！」處，昌呂翻。漢主聞而賢之，以爲內常侍，使鉤校諸司事。延遇聞惠宗遇弒，求歸，不許，素服向其國三日哭。史言林延遇不忘舊君。

31 荊南節度使高從誨，性明達，親禮賢士，委任梁震，以兄事之；震常謂從誨爲郎君。門生故吏呼其主之子爲郎君。梁震事高季興，從誨之父也，故以郎君呼從誨。楚王希範好奢靡，好，呼到翻；下玩好同。游談者共誇其盛。從誨謂僚佐曰：「如馬王可謂大丈夫矣。」孫光憲對曰：「天子諸侯，禮有等差。彼乳臭子驕侈僭忲，忲，他蓋翻，奢也。取快一時，不爲遠慮，危亡無日，又足慕乎！」從誨久而悟，曰：「公言是也。」他日，謂梁震曰：「吾自念平生奉養，固已過矣。」乃捐去玩好，去，羌呂翻。好，呼到翻。以經史自娛，省刑薄賦，境内以安。

梁震曰：「先王待我如布衣交，以嗣王屬我。先王，謂高季興。嗣王，謂從誨。屬，之欲翻。今嗣王能自立，不墜其業，吾老矣，不復事人矣。」復，扶又翻。遂固請退居。從誨不能留，乃爲之築室於土洲。爲，于僞翻。江陵有九十九洲，土洲其一也。梁震事高氏始二百六十六卷梁太祖開平二年。震披鶴氅，氅，昌兩翻。自稱荆臺隱士，每詣府，跨黃牛至聽事。聽，讀曰廳。從誨時過其家，過，音戈。四時賜與甚厚。自是悉以政事屬孫光憲。屬，之欲翻。

臣光曰：孫光憲見微而能諫，高從誨聞善而能徙，高從誨之羨馬希範，是侈心之萌芽也，而孫光憲力言之以防微；高從誨因光憲之言，捐玩好而樂經史，思所以阜民保境，是遷善也。梁震成功而能退，梁震翼贊高氏父子，能保其國，是功也。自古有國家者能如是，夫何亡國敗家喪身之有。喪，息浪翻。

32 吳加中書令徐知誥尚父、太師、大丞相、大元帥，進封齊王，備殊禮，以昇、潤、宣、池、歙、常、江、饒、信、海十州爲齊國；考徐知誥所封十州，自潤循江而上，至于江則中斷吳國之腰膂，江都之與洪、鄂，脈理不屬矣。自常、潤波海界淮而有海州，則有包舉吳國之勢。其規圖自以爲得，當是時合全吳之人歸心知誥，何必如是而後篡也。歙，書涉翻。知誥辭尚父、丞相，殊禮不受。

33 閩皇城使、判六軍諸衞李倣專制朝政，陰養死士，朝，直遙翻。閩主昶與拱宸指揮使林延皓等圖之。延皓等詐親附倣，倣待之不疑。十一月，壬子，倣入朝，延皓等伏衞士數百於內殿，執斬之，梟首朝門。梟，堅堯翻。朝門，正朝之門。朝，直遙翻。倣部兵千餘持白梃攻應天門，不克，焚啓聖門，奪倣首奔吳越。詔暴倣弒君及殺繼韜等罪，告諭中外。此閩主之詔也。以建王繼嚴權判六軍諸衞，以六軍判官永泰葉翹爲內宣徽使、參政事。唐懿宗咸通二年，分連江及閩置永泰縣，屬福州。九域志：在州西南三百五十里。福州圖經云：永泰縣，唐永泰二年置，以年號爲名。翹，祈消翻。

翹博學質直，閩惠宗擢爲福王友，閩主昶初封福王。昶以師傅禮待之，多所裨益，宮中謂之「國翁」。昶既嗣位，驕縱，不與翹議國事。一旦，昶方視事，翹衣道士服過庭中趨出，衣，於既翻。昶召還，拜之，曰：「軍國事殷，久不接對，孤之過也。」翹頓首曰：「老臣輔導無狀，致陛下即位以來無一善可稱，願乞骸骨。」昶曰：「先帝以孤屬公，屬，之欲翻。政令不善，公當極言，柰何棄孤去！」厚賜金帛，慰諭令復位。昶元妃梁國夫人李氏，同平章事敏之女，昶嬖李春鷰，昶求春鷰於陳后，見上六月。嬖，卑義翻，又博計翻。待夫人甚薄。翹諫曰：「夫人先帝之甥，聘之以禮，柰何以新愛而棄之！」昶不悅，由是疏之。未幾，復上書言事，幾，居豈翻。復，扶又翻。昶批其紙尾曰：「一葉隨風落御溝。」批，匹迷翻，筆題之也。遂放歸永泰，路振九國志：葉翹斥歸永春。按九域志，泉州有永春縣，福州有永泰縣，未知孰是。以壽終。

34帝嘉馬全節之功，卻蜀兵全金州之功也。召詣闕。劉延朗求賂，全節無以與之；延朗欲除全節絳州刺史，羣議沸騰。帝聞之，乙卯，以全節爲橫海留後。帝既聞之，而不罪劉延朗；善善惡惡，郭之所以亡也。

35十二月，壬申，以中書侍郎、同平章事充樞密使韓昭胤同平章事，充護國節度使。

36乙酉，以前匡國節度使、同平章事馮道爲司空。時久無正拜三公者，喪亂以來，以他官兼領及檢校三公者有之，無正拜者。朝議疑其職事；盧文紀欲令掌祭祀掃除，隋制：三公參議國之大事，祭祀則太尉亞獻，司徒奉俎，司空行掃除。盧文紀不深考，遂以爲司空職掌。朝，直遙翻。道聞之曰：「司空掃除，職也，吾何憚焉。」既而文紀自知不可，乃止。史言後唐雖自言纂唐舊服，而文獻皆不足。

37閩主賜洞眞先生陳守元號天師，信重之，乃至更易將相，更，工衡翻。刑罰，選舉，皆與之議；守元受賂請託，言無不從，其門如市。

資治通鑑卷第二百八十

端明殿學士兼翰林侍讀學士太中大夫提舉西京嵩山崇福宮上柱國河內郡開國公食邑二千六百戶食實封一千戶臣 司馬光 奉敕編集

後學天台 胡三省 音註

後晉紀一 柔兆涒灘（丙申），一年。

石氏自代北從晉王起太原，既又以太原起事而得中原；太原治晉陽，契丹遂以晉命之，故國號爲晉。

高祖聖文章武明德孝皇帝上之上 諱敬瑭，姓石氏。其父臬捩雞，本出於夷，自朱邪歸唐，從朱邪入居陰山。其姓石，不知其得姓之始。五代會要曰：晉既得天下，祖衛大夫石碏。

天福元年（丙申、九三六）是年十一月方改元卽位。

1 春，正月，吳徐知誥始建大元帥府，吳命徐知誥爲大元帥，見上卷上年冬十月。以幕職分判吏、戶、禮、兵、刑、工部及鹽鐵。

2 丁未，唐主立子重美爲雍王。雍，於用翻。

3 癸丑，唐主以千春節置酒，唐主以生日爲千春節。五代會要曰：帝以唐光啓元年正月十三日生。既以晉元紀年，故書潞王爲唐主。晉國長公主上壽畢，辭歸晉陽。上，時掌翻。帝醉，曰：「何不且留，遽歸，欲與石郎反邪！」石敬瑭聞之，益懼。

4 三月，丙午，以翰林學士、禮部侍郎馬胤孫爲中書侍郎、同平章事。胤孫性謹懦，中書事多凝滯，又罕接賓客，時人目爲「三不開」，謂口、印、門也。

5 石敬瑭盡收其貨之在洛陽及諸道者歸晉陽，託言以助軍費，人皆知其有異志。唐主夜與近臣從容語曰：唐主好與近臣夜語見上卷上年。從，千容翻。「石郎於朕至親，無可疑者；但流言不釋，萬一失歡，何以解之？」皆不對。

端明殿學士、給事中李崧退謂同僚呂琦曰：李崧時與呂琦同入直。「吾輩受恩深厚，豈得自同衆人，一概觀望邪！計將安出？」琦曰：「河東若有異謀，必結契丹爲援。契丹母以贊華在中國，屢求和親，但求萴剌等未獲，故和未成耳。贊華，契丹主阿保機長子也。來降見二百七十七卷明宗長興元年。求萴剌見三年。契丹母，謂述律后也。今誠歸萴剌等與之和，歲以禮幣約直十餘萬緡遺之，遺，唯季翻。彼必驩然承命。如此，則河東雖欲陸梁，無能爲矣。」崧曰：「此吾志也。然錢穀皆出三司，宜更與張相謀之。」相，息亮翻。遂告張延朗，延朗曰：「如學士計，不惟可以制河東，亦省邊費之什九，言什省其九。計無便於此者。若主上聽從，但責辦於老夫，請於庫財之外捃拾以供之。」捃，居運翻。他夕，二人密言於帝，帝大喜，稱其忠，二人私草遺契丹書以俟命。

久之，帝以其謀告樞密直學士薛文遇，文遇對曰：「以天子之尊，屈身奉夷狄，不亦辱乎！又，虜若循故事求尚公主，何以拒之？」唐自太宗以宗室女爲公主下嫁諸蕃，謂之和蕃公主；其後回紇有功於中國，至屈帝女以女之。因誦戎昱昭君詩曰：「安危託婦人。」帝意遂變。戎昱，唐人也，能詩。漢元帝以王昭君嫁匈奴，後人憐之，競爲歌詩以言其事。一日，急召崧、琦至後樓，盛怒，責之曰：「卿輩皆知古今，欲佐人主致太平；今乃爲謀如是！朕一女尚乳臭，卿欲棄之沙漠邪？且欲以養士之財輸之虜庭，養士，謂養兵也。言其欲割養兵之財以和蕃。其意安在？」二人懼，汗流浹背，浹，即協翻。曰：「臣等志在竭愚以報國，非爲虜計也，爲，于僞翻。願陛下察之。」拜謝無數，帝詬責不已。詬，古候翻，又許候翻。呂琦氣竭，拜少止，帝曰：「呂琦強項，肯視朕爲人主邪！」琦曰：「臣等爲謀不臧，願陛下治其罪，多拜何爲！」治，直之翻。帝怒稍解，止其拜，各賜卮酒罷之，罷，使出就所舍。自是羣臣不敢復言和親之策。復，扶又翻。丁巳，以琦爲御史中丞，蓋疏之也。呂琦爲唐主所親事始二百七十七卷明宗長興元年。御史中丞居外朝，不得入直禁中，故曰疏。

6 吳徐知誥以其子副都統景通爲太尉、副元帥，都統判官宋齊丘、行軍司馬徐玠爲元帥府左・右司馬。

7 閩主昶改元通文，立賢妃李氏爲皇后，卽李春鷰也。尊皇太后曰太皇太后。

8 靜江節度使、同平章事馬希杲有善政，監軍裴仁煦譖之於楚王希範，煦，吁句翻。言其收衆心，希範疑之。夏，四月，漢將孫德威侵蒙、桂二州，蒙州，本漢蒼梧郡之荔浦縣，隋分荔浦置隨化縣，唐武德四年改爲立山，於縣置荔州，尋改爲恭州；貞觀八年改爲蒙州，州東蒙山，山下有蒙水，人多姓蒙故也。宋熙寧五年廢蒙州，以立山縣屬昭州。希範命其弟武安節度副使希廣權知軍府事，自將步騎五千如桂州。希杲懼，其母華夫人華，戶化翻。逆希範於全義嶺，全義嶺在桂州全義縣，卽始安嶺也。謝曰：「希杲爲治無狀，致寇戎入境，治，直吏翻。煩殿下親涉險阻，皆妾之罪也。願削封邑，灑掃掖庭，以贖希杲罪。」灑，所買翻，又所賣翻。掃，素早翻，又素報翻。希範曰：「吾久不見希杲，聞其治行尤異，故來省之，無他也。」治，直吏翻。行，下孟翻。省，悉景翻。無他，言無他故也。漢兵自蒙州引去，徙希杲知朗州。爲希範殺希杲張本。

9 高從誨遣使奉牋於徐知誥，勸卽帝位。高從誨以區區三州介居唐、吳、蜀之間，利其賞賜，所向稱臣，諸國謂之「高賴子」，其有以也夫。

10 初，石敬瑭欲嘗唐主之意，累表自陳羸疾，羸，倫爲翻。乞解兵柄，移他鎭；兵柄，謂北面馬步軍都總管之任。帝與執政議從其請，移鎭鄆州。房暠、李崧、呂琦等皆力諫，以爲不可，帝猶豫久之。

五月，庚寅夜，李崧請急在外，請急，請告也。薛文遇獨直，帝與之議河東事，文遇曰：「諺有之：『當道築室，三年不成。』茲事斷自聖志；諺，魚變翻。斷，丁亂翻。羣臣各爲身謀，安肯盡言！以臣觀之，河東移亦反，不移亦反，在旦暮耳，不若先事圖之。」先，悉薦翻。河東事情，凡在淸泰朝野之人，誰不知者！其所以重於言，重於發，懼言之則發大難之端在己而無以善其後耳。淸泰主鬱鬱於此久矣，薛文遇一言當心，遂決然而不顧。先是，術者言國家今年應得賢佐，出奇謀，定天下，先，悉薦翻。帝意文遇當之，聞其言，大喜，曰：「卿言殊豁吾意，成敗吾決行之。」卽爲除目，付學士院使草制。御筆親除付外行者謂之除目，其經宰相奏擬而行者亦謂之除目。辛卯，以敬瑭爲天平節度使，以馬軍都指揮使、河陽節度使宋審虔爲河東節度使。宋審虔從唐主起於鳳翔，故欲以之代敬瑭。制出，兩班聞呼敬瑭名，相顧失色。兩班，謂文武官班。

甲午，以建雄節度使張敬達爲西北蕃漢馬步都部署，趣敬瑭之鄆州。趣，讀曰促。天平節度治鄆州。鄆，音運。敬瑭疑懼，謀於將佐曰：「吾之再來河東也，主上面許終身不除代；唐主此言當在卽位之初，敬瑭入朝遣還鎭時也。今忽有是命，得非如今年千春節與公主所言乎？我不興亂，朝廷發之，安能束手死於道路乎！今且發表稱疾以觀其意，若其寬我，我當事之；若加兵於我，我則改圖耳。」觀敬瑭此言，則求援於契丹者本心先定之計也，桑維翰之言正會其意耳。幕僚段希堯極言拒之，敬瑭以其朴直，不責也。節度判官華陰趙瑩勸敬瑭赴鄆州；觀察判官平遙薛融曰：「融書生，不習軍旅。」都押牙劉知遠曰：「明公久將兵，得士卒心；今據形勝之地，士馬精強，若稱兵傳檄，稱，舉也。帝業可成，柰何以一紙制書自投虎口乎！」掌書記洛陽桑維翰曰：「主上初卽位，明公入朝，主上豈不知蛟龍不可縱之深淵邪？古語有之：魚不可脫於淵，神龍失勢，與蚯蚓同。然卒以河東復授公，卒，子恤翻。復，扶又翻。此乃天意假公以利器。明宗遺愛在人，主上以庶孽代之，羣情不附。公明宗之愛壻，今主上以反逆見待，此非首謝可免，首，式又翻。但力爲自全之計。契丹【章：十二行本「丹」下有「主」字；乙十一行本同。】素與明宗約爲兄弟，今部落近在雲、應，契丹牙帳自明宗長興三年屯捺剌泊。公誠能推心屈節事之，萬一有急，朝呼夕至，何患無成。」敬瑭意遂決。

先是，朝廷疑敬瑭，先，悉薦翻。以羽林將軍寶鼎楊彥詢爲北京副留守，寶鼎縣屬河中府，漢之汾陰縣也。唐玄宗開元二十一年祀汾陰，獲寶鼎，由是更名。九域志：宋大中祥符四年改寶鼎爲榮河縣，在河中府北一百里。敬瑭將舉事，亦以情告之。彥詢曰：「不知河東兵糧幾何，能敵朝廷乎？」左右請殺彥詢，敬瑭曰：「惟副使一人我自保之，汝輩勿言也。」按薛史稱楊彥詢爲人沈厚，當以此得全。

戊戌，昭義節度使皇甫立奏敬瑭反。幷、潞二鎭接境，故知其事而先奏之。敬瑭表：「帝養子，不應承祀，請傳位許王。」許王從益，明宗之子也。帝手裂其表抵地，以詔答之曰：「卿於鄂王固非疏遠，衞州之事，天下皆知；謂敬瑭盡殺閔帝從騎，獨置帝於衞州也。事見上卷淸泰元年。鄂王卽謂閔帝。潞王入立，以太后令降閔帝爲鄂王。許王之言，何人肯信！」壬寅，制削奪敬瑭官爵。乙巳，以張敬達兼太原四面排陳使，陳，讀曰陣；下同。河陽節度使張彥琪爲馬步軍都指揮使，以安國節度使安審琦爲馬軍都指揮使，以保義節度使相里金爲步軍都指揮使，以右監門上將軍武廷翰爲壕寨使。相，息亮翻。監，古銜翻。丙午，以張敬達爲太原四面兵馬都部署，以義武節度使楊光遠爲副部署。爲楊光遠殺張敬達降晉張本。丁未，又以張敬達知太原行府事，以前彰武節度使高行周爲太原四面招撫、排陳等使。光遠既行，定州軍亂，牙將千乘方太討平之。漢置千乘國，後改樂安郡，隋廢樂安郡置千乘縣，唐屬青州。九域志：千乘縣在青州北八十里。乘，繩證翻。

張敬達將兵三萬營於晉安鄉，晉安鄉在晉陽城南。薛史，晉安寨在晉祠南。戊申，敬達奏西北先鋒馬軍都指揮使安審信叛奔晉陽。審信，金全之弟子也，敬瑭與之有舊。安氏羣從與石敬瑭本皆代北人。先是，雄義都指揮使馬邑安元信先，悉薦翻。馬邑縣屬朔州。將所部六百餘人戍代州，代州刺史張朗善遇之。元信密說朗曰：「吾觀石令公長者，說，式芮翻。石敬瑭加中書令，故稱爲令公。長，知兩翻。舉事必成；公何不潛遣人通意，可以自全。」朗不從，由是互相猜忌。元信謀殺朗，不克，帥其衆奔審信，審信遂帥麾下數百騎與元信掠百井奔晉陽。帥，讀曰率。敬瑭謂元信曰：「汝見何利害，捨強而歸弱？」對曰：「元信非知星識氣，顧以人事決之耳。夫帝王所以御天下，莫重於信。今主上失大信於令公，親而貴者且不自保，石敬瑭身爲帝壻，可謂親矣；官爲中書令，建節總兵，專制北面，可謂貴矣。況疏賤乎！其亡可翹足而待，何強之有！」敬瑭悅，委以軍事。振武西北巡檢使安重榮戍代北，歐史，安重榮爲振武巡邊指揮使。帥步騎五百奔晉陽。帥，讀曰率；下同。重榮，朔州人也。以宋審虔爲寧國節度使、充侍衞馬軍都指揮使。石敬瑭既不受代，故使宋審虔領節掌宿衞。審虔，唐主鎮鳳翔時牙將。

11天雄節度使劉延皓恃后族之勢，驕縱，劉延皓，唐主后弟。奪人財產，減將士給賜，宴飲無度。捧聖都虞候張令昭因衆心怨怒，謀以魏博應河東，癸丑未明，帥衆攻牙城，克之；延皓脫身走，亂兵大掠。令昭奏：「延皓失於撫御，以致軍亂；臣以撫安士卒，權領軍府，「臣以」之「以」當作「已」。乞賜旌節！」延皓至洛陽，唐主怒，命遠貶；皇后爲之請，爲，于僞翻。考異曰：廢帝實錄：「延皓，皇后之姪。」按薛史、唐餘錄、歐陽史皆云延皓，后之弟，應州人也。延朗，宋州虞城人也。獨廢帝實錄云后姪，今不取。六月，庚申，止削延皓官爵，歸私第。

12辛酉，吳太保、同平章事徐景遷以疾罷，以其弟景遂代爲門下侍郎、參政事。

13癸亥，唐主以張令昭爲右千牛衞將軍、權知天雄軍府事。令昭以調發未集，調，徒釣翻。且受新命。尋有詔徙齊州防禦使，令昭託以士卒所留，實俟河東之成敗。唐主遣使諭之，令昭殺使者。甲戌，以宣武節度使兼中書令范延光爲天雄四面行營招討使、知魏博行府事，「魏博」恐當作「魏州」。以張敬達充太原四面招討使，以楊光遠爲副使。丙子，以西京留守李周爲天雄軍四面行營副招討使。

14 石敬瑭之子右衛上將軍重殷、皇城副使重裔聞敬瑭舉兵，匿於民間井中。弟沂州都指揮使敬德殺其妻女而逃，尋捕得，死獄中，從弟彰聖都指揮使敬威自殺。秋，七月，戊子，獲重殷、重裔，誅之，重，直龍翻。從，才用翻。考異曰：薛史：「七月己丑，誅右衛上將軍石重英、皇城副使石重裔，皆敬瑭之子也。」廢帝實錄云「石諱姝男尚食使重乂、供奉官重英。」與薛史不同。按重乂敬瑭子，卽位後爲張從賓所殺，實錄誤也。廣本「英」作「殷」，今從之。幷族所匿之家。

15 庚寅，楚王希範自桂州北還。四月至桂州，七月方還。還，從宣翻，又如字。

16 雲州步軍指揮使桑遷奏應州節度使尹暉逐雲州節度使沙彥珣，收其兵應河東。丁酉，彥珣表遷謀叛應河東，引兵圍子城。彥珣犯圍走出西山，據雷公口，明日，收兵入城擊亂兵，遷敗走，軍城復安。是日，尹暉執遷送洛陽，斬之。

17 丁未，范延光拔魏州，斬張令昭。詔悉誅其黨七指揮。

18 張敬達發懷州彰聖軍戍虎北口，虎北口在汾水北。彰聖軍本洛城屯衛兵也，先是分屯懷州，又自懷州發赴張敬達軍前，敬達又發之戍虎北口。其指揮使張萬迪將五百騎奔河東，丙辰，詔盡誅其家。

19 石敬瑭遣間使求救於契丹，間，古莧翻。使，疏吏翻。時張敬達在代州，雲、應兩鎮亦不從敬瑭，故遣使從間道趨契丹帳。令桑維翰草表稱臣於契丹主，且請以父禮事之，約事捷之日，割盧龍一道及鴈門關以北諸州與之。劉知遠諫曰：「稱臣可矣，以父事之太過。厚以金帛賂之，自足致其兵，不必許以土田，恐異日大爲中國之患，悔之無及。」敬瑭不從。他日卒如劉知遠之言。爲契丹入中國張本。表至契丹，契丹主大喜，喜中國有釁之可乘也。白其母曰：「兒比夢石郎遣使來，其母即述律太后。比，毗至翻，近也。今果然，此天意也。」自是之後，遼滅晉，金破宋，（原缺十六字。）今之疆理，西越益、寧，南盡交、廣，至于海外，皆石敬瑭捐割關隘以啓之也，其果天意乎！乃爲復書，許俟仲秋傾國赴援。俟秋高馬肥而後進。

20 八月，己未，以范延光爲天雄節度使，李周爲宣武節度使、同平章事。

21 癸亥，應州言契丹三千騎攻城。

22 張敬達築長圍以攻晉陽。石敬瑭以劉知遠爲馬步都指揮使，安重榮、張萬迪降兵皆隸焉。知遠用法無私，撫之如一，由是人無貳心。敬瑭親乘城，坐臥矢石下，知遠曰：「觀敬達輩高壘深塹，欲爲持久之計，無他奇策，不足慮也。願明公四出間使，間，古莧翻。使，疏吏翻。經略外事。守城至易，知遠獨能辦之。」易，以豉翻。用兵之計，攻城最下。以敬瑭、知遠之守，又有契丹之援，而敬達欲以持久制之，宜其敗也。敬瑭執知遠手，撫其背而賞之。

23 戊寅，以成德節度使董溫琪爲東北面副招討使，以佐盧龍節度使趙德鈞。

24 唐主使端明殿學士呂琦至河東行營犒軍，犒，苦到翻。楊光遠謂琦曰：「願附奏陛下，幸寬宵旰。旰，古案翻。賊若無援，旦夕當平；若引契丹，當縱之令入，可一戰破也。」楊光遠之計，狃王晏球定州之勝，欲縱之令入而與之戰，殊不知戰無常勝，而闕隘不可不扼也。尋而契丹徑入，唐兵一戰而敗，遂爲所困矣。帝甚悅。帝聞契丹許石敬瑭以仲秋赴援，屢督張敬達急攻晉陽，不能下。每有營構，多值風雨，長圍復爲水潦所壞，竟不能合。復，扶又翻。壞，音怪。史言天方相晉，張敬達無所施其力。晉陽城中日窘，糧儲浸乏。若契丹之援不至，晉不能支矣。

25 九月，契丹主將五萬騎，號三十萬，自揚武谷而南，揚武谷在代州崞縣。薛史：陽武谷在朔州南。考異曰：代州今有楊武寨，其北有長城嶺、聖佛谷。今從漢高祖實錄作「揚武」。旌旗不絕五十餘里。代州刺史張朗、忻州刺史丁審琦嬰城自守，九域志：代州南至忻州一百六十里；忻州南至太原一百四十里。虜騎過城下，亦不誘脅。誘，音酉。審琦，洺州人也。

辛丑，契丹主至晉陽，陳於汾北之虎北口。陳，讀曰陣；下同。考異曰：按幽州北山口名虎北口，亦名古北口。此在太原，而云陳於虎北口，又云歸虎北口，蓋太原城側別有地名虎北口也。先遣人謂敬瑭曰：「吾欲今日卽破賊可乎？」敬瑭遣人馳告曰：「南軍甚厚，不可輕，唐兵自南來攻晉陽，故謂之南軍。請俟明日議戰未晚也。」使者未至，契丹已與唐騎將高行周、符彥卿合戰，敬瑭乃遣劉知遠出兵助之。張敬達、楊光遠、安審琦以步兵陳於城西北山下，契丹遣輕騎三千，不被甲，直犯其陳。唐兵見其羸，爭逐之，至汾曲，被，皮義翻。羸，倫爲翻。汾曲，汾水之曲也。契丹涉

水而去。唐兵循岸而進，契丹伏兵自東北起，衝唐兵斷而爲二，步兵在北者多爲契丹所殺，

騎兵在南者引歸晉安寨。契丹縱兵乘之，唐兵大敗，步兵死者近萬人，近，其靳翻。騎兵獨

全。敬達等收餘衆保晉安，契丹亦引兵歸虎北口。敬瑭得唐降兵千餘人，劉知遠勸敬瑭盡

殺之。唐兵雖敗，其衆尚強，劉知遠懼降兵復叛歸，故勸殺之。

是夕，敬瑭出北門，出晉陽城北門也。見契丹主。契丹主執敬瑭手，恨相見之晚。以前此未

識面，故然，亦必石敬瑭之氣貌有以聳其瞻視也。敬瑭問曰：「皇帝遠來，士馬疲倦，遽與唐戰而大

勝，何也？」契丹主曰：「始吾自北來，謂唐必斷鴈門諸路，斷，音短。鴈門有東陘、西陘之險，崞縣

有陽武、石門之隘。伏兵險要，則吾不可得進矣。使張敬達等果知出此，豈有晉安之困哉。使人偵視，

皆無之，偵，丑鄭翻。吾是以長驅深入，知大事必濟也。兵既相接，我氣方銳，彼氣方沮，若不

乘此急擊之，言當乘初至之鋭而用其鋒也。曠日持久，則勝負未可知矣。此吾所以亟戰而勝，不

可以勞逸常理論也。」敬瑭甚歎伏。

壬寅，敬瑭引兵會契丹圍晉安寨，置營於晉安之南，長百餘里，厚五十里，多設鈴索吠

犬，人跬步不能過。長，直亮翻。厚，戶茂翻。索，昔各翻。吠，房廢翻。跬，犬蘂翻，半步也。又司馬法曰：一

舉足曰跬。跬，三尺也。敬達等士卒猶五萬人，馬萬匹，四顧無所之。兵法：置之死地而後生。若張

敬達等能於圍落未合之時，勉諭將士，竭力致死決戰，勝負未可知也。甲辰，敬達遣使告敗於唐，自是聲問

不復通。復，扶又翻。唐主大懼，遣彰聖都指揮使符彥饒將洛陽步騎兵屯河陽，詔天雄節度使兼中書令范延光將魏州兵二萬由青山趣榆次，青山，卽邢州青山口也。趣，七喻翻。盧龍節度使、東北面招討使兼中書令北平王趙德鈞將幽州兵【章：十二行本「兵」下有「由飛狐」三字；乙十一行本同；孔本同；退齋校同。】出契丹軍後，欲使趙德鈞自飛狐道出代州，以斷契丹之後。耀州防禦使潘環糺合西路戍兵，「糺」，與「糾」同。說文：繩三合爲糺。故凡合集兵衆者謂之糺合、糺集。西路戍兵，謂蒲、潼以西諸道戍兵也。由晉、絳兩乳嶺出慈、隰，共救晉安寨。契丹主移帳於柳林，柳林當在晉安寨南。遊騎過石會關，不見唐兵。

丁未，唐主下詔親征。雍王重美曰：雍，於用翻。「陛下目疾未平，未可遠涉風沙；臣雖童稚，願代陛下北行。」帝意本不欲行，聞之，頗悅。張延朗、劉延皓及宣徽南院使劉延朗皆勸帝行，帝不得已，戊申，發洛陽，謂盧文紀曰：「朕雅聞卿有相業，故排衆議首用卿，相，息亮翻。盧文紀，唐主清泰元年四月卽位，七月相盧文紀。今禍難如此，難，乃旦翻。卿嘉謀皆安在乎？」文紀但拜謝，不能對。己酉，遣劉延朗監侍衛步軍都指揮使符彥饒軍赴潞州，爲大軍後援。大軍，謂晉安寨之軍。監，古銜翻。諸軍自鳳翔推戴以來，推戴，事見上卷清泰元年。驕悍不爲用，彥饒恐其爲亂，不敢束之以法。悍，下罕翻，又侯旰翻。兵驕而不爲用，與無兵同。潞王以驕兵推戴而得天下，亦以驕兵不爲用而失天下，固其宜也。

帝至河陽，心憚北行，召宰相、樞密使議進取方略，盧文紀希帝旨，言「國家根本，太半在河南。胡兵倏來忽往，不能久留；晉安大寨甚固，況已發三道兵救之。謂范延光、趙德鈞、潘環三帥之兵。河陽天下津要，北兵犯洛，須自河陽渡河，故云然。車駕宜留此鎮撫南北，且遣近臣往督戰，苟不能解圍，進亦未晚。」張延朗欲因事令趙延壽得解樞務，趙延壽時爲樞密使，欲求解而未能。因曰：「文紀言是也。」帝訪於餘人，無敢異言者。澤州刺史劉遂凝，鄩之子也，潛自通於石敬瑭，應順初，劉遂雍以長安拒王思同而迎潞王者，亦劉鄩之子也；是其兄弟隨時反覆以求祿利，白晝攫金，見金而不見人者也。表稱車駕不可踰太行。行，戶剛翻。澤州當太行之道。帝議近臣可使北行者，張延朗與翰林學士須昌和凝等須昌，卽九域志鄆州所治之須城縣。蓋後唐避李國昌諱，改須昌爲須城，而歐史與通鑑則仍舊縣名而不改也。皆曰：「趙延壽父德鈞以盧龍兵來赴難，難，乃旦翻。宜遣延壽會之。」庚戌，遣樞密使、忠武節度使、隨駕諸軍都部署、兼侍中趙延壽將兵二萬如潞州。辛亥，帝如懷州。以右神武統軍康思立爲北面行營馬軍都指揮使，帥扈從騎兵赴團柏谷。帥，讀曰率。從，才用翻。九域志：太原府祁縣有團柏鎭。思立，晉陽胡人也。

帝以晉安爲憂，問策於羣臣，吏部侍郎永清龍敏請立李贊華爲契丹主，唐如意元年分安次縣置武隆縣，景雲元年改曰會昌，天寶元年改曰永清，屬幽州。匈奴須知：永清縣在幽州東南一百七十里。舜以龍爲納言，子孫以名爲氏，又或以爲豢龍氏之後。項羽將有龍且，漢有龍伯高。李贊華，契丹主之兄也，明宗長興元年來降，賜姓名，時在洛陽。令天雄、盧龍二鎭分兵送之，欲令范延光、趙德鈞分兵送之。自幽州趣西樓，朝廷露檄言之，契丹主必有內顧之憂，露檄者，欲使契丹知之。觀他日契丹述律太后責趙德鈞之言，則龍敏之策爲可行，唐主惜不用耳。然後選募軍中精銳以擊之，此亦解圍之一策也。帝深以爲然，而執政恐其無成，議竟不決。

帝憂沮形於神色，但日夕酣飲悲歌。羣臣或勸其北行，則曰：「卿勿言，石郎使我心膽墮地！」李嗣源舉兵向洛，則莊宗爲之神色沮喪；石敬瑭阻兵拒命，則潞王自謂使之心膽墮地；何平時之臨敵甚勇，一旦乃惴怯如此也？蓋莊宗之與明宗，潞王之與晉祖，皆同出入兵間，內揆其智力無以大相過，而乘時用勢偶有不相及者，則其氣先餒故也。

26 冬，十月，壬戌，詔大括天下將吏及民間馬；將，卽亮翻。又發民爲兵，每七戶出征夫一人，考異曰：薛史云十戶。今從廢帝實錄。自備鎧仗，謂之「義軍」，期以十一月俱集，命陳州刺史郎萬金敎以戰陳，郎萬金，當時勇將也。用張延朗之謀也。凡得馬二千餘匹，征夫五千人，實無益於用，而民間大擾。

27 初，趙德鈞陰蓄異志，欲因亂取中原，趙德鈞之志圖非望，亦見潞王得之之易也。自請救晉安寨；唐主命自飛狐踵契丹後，鈔其部落，鈔，楚交翻。德鈞請將銀鞍契丹直三千騎，趙德鈞在幽州，以契丹來降之驍勇者置銀鞍契丹直。由土門路西入，帝許之。趙州刺史、北面行營都指揮使劉在明先將兵戍易州，德鈞過易州，命在明以其衆自隨。在明，幽州人也。德鈞至鎮州，以董溫琪領招討副使，邀與偕行，董溫琪時鎮鎮州。又表稱兵少，須合澤潞兵；乃自吳兒谷趣潞州，吳兒谷在潞州黎城東北，涉縣西南。癸酉，至亂柳。時范延光受詔將部兵二萬屯遼州，德鈞又請與魏博軍合；延光知德鈞合諸軍，志趣難測，表稱魏博兵已入賊境，無容南行數百里與德鈞合，乃止。

28 漢主以宗正卿兼工部侍郎劉濬爲中書侍郎、同平章事。濬，崇望之子也。劉崇望相昭宗。

29 十一月，【章：十二行本「月」下有「戊子」二字；乙十一行本同；孔本同；張校同。】以趙德鈞爲諸道行營都統，依前東北面行營招討使。以趙延壽爲河東道南面行營招討使，以翰林學士張礪爲判官。庚寅，以范延光爲河東道東南面行營招討使，以宣武節度使、同平章事李周副之。辛卯，以劉延朗爲河東道南面行營招討副使。趙延壽遇趙德鈞於西湯，歐史「西湯」作「西唐」，薛史作「西唐店」。悉以兵屬德鈞。唐主遣呂琦賜德鈞敕告，且犒軍。賜以諸道行營都統敕告也。犒，苦到翻。德鈞志在併范延光軍，逗留不進，詔書屢趣之，趣，讀曰促。德鈞乃引兵北屯團柏谷口。

30 癸巳，吳主詔齊王知誥置百官，以金陵府爲西都。

31 前坊州刺史劉景巖，延州人也，多財而喜俠，喜，許記翻。交結豪傑，家有丁夫兵仗，人服其強，勢傾州縣。彰武節度使楊漢章無政，失夷、夏心，會括馬及義軍，漢章帥步騎數千人將赴軍期，夏，戶雅翻。帥，讀曰率。閱之于野。景巖潛使人撓之曰：「契丹強盛，汝曹有去無歸。」衆懼，殺漢章，奉景巖爲留後。唐主不獲已，丁酉，以景巖爲彰武留後。撓，呼高翻，撓亂之也。史言徵發過甚，強人以其所不堪，適足爲州里姦豪之資。

32 契丹主謂石敬瑭曰：「吾三千里赴難，難，乃旦翻。必有成功。觀汝器貌識量，眞中原之主也。契丹主初來赴難，石敬瑭出見之於晉陽北門，此時固得之眉睫間矣。及圍晉安，軍中旦暮見，審之既熟，然後發此言。然味其言，不徒取其氣貌，又取其識量，則其所謂觀者必有異乎常人之觀矣。吾欲立汝爲天子。」敬瑭辭讓者數四，將吏復勸進，乃許之。復，扶又翻。契丹主作册書，命敬瑭爲大晉皇帝，自解衣冠授之，石敬瑭蓋以北服卽位。築壇於柳林，是日，卽皇帝位。考異曰：廢帝實錄：「閏月丁卯，胡立石諱爲天子於柳林，」誤也，今從晉高祖實錄、薛史契丹册文。割幽、薊、瀛、莫、涿、檀、順、新、嬀、儒、武、雲、應、寰、朔、蔚十六州以與契丹，儒州領晉山一縣，武州領文德一縣。武州，唐志有之。儒州，蓋晉王鎭河東所表置。後唐明宗天成元年，以興唐軍置寰州，領寰清一縣，隸應州彰國節度。人皆以石晉割十六州爲北方自撤藩籬之始，余謂鴈門以北諸州，棄之猶有關隘可守。漢建安喪亂，棄陘北之地，不害爲魏、晉之強是也。若割燕、薊、順等州，則爲失地險。然盧龍之險在營、平二州界，自劉守光僭竊，周德威攻取，契丹乘間遂據營、平。自同光以來，契丹南牧直抵涿、易，其失險也久矣。薊，音計。嬀，居爲翻。蔚，紆勿翻。仍許歲輸帛三十萬匹。

己亥，制改長興七年爲天福元年，此清泰三年也，而以爲唐明宗長興七年，以潞王爲篡也。大赦；敕命法制，皆遵明宗之舊。以節度判官趙瑩爲翰林學士承旨、戶部侍郎、知河東軍府事，掌書記桑維翰爲翰林學士、禮部侍郎、權知樞密使事，觀察判官薛融爲侍御史知雜事，節度推官白水竇貞固爲翰林學士，白水縣屬同州。宋白曰：白水縣，漢粟邑，又爲漢衙縣，春秋彭衙地。後魏和平三年分澄城置白水縣，南臨白水，因名。九域志：在州西北一百二十里。軍城都巡檢使劉知遠爲侍衞馬軍都指揮使，軍城，謂河東軍城。晉陽受圍之時，劉知遠爲都巡檢使。客將景延廣爲步軍都指揮使。延廣，陝州人也。陝，失冉翻。立晉國長公主爲皇后。

契丹主雖軍柳林，其輜重老弱皆在虎北口，每日暝輒結束，以備倉猝遁逃，重，直用翻。暝，莫定翻。觀契丹在虎北口，其所以自爲備者、與夫詐趙德鈞之事，其畏中國之心爲何如哉。而趙德鈞欲倚契丹取中國，至團柏踰月，按兵不戰，去晉安纔百里，聲問不能相通。德鈞累表爲延壽求成德節度使，爲，于僞翻。曰：「臣今遠征，幽州勢孤，欲使延壽在鎮州，左右便於應接。」言延壽在常山，則左可以應接薊門，右可以應接團柏。唐主曰：「延壽方擊賊，何暇往鎮州！俟賊平，當如所請。」德鈞求之不已，唐主怒曰：「趙氏父子堅欲得鎮州，何意也？苟能卻胡寇，雖欲代吾位，吾亦甘心，若玩寇邀君，但恐犬兔俱斃耳。」戰國策曰：韓子盧者天下之駿犬也，東郭㕙者天下之狡兔也。盧逐㕙，環山者三，騰山者五，兔死於前，犬廢於後，田父見而并獲之。德鈞聞之，不悅。

閏月，趙延壽獻契丹主所賜詔及甲馬弓劍，詐云德鈞遣使致書於契丹主，爲唐結好，說令引兵歸國；使，疏吏翻。爲，于僞翻。好，呼到翻。說，式芮翻。其實別爲密書，厚以金帛賂契丹主，云：「若立己爲帝，請卽以見兵南平洛陽，見兵，謂其父子見統之兵也。見，賢遍翻。與契丹爲兄弟之國；仍許石氏常鎭河東。」契丹主自以深入敵境，晉安未下，德鈞兵尙強，范延光在其東，又恐山北諸州邀其歸路，山北諸州，謂雲、應、寰、朔等州。欲許德鈞之請。

帝聞之，大懼，亟使桑維翰見契丹主，說之曰：「大國舉義兵以救孤危，一戰而唐兵瓦解，退守一柵，食盡力窮。趙北平父子不忠不信，趙德鈞封北平王，故稱之。言其不忠於唐、不信於契丹也。畏大國之強，且素蓄異志，按兵觀變，非以死徇國之人，何足可畏，而信其誕妄之辭，貪豪末之利，秋豪之末，言至細也。棄垂成之功乎！且使晉得天下，將竭中國之財以奉大國，豈此小利之比乎！」契丹主曰：「爾見捕鼠者乎，不備之，猶或齧傷其手，況大敵乎！」齧，魚結翻。對曰：「今大國已扼其喉，安能齧人乎！」契丹主曰：「吾非有渝前約也，渝，變也。前約，謂使晉帝中國。但兵家權謀不得不爾。」對曰：「皇帝以信義救人之急，四海之人俱屬耳目，屬，之欲翻。柰何二三其命，左傳：晉侯使韓穿來言汶陽之田歸之於齊；季文子曰：「一年之間，或予或奪，二三孰甚焉！」使大義不終！臣竊爲皇帝不取也。」爲，于僞翻。跪於帳前，自旦至暮，涕泣爭之。契丹主乃從之，指帳前石謂德鈞使者曰：「我已許石郎，此石爛，可改矣。」

33龍敏謂前鄭州防禦使李懿曰：「君，國之近親，今社稷之危，翹足可待，君獨無憂乎？」懿爲言趙德鈞必能破敵之狀。爲，于僞翻。敏曰：「我燕人也，龍敏，幽州永清縣人。知德鈞之爲人，怯而無謀，但於守城差長耳。況今內蓄姦謀，豈可恃乎！僕有狂策，但恐朝廷不肯爲耳。今從駕兵尚萬餘人，馬近五千匹，近，其靳翻。若選精騎一千，使僕與郎萬金將之，自介休山路，夜冒虜騎入晉安寨，郎萬金當時勇將也。自介休山路達平遙，則可得而至晉安寨。將，卽亮翻。冒，莫北翻。但使其半得入，則事濟矣。張敬達等陷於重圍，重，直龍翻。不知朝廷聲問，若知大軍近在團柏，雖有鐵障可衝陷，況虜騎乎！」懿以白唐主，唐主曰：「龍敏之志極壯，用之晚矣。」龍敏之策非不可行也，其如兵驕而不可用何？唐主老於行間，蓋亦有見於此。

34丹州義軍作亂，逐刺史康承詢，承詢奔鄜州。九域志：丹州西至鄜州一百七十五里。鄜，芳蕪翻。

35晉安寨被圍數月，是年九月晉安寨被圍。被，皮義翻。高行周、符彥卿數引騎兵出戰，數，所角翻。衆寡不敵，皆無功。芻糧俱竭，削柹淘糞以飼馬，馬相啗，尾鬣皆禿，柹，方肺翻，斫木札也。木札已薄，更削之使薄，使馬可啗。淘糞者，淘馬糞中草筋，復以飼馬。飼，祥吏翻。啗，徒濫翻。禿，他谷翻。死則將士分食之，援兵竟不至。張敬達性剛，時謂之「張生鐵」，歐史曰：張敬達小字生鐵。楊光遠、安審琦勸敬達降於契丹，敬達曰：「吾受明宗及今上厚恩，歐史：張敬達，明宗時爲河東馬步軍都指揮使，領欽州刺史，屢遷彰國、大同節度使，徙鎭武信、晉昌，故敬達自謂受厚恩也。然明宗置武信軍於遂州，尋爲孟知祥所陷，張敬達未嘗往鎮。晉得中國，始改長安爲晉昌軍，歐亦考之未詳也。通鑑前書敬達自建雄節度代敬瑭；建雄軍晉州也，歐史誤以爲晉昌耳。又不知武信緣何而誤。降，戶江翻。爲元帥而敗軍，其罪已大，況降敵乎！今援兵旦暮至，且當俟之。必若力盡勢窮，則諸軍斬我首，軍，當作君。攜之出降，自求多福，未爲晚也。」史言張敬達之志節。光遠目審琦欲殺敬達，審琦未忍。高行周知光遠欲圖敬達，常引壯騎尾而衞之，敬達不知其故，謂人曰：「行周每踵余後，何意也？」行周乃不敢隨之。諸將每旦集於招討使營，甲子，高行周、符彥卿未至，光遠乘其無備，斬敬達首，帥諸將上表降於契丹。帥，讀曰率。契丹主素聞諸將名，皆慰勞，勞，力到翻；下詔勞同。賜以裘帽，因戲之曰：「汝輩亦大惡漢，北人謂南人爲「漢」。大惡，猶今人謂桀烈者爲得人憎也。王昭遠所謂「惡小兒」亦此意。不用鹽酪啗戰馬萬匹！」光遠等大慚。契丹主嘉張敬達之忠，命收葬而祭之，謂其下及晉諸將曰：「汝曹爲人臣，當效敬達也。」時晉安寨馬猶近五千，近，其靳翻。鎧仗五萬，契丹悉取以歸其國，悉以唐之將卒授帝，語之曰：「勉事而主。」語，牛倨翻。而，汝也。馬軍都指揮使康思立憤惋而死。惋，烏貫翻。

帝以晉安已降，遣使諭諸州，代州刺史張朗斬其使；呂琦奉唐主詔勞北軍，北軍，謂鴈門以北諸州固守之軍。至忻州，遇晉使，亦斬之，謂刺史丁審琦曰：「虜過城下而不顧，其心可見，還日必無全理，不若早帥兵民自五臺奔鎮州。」自五臺縣東南至鎮州三百六十里，即取飛狐路也。

帥，讀曰率；下同。將行，審琦悔之，閉牙城不從。州兵欲攻之，琦曰：「家國如此，何爲復相屠滅！」復，扶又翻。乃帥州兵趣鎭州，州兵，忻州兵也。趣，七喩翻。審琦遂降契丹。

36 契丹主謂帝曰：「桑維翰盡忠於汝，宜以爲相。」丙寅，以趙瑩爲門下侍郎，桑維翰爲中書侍郎，並同平章事；維翰仍權知樞密使事。以楊光遠爲侍衞馬步軍都指揮使，以楊光遠殺張敬達以晉安寨降，故擢用之。以劉知遠爲保義節度使、侍衞馬步軍都虞候。

37 帝與契丹主將引兵而南，欲留一子守河東，咨於契丹主，謀事爲咨。今北人以咨爲重，自行臺、行省移文書於內臺、內省，率謂之咨。契丹主令帝盡出諸子，自擇之。帝兄子重貴，父敬儒早卒，帝養以爲子，貌類帝而短小，契丹主指之曰：「此大目者可也。」乃以重貴爲北京留守、契丹主知重貴之可，異日景延廣果立之。然所謂可者，言於帝諸子中爲可耳，契丹主固窺之矣。太原尹、河東節度使。以留守爲尹爲帥，循唐之舊制也。契丹以其將高謨翰爲前鋒，與降卒偕進。降卒，唐晉安寨之兵也。丁卯，至團柏，與唐兵戰，趙德鈞、趙延壽先遁，符彥饒、張彥琦、劉延朗、劉在明繼之，士卒大潰，相騰踐死者萬計。

己巳，延朗、在明至懷州，唐主始知帝卽位、楊光遠降。衆議以「天雄軍府尚完，契丹必憚山東，未敢南下，天雄軍在太行山之東。車駕宜幸魏州。」唐主以李崧素與范延光善，時范延光鎭魏州。召崧謀之。薛文遇不知而繼至，李崧、薛文遇同在直，文遇不知獨召崧，以爲並召也，故繼崧而至。唐主怒，變色；崧躡文遇足，躡，尼輒翻。文遇乃去。唐主曰：「我見此物肉顫，顫，之賤翻。肉寒動爲顫。適幾欲抽佩刀刺之。」幾，居希翻。刺，七亦翻。崧曰：「文遇小人，淺謀誤國，刺之益醜。」唐主得薛文遇於起事之初，及即位，使之豫謀議，沮李崧等和契丹之計，及贊唐主移鎮天平，皆文遇爲之也，今事敗而歸咎焉。崧因勸唐主南還，還，從宣翻，又如字。唐主從之。

洛陽聞北軍敗，北軍，謂趙德鈞、符彥饒等屯團柏之兵。衆心大震，居人四出，逃竄山谷。門者請禁之，門者，洛城守關者也。河南尹雍王重美曰：「國家多難，難，乃旦翻。未能爲百姓主，又禁其求生，徒增惡名耳；不若聽其自便，事寧自還。」乃出令任從所適，衆心差安。還，從宣翻。重美之識度，蓋亦異乎庸常，卒之父子俱死。自古以來，負才識而不得展，以死於多難者多矣。

壬申，唐主還至河陽，命諸將分守南、北城。河陽有南、北、中潬三城，守南北城所以衛河橋。張延朗請幸滑州，庶與魏博聲勢相接，唐主不能決。

趙德鈞、趙延壽南奔潞州，唐敗兵稍稍從之，其將時賽帥盧龍輕騎東還漁陽。賽，先代翻。帥，讀曰率。漁陽卽謂幽州，唐人多言之。安祿山反於幽州，南向京輔，白居易歌之，以爲「漁陽鼙鼓動地來」是也。帝先遣昭義節度使高行周還具食，使還潞州，先供頓以待軍。至城下，見德鈞父子在城上，行周曰：「僕與大王鄉曲，趙德鈞封北平王，故高行周稱之爲大王。德鈞幽州人，行周嬀州人，皆燕人也，故云鄉曲。敢不忠告！城中無斗粟可守，不若速迎車駕。」甲戌，帝與契丹主至潞州，德鈞父子迎謁於高河，契丹主慰諭之，父子拜帝於馬首，進曰：「別後安否？」帝不顧，亦不與之言。以其欲爭爲帝，恨之也。契丹主問德鈞曰：「汝在幽州所置銀鞍契丹直何在？」德鈞指示之，契丹主命盡殺之於西郊，潞州西郊也。凡三千人。遂瑣德鈞、延壽，送歸其國。瑣，與鎖同。德鈞見述律太后，悉以所齎寶貨并籍其田宅獻之，太后問曰：「汝近者何爲往太原？」德鈞曰：「奉唐主之命。」太后指天曰：「汝從吾兒求爲天子，何妄語邪！」言德鈞舉兵往太原，欲從契丹主求爲帝耳，何乃妄言奉唐主之命邪。又自指其心曰：「此不可欺也。」又曰：「吾兒將行，吾戒之云：趙大王若引兵北向渝關，亟須引歸，太原不可救也。汝欲爲天子，何不先擊退吾兒，徐圖亦未晚。徐圖，謂徐圖爲天子也。汝爲人臣，既負其主，不能擊敵，又欲乘亂邀利，所爲如此，何面目復求生乎？」德鈞俛首不能對。復，扶又翻。俛，音免。以正義責之，故不能對。又問：「器玩在此，謂德鈞所齎以獻者也。田宅何在？」德鈞曰：「在幽州。」太后曰：「幽州今屬誰？」【章：十二行本「誰」下有「德鈞」二字；乙十一行本同；張校同。】曰：「屬太后。」太后曰：「然則又何獻焉？」此卽魏王繼岌留王宗弼所獻，謂「此皆我家物」之意。德鈞益慙。自是鬱鬱不多食，踰年而卒。張礪與延壽俱入契丹，契丹主復以爲翰林學士。張礪，唐明宗時爲翰林學士。唐主遣礪督趙延壽進軍于團柏，由是與延壽俱入契丹，卒以病中國。

帝將發上黨，契丹主舉酒屬帝曰：屬，之欲翻。「余遠來徇義，今大事已成，我若南向，河南之人必大驚駭；汝宜自引漢兵南下，人必不甚懼。我令太相溫將五千騎衞送汝至河梁，按吐蕃、契丹皆有太相。河梁即河陽橋。考異曰：廢帝實錄作「高謨翰」，范質陷蕃記作「高模翰」，歐陽史作「高牟翰」。蓋蕃名太相溫，漢名高謨翰。今從晉高祖實錄。欲與之渡河者多少隨意。余且留此，俟汝音聞，聞，音問。有急則下山救汝；下山，下太行也。若洛陽既定，吾即北返矣。」與帝執手相泣，久之不能別，解白貂裘以衣帝，貂出於北方。黑貂之裘南方猶可致，白貂之裘南方鮮有之。陸佃埤雅曰：貂亦鼠類，縟毛者也。其皮煖於狐貉。衣，於既翻。贈良馬二十匹，戰馬千二百匹，曰：「世世子孫勿相忘。」又曰：「劉知遠、趙瑩、桑維翰皆創業功臣，無大故，勿棄也。」

初，張敬達既出師，唐主遣左金吾大將軍歷山高漢筠守晉州。河中府河東縣有歷山。薛史：高漢筠，齊州歷山人。當從之。張敬達以晉州帥出專征太原，故使高漢筠守晉州。敬達死，建雄節度副使田承肇帥衆攻漢筠於府署，帥，讀曰率。漢筠開門延承肇入，從容謂曰：「僕與公俱受朝寄，從，千容翻。朝，直遙翻；下同。何相迫如此？」承肇曰：「欲奉公爲節度使。」漢筠曰：「僕老矣，義不爲亂首，死生惟公所處。」處，昌呂翻。承肇目左右欲殺之，軍士投刃於地曰：「高金吾累朝宿德，奈何害之！」承肇乃謝曰：「與公戲耳。」聽漢筠歸洛陽。帝遇諸塗，高漢筠蓋自晉州出含口至河陽，而帝自太行南下，故遇諸塗。曰：「朕憂卿爲亂兵所傷，今見卿甚喜。」

38 符彥饒、張彥琪至河陽，密言於唐主曰：「今胡兵大下，河水復淺，復，扶又翻。人心已離，此不可守。」己【章：十二行本「己」作「丁」；乙十一行本同；孔本同；張校同。】丑，唐主命河陽節度使萇從簡與趙州刺史劉在明守河陽南城，遂斷浮梁，斷，音短。歸洛陽。遣宦者秦繼旻、皇城使李彥紳殺昭信節度使李贊華於其第。李贊華，契丹主之兄，故殺之。

39 己卯，帝至河陽，萇從簡迎降，舟楫已具。唐主雖斷河梁，而萇從簡具舟楫以濟晉兵。降，戶江翻。彰聖軍執劉在明以降，彰聖軍蓋留戍河陽者。帝釋之，使復其所。

40 唐主命馬軍都指揮使宋審虔、步軍都指揮使符彥饒、河陽節度使張彥琪、宣徽南院使劉延朗將千餘騎至白馬阪行戰地，白司馬阪也，在洛陽北。史逸「司」字。行，下孟翻。有五十餘騎【章：十二行本「騎」下有「度河」二字；乙十一行本同；孔本同；張校同；退齋校同。】奔于北軍。此北軍謂晉兵從太原至河陽者也。諸將謂審虔曰：「何地不可戰，誰肯立於此？」言人心已離也。乃還。還，從宣翻，又如字。庚辰，唐主又與四將議復向河陽，四將卽謂宋審虔等四人。復，扶又翻。而將校皆已飛狀迎帝。帝慮唐主西奔，遣契丹千騎扼澠池。澠，彌兗翻。

辛巳，唐主與曹太后、劉皇后、雍王重美及宋審虔等攜傳國寶登玄武樓自焚。年五十一。宋審虔與唐主起事於鳳翔，親將也，故與之俱死。雍，於用翻。皇后積薪欲燒宮室，此皇后謂唐主劉皇后。重美諫曰：「新天子至，必不露居，他日重勞民力；重勞，直用翻。死而遺怨，將安用之！」乃止。王淑妃謂太后曰：「事急矣，宜且避匿，以俟姑夫。」太后，曹太后也。姑夫，謂帝也。皇后，曹太后之女，故王淑妃使之避匿以俟帝來。太后曰：「吾子孫婦女一朝至此，子，謂唐主；孫，謂重美；婦，謂劉后；女，謂唐主之女。何忍獨生！妹自勉之。」淑妃乃與許王從益匿於毬場，獲免。

是日晚，帝入洛陽，止于舊第。唐兵皆解甲待罪，帝慰而釋之。帝命劉知遠部署京城，知遠分漢軍使還營，館契丹於天宮寺，館，古玩翻。城中肅然，無敢犯令。士民避亂竄匿者，數日皆還復業。史言劉知遠之才略。

初，帝在河東，爲唐朝所忌，中書侍郎、同平章事、判三司張延朗不欲河東多蓄積，凡財賦應留使之外盡收取之，唐制：諸州財賦爲三，一上供，輸之京師以供上用也；二送使，輸送於節度、觀察使府；三留州，留爲州家用度。其後天下悉裂爲藩鎮，支郡則仍謂之留州，會府則謂之留使。朝，直遥翻。使，疏吏翻。帝以是恨之。壬午，百官入見，見，賢遍翻。獨收延朗付御史臺，餘皆謝恩。漢馮衍有言：在人惡其罵我，在我欲其罵人。晉祖初入洛而先收張延朗，不惟示天下以褊，亦非所以勸居官奉職者也。既誅又悔之，則無及矣。

甲申，車駕入宮，大赦：「應中外官吏一切不問，惟賊臣張延朗、劉延皓、劉延朗姦邪貪猥，罪難容貸；中書侍郎・平章事馬胤孫、樞密使房暠、宣徽使李專美、河中節度使韓昭胤等，雖居重位，不務詭隨，並釋罪除名；中外臣僚先歸順者，委中書門下別加任使。」劉延皓匿於龍門，九域志：河南府河南縣有龍門鎮。數日，自經死。劉延朗將奔南山，洛城之南山即伊陽諸山。捕得，殺之。斬張延朗；既而選三司使，難其人，帝甚悔之。

閩人聞唐主之亡，歎曰：「潞王之罪，天下未之聞也，將如吾君何！」史言閩人怨毒其君。

41 十二月，辛【章：十二行本「辛」作「乙」；乙十一行本同；孔本同；張校同；熊校同。】酉朔，帝如河陽，錢太相溫及契丹兵歸國。

42 追廢唐主爲庶人。

43 丁亥，以馮道兼門下侍郎、同平章事。

44 曹州刺史鄭阮貪暴，指揮使石重立因亂殺之，因亂者，因中原之亂也。史言貪暴之人不唯難免於治世，亦難免於亂世。族其家。

45 辛卯，以唐中書侍郎姚顗爲刑部尚書。

46 初，朔方節度使張希崇爲政有威信，民夷愛之，興屯田以省漕運；在鎭五年，求內徙，唐潞王以爲靜難節度使。難，乃旦翻。帝與契丹脩好，恐其復取靈武，契丹既得燕、雲，恐其乘勢又取靈武。好，呼到翻。復，扶又翻。癸巳，復以希崇爲朔方節度使。

47 初，成德節度使董溫琪貪暴，積貨巨萬，以牙內都虞候平山祕瓊爲腹心。平山縣屬鎭州，本隋所置房山縣。唐天寶末，安祿山反，玄宗改鹿泉縣爲獲鹿，房山縣爲平山。九域志：平山在州西六十五里。溫琪與趙德鈞俱沒於契丹，趙德鈞邀董溫琪同救晉安，與之俱沒。瓊盡殺溫琪家人，瘞於一坎，而取其貨，象有齒而焚其身，賄也。爲祕瓊爲范延光所殺張本。瘞，於計翻。自稱留後，表稱軍亂。

48 同州小校門鐸殺節度使楊漢賓，焚掠州城。河南官氏志：後魏改叱門氏爲門氏。又有吐門氏改爲門氏，又有庫門氏改爲門氏。校，戶教翻。

49 詔贈李贊華燕王，燕，於賢翻。遣使送其喪歸國。

50 張朗將其衆入朝。帝初起事，張朗守代州，不從。將，即亮翻。

51 庚子，以唐中書侍郎盧文紀爲吏部尚書。以皇城使晉陽周瓌爲大將軍、充三司使；瓌辭曰：「臣自知才不稱職，稱，尺證翻。寧以避事見棄，猶勝冒寵獲辜。」帝許之。

52 帝聞平盧節度使房知溫卒，遣天平節度使王建立將兵巡撫青州。以虞變也。將，即亮翻；下同。

53 改興唐府曰廣晉府。後唐改魏州爲興唐府，晉興，又改爲廣晉府，以易世而易府名也。

54 安遠節度使盧文進聞帝爲契丹所立，自以本契丹叛將，盧文進自契丹來奔，見二百七十五卷明宗天成元年。辛丑，棄鎮奔吳。九域志：安州東至黃州四百里，東南至鄂州三百六十里。黃、鄂皆吳土也。所過鎮戍，召其主將，告之故，皆拜辭而退。

55 徐知誥以鎮南節度使・太尉兼中書令李德誠、德勝節度使兼中書令周本位望隆重，欲使之帥衆推戴，本曰：「我受先王大恩，周本所言先王，謂楊行密也。帥，讀曰率。自徐溫父子用事，恨不能救楊氏之危，又使我爲此，可乎！」其子弘祚強之，強，其兩翻。不得已與德誠帥諸將詣江都表吳主，陳知誥功德，請行册命；又詣金陵勸進。宋齊丘謂德誠之子建勳曰：「尊公，太祖元勳，吳楊行密廟號太祖。今日掃地矣。」於是吳宮多妖，吳宮，謂江都宮。妖，一遙翻。吳主曰：「吳祚其終乎！」左右曰：「此乃天意，非人事也。」

56 高麗王建用兵擊破新羅、百濟，於是東夷諸國皆附之，有二京，六府，九節度，百二十郡。王建得高麗見二百七十一卷梁鈞王龍德三年。

鄧廣銘標點　聶崇岐覆校

資治通鑑卷第二百八十一

端明殿學士兼翰林侍讀學士太中大夫提舉西京嵩山崇福宮上柱國河内郡開國公食邑二千六百戶食實封一千戶臣司馬光奉敕編集
後學天台胡三省音註

後晉紀二起強圉作噩（丁酉），盡著雍閹茂（戊戌），凡二年。

高祖聖文章武明德孝皇帝上之下

天福二年（丁酉、九三七）

1春，正月，乙卯，日有食之。考異曰：實錄：「正月甲寅朔，乙卯日食。」十國紀年：「蜀乙卯朔日食。」蓋晉人避三朝日食而改曆耳。

2詔以前北面招收指揮使安重榮此以在晉陽圍城中所授安重榮軍職言也，故曰前。重，直龍翻。爲成德節度使，時祕瓊自爲成德留後，以安重榮代之。以祕瓊爲齊州防禦使。祕，姓也，漢、魏之間有南安祕宜。遣引進使王景崇諭瓊以利害。重榮與契丹將趙思溫偕如鎮州，瓊不敢拒命。畏契丹也。丙辰，重榮奏已視事。爲安重榮以成德反張本。景崇，邢州人也。

3 契丹以幽州爲南京。歐史曰：以幽州爲燕京。參考趙思溫爲留守事，則南京爲是。

4 李崧、呂琦逃匿於伊闕民間。帝以始鎮河東，崧有力焉，德之；李崧議以帝鎮河東，事見二百七十八卷唐明宗長興三年。亦不責琦。李崧、呂琦建和契丹以制河東之議，見上卷上年三月。乙丑，以琦爲祕書監；丙寅，以崧爲兵部侍郎、判戶部。

5 初，天雄節度使兼中書令范延光微時，有術士張生語之云：語，牛倨翻。「必爲將相。」延光既貴，信重之。延光嘗夢蛇自臍入腹，以問張生，張生曰：「蛇者龍也，帝王之兆。」延光由是有非望之志。唐潞王素與延光善，及趙德鈞敗，延光自遼州引兵還魏州，趙德鈞敗見上卷上年閏十一月。范延光屯遼州見上年十月；其還魏州亦必在閏十一月。雖奉表請降，降，戶江翻。內不自安，以書潛結祕瓊，欲與之爲亂；瓊受其書不報，延光恨之。瓊將之齊，過魏境，延光欲滅口，且利其貨，遣兵邀之於夏津，殺之。爲范延光以魏反，復以貨爲楊光遠所殺張本。夏津，古鄃縣，唐天寶元年更名夏津，屬貝州；宋以夏津屬北京，在京東北二百五十里。夏，戶雅翻。丁卯，延光奏稱夏津捕盜兵誤殺瓊；帝不問。

6 戊寅，以李崧爲中書侍郎、同平章事，充樞密使，桑維翰兼樞密使。時晉新得天下，藩鎮多未服從；或雖服從，反仄不安。兵火之餘，府庫殫竭，民間困窮，而契丹徵求無厭。厭，於鹽翻。維翰勸帝推誠棄怨以撫藩鎮，卑辭厚禮以奉契丹，訓卒繕兵以脩武備，務農桑以實倉廩，通商賈以豐貨財。數年之間，中國稍安。史言桑維翰有益於石晉草創之初者如此。賈，音古。

7 吳太子璉納齊王知誥女爲妃。璉，力展翻。知誥始建太廟、社稷，改金陵爲江寧府，先是，吳以昇州爲金陵府，今復更名。牙城曰宮城，廳堂曰殿；以左・右司馬宋齊丘、徐玠爲左・右丞相，馬步判官周宗、內樞判官黟人周廷玉爲內樞使。黟，漢縣，唐屬歙州。九域志：在州西一百五十三里。黟，顏師古音伊，劉昫音鷖。自餘百官皆如吳朝之制。朝，直遙翻。置騎兵八軍，步兵九軍。

8 二月，吳主以盧文進爲宣武節度使，宣武軍汴州，時屬晉，吳以盧文進遙領耳。兼侍中。

9 戊子，吳主使宜陽王璪如西都，吳以金陵爲西都見上卷上年。璪，子皓翻。冊命齊王；王受冊，赦境內。冊王妃曰王后。

10 吳越王元瓘之弟順化節度使、同平章事元珦獲罪於元瓘，廢爲庶人。錢元珦得罪之始見二百七十八卷唐明宗長興四年。珦，音向。

11 契丹主自上黨過雲州，大同節度使沙彥珣出迎，契丹主留之，不使還鎮。節度判官吳巒在城中，謂其衆曰：「吾屬禮義之俗，安可臣於夷狄乎！」衆推巒領州事，閉城不受契丹之命，契丹攻之，不克。應州馬軍都指揮使金城郭崇威亦恥臣契丹，挺身南歸。漢之金城，唐蘭州五泉縣是也。唐之金城，漢爲枝陽縣地，涼置廣武郡，隋廢郡爲廣武縣，唐乾元二年更曰金城，屬蘭州。按此非蘭州之金城，乃應州之金城縣也。唐明宗生於代北之金鳳城，及卽位，以其地置金城縣，仍置應州，治焉。郭崇威蓋以土人爲本鎭都將。又匈奴須知云：應州東至幽州八百五十里；金城縣東北至朔州八百里。如須知所云，應州與金城縣似爲兩處，南北風馬牛不相及，未能審其是，又當從涉其地者問之。挺，拔也。

契丹主過新州，命威塞節度使翟璋斂犒軍錢十萬緡。初，契丹主阿保機強盛，室韋、奚、霫皆役屬焉。翟，直格翻，又徒歷翻，姓也。犒，苦到翻。霫，似入翻。奚王去諸苦契丹貪虐，帥其衆西徙嬀州，帥，讀曰率。依劉仁恭父子，號西奚。東奚居琵琶川；西奚徙嬀州，依北山而居。去諸卒，子掃剌立。剌，來達翻；下拽剌同。唐莊宗滅劉守光，賜掃剌姓李名紹威。紹威娶契丹逐不魯之姊。逐不魯獲罪於契丹，奔紹威，紹威納之；契丹怒，攻之，不克。紹威卒，子拽剌立。拽，戶結翻。及契丹主德光自上黨北還，還，從宣翻，又如字。拽剌迎降，降，戶江翻。時逐不魯亦卒，契丹主曰：「汝誠無罪，掃剌、逐不魯負我。」皆命發其骨，磑而颺之。磑，五對翻，礱也，今人謂之磨。颺，余章翻。諸奚畏契丹之虐，多逃叛。契丹主勞翟璋曰：「當爲汝除代，令汝南歸。」勞，力到翻。爲，于僞翻。己亥，璋表乞徵詣闕。既而契丹遣璋將兵討叛奚、攻雲州，有功，留不遣璋，璋鬱鬱而卒。

張礪自契丹逃歸，爲追騎所獲，契丹主責之曰：「何故捨我去？」對曰：「臣華人，飲食衣服皆不與此同，生不如死，願早就戮。」契丹主顧通事高彥英曰：「吾常戒汝善遇此人，契丹置通事以主中國人，以知華俗、通華言者爲之。宋白曰：契丹主腹心能華言者目曰通事，謂其洞達庶務。何故使之失所而亡去？若失之，安可復得邪！」復，扶又翻。答彥英而謝礪。礪事契丹主甚忠直，遇事輒言，無所隱避，契丹主甚重之。史言契丹主知重儒者。

12 初，吳越王鏐少子元球少，詩照翻。球，思聿翻。考異曰：晉高祖實錄、十國紀年作「元球」，今從吳越備史、九國志。數有軍功，數，所角翻。鏐賜之兵仗。及吳越王元瓘立，元球爲土客馬步軍都指揮使【章：十二行本「使」下有「靜江節度使」五字；乙十一行本同；孔本同；張校同。】兼中書令，恃恩驕橫，橫，戶孟翻。增置兵仗至數千，國人多附之。元瓘忌之，使人諷元球請輸兵仗，出判溫州，元球不從。銅官廟吏告元球遣親信禱神，求主吳越江山；又爲蠟丸從水竇出入，與兄元珦謀議。蠟丸者，蠟彈書也，作書以蠟丸其外。三月，戊午，元瓘遣使者召元球宴宮中，既至，左右稱元球有刃墜於懷袖，卽格殺之；幷殺元珦。元珦被幽見二百七十八卷唐明宗長興四年。元瓘欲按諸將吏與元珦、元球交通者，其子仁俊諫曰：「昔光武克王郎，曹公破袁紹，皆焚其書疏以安反側，光武事見三十九卷漢更始二年。曹公事見六十四卷獻帝建安五年。今宜效之。」元瓘從之。

13 或得唐潞王膂及髀骨獻之，庚申，詔以王禮葬於徽陵南。唐閔帝之葬從徽陵，封纔數尺，見者悲之。潞王葬於徽陵南，見者莫之悲也，豈非人心之公是非邪！

14 帝遣使詣蜀告卽位，且敍姻好；蜀主孟知祥與帝皆後唐之主壻，蜀主娶晉王克用姪女，帝娶明宗女，與蜀後主兄弟行也，故敍姻好。好，呼到翻。蜀主復書，用敵國禮。

15范延光聚卒繕兵，悉召巡內刺史集魏州，天雄軍巡內有貝、博、衛、澶、相五州刺史。將作亂。會帝謀徙都大梁，桑維翰曰：「大梁北控燕、趙，南通江、淮，水陸都會，資用富饒。今延光反形已露，大梁距魏不過十驛，唐制，三十里一驛。十驛，三百里。彼若有變，大軍尋至，所謂疾雷不及掩耳也。」丙寅，下詔，託以洛陽漕運有闕，東巡汴州。

16吳徐知誥立子景通爲王太子；固辭不受。追尊考忠武王溫曰太祖武王，妣明德太妃李氏曰王太后。壬申，更名誥。更，工衡翻。徐知誥去名上「知」字，單名「誥」，示不與徐氏兄弟同也。

17庚辰，帝發洛陽，留前朔方節度使張從賓爲東都巡檢使。

18漢主以疾愈，大赦。

19交州將皎公羨殺安南節度使楊廷藝而代之。長興二年楊廷藝得交州，見唐明宗紀。皎，姓也。

20夏，四月，丙戌，帝至汴州；丁亥，大赦。

21吳越王元瓘復建國，如同光故事。元瓘之初立，罷建國，事見二百七十八卷唐明宗長興三年。丙申，赦境內，立其子弘僔爲世子。僔，子損翻。以曹仲達、沈崧、皮光業爲丞相，鎭海節度判官林鼎掌教令。

22丁酉，加宣武節度使楊光遠兼侍中。

23 閩主作紫微宮，飾以水晶，土木之盛倍於寶皇宮。唐明宗長興二年閩主璘作寶皇宮。又遣使散詣諸州，伺人隱慝。慝，吐得翻。

24 五月，吳徐誥用宋齊丘策，欲結契丹以取中國，遣使以美女、珍玩泛海脩好，好，呼到翻。契丹主亦遣使報之。

25 丙辰，敕權署汴州牙城曰大寧宮。時御史臺奏：「汴州在梁有京都之號，及唐莊宗廢爲宣武軍，至明宗行幸時，掌事者脩葺衙城，遂掛梁時宮殿門牌額，當時識者或竊非之。一昨車駕省方，暫居梁苑，衙城內齋閤牌額一如明宗行幸之時，無都號而有殿名，恐非典據。竊尋秦、漢以來，鑾輿所至，多立宮名。隋於揚州立江都宮，太原立汾陽宮，岐州立仁壽宮，唐於太原立晉陽宮，同州立長春宮，岐州立九成宮，宮中殿閣，皆題署牌額，以準皇居。請依故事，於汴州衙城門權掛一宮門牌額，則其餘齋閤並可取便爲名。」敕：「行闕宜以大寧宮爲名。」

26 壬申，進范延光爵臨清郡王，以安其意。

27 追尊四代考妣爲帝后。按五代會要：高祖璟謚靖祖孝安皇帝，妣秦氏謚元皇后；曾祖郴謚肅祖孝簡皇帝，妣安氏謚恭皇后；祖昱謚睿祖孝平皇帝，妣米氏謚獻皇后；考紹雍謚獻祖孝元皇帝，妣何氏謚懿皇后。若以前史謂皇考名臬捩雞推之，則四世之名，意皆有司所撰者也。己卯，詔太社所藏唐室罪人首聽親舊收葬。初，武衛上將軍婁繼英嘗事梁均王，爲內諸司使，至是，請其首而葬之。唐藏梁均王首於太社見二百七十二卷莊宗同光元年。史爲婁繼英請而不克葬張本。

28 六月，吳諸道副都統徐景遷卒。

29 范延光素以軍府之政委元隨左都押牙孫銳，銳恃恩專横，横，戶孟翻。符奏有不如意者，對延光手裂之。會延光病經旬，銳密召澶州刺史馮暉，與之合謀逼延光反；澶，時連翻。延光亦思張生之言，張生之言見上正月。遂從之。

甲午，六宅使張言奉使魏州還，言延光反狀；義成節度使符彥饒奏延光遣兵渡河，焚草市；時天下兵爭，凡民居在城外，率居草屋以成市里，以其價廉功省，猝遇兵火不至甚傷財以害其生也。此草市在滑州城外。詔侍衞馬軍都指揮使、昭信節度使白奉進將千五百騎屯白馬津以備之。白馬津在滑州白馬縣。奉進，雲州人也。丁酉，以東都巡檢使張從賓爲魏府西南面都部署。戊戌，遣侍衞都軍使楊光遠侍衞都軍使，卽侍衞諸軍都指揮使。將步騎一萬屯滑州。己亥，遣護聖都指揮使杜重威將兵屯衞州。五代會要曰：天福六年改奉德兩軍爲護聖左右軍。據此，則此時已有護聖軍矣。重威，朔州人也，尚帝妹樂平長公主。長，知兩翻。范延光以馮暉爲都部署，孫銳爲兵馬都監，將步騎二萬循河西抵黎陽口。黎陽在魏州西南，故循河西上而後至。辛丑，楊光遠奏引兵踰胡梁渡。此卽史思明所濟胡良渡也，在滑州北岸澶州界。薛史：天福六年，詔以胡梁渡月城爲大通軍，浮橋爲大通橋。

30 以翰林學士、禮部侍郎和凝爲端明殿學士。凝署其門，不通賓客。前耀州團練推官襄邑張誼襄邑縣屬宋州。九域志：在大梁東南一百七十里。致書于凝，以爲「切近之職爲天子耳目，宜知四方利病，奈何拒絕賓客！雖安身爲便，如負國何！」凝奇之，薦於桑維翰，未幾，除左拾遺。幾，居豈翻。誼上言：「北狄有援立之功，宜外敦信好，好，呼到翻。內謹邊備，不可自逸，以啓戎心。」帝深然之。

31契丹攻雲州，半歲不能下。吳巒遣使間道奉表求救，帝爲之致書契丹主請之，間，古莧翻。陘北諸州皆歸契丹，故間道南來。爲，于僞翻。契丹主乃命翟璋解圍去。帝召巒歸，以爲武寧節度副使。

32丁未，以侍衞使楊光遠爲魏府四面都部署，侍衞使即侍衞都軍使，史從省文也。張從賓爲副部署兼諸軍都虞候，昭義節度使高行周將本軍屯相州，爲魏府西面都部署。相州在魏州之西，使高行周自潞州將兵屯相州以臨范延光。

軍士郭威舊隸劉知遠，當從楊光遠北征，自大梁而征魏州爲北征。薛史周紀：郭威初事李繼韜；繼韜誅，配從馬直。晉祖領副侍衞，召置麾下，因而得事漢祖。白知遠乞留。人問其故，威曰：「楊公有姦詐之才，無英雄之氣，得我何用？能用我者其劉公乎！」爲郭威爲劉知遠佐命張本。

33詔張從賓發河南兵數千人擊范延光。河南兵，河南府兵也。張從賓時爲洛陽巡檢使，故使發之。延光使人誘從賓，誘，音酉。從賓遂與之同反，殺皇子河陽節度使重信，重，直龍翻；下重乂同。使上將軍張繼祚知河陽留後。繼祚，全義之子也。張全義自唐末尹河南，歷唐、梁。從賓又引兵入洛陽，殺皇子權東都留守重乂，以東都副留守、都巡檢使張延播知河南府事，從軍。【章：

十二行本「軍」作「賓」；乙十一行本同；孔本同。】張從賓雖以張延播知河南府事，不使之在府治事，而使之從軍。取內庫錢帛以賞部兵；留守判官李遐不與，兵衆殺之。從賓引兵扼汜水關，汜水關以縣名關，即虎牢關也。詳見辯誤。將逼汴州。詔奉國都指揮使侯益帥禁兵五千會杜重威討張從賓；帥，讀曰率。又詔宣徽使劉處讓自黎陽分兵討之。時羽檄縱橫，從官在大梁者無不恟懼，羽檄縱橫，言軍書紛委也。從官家屬皆留東都，而從駕在汴，根本已拔，故恟懼也。縱，子容翻。從，才用翻。恟，許拱翻。獨桑維翰從容指畫軍事，從，千容翻。神色自若，接對賓客，不改常度，衆心差安。史言桑維翰能以整暇鎮物。

34 方士言於閩主，云有白龍夜見螺峯；見，賢遍翻。螺，盧戈翻。閩主作白龍寺。時百役繁興，用度不足，閩主謂吏部侍郎、判三司候官蔡守蒙曰：後漢置東候官縣，隋廢入閩縣，唐復置候官縣，屬福州。九域志：治州郭下。「聞有司除官皆受賂，有諸？」對曰：「浮議無足信也。」閩主曰：「朕知之久矣，今以委卿，擇賢而授，不肖及罔冒者勿拒，罔冒，謂欺罔僞冒而求官者。以事理之所無而欺上，謂之罔；假他人之所有以飾僞，謂之冒。第令納賂，籍而獻之。」守蒙素廉，以爲不可；閩主怒，守蒙懼而從之。自是除官但以貨多少爲差。爲蔡守蒙以賣官受誅張本。閩主又以空名堂牒使醫工陳究賣官於外，堂牒，即今人所謂省劄。空名者，未書所授人名，既賣之得錢而後書填。空，苦貢翻。專務聚斂，無有盈厭。斂，力贍翻。厭，於鹽翻，又如字。又詔民有隱年者杖背，隱口者死，逃亡者族。果菜雞豚，皆重征之。

35 秋，七月，張從賓攻汜水，殺巡檢使宋廷浩。帝戎服，嚴輕騎，將奔晉陽以避之。桑維翰叩頭苦諫曰：「賊鋒雖盛，勢不能久，請少待之，不可輕動。」帝乃止。史言桑維翰有膽略，晉朝倚以爲社稷之固。少，詩沼翻。

36 范延光遣使以蠟丸招誘失職者，右武衞上將軍婁繼英、右衞大將軍尹暉在大梁，溫韜之子延濬、延沼、延衮居許州，皆應之。尹暉舉軍降潞王以得節鎮，今居環衞，則爲散官。溫韜自唐明宗時受誅，其諸子廢棄；而婁繼英子婦溫延沼女也，繼英亦居冗散，故皆應延光。延光令延濬兄弟取許州，聚徒已及千人。繼英、暉事泄，皆出走。壬子，敕以延光姦謀，誣汙忠良，自今獲延光諜人，賞獲者，殺諜人，汙，烏故翻。諜，達協翻。禁【章：十二行本「禁」作「焚」；張校同。】蠟書，勿以聞。不欲知所招誘主名，所以安反側也。暉將奔吳，爲人所殺。繼英奔許州，依溫氏。忠武節度使萇從簡盛爲之備，延濬等不得發，欲殺繼英以自明，延沼止之，遂同奔張從賓。繼英知其謀，勸從賓執三溫，皆斬之。

37 白奉進在滑州，是年六月遣白奉進屯白馬。白馬，滑州治所也。軍士有夜掠者，捕之，獲五人，其三隸奉進，其二隸符彥饒，奉進皆斬之；彥饒以其不先白己，甚怒。明日，奉進從數騎詣彥饒謝，彥饒曰：「軍中各有部分，分，扶問翻。柰何取滑州軍士幷斬之，殊無客主之義乎！」

符彥饒自以鎮滑州爲主，白奉進屯滑州爲客。奉進曰：「軍士犯法，何有彼我！僕已引咎謝公，而公怒不解，豈非欲與延光同反邪！」拂衣而起，彥饒不留；帳下甲士大譟，擒奉進，殺之。從騎走出，大呼於外，諸軍爭擐甲操兵，諠譟不可禁止。從，才用翻。呼，火故翻。擐，音宦。操，七刀翻。奉國左廂都指揮使馬萬惶惑不知所爲，帥步兵欲從亂，遇右廂都指揮使盧順密帥部兵出營，帥，讀曰率。厲聲謂萬曰：「符公擅殺白公，必與魏城通謀。此去行宮纔二百里，魏城，謂魏州城也。時范延光據魏州反。九域志：滑州南至大梁二百里。時帝在大梁。吾輩及軍士家屬皆在大梁，奈何不思報國，乃欲助亂，自求族滅乎！今日當共擒符公，送天子，立大功。軍士從命者賞，違命者誅，勿復疑也！」復，扶又翻。萬所部兵尚有呼躍者，呼，火故翻。順密殺數人，衆莫敢動。萬不得已從之，與奉國都虞候方太等共攻牙城，執彥饒，令太部送大梁。甲寅，敕斬彥饒於班荊館，左傳，楚伍舉與聲子相善，伍舉出奔，聲子遇於鄭郊，班荊相與食而言。杜預註曰：班，布也；布荊坐地共議。以「班荊」名館，取諸此也。此館必在汴州郊外。其兄弟皆不問。按符存審諸子皆有材氣，而彥卿又爲一時名將。彥饒不能馭下，倉猝成亂，兄弟初不通謀，罪不相及，古法也。楊光遠自白皋引兵趣滑州，趣，七喻翻。士卒聞滑州亂，欲推光遠爲主。光遠曰：「天子豈汝輩販弄之物！晉陽之降出於窮迫，謂在晉安寨殺張敬達而降也，事見上卷上年。降，戶江翻。今若改圖，眞反賊也。」其下乃不敢言。時魏、孟、滑三鎮繼叛，魏，范延光。孟，張從賓。滑，符彥饒。

人情大震，帝問計於劉知遠，對曰：「帝者之興，自有天命。陛下昔在晉陽，糧不支五日，俄成大業。今天下已定，內有勁兵，北結強虜，強虜，謂契丹。鼠輩何能爲乎！願陛下撫將相以恩，臣請戢士卒以威；戢，則立翻。恩威兼著，京邑自安，本根深固，則枝葉不傷矣。」知遠乃嚴設科禁，科，條也。宿衛諸軍無敢犯者。有軍士盜紙錢一幞，幞，逢玉翻，釋云帊也。主者擒之，主者，紙錢之主也。左右請釋之，知遠曰：「吾誅其情，不計其直。」竟殺之。唐法，治盜計贓定罪。劉知遠嚴刑以威衆，欲鎮服其心以折亂萌，非可常行於平世也。由是衆皆畏服。

乙卯，以楊光遠爲魏府行營都招討使，兼知行府事，以昭義節度使高行周爲河南尹、東京留守，「京」，當作「都」。以杜重威爲昭義節度使、充侍衛馬軍都指揮使，以侯益爲河陽節度使。侯益與杜重威同討張從賓，就命鎮河陽。帝以滑州奏事皆馬萬爲首，擢萬爲義成節度使。就以滑帥賞馬萬。晉、漢之間，有白再榮因亂而帥成德，馬萬之類也。丙辰，以盧順密爲果州團練使，果州時屬蜀，命盧順密遙領團練使。方太爲趙州刺史；既而知皆順密之功也，更以順密爲昭義留後。更，工衡翻。時杜重威領昭義節以討張從賓，故以盧順密爲留後。

馮暉、孫銳引兵至六明鎮，六明鎮在胡梁渡北。光遠引之渡河，半渡而擊之，暉、銳衆大敗，多溺死，斬首三千級，暉、銳走還魏。

杜重威、侯益引兵至汜水，遇張從賓衆萬餘人，與戰，俘斬殆盡，遂克汜水。從賓走，乘馬渡河，溺死；溺，奴狄翻。獲其黨張延播、繼祚、婁繼英，送大梁，斬之，滅其族。符彥饒、張從賓等皆死，馮暉、孫銳又敗，范延光之勢孤且蹙矣。史館脩撰李濤上言，張全義有再造洛邑之功，事見二百五十七卷唐僖宗光啓三年。乞免其族，乃止誅繼祚妻子。濤，回之族曾孫也。李回，唐武宗會昌中爲相。

38詔東都留守司百官悉赴行在。張從賓既平，然後洛都留司百官得赴行在，自是遂定都大梁。

39楊光遠奏知博州張暉舉城降。博州，范延光巡屬也。

40安州威和指揮使王暉五代會要：唐有威和、拱宸內直軍，晉天福六年改爲興順左、右軍。聞范延光作亂，殺安遠節度使周瓌，瓌，古回翻。自領軍府，欲俟延光勝則附之，敗則渡江奔吳。帝遣右領軍上將軍李金全將千騎如安州巡檢，許赦王暉爲唐州刺史。

41范延光知事不濟，歸罪於孫銳而族之，孫銳勸范延光反見上六年。遣使奉表待罪。戊寅，楊光遠以聞，帝不許。

42吳同平章事王令謀如金陵勸徐誥受禪，誥讓不受。

43山南東道節度使安從進恐王暉奔吳，遣行軍司馬張朏將兵會復州兵於要路邀之。朏，敷尾翻。邀其自復州而奔吳鄂州之路也。暉大掠安州，將奔吳，部將胡進殺之。八月，癸巳，以狀聞。李金全至安州，將士之預於亂者數百人，金全說諭，悉遣詣闕，說，式芮翻。既而聞指揮使武彥和等數十人挾賄甚多，伏兵于野，執而斬之。彥和且死，呼曰：呼，火故翻。「王暉首惡，天子猶赦之；我輩脅從，何罪乎！」帝雖知金全之情，掩而不問。

44 吳歷陽公濛知吳將亡，甲子，【章：十二行本「子」作「午」；乙十一行本同；張校同。】殺守衞軍使王宏；宏子勒兵攻濛，濛射殺之。濛被囚見二百七十九卷唐潞王清泰元年。射，而亦翻。以德勝節度使周本吳之勳舊，引二騎詣廬州，欲依之。九域志：和州西至廬州五百三十里。本聞濛至，將見之，其子弘祚固諫，本怒曰：「我家郎君來，何爲不使我見！」弘祚合扉不聽本出，門闢則兩扉開，門闔則兩扉合。使人執濛于外，送江都。徐誥遣使稱詔殺濛于采石，迎而殺之，不使得至江都。追廢爲悖逆庶人，絕屬籍。絕楊氏屬籍。悖，蒲内翻，又蒲沒翻。侍衞軍使郭悰殺濛妻子於和州，誥歸罪於悰，貶池州。悰，徂宗翻。

45 乙巳，赦張從賓、符彥饒、王暉之黨，未伏誅者皆不問。

梁、唐以來，士民奉使及俘掠在契丹者，悉遣使贖還其家。

46 吳司徒、門下侍郎、同平章事、內樞使、忠武節度使王令謀忠武軍許州，時屬晉，吳以王令謀遙領節鎮耳。老病無齒，或勸之致仕，令謀曰：「齊王大事未畢，吾何敢自安！」疾亟，亟，紀力翻。力勸徐誥受禪。是月，吳主下詔，禪位于齊。李德誠復詣金陵帥百官勸進，宋齊丘不署表。宋齊丘以受禪之議不自己發，而爲周宗等所先，遂堅持異議，欲以爲名。復，扶又翻。帥，讀曰率。九月，癸丑，令謀卒。王令謀所見誠不可與王琨同日語也。

47 甲寅，以李金全爲安遠節度使。爲李金全外叛張本。

48 婁繼英未及葬梁均王而誅死，婁繼英求葬梁均王，見上五月。詔梁故臣右衞上將軍安崇阮與王故妃郭氏葬之。

49 丙寅，吳主命江夏王璘奉璽綬于齊。楊行密據有江、淮，傳渥、隆演，至溥而亡。璘，離珍翻。璽，斯氏翻。綬，音受。冬，十月，甲申，齊王誥卽皇帝位于金陵，大赦，改元昇元，國號唐。徐誥自以本李氏之子，旣舉大號，欲纂唐緒，故改國號爲唐。爲復李姓張本。追尊太祖武王曰武皇帝。猶不敢忘徐溫而追尊之。其後立李氏宗廟，遂以徐溫爲義祖。乙酉，遣右丞相玠玠，徐玠也。奉册詣吳主，稱受禪老臣誥謹拜稽首上皇帝尊號曰高尚思玄弘古讓皇，宮室、乘輿、服御皆如故，宗廟、正朔、徽章、服色悉從吳制。乘，繩證翻。丁亥，立徐知證爲江王，徐知諤爲饒王。知證、知諤皆徐溫之子，於誥爲弟。以吳太子璉領平盧節度使、兼中書令，封弘農公。

唐主宴羣臣於天泉閣，天泉閣，蓋因晉、宋時之天泉池故地起閣，因以爲名。李德誠曰：「陛下應天順人，惟宋齊丘不樂。」樂，音洛。因出齊丘止德誠勸進書，考異曰：十國紀年云遣宗信書，令宗信諷止德誠勸進，而不云宗信何人。今但云止德誠勸進書。唐主執書不視，曰：「子嵩三十年舊交，必不相負。」齊丘頓首謝。子嵩，宋齊丘字也。通鑑，梁太祖乾化二年書齊丘謁知誥，署昇州推官，至是年二十六年；今曰三十年舊交，蓋乾化二年署推官，而謁知誥又在乾化二年之前也。

己丑，唐主表讓皇改東都宮殿名，皆取於仙經。唐都金陵，以江都爲東都。讓皇常服羽衣，習辟穀術。辛卯，吳宗室建安王珙等十二人皆降爵爲公，而加官增邑。降王爲公，所以示易姓；加官增邑，所以慰其心。珙，居勇翻。丙申，以吳同平章事張延翰及門下侍郎張居詠、中書侍郎李建勳並同平章事。讓皇以唐主上表，致書辭之；唐主表謝而不改。

丁酉，加宋齊丘大司徒。齊丘雖爲左丞相，不預政事，心愠懟，愠，於運翻。懟，直類翻。聞制詞云「布衣之交」，抗聲曰：「臣爲布衣時，陛下爲刺史；唐主爲昇州刺史，見二百六十六卷梁太祖乾化二年。今日爲天子，可以不用老臣矣。」還家請罪，唐主手詔謝之，亦不改命。久之，齊丘不知所出，乃更上書請遷讓皇於他州，及斥遠吳太子璉，絕其婚；唐主不從。遠，于願翻。宋齊丘之心迹至是畢露。吾觀唐主之心，豈特疏之而已，蓋惡而欲遠之不能也。

乙巳，立王后宋氏爲皇后。戊申，以諸道都統、判元帥府事景通爲諸道副元帥、判六軍諸衛事、太尉、尚書令、吳王。

50 閩主命其弟威武節度使繼恭上表告嗣位于晉，且請置邸于都下。閩與中國絕見二百七十七卷唐明宗長興三年。

51 十一月，乙卯，唐吳王景通更名璟。更，工衡翻。璟，俱永翻。

唐主賜楊璉妃號永興公主；妃聞人呼公主則流涕而辭。漢之孝平后、周之天元后與夫吳楊璉之妃，蓋異世而同轍也。宋白曰：永興縣本漢鄂縣地，陳置永興縣，唐屬鄂州。

戊午，唐主立其子景遂爲吉王，景達爲壽陽公；以景遂爲侍中、東都留守、江都尹，帥留司百官赴東都。南唐倣盛唐兩都之制建東、西都，置留臺百司於江都。帥，讀曰率。

52 戊辰，詔加吳越王元瓘天下兵馬副元帥，進封吳越國王。考異曰：實錄：「天福二年十一月，加元瓘副元帥、國王，程遜等爲加恩使。四年十月丙午，以程遜沒于海，廢朝，贈官。」程遜傳云：「天福三年秋使吳越，使回溺死。」元瓘傳云：「天福三年封吳越國王。」蓋二年冬制下，遜等以三年至杭州，不知溺死在何年，而晉朝以四年十月始聞之也。吳越備史：「天福二年四月敕遣程遜等授王副元帥、國王。甲午，王卽位，用建國之儀，如同光故事。是歲程遜還京，溺于海。」按元瓘初立，稱繆遺命，止用藩鎮禮，明年明宗封吳王，應順初閔帝封吳越王，故以天福三年卽王位，而備史以爲授元帥、國王然後卽位，誤矣。

53 安遠節度使李金全以親吏胡漢筠爲中門使，軍府事一以委之。漢筠貪猾殘忍，聚斂無厭。斂，力贍翻。厭，於鹽翻。帝聞之，以廉吏賈仁沼代之，考異曰：薛史，「仁沼」作「仁紹」，今從實錄。且召漢筠，欲授以他職，庶保全功臣。漢筠大懼，始勸金全以異謀。乙亥，金全表漢筠病，未任行。任，音壬。金全故人龐令圖屢諫曰：「仁沼忠義之士，以代漢筠，所益多矣。」漢筠夜遣壯士踰垣滅令圖之族，又毒仁沼，舌爛而卒。漢筠與推官張緯相結，以諂惑金全，金全愛之彌篤。李金全叛奔南唐之計自是定矣。

十二月，戊申，蜀大赦，改明年元曰明德。

54 詔加馬希範江南諸道都統，制置武平、靜江等軍事。

55 是歲，契丹改元會同，國號大遼，公卿庶官皆倣中國，參用中國人，以趙延壽爲樞密使，尋兼政事令。爲遼人用趙延壽以圖晉張本。

三年（戊戌、九三八）

1 春，正月，己酉，日有食之。

2 唐德勝節度使兼中書令西平恭烈王周本以不能存吳，愧恨而卒。周本雖不能存吳，然其過李德誠遠矣。

3 丙寅，唐以侍中吉王景遂參判尚書都省。

4 蜀主以武信節度使、同平章事張業爲左僕射兼中書侍郎、同平章事、樞密使，武泰節度使王處回兼武信節度使、同平章事。黔，邊於諸蠻；遂，蜀之內地也。以此爲進律。

5 二月，庚辰，左散騎常侍張允上駁赦論，駁，北角翻。以爲：「帝王遇天災多肆赦，謂之脩德。借有二人坐獄遇赦，則曲者幸免，直者銜冤，冤氣升聞，聞，音問。乃所以致災，非所以弭災也。」詔褒之。帝樂聞讜言，樂，音洛。讜，音黨。詔百官各上封事，命吏部尚書梁文矩等十人置詳定院以考之，無取者留中，可者行之。數月，應詔者無十人，乙未，復降御札趣之。

復，扶又翻。趣，讀曰促。

6 三月，丁丑，敕禁民作銅器。初，唐世天下鑄錢有三十六冶，此謂後唐之世也。若盛唐之世，天下銅冶九十有餘所。喪亂以來，喪，息浪翻。皆廢絕，錢日益耗，民多銷錢爲銅器，故禁之。

7 中書舍人李詳上疏，以爲「十年以來，赦令屢降，諸道職掌皆許推恩，而藩方薦論動踰數百，乃至藏典、書吏、優伶、奴僕，藏典，主帑藏之吏。藏，徂浪翻。初命則至銀青階，被服皆紫袍象笏，被，皮義翻。名器僭濫，貴賤不分。請自今諸道主兵將校之外，節度州聽奏朱記大將以上十人，節度州者，節度使所治之州。朱記大將者，不給銅印，給木朱記以爲印信。他州止聽奏都押牙、都虞候、孔目官，自餘但委本道量遷職名而已。」量，音良。從之。

8 夏，四月，甲申，唐宋齊丘自陳丞相不應不豫政事，唐主答以省署未備。

9 吳讓皇固辭舊宮，以既讓位於唐，不敢居江都宮。屢請徙居；李德誠等亦亟以爲言。亟，去吏翻。五月，戊午，唐主改潤州牙城爲丹楊宮，以李建勳爲迎奉讓皇使。

10 楊光遠自恃擁重兵，時范延光未平，晉之重兵皆在楊光遠之手。頗干預朝政，屢有抗奏，帝常屈意從之。爲楊光遠請易置執政張本。庚申，以其子承祚爲左威衞將軍，尚帝女長安公主，次子承信亦拜美官，寵冠當時。冠，古玩翻。爲楊光遠叛亂張本。

11 壬戌，唐主以左宣威副統軍王輿爲鎮海留後，客省使公孫圭爲監軍使，親吏馬思讓爲丹楊宮使，徙讓皇居丹楊宮。選用王輿等以防衛故吳主。

宋齊丘復自陳爲左右所間，復，扶又翻。間，古莧翻。唐主大怒；齊丘歸第，白衣待罪。或曰：「齊丘舊臣，不宜以小過棄之。」唐主曰：「齊丘有才，不識大體。」乃命吳王璟持手詔召之。

六月，壬午，或獻毒酒方於唐主，唐主曰：「犯吾法者自有常刑，安用此爲！」史言唐主斯言得君人之體。羣臣爭請改府寺州縣名有吳及陽者，以吳者楊氏國號，而陽字與楊字同音也。留守判官楊嗣請更姓羊，留守判官，東都留守判官也。徐玠曰：「陛下自應天順人，事非逆取，逆取，本之漢陸賈逆取順守之言。而諂邪之人專事改更，咸非急務，不可從也。」唐主然之。

12 河南留守高行周奏脩洛陽宮。丙戌，左諫議大夫薛融諫曰：「今宮室雖經焚毁，猶侈於帝堯之茅茨；唐堯土階三尺，茅茨不翦。所費雖寡，猶多於漢文之露臺。露臺事見漢文帝紀。況魏城未下，謂范延光尚據魏州，楊光遠攻之未下也。公私困窘，窘，渠隕翻。誠非陛下脩宮館之日；俟海内平寧，營之未晚。」上納其言，仍賜詔褒之。

13 己丑，金部郎中張鑄奏：「竊見鄉村浮戶，浮戶，謂未有土著定籍者；言其蓬轉萍流，不常厥居，若浮泛於水上然。非不勤稼穡，非不樂安居，樂，音洛。但以種木未盈十年，墾田未及三頃，似成生業，已爲縣司收供傜役，責之重賦，威以嚴刑，故不免捐功捨業，更思他適。乞自今民墾田及五頃以上，三年外乃聽縣司傜役。」從之。

14秋，七月，中書奏：「朝代雖殊，朝，直遥翻。條制無異。請委官取明宗及清泰時敕，詳定可久行者編次之。」己酉，詔左諫議大夫薛融等詳定。

15辛酉，敕作受命寶，以「受天明命，惟德允昌」爲文。以受命寶爲潞王所焚故也。時中書門下奏：「准敕製皇帝受命寶，今按貞觀十六年太宗文皇帝刻之玄璽，白玉爲螭首，其文曰：『皇帝受命，有德者昌。』」敕以「受天明命，惟德允昌」爲文。按唐六典：受命寶，天子脩封禪、禮神祇則用之。

16帝【章：十二行本「帝」上有「八月」二字；乙十一行本同；孔本同。】上尊號於契丹主及太后，戊寅，以馮道爲太后冊禮使，考異曰：周世宗實錄馮道傳云：「虜遣使加徽號於晉祖，晉亦獻徽號於虜。始命兵部尚書王權銜其命，權辭以老病。晉祖謂道曰：『此行非卿不可。』道無難色。」按晉高祖實錄：「天福三年八月戊寅，道爲契丹太后冊禮使。十月戊寅，北朝命使上帝徽號。戊子，王權以不受北使，停任。」周世宗實錄誤也。左僕射劉煦爲契丹主冊禮使，「煦」，本作「昫」。備鹵簿、儀仗、車輅，詣契丹行禮；契丹主大悅。帝事契丹甚謹，奉表稱臣，謂契丹主爲「父皇帝」；每契丹使至，帝於別殿拜受詔敕。歲輸金帛三十萬之外，三十萬乃講和元約歲輸之數。吉凶慶弔，歲時贈遺，玩好珍異，相繼於道。遺，唯季翻。好，呼到翻。乃至應天太后、元帥太子、偉王、南、北二王、韓延徽、趙延壽等諸大臣皆有賂；【章：十二行本「賂」下有「遺」字；乙十一行本同；孔本同；張校同。】小不如意，輒來責讓，帝常卑辭謝之。應天太后即契丹主母述律氏，應天之號蓋帝所上也。晉使者至契丹，契丹驕倨，多不遜語。使者還，以聞，還，從宣翻。朝野咸以爲恥，而帝事之曾無倦意，以是終帝之世與契丹無隙。然所輸金帛不過數縣租賦，往往託以民困，不能滿數。其後契丹主屢止帝上表稱臣，但令爲書稱「兒皇帝」，如家人禮。

初，契丹既得幽州，命曰南京，天福元年契丹始得幽州。以唐降將趙思溫爲留守。思溫子延照在晉，帝以爲祁州刺史。唐昭宗景福三年，義武節度使王處存奏以定州無極、深澤二縣置祁州。思溫密令延照言虜情終變，請以幽州內附；帝不許。趙延照後遂入契丹，爲契丹用。

17 契丹遣使詣唐，宋齊丘勸唐主厚賄之，俟至淮北，潛遣人殺之，欲以間晉。間，古莧翻。宋齊丘之意，以謂殺契丹使於晉境，則契丹主必謂晉人殺之而誚讓晉，此所以間之也。

18 壬午，楊光遠奏前澶州刺史馮暉自廣晉城中出戰，因來降，馮暉自澶州入廣晉與范延光同反，見上年六月。言范延光食盡窮困；己丑，以暉爲義成節度使。厚賞馮暉，欲以攜范延光之黨。

楊光遠攻廣晉，歲餘不下，楊光遠自去年六月攻范延光，七月破馮暉等，始進兵攻廣晉；今歲餘矣，而猶不下。唐莊宗即位，改魏州爲興唐府；帝革命，改爲廣晉。帝以師老民疲，遣內職朱憲入城諭范延光，內職，蓋宦者也。許移大藩，曰：「若降而殺汝，白日在上，吾無以享國。」延光謂節度副使李式曰：「主上重信，云不死則不死矣。」乃撤守備，然猶遷延未決。宣徽南院使劉處讓復人諭之，處，昌呂翻；下同。復，扶又翻。延光意乃決。九月，乙巳朔，楊光遠送延光二子守圖、守英詣大梁。己酉，延光遣牙將奉表待罪。壬子，詔書至廣晉，延光帥其衆素服於牙門，使者宣詔釋之。帥，讀曰率。朱憲，汴州人也。

19 契丹遣使如洛陽，取趙延壽妻唐燕國長公主以歸。趙延壽妻，唐明宗女也。延壽入契丹，其妻留洛，今延壽在北用事，故來取之。長，知兩翻。

20 壬戌，唐太府卿趙可封請唐主復姓李，立唐宗廟。

21 庚午，【嚴：「庚午」改「己巳」。】楊光遠表乞入朝；命劉處讓權知天雄軍府事。楊光遠之討范延光也，制令兼知天雄軍行府事，延光既降而光遠請入朝。時劉處讓奉詔入魏諭降延光，因使之權知軍府。己巳，【嚴：「己巳」改「庚午」。】制以范延光爲天平節度使，仍賜鐵券，賜鐵券者，恕其死而明之以信誓。應廣晉城中將吏軍民今日以前罪皆釋不問；今日，謂制書到魏州之日也。其張從賓、符彥饒餘黨及自官軍逃叛入城者，亦釋之。延光腹心將佐李式、孫漢威、薛霸皆除防禦、團練使、刺史，牙兵皆升爲侍衞親軍。

初，河陽行軍司馬李彥珣，邢州人也，父母在鄉里，未嘗供饋。後與張從賓同反，從賓敗，奔廣晉，去年六月張從賓反，踰月而敗。范延光以爲步軍都監，使登城拒守。楊光遠訪獲其母，置城下以招之，彥珣引弓射殺其母。射，而亦翻。延光既降，帝以彥珣爲坊州刺史。近臣言彥珣殺母，殺母惡逆不可赦；律有十惡，殺父母者惡逆，恩赦之所不原。帝曰：「赦令已行，不可改也。」乃遣之官。

臣光曰：治國家者固不可無信。治，直之翻。然彥珣之惡，三靈所不容，三靈，謂天神、地祇、人鬼。晉高祖赦其叛君之愆，治其殺母之罪，何損於信哉！

22 辛未，以楊光遠爲天雄節度使。

23 冬，十月，戊寅，契丹遣使奉寶册，加帝尊號曰英武明義皇帝。

24 帝以大梁舟車所會，便於漕運，丙辰，建東京於汴州，自此歷漢、周至宋，皆都于汴。梁建東都於汴州，以汴州爲開封府。開平三年，割滑州之酸棗、長垣，鄭州之中牟、陽武，宋州之襄邑，曹州之戴邑，許州之扶溝、鄢陵，陳州之太康九縣，並隸開封府。唐同光二年詔以陽武、匡城、扶溝、考城四縣屬汴州，餘還故屬。匡城卽長垣。天成元年扶溝復隸許州。至是，詔汴州宜升東京，仍升開封、浚儀兩縣爲赤縣，其餘爲畿縣。應舊置開封府所管屬縣並依舊割屬收管，亦升爲畿縣。復以汴州爲開封府，以東都爲西京，以西都爲晉昌軍節度。唐以長安爲西都，以洛陽爲東都。梁始都汴，以汴州爲東京，洛陽爲西京，而以長安爲節鎭。後唐滅梁，復唐兩都之舊，而以汴州爲節鎭。晉今復於汴州建東京開封府，以洛陽之東都爲西京，以長安之西都爲晉昌軍。

25 帝遣兵部尚書王權使契丹謝尊號，權自以累世將相，恥之，王權，唐左僕射起之曾孫，父蕘官至右司郎中。起之先世播，相唐文宗。薛史：王起官至左僕射、山南西道節度使，册贈太尉。謂人曰：「吾老矣，安能向穹廬屈膝！」乃辭以老疾。帝怒，戊子，權坐停官。

26 初，郭崇韜既死，郭崇韜死見二百七十四卷唐明宗天成元年。宰相罕有兼樞密使者。帝即位，桑維翰、李崧兼之，宣徽使劉處讓及宦官皆不悅。楊光遠圍廣晉，處讓數以軍事銜命往來，光遠奏請多踰分，數，所角翻。分，扶問翻。帝常依違，維翰獨以法裁折之。依違者，謂若依若違，無可否一定之說。折，之舌翻。光遠對處讓有不平語，處讓曰：「是皆執政之意。」光遠由是怨執政。范延光降，光遠密表論執政過失；光遠既平范延光，挾功邀上，以斥執政。帝知其故而不得已，加維翰兵部尚書，崧工部尚書，皆罷其樞密使；考異曰：竇貞固晉少帝實錄及薛史劉處讓傳云：「楊光遠入朝，遂於高祖前面言執政之失；乃罷維翰等樞密使，以處讓爲之。」楊光遠傳云：「范延光降，光遠面奏維翰擅權；高祖以光遠方有功於國，乃出維翰領安陽，光遠爲西京留守。」今按晉高祖實錄，天福三年十月壬辰，維翰、崧罷樞密使。庚子，光遠始入朝，對於便殿；十一月戊申，光遠爲西京留守。天福四年閏七月壬申，維翰出爲相州節度使。蓋處讓、光遠傳之誤。晉少帝實錄及薛史桑維翰傳敍光遠鎮洛陽後疏維翰出相州，是也。以處讓爲樞密使。

27 太常奏：「今建東京，而宗廟、社稷皆在西京，請遷置大梁。」敕旨：「且仍舊。」

28 戊戌，大赦。

29 楊延藝故將吳權自愛州舉兵攻皎公羡於交州，「延藝」當作「廷藝」。皎公羡殺楊廷藝見本卷上年。劉昫曰：愛州東至小黃江口四百六十里入交州界。羨遣使以賂求救於漢；以下文考之，「羨」上當有「公」字。【章：乙十一行本正有「公」字。】漢主欲乘其亂而取之，以其子萬王弘操爲靜海節度使，徙封交王，言將以交州爲弘操封略。將兵救公羨，漢主自將屯于海門，爲之聲援。漢主問策於崇文使蕭益，益曰：「今霖雨積旬，海道險遠，吳權桀黠，未可輕也。大軍當持重，多用鄉導，然後可進。」黠，下八翻。鄉，讀曰嚮。不聽。命弘操帥戰艦自白藤江趣交州。白藤江當在峯州界，自此進至花步，抵峯州。帥，讀曰率。趣，七喻翻。權已殺公羨，據交州，引兵逆戰，先於海口多植大杙，銳其首，冒之以鐵，杙，與職翻，橜也。遣輕舟乘潮挑戰而僞遁，【章：十二行本「遁」下有「弘操逐之」四字；乙十一行本同；孔本同。】挑，徒了翻。須臾潮落，漢艦皆礙鐵杙不得返，艦，戶黯翻。漢兵大敗，士卒覆溺者太半；弘操死，漢主慟哭，收餘衆而還。還，從宣翻，又如字。先是，著作佐郎侯融勸漢主弭兵息民，至是以兵不振，追咎融，剖棺暴其尸。益，傚之孫也。先，悉薦翻。蕭傚相唐懿宗。

30 楚順賢夫人彭氏卒。彭夫人貌陋而治家有法，治，直之翻。楚王希範憚之；既卒，希範始縱聲色，爲長夜之飲，內外無別。別，彼列翻。有商人妻美，希範殺其夫而奪之，妻誓不辱，自經死。史以婦人能守節，書其事而失其姓氏，而馬希範之淫暴不可揜矣。

31 河決鄆州。鄆，音運。

32 十一月，范延光自鄆州入朝。范延光降，自魏徙鄆，今自鄆州入朝。

33 丙午，以閩主昶爲閩國王，書閩主者，表其已竊大號；書以爲國王者，晉命也。以左散騎常侍盧損爲册禮使，賜昶赭袍。赭袍，天子所服，賜之是許之竊號也。戊申，以威武節度使王繼恭爲臨海郡王。閩主聞之，遣進奏官林恩白執政，以既襲帝號，辭册命及使者。閩諫議大夫黄諷以閩主淫暴，與妻子辭訣入諫，閩主欲杖之，諷曰：「臣若迷國不忠，死亦無怨；直諫被杖，臣不受也。」閩主怒，黜爲民。

34 帝患天雄節度使楊光遠跋扈難制，桑維翰請分天雄之衆，加光遠太尉、西京留守兼河陽節度使。光遠由是怨望，密以賂自訴於契丹，養部曲千餘人，常蓄異志。楊光遠雖蓄異志，而帝與契丹無間，則無從而發也。至出帝與契丹構隙，則引契丹爲援而速禍矣。

辛亥，建鄴都於廣晉府；唐莊宗之初即位也，建東京於魏州，以魏州爲興唐府，後改爲鄴都，明宗天成四年廢。晉受命，以魏州爲廣晉府，今復建鄴都。置彰德軍於相州，以澶、衞隸之；彰德軍，梁貞明間嘗置之矣，張彥之變尋廢，今復置之。置永清軍於貝州，以博、冀隸之。分天雄之貝、博，成德之冀州爲永清軍。澶州舊治頓丘，帝慮契丹爲後世之患，遣前淄州刺史汲人劉繼勳徙澶州跨德勝津，并頓丘徙焉。澶州本治頓丘縣，今併州縣皆徙治德勝。按九域志之澶州距魏州一百三十里；德勝之澶州，晉人議者以爲距魏州一百五十里，有二十里之差。蓋自澶州北城抵魏州止一百三十里，若自南城渡河并浮梁，計程則一百五十里也。以河南尹高行周爲廣晉尹、鄴都留守，貝州防禦使王廷胤爲彰德節度使，右神武統軍王周爲永清節度使。始升貝州爲永清軍。廷胤，處存之孫；唐末王處存鎮易定。周，鄴都人也。

35 范延光屢請致仕，甲寅，詔以太子太師致仕，居于大梁，每預宴會，與羣臣無異。延光之反也，相州刺史掖人王景拒境不從，范延光帥天雄，相州其巡屬也。掖，漢縣，唐帶萊州。相，息亮翻。戊午，以景爲耀州團練使。

36 癸亥，敕聽公私自鑄銅錢，無得雜以鉛鐵，每十錢重一兩，以「天福元寶」爲文，仍令鹽鐵頒下模範。鹽鐵者，鹽鐵使司也。下，戶嫁翻。惟禁私作銅器。五代會要：時令三京、鄴都諸道州府，無問公私，應有銅者並令鑄錢，仍以「天福元寶」爲文，左環讀之，委鹽鐵鑄樣頒下諸道。每一錢重二銖四絫，十錢重一兩。或慮諸色人接便將鉛鐵鑄造，雜亂銅錢，仍令所屬依舊禁斷。尙慮逐處銅數不多，宜令諸道應有久廢銅冶，許百姓取便開鍊，永遠爲主，官司不取課利。其有生熟銅，仍許所在中賣入官，或任自鑄錢行用，不得接便別鑄銅器。

37 立左金吾衞上將軍重貴爲鄭王，充開封尹。通鑑封子姪爲王多書封，亦或書立，蓋因當時史官成文書之，無義例也。

38 癸亥，【章：十二行本作「庚辰」；乙十一行本同；孔本作「庚戌」；張校同孔本。】敕先許公私鑄錢，慮銅難得，聽輕重從便，但勿令缺漏。許民私鑄，已非可久之法，況又聽其輕重從便，則民必鑄輕，安有鑄重者乎，惟患鑄之不輕薄耳。輕薄之甚，必至缺漏，此錢安可久行邪！

39 辛丑，【張：「丑」作「未」。】吳讓皇卒。年三十八。考異曰：薛史、唐餘錄皆云溥禪位踰年以幽卒，歐陽史但云卒。九國志云：「溥能委運授終，不罹篡殺之禍，深於機者也。」十國紀年曰：「辛丑，唐人弒讓皇。」事不可明，今但云卒。唐主廢朝二十七日，唐主於舊君之卒，依傍漢朝臣爲君服以日易月之制爲廢朝日數。自古以來，易姓之君惟唐主於舊君若加厚者，原心定罪，是猶紾兄之臂而奪之食，既奪其食矣，乃引其臂而按摩之，曰：「吾愛吾兄也！」朝，直遙翻。追謚曰睿皇帝。是歲，唐主徙吳王璟爲齊王。

40 鳳翔節度使李從曮，厚文士而薄武人，愛農民而嚴士卒，由是將士怨之。會發兵戍西邊，既出郊，作亂，突門入城，剽掠於市。突城門而入剽掠也。剽，匹妙翻。從曮發帳下兵擊之，亂兵敗，東走，欲自訴於朝廷，至華州，鎮國節度使【章：十二行本「使」下有「太原」二字；乙十一行本同；孔本同。】張彥澤邀擊，盡誅之。

鄧廣銘標點聶崇岐覆校

資治通鑑卷第二百八十二

端明殿學士兼翰林侍讀學士太中大夫提舉西京嵩山崇福宮上柱國河内郡開國公食邑二千六百户食實封一千户臣 司馬光 奉敕編集
後學天台胡三省音註

後晉紀三 起屠維大淵獻（己亥），盡重光赤奮若（辛丑），凡三年。

高祖聖文章武明德孝皇帝中

天福四年（己亥、九三九）

1 春，正月，辛亥，以澶州防禦使太原張從恩爲樞密副使。澶，時連翻。

2 朔方節度使張希崇卒，羌胡寇鈔，無復畏憚。鈔，楚交翻。復，扶又翻。甲寅，以義成節度使馮暉爲朔方節度使。党項酋長拓跋彦超最爲强大，酋，慈秋翻。長，知兩翻。暉至，彦超入賀，自其部落入靈州城以賀。暉厚遇之，因爲於城中治第，爲，于僞翻；下主爲同。治，直之翻。豐其服玩，留之不遣，封内遂安。質彦超於城中，則党項諸部不敢鈔暴於外，故安。

3 唐羣臣江王知證等累表請唐主復姓李，立唐宗廟，乙丑，唐主許之。羣臣又請上尊號，上，時掌翻。唐主曰：「尊號虛美，且非古。」遂不受。其後子孫皆踵其法，不受尊號，又不以外戚輔政，宦者不得預事，皆他國所不及也。

二月，乙亥，改太祖廟號曰義祖。唐主初受禪，尊徐溫爲太祖；今復姓李，以溫爲義父，故改廟號爲義祖。己卯，唐主爲李氏考妣發哀，與皇后斬衰居廬，如初喪禮，朝夕臨凡五十四日。衰，倉回翻。臨，力鴆翻。初喪之禮，自古無五十四日之制，唐主亦是依傍漢、晉以日易月之制，居父喪，母喪各二十七日，故爲五十四日。江王知證、饒王知諤請亦服斬衰；不許。知證、知諤皆徐溫子。李建勳之妻廣德長公主假衰絰入哭盡禮，【章：十二行本「禮」作「哀」；乙十一行本同；孔本同；張校同。】如父母之喪。李建勳妻，徐溫女也；勢利所在，非血氣之親而親。長，知兩翻。

辛巳，詔國事委齊王璟詳決，惟軍旅以聞。庚寅，唐主更名昪。更，工衡翻。昪，皮變翻。詔百官議二祚合享禮。二祚，徐、李二姓之先也。辛卯，宋齊丘等議以義祖居七室之東。唐主命居高祖於西室，太宗次之，義祖又次之，皆爲不祧之主。羣臣言：「義祖諸侯，不宜與高祖、太宗同享，請於太廟正殿後別建廟祀之。」帝曰：通鑑既帝晉，此帝字與晉帝渾殽，此亦因江南舊史，失於更定。「吾自幼託身義祖，事見二百六十卷唐昭宗之乾寧二年。曏非義祖有功於吳，朕安能啓此中興之業？」羣臣乃不敢言。

唐主欲祖吳王恪，或曰：「恪誅死，吳王恪死於唐高宗朝，爲房遺愛所誣引，非其罪也。不若祖鄭王元懿。」唐主命有司考二王苗裔，以吳王孫禕有功，禕子峴爲宰相，玄宗朝信安王禕有邊功，峴相肅宗。峴，戶典翻。遂祖吳王，云自峴五世至父榮。其名率皆有司所撰。考異曰：周世宗實錄及薛史稱昪唐玄宗第六子永王璘苗裔，江南錄云憲宗第八子建王恪之玄孫。李昊蜀後主實錄云：「唐嗣薛王知柔爲嶺南節度使，卒於官，其子知誥流落江淮，遂爲徐溫養子。」吳越備史云：「昪本潘氏，湖州安吉人，父爲安吉砦將。吳將李神福攻衣錦軍，過湖州，虜昪歸，爲僕隸。徐溫嘗過神福，愛其謹厚，求爲養子。以讖云『東海鯉魚飛上天』，昪始事神福，後歸溫，故冒李氏以應讖。」劉恕以爲昪復姓附會祖宗，固非李氏，而吳越與唐人仇敵，亦非實錄。昪少孤遭亂，莫知其祖系；昪曾祖超，祖志，乃與義祖之曾祖、祖同名，知其皆附會也。唐主又以歷十九帝、三百年，疑十世太少。有司曰：「三十年爲世，陛下生於文德，已五十年矣。」文德，唐僖宗末年之號。言唐主之生至是年爲五十年。遂從之。

4 盧損至福州，盧損去年十一月奉册使閩，今乃至福州。閩主稱疾不見，命弟繼恭主之。遣其禮部員外郎鄭元弼奉繼恭表隨損入貢。閩主不禮於損，有士人林省鄒私謂損曰：「吾主不事其君，不愛其親，不恤其民，不敬其神，不睦其鄰，不禮其賓，賓謂盧損也。其能久乎！余將僧服而北逃，會相見於上國耳。」時假號偏隅者以中原爲上國。以余觀之，林省鄒亦非善士，有樊若水之志而不得遂其志耳。

5 三月，庚戌，唐主追尊吳王恪爲定宗孝靜皇帝，自曾祖以下皆追尊廟號及謚。

6 己未，詔歸德節度使劉知遠、忠武節度使杜重威並加同平章事。知遠自以有佐命功，重威起於外戚，無大功，恥與之同制，制，麻制也。黃忠有功，關羽猶恥與之同列；杜重威何如人，劉知遠其肯與之同制乎！英雄倔強之氣，大抵然也。制下數日，杜門四表辭不受。帝怒，謂趙瑩曰：「重威朕之妹夫，知遠雖有功，何得堅拒制命！可落軍權，劉知遠時總宿衛諸軍。令歸私第。」瑩拜請曰：「陛下昔在晉陽，兵不過五千，爲唐兵十餘萬所攻，事見上卷上年。危於朝露，非知遠心如鐵石，豈能成大業！柰何以小過棄之！竊恐此語外聞，聞，音問。非所以彰人君之大度也。」帝意乃解，命端明殿學士和凝詣知遠第諭旨，知遠惶恐，起受命。君降心以撫其臣，則臣亦自悔。馴服勳舊強悍之氣，不容不爾。

7 靈州戍將王彥忠據懷遠城叛，懷遠縣屬靈州。趙珣聚米圖經曰：唐懷遠鎮在靈州北約一百餘里。宋時西夏強盛，即其地置興州，其西九十餘里即賀蘭山。上遣供奉官齊延祚往招諭之；彥忠降，延祚殺之。降，戶江翻。上怒曰：「朕踐阼以來，未嘗失信於人，彥忠已輸仗出迎，延祚何得擅殺之！」除延祚名，重杖配流。議者猶以爲延祚不應免死。以其殺降失信，繼此將無以懷遠人也。

8 辛酉，册回鶻可汗仁美爲奉化可汗。時回鶻比年遣使朝貢，故册命之。按五代會要：回鶻自唐會昌間爲黠戛斯所破，西奔居于甘州，梁乾化元年遣使入貢。至唐同光二年四月，其本國權知可汗仁美遣使入貢，命鄭續、何延嗣持節册仁美爲英義可汗。其年十一月，仁美卒，其弟狄銀嗣立，遣都督安千等來朝貢。狄銀卒，阿咄欲立，亦遣使來貢。天成三年，其權知可汗仁裕遣使入貢。其年三月，命使册仁裕爲順化可汗。晉天福三年，遣使朝貢；四年三月，又遣使來朝，兼貢方物。其月，命衛尉卿邢德昭持節就册爲奉化可汗。若據會要，則「仁美」當作

「仁裕」。

9 夏，四月，唐江王徐知證等請亦姓李；欲改其本姓從國姓以自親。不許。

10 辛巳，唐主祀南郊；癸未，大赦。

11 梁太祖以來，軍國大政，天子多與崇政、樞密使議，梁與崇政使議，唐與樞密使議。崇政使卽樞密使之職也。宰相受成命，行制敕，講典故，治文事而已。治，直之翻。帝懲唐明宗之世安重誨專橫，專橫事見唐明宗紀。橫，戶孟翻。故卽位之初，但命桑維翰兼樞密使。及劉處讓爲樞密使，奏對多不稱旨，劉處讓攘桑維翰樞密使見上卷上年。稱，尺證翻。會處讓遭母喪，甲申，廢樞密院，以印付中書，院事皆委宰相分判。以副使張從恩爲宣徽使，直學士·倉部郎中司徒詡、工部郎中顔衎並罷守本官。鄭樵氏族略曰：帝王世紀，舜爲堯司徒，支孫氏焉。直學士，樞密直學士也。二人本官，倉部、工部也。衎，苦旱翻。然勳臣近習不知大體，習於故事，每欲復之。史言帝王命相，當悉委以政事，不當置樞密使以分其權。

12 帝以唐之大臣除名在兩京者皆貧悴，李專美等除名見上卷元年。悴，秦醉翻。復以李專美爲贊善大夫，丙戌，以韓昭胤爲兵部尚書，馬胤孫爲太子賓客，房暠爲右驍衞大將軍，並致仕。

13 閩主忌其叔父前建州刺史延武、戶部尚書延望才名，巫者林興與延武有怨，託鬼神語云：「延武、延望將爲變。」閩主不復詰，詰，去吉翻。使興帥壯士就第殺之，帥，讀曰率。幷其五子。

閩主用陳守元言，作三清殿於禁中，道家以上清、玉清、太清爲三清。以黄金數千斤鑄寶皇大帝、天尊、老君像，晝夜作樂，焚香禱祀，求神丹。政無大小，皆林興傳寶皇命決之。

14 戊申，加楚王希範天策上將軍，賜印，聽開府置官屬。梁開平四年已嘗加楚王殷天策上將軍，今晉復以命其子希範。

15 辛亥，唐徙吉王景遂爲壽王，立壽陽公景達爲宣城王。

16 乙卯，唐鎮海節度使兼中書令梁懷王徐知誥卒。

17 唐人遷讓皇之族於泰州，號永寧宮，防衞甚嚴。泰州本揚州海陵縣，吳乾貞中立制置院，南唐昇元元年升爲泰州。考異曰：十國紀年：「唐人遷讓皇之族於泰州，號永寧宮，守衞甚嚴，不敢與國人通婚姻，久而男女自爲匹偶。」江表志：「讓皇子及五歲，遣中使拜官，賜朝服，卽日而卒。」按唐烈祖受禪，使讓皇居故宮，稱臣上表，慕仁厚之名；若惡楊氏則滅之而已，何必如此之迂也！他書皆未之見，不知紀年據何書，今不取。康化節度使兼中書令楊珙稱疾，罷歸永寧宮。康化軍亦吳於統內所置節鎭，或南唐置之，其地今無可考。乙丑，以平盧節度使兼中書令楊璉爲康化節度使；璉固辭，請終喪，終讓皇之喪也。從之。

18 唐主將立齊王璟爲太子，固辭；乃以爲諸道兵馬大元帥、判六軍諸衞、守太尉、錄尚書事、昇・揚二州牧。南唐以昇州爲西都，揚州爲東都，故二州置牧。

19 閩判六軍諸衛建王繼嚴得士心，閩主忌之，六月，罷其兵柄，更名繼裕；更，工衡翻。以弟繼鎔【章：十二行本「鎔」作「鏞」；乙十一行本同；孔本同。】判六軍，去諸衛字。去，羌呂翻。林興詐覺，流泉州。望氣者言宮中有災，乙未，閩主徙居長春宮。

20 秋，七月，庚子朔，日有食之。

21 成德節度使安重榮出於行伍，行，戶剛翻。性粗率，粗，與麤同。恃勇驕暴，每謂人曰：「今世天子，兵強馬壯則爲之耳。」安重榮粗暴一夫耳，使其強梁亦何所至！然其所以強梁者，亦習見當時之事，遂起非望之心耳。府廨有幡竿高數十尺，嘗挾弓矢謂左右曰：「我能中竿上龍【章：十二行本「龍」下有「首」字；乙十一行本同；孔本同；張校同；退齋校同。】者，必有天命。」一發中之，廨，古隘翻。高，居號翻。中，竹仲翻。以是益自負。

帝之遣重榮代祕瓊也，見上卷二年。戒之曰：「瓊不受代，當別除汝一鎮，勿以力取，恐爲患滋深。」重榮由是以帝爲怯，謂人曰：「祕瓊匹夫耳，天子尚畏之，況我以將相之重，士馬之衆乎！」每所奏請多踰分，分，扶問翻。爲執政所可否，可者則從之，否者不從也。意憤憤不快，乃聚亡命，市戰馬，有飛揚之志。帝知之，義武節度使皇甫遇與重榮姻家，甲辰，徙遇爲昭義節度使。鎭、定接境，恐其合而爲變，徙令稍遠以離析之。

22 乙巳，閩北宮火，焚宮殿殆盡。

23 戊申，薛融等上所定編敕，行之。三年，令薛融等詳定編敕，今始上而行之。上，時掌翻。

24 丙辰，敕：「先令天下公私鑄錢，見上卷上年。今私錢多用鉛錫，小弱缺薄，宜皆禁之，專令官司自鑄。」

25 西京留守楊光遠疏中書侍郎、同平章事桑維翰遷除不公及營邸肆於兩都，與民爭利；帝不得已，閏月，壬申，出維翰爲彰德節度使兼侍中。

26 初，義武節度使王處直子威，避王都之難，亡在契丹，王都之難，謂囚處直也，見二百七十一卷梁均王龍德元年。難，乃旦翻。至是，義武缺帥，皇甫遇徙潞，故義武缺帥。帥，所類翻。契丹主遣使來言，「請使威襲父土地，如我朝之法。」我朝，契丹自謂也。朝，直遙翻。帝辭以「中國之法必自刺史、團練、防禦序遷乃至節度使，請遣威至此，漸加進用。」契丹主怒，復遣使來言曰：復，扶又翻。「爾自節度使爲天子，亦有階級邪！」帝恐其滋蔓不已，厚賂契丹，且請以處直兄孫彰德節度使廷胤爲義武節度使以厭其意。厭，於涉翻，又如字。契丹怒稍解。

27 初，閩惠宗以太祖元從爲拱宸、控鶴都，閩王審知廟號太祖。從，才用翻；下同。及康宗立，更募壯士二千爲腹心，號宸衞都，祿賜皆厚於二都，或言二都怨望，將作亂，閩主欲分隸漳、泉二州，二都益怒。閩主好爲長夜之飲，強羣臣酒，好，呼到翻。強，其兩翻。醉則令左右伺其過失；伺，相吏翻。從弟繼隆醉失禮，斬之。屢以猜怒誅宗室，叔父左僕射、同平章事延義陽爲狂愚以避禍，閩主賜以道士服，置武夷山中；武夷山在建州崇安縣南三十里。朱元晦武夷圖序曰：武夷君之名，著自漢世，祀以乾魚，不知果何神也。今崇安有山名武夷，相傳卽神仙所宅。峯巒巖壑，秀拔奇偉，清溪九曲，流出其間。兩崖絕壁，人迹所不到處，往往有枯查插石罅間，以庋舟船棺柩之屬。柩中遺骸，外列陶器，尚且未壞。頗疑前世道阻未通，川壅未決時，夷俗所居，而漢祀者卽其君長，蓋亦避世之士，生爲衆所臣服，沒而傳以爲仙也。武夷山中有道士觀，閩主蓋置延羲於觀中。尋復召還，幽於私第。復，扶又翻。

閩主數侮拱宸、控鶴軍使永泰朱文進、光山連重遇，數，所角翻。永泰縣屬福州。晉分弋陽置西陽縣，宋孝武大明初置光城縣，梁於縣置光州，後廢州置光城郡，隋廢郡置光山縣，仍置光州，以縣屬焉。九域志：縣在州西六十里。連重遇之先蓋與王潮兄弟同入閩。連，姓也；左傳齊有連稱。二人怨之。會北宮火，求賊不獲；閩主命重遇將內外營兵掃除餘燼，日役萬人，士卒甚苦之。又疑重遇知縱火之謀，欲誅之；內學士陳郯私告重遇。辛巳夜，重遇入直，帥二都兵焚長春宮帥，讀曰率。以攻閩主，使人迎延羲於瓦礫中，呼萬歲；礫，郎擊翻。復召外營兵共攻閩主；復，扶又翻；下同。獨宸衞都拒戰，閩主乃與李后如宸衞都。李后，李春鷰也。如，往也。比明，比，必利翻。亂兵焚宸衞都，宸衞都戰敗，餘衆千餘人奉閩主及李后出北關，至梧桐嶺，衆稍逃散。延羲使兄子前汀州刺史繼業將兵追之，及於村舍；閩主素善射，引弓殺數人。俄而追兵雲集，閩主知不免，投弓謂繼業曰：「卿臣節安在！」繼業曰：「君無君德，臣安有臣節！新君，叔父也，舊君，昆弟也，孰親孰疏？」閩主不復言。繼業與之俱還，至陀莊，飲以酒，醉而縊之，還，從宣翻，又如字。飲，於禁翻。并李后及諸子、王繼恭皆死。宸衞餘衆奔吳越。延義自稱威武節度使、閩國王，更名曦，更，工衡翻。曦，王審知少子也。改元永隆，考異曰：「十國紀年，通文四年，延義自稱威武節度使，改元永隆，卽晉天福四年也。周世宗實錄、薛史、唐餘錄、南唐烈祖實錄、吳越備史及運曆圖、紀年通譜皆同。惟閩中啓運圖：『通文四年己亥，閏七月，延義立，明年庚子，改元永隆，五年甲辰，被弑。』林仁志閩國人，載延義改年宜不差失。然五代士人撰錄國書多不憑舊文，出於記憶及傳聞，雖本國近事亦有抵牾者。高遠敍事頗有本末，余公綽雖在仁志之後，然亦閩人，故不敢獨從仁志所記。又王曦既立，若但稱節度使，則不應改元及以其臣爲三公、平章事。按晉高祖實錄，天福五年十一月甲申，授閩國王延義威武軍節度使、閩國王。是曦先已自稱閩國王，紀年脫漏耳。赦繫囚，頒賚中外。以宸衞弑閩主赴於鄰國，謚閩主曰聖神英睿文明廣武應道大弘孝皇帝，廟號康宗。遣商人間道奉表稱藩于晉；間，古莧翻。然其在國，置百官皆如天子之制。以太子太傅致仕李眞爲司空兼中書侍郎、同平章事。

連重遇之攻康宗也，陳守元在宮中，易服將逃，兵人殺之。陳守元蠱惑閩主者二世，其死晚矣！重遇執蔡守蒙，數以賣官之罪而斬之。數，所具翻。蔡守蒙賣官見上卷上年。閩王曦既立，遣使誅林興於泉州。林興流泉州見上六月。蜀本「誅」作「追」。

28 河決薄州。「薄州」，當作「博州」。

29 八月，辛丑，以馮道守司徒兼侍中。壬寅，詔中書知印止委上相，舊制：凡宰臣更日知印。

由是事無巨細，悉委於道。帝嘗訪以軍謀，對曰：「征伐大事，在聖心獨斷。斷，丁亂翻。臣書生，惟知謹守歷代成規而已。」帝以爲然。道嘗稱疾求退，帝使鄭王重貴詣第省之，省，悉景翻。曰：「來日不出，朕當親往。」道乃出視事。當時寵遇，羣臣無與爲比。

30 己酉，以吳越王元瓘爲天下兵馬元帥。

31 黔南巡內溪州刺史彭士愁引蔣、錦州蠻萬餘人寇辰、澧州，唐之盛時，溪州屬黔中觀察。唐末陞黔中觀察爲黔南節度，後號武泰軍，時屬蜀境。巡內，言在巡屬之內也。「蔣」，當作「獎」。唐長安四年以沅州之夜郎、渭溪二縣置舞州，開元十三年以「舞」、「武」聲相近，更名鶴州，二十年又更名業州，大曆五年又更名獎州。辰、澧時屬楚。黔，渠今翻，又其廉翻。焚掠鎮戍，遣使乞師于蜀；蜀主以道遠，不許。九月，辛未，楚王希範命左靜江指揮使劉勍、決勝指揮使廖匡齊帥衡山兵五千討之。勍，渠京翻。廖，力救翻，今讀從力弔翻。帥，讀曰率。

32 癸未，以唐許王從益爲郇國公，奉唐祀。從益尚幼，李后養從益於宮中，奉王淑妃如事母。李后，唐明宗曹皇后之女。王淑妃，明宗次妃也，故后事之如母。

33 冬，十月，庚戌，閩康宗所遣使者鄭元弼至大梁。是年十二月，閩遣鄭元弼隨盧損入貢，至是達大梁，而康宗已於閏七月爲閩人所弒矣。康宗遺執政書曰：遺，于季翻。「閩國一從興運，久歷年華，見北辰之帝座頻移，言中國屢易主也。致東海之風帆多阻。」言由此不脩職貢。又求用敵國禮致書往來。帝怒其不遜，壬子，詔卻其貢物及福、建諸州綱運，並令元弼及進奏官林恩部送速歸。兵部員外郎李知損上言：「王昶僭慢，宜執留使者，籍沒其貨。」乃下元弼、恩獄。下，戶嫁翻。

34 吳越恭穆夫人馬氏卒。夫人，雄武節度使綽之女也。路振九國志：馬綽，餘杭人，少與錢鏐俱事董昌，以女弟妻鏐，鏐復爲元瓘娶綽女。按薛史，梁貞明四年，秦州節度使、檢校太傅、同平章事馬綽加檢校太尉。秦州，雄武軍也。鏐傳又曰：鏐恃崇盛，分兩浙爲數鎮，其節制署而後奏。則其國內節帥皆稟朝命也。初，武肅王鏐禁中外畜聲伎，文穆王元瓘年三十餘無子，夫人爲之請於鏐，爲，于僞翻。鏐喜曰：「吾家祭祀，汝實主之。」禮：冢婦主先世之祭祀。今馬夫人不妬忌而廣嗣續，故鏐喜其有託。乃聽元瓘納妾，鹿氏，生弘僔、弘倧；許氏，生弘佐；吳氏，生弘俶；衆妾生弘偡、弘億、【章：十二行本「億」下有「弘儀」二字；乙十一行本同；孔本同；張校同。】弘偓、弘仰、弘信；僔，子損翻。倧，徂冬翻。俶，昌六翻。偡，丈減翻。夫人撫視慈愛如一。常置銀鹿於帳前，坐諸兒於上而弄之。

35 十一月，戊子，契丹遣其臣遙折來使，遂如吳越。如，往也。使，疏吏翻。

36 楚王希範始開天策府，是年夏加天策上將軍，至是始開府。置護軍中【章：十二行本「中」作「都」；乙十一行本同；孔本同。】尉、領軍司馬等官，以諸弟及將校爲之。又以幕僚拓跋恆、李弘皋、廖匡圖、徐仲雅等十八人爲學士。倣唐太宗天策府文學館立學士員。路振九國志載李鐸、潘起、曹梲、李莊、徐牧、彭繼英、裴頔、何仲舉、孟玄暉、劉昭禹、鄧懿文、李弘節、蕭洙、彭繼勳併拓跋恆等四人凡十八人。恆，戶登翻。劉勍等進攻溪州，彭士愁兵敗，棄州走保山寨；石崖四絕，勍爲梯棧上圍之。棧，士限翻。上，時掌翻。廖匡齊戰死，楚王希範遣弔其母，其母不哭，謂使者曰：「廖氏三百口受王溫飽之賜，舉族效死，未足以報，況一子乎！願王無以爲念。」王以其母爲賢，厚恤其家。

37 十二月，丙戌，禁刱造佛寺。刱與創同，音初亮翻。前所無而今創爲之者禁之。

38 閩王作新宮，徙居之。閩北宮燬于火，曦改作新宮而徙居之。

39 是歲，漢門下侍郎、同平章事趙光裔言於漢主曰：「自馬后崩，漢主娶于楚，唐清泰元年馬后殂。未嘗通使於楚，親鄰舊好，不可忘也。」劉、馬通姻，故曰親；潭、廣接境，故曰鄰。好，呼到翻。因薦諫議大夫李紓可以將命。紓，音舒。漢主從之；楚亦遣使報聘。光裔相漢二十餘年，府庫充實，邊境無虞。及卒，漢主復以其子翰林學士承旨、尚書左丞損爲門下侍郎、同平章事。復，扶又翻。

五年（庚子、九四〇）

1 春，正月，帝引見閩使鄭元弼等。見，賢遍翻。使，疏吏翻。元弼曰：「王昶蠻夷之君，不知禮義，陛下得其善言不足喜，惡言不足怒。臣將命無狀，願伏鈇鑕以贖昶罪。」帝憐之，辛未，詔釋元弼等。考異曰：洛中紀異云：「昶既爲朝命所責，乃遣使越海聘於契丹，卽將籍沒之物爲贄。晉祖方卑辭以奉戎主，戎主降僞詔曰：『閩國禮物並付喬榮，放其使人還本國。』晉祖不敢拒之。既而昶又遣使於契丹求馬，由滄、齊、淮甸路南去。自茲往復不一，時人無不憤惋。」按昶以天福四年閏七月被弒，十月元弼等至京下獄，昶安得知而告契丹！今不取。

2 楚劉勍等因大風，以火箭焚彭士愁寨而攻之，士愁帥麾下逃入奬、錦深山，乙未，遣其子師暠帥諸酋長納溪、錦、奬三州印，請降於楚。爲彭師暠盡節於馬氏張本。帥，讀曰率。

3 二月，庚戌，北都留守、同平章事安彥威入朝，北都自後唐以來建於太原。上曰：「吾所重者信與義。昔契丹以義救我，我今以信報之；聞其徵求不已，公能屈節奉之，深稱朕意。」稱，尺證翻。對曰：「陛下以蒼生之故，猶卑辭厚幣以事之，臣何屈節之有！」上悅。

4 劉勍引兵還長沙。楚王希範徙溪州於便地，便地者，徙近楚境，便於制令。表彭士愁爲溪州刺史，以劉勍爲錦州刺史；自是羣蠻服於楚。希範自謂伏波之後，漢馬援爲伏波將軍。以銅五千斤鑄柱，高丈二尺，高，居號翻。入地六尺，銘誓狀於上，立之溪州。今辰州會溪城西南一里有銅柱，即馬希範所立也，天策府學士李皋爲之銘。

5 唐康化節度使兼中書令楊璉謁平陵還，平陵，蓋楊璉之父讓皇陵也。還，從宣翻，又如字。一夕，大醉，卒於舟中，唐主使然也。路振九國志曰：楊璉拜陵，至竹篠口，維舟大醉，一夕而卒。追【章：十二行本「追」上有「唐主」二字；乙十一行本同；孔本同。】封謚曰弘農靖王。因楊氏其先受封之郡追封爲弘農王，謚曰靖。

6 閩王曦既立，驕淫苛虐，猜忌宗族，多尋舊怨。其弟建州刺史延政數以書諫之，數，所角翻。曦怒，復書罵之；遣親吏業翹監建州軍，史炤曰：「業」，當作「鄴」。風俗通，漢有梁令鄴鳳。監，古銜翻。教練使杜漢崇監南鎮軍，按福州西北與建州鄰。閩主蓋置南鎮軍於福、建二州界，扼往來之要，故是後王延政攻南鎮而福州西鄙戍兵皆潰。二人爭捃延政陰事告於曦，捃，居運翻。由是兄弟積相猜恨。一日，翹與延政議事不叶，翹訶之曰：「公反邪！」延政怒，欲斬翹；翹奔南鎮，延政發兵就攻之，敗其戍兵。訶，虎何翻。敗，補邁翻；下同。翹、漢崇奔福州，西鄙戍兵皆潰。

二月，曦遣統軍使潘師逵、吳行眞將兵四萬擊延政。師逵軍於建州城西，行眞軍於城南，皆阻水置營，焚城外廬舍。延政求救於吳越，壬戌，吳越王元瓘遣寧國節度使、同平章事仰仁詮、宣州寧國軍時屬南唐，吳越使仰仁詮遙領耳，當時列國自相署置多此類。仰，姓也；何氏姓苑有此姓。內都監使薛萬忠將兵四萬救之，丞相林鼎諫，不聽。三月，戊辰，師逵分兵三千，遣都軍使蔡弘裔將之出戰，延政遣其將林漢徹等敗之於茶山，斬首千餘級。茶山在建州東二十五里，今亦謂之鳳凰山；北苑茶焙即其地。

7 安彥威、王建立皆請致仕；不許。辛未，以歸德節度使、侍衞馬步都指揮使、同平章事劉知遠爲鄴都留守，徙彥威爲歸德節度使，加兼侍中。癸酉，徙建立爲昭義節度使，進爵韓王；以建立遼州人，割遼、沁二州隸昭義。遼、沁二州自唐以來本屬河東節度。沁，午鴆翻。徙建雄節度使李德珫爲北都留守。珫，昌終翻。守，式又翻。

8山南東道節度使、同平章事安從進恃其險固，襄陽之地正得屈完所謂「方城以爲城，漢水以爲池」之險，故安從進恃之以傲朝廷。陰蓄異謀，擅邀取湖南貢物，湖南貢物，馬希範所進者也。招納亡命，增廣甲卒；元隨都押牙王令謙、押牙潘知麟諫，皆殺之。及王建立徙潞州，帝使問之曰：「朕虛青州以待卿，青州平盧軍。卿有意則降制。」從進對曰：「若移青州置漢南，襄陽在漢水之南。臣卽赴鎮。」帝不之責。帝非姑息之主也，慊然內顧其所以取中原者，而思其所以守中原者，畏首畏尾，故諸鎮之桀驁者皆俛眉而撫馴之。

9丁丑，王延政募敢死士千餘人，夜涉水，潛入潘師逵壘，因風縱火，城上鼓譟以應之，戰棹都頭建安陳誨殺師逵，建安，漢冶縣地，吳置建安縣，唐帶建州。其衆皆潰。戊寅，引兵欲攻吳行眞寨，建人未涉水，行眞及將士棄營走，死者萬人。延政乘勝取永平、順昌二城。吳分建安置南平縣，晉武帝改爲延平縣。王審知置延平鎮，其子延翰改曰永平鎮，今南劍州治所卽其地。九域志，南劍州管下有順昌縣，在州西一百八十里。宋白曰：順昌縣本建安縣之校鄉地也，吳永安三年置將樂縣，隋併入邵武，唐復置。景福二年又置將水鎮，改爲永順場，尋立爲順昌縣。自是建州之兵始盛。

10夏，四月，蜀太保兼門下侍郎・同平章事趙季良請與門下侍郎・同平章事毋昭裔、中書侍郎・同平章事張業分判三司，癸卯，蜀主命季良判戶部，昭裔判鹽鐵，業判度支。度，徒洛翻。

11 庚戌，以前横海節度使馬全節爲安遠節度使。以代李金全也。

12 甲子，吴越孝獻世子弘僔卒。僔，子損翻。

13 吴越仰仁詮等兵至建州，王延政以福州兵已敗去，奉牛酒犒之，犒，苦到翻。請班師；仁詮等不從，營于城之西北。延政懼，見仰仁詮逼城而屯，有圖建州之心，是以懼。復遣使乞師于閩王。復，扶又翻。閩王以泉州刺史王繼業爲行營都統，將兵二萬救之；且移書責吴越，所謂歸曲以直責也。遣輕兵絶吴越糧道。會久雨，吴越【章：十二行本「越」下有「軍」字；乙十一行本同；孔本同。】食盡，五月，延政遣兵出擊，大破之，俘斬以萬計。癸未，仁詮等夜遁。

14 胡漢筠既違詔命不詣闕，又聞賈仁沼二子欲訴諸朝；賈仁沼死見上卷二年。朝，直遥翻。及除馬全節鎮安州代李金全，漢筠紿金全曰：「進奏吏遣人倍道來言，進奏吏，謂安遠軍進奏院之主吏在大梁者也。朝廷俟公受代，即按賈仁沼死狀，以爲必有異圖。」金全大懼。漢筠因説金全拒命，自歸於唐；説，式芮翻。金全從之。

丙戌，帝聞金全叛，命馬全節以汴、洛、汝、鄭、單、宋、陳、蔡、曹、濮、申、唐之兵討之，如此則河之南、濟之西諸鎮之兵盡發矣。單，音善。濮，音卜。以保大節度使安審暉爲之副。審暉，審琦之兄也。

李金全遣推官張緯奉表請降於唐，降，戶江翻。唐主遣鄂州屯營使李承裕、段處恭將兵三千逆之。處，昌呂翻。

15 唐主遣客省使尚全恭如閩，和閩王曦及王延政。六月，延政遣牙將及女奴持誓書及香爐至福州，與曦盟于宣陵。古者盟誓，坎用牲，加載書於上，歃血以質諸天地鬼神。宗廟之祭，焫蕭合馨香而已。至於灌獻尚鬱，食品用椒。荀卿言芬若椒蘭，漢皇后椒房，取其芬馥。郎官含雞舌香奏事，西京雜記載長安巧工丁緩作被下香爐，劉向銘博山爐，漢官典職，尚書郎給女史二人執香爐燒薰，皆未以奉鬼神。漢武內傳載西王母降，爇嬰香多品，疑皆後人傅會而言之。宋范曄作香序，備言諸香以譏評時人；至其作後漢書，亦不載漢人焚香事。疑以香禮神之習，出於魏、晉已下。程大昌演繁露曰：梁武帝祭天始用沈香，古未用也；祀地用上和香。註云：以地於人近，宜加雜馥，即合諸香爲之，言不止一香也。閩主鏻之舉大號，尊其父審知墓爲宣陵。然兄弟相猜恨猶如故。

16 癸卯，唐李承裕等至【章：十二行本「至」上有「引兵」二字；乙十一行本同；孔本同。】安州。是夕，李金全將麾下數百人詣唐軍，妓妾資財皆爲承裕所奪，妓，渠綺翻。承裕入據安州。甲辰，馬全節自應山進軍大化鎮，應山，古應國，漢屬隨縣界；梁分隨縣置永陽縣，隋改曰應山，唐屬安州。九域志：在州北一百八十里。大化鎮屬應山縣。與承裕戰于城南，大破之。承裕掠安州南走，全節入安州。丙午，安審暉追敗唐兵於黃花谷，段處恭戰死。丁未，審暉又敗唐兵於雲夢澤中，九域志：安州安陸縣有雲夢鎮。今安陸縣南五十里有雲夢澤。宋白曰：安州雲夢縣本漢安陸縣地，後魏大統十六年於雲城古城置雲夢縣。敗，補邁翻。虜承裕及其衆。唐將張建崇據雲夢橋拒戰，審暉乃還。馬全節斬承裕及其衆千五百人于城下，送監軍杜光業等五百七人于大梁。上曰：「此曹何罪！」皆賜馬及器服而歸之。

初，盧文進之奔吳也，事見二百八十卷元年。唐主命祖全恩將兵逆之，戒無入安州城，陳于城外，陳，讀曰陣。俟文進出，殿之以歸，無得剽掠。自盧文進至此，皆言唐主相吳時事也。殿，丁練翻。剽，匹妙翻。及李承裕逆李金全，戒之如全恩；承裕貪剽掠，與晉兵戰而敗，失亡四千人。唐主惋恨累日，自以戒敕之不熟也。惋，烏貫翻。唐主生於兵間，老於兵間，軍之利鈍熟知之矣，其惋恨者，誠有罪己之心，惜不能如秦穆公耳。至馮延己輩乃訕笑先朝，至於蹙國殄民而後已。書曰：「否則侮厥父母，曰昔之人無聞知。」延己之謂矣。後之守國者，尚鑒茲哉！杜光業等至唐，唐主以其違命而敗，不受，復送於淮北，遺帝書曰：「邊校貪功，乘便據壘。」復，扶又翻；下同。遺，唯季翻。校，戶教翻。又曰：「軍法朝章，彼此不可。」言律之以軍法，則喪師者此所必誅，盜邊者彼所不恕；繩之以朝章，則兩國皆不可容之立於朝也。朝，直遙翻。帝復遣之歸，使者將自桐墟濟淮，九域志：宿州蘄縣有桐墟鎮。自桐墟而南，至渦口則濟淮矣。金人疆域圖：桐墟在宿州臨渙縣。唐主遣戰艦拒之，乃還。還，從宣翻，又如字。帝悉授唐諸將官，以其士卒爲顯義都，命舊將劉康領之。舊將，蓋從起於晉陽者。

臣光曰：違命者將也，士卒從將之令者也，又何罪乎！受而戮其將以謝敵，弔士卒而撫之，斯可矣。將，卽亮翻。何必棄民以資敵國乎！

17 唐主使宦者祭廬山，廬山在江州潯陽縣，山南卽唐都昌縣，山北卽唐之潯陽縣。都昌今爲南康軍，軍城之北十五里卽廬山。還，還，從宣翻，又如字。勞之曰：勞，力到翻。「卿此行甚精潔。」宦者曰：「臣自奉詔，蔬食至今。」唐主曰：「卿某處市魚爲羹，某日市肉爲胾，何爲蔬食？」宦者慚服。胾，側吏翻，臠肉爲之。唐主之察，衞嗣君之儔也。倉吏歲終獻羨餘萬餘石，唐主曰：「出納有數，苟非掊民刻軍，安得羨餘邪！」羨，延面翻。掊，蒲侯翻。

18 秋，七月，閩主曦城福州西郭以備建人。又度民爲僧，民避重賦多爲僧，凡度萬一千人。嗚呼，使度僧而有福田利益，則閩國至今存可也。

19 乙丑，帝賜鄭元弼等帛，遣歸。遣歸閩也。去年十月囚之，今釋而遣之。

20 李金全之叛也，安州馬步副都指揮使桑千、威和指揮使王萬金、成彥溫不從而死，馬步都指揮使龐守榮誚其愚，以徇金全之意。誚，才笑翻。己巳，詔贈賈仁沼及桑千等官，遣使誅守榮於安州。李金全至金陵，唐主待之甚薄。李金全爲姦將所惑，背父母之國，委身於他邦，其見薄宜也。

21 丁巳，唐主立齊王璟爲太子，兼大元帥，錄尚書事。

22 太子太師致仕范延光請歸河陽私第，范延光仕唐，先有私第在河陽。帝許之。延光重載而行。西京留守楊光遠兼領河陽，利其貨，且慮爲子孫之患，當范延光以廣晉自歸之時，楊光遠爲元帥，必有以陵暴之，故懼其爲子孫之患。奏：「延光叛臣，不家汴、洛而就外藩，恐其逃逸入敵國，宜早除之！」帝不許。光遠請敕延光居西京，從之。光遠使其子承貴以甲士圍其第，逼令自殺。嗚呼！財之累人如此。祕瓊以是而殺董溫琪之家，范延光復以是而殺祕瓊，楊光遠又以是而殺范延光，而光遠亦卒不免。財之累人如此夫！延光曰：「天子在上，賜我鐵券，許以不死，賜鐵券，見上卷三年。爾父子何得如此？」己未，承貴以白刃驅延光上馬，至浮梁，擠于河。上，時掌翻。擠，子細翻，又子西翻。光遠奏云自赴水死，帝知其故，憚光遠之強，不敢詰；爲延光輟朝，贈太師。爲，于僞翻。

23 唐齊王璟固辭太子；位居嫡長則當爲太子，辭之非所以繫臣民之望也。九月，乙丑，唐主許之，詔中外致牋如太子禮。

24 丁卯，以翰林學士承旨、戶部侍郎和凝爲中書侍郎、同平章事。

25 己巳，鄴都留守劉知遠入朝。是年二月，劉知遠代安彥威鎭魏州。

26 辛未，李崧奏：「諸州倉糧，於計帳之外所餘頗多。」計帳，謂歲計其數造帳以申三司者。倉吏於受納之時斛面取贏，俟出給之時而私其利；此皆官吏相與爲弊，至今然也。必斛量而後知其所餘，而斛量之際爲弊又多。竊意李崧亦因時人既言而奏之耳。上曰：「法外稅民，罪同枉法。倉吏特貸其死，各痛懲之。」不知當時所謂痛懲者爲何，畢竟言之而不能行。

27 翰林學士李澣，輕薄，多酒失，上惡之，丙子，罷翰林學士，併其職於中書舍人。惡，烏路翻。當是時，樞密直學士既罷，僅有翰林學士尚爲親近儒生；李澣之酒失，罷之是也，因而罷翰林學士，非也。澣，濤之弟也。

28 楊光遠入朝，帝欲徙之他鎮，謂光遠曰：「圍魏之役，卿左右皆有功，尚未之賞，圍魏，見上卷二年、三年。今當各除一州以榮之。」因以其將校數人爲刺史。所以分楊光遠之黨而弱其勢。甲申，徙光遠爲平盧節度使，進爵東平王。開運之初，楊光遠遂以平盧叛。

29 冬，十月，丁酉，加吳越王元瓘天下兵馬都元帥、尚書令。

30 壬寅，唐大赦，詔中外奏章無得言「睿」、「聖」，犯者以不敬論。術士孫智永以四星聚斗，分野有災，分，扶問翻。勸唐主巡東都，勸之東巡江都。乙巳，唐主命齊王璟監國。光政副使、太僕少卿陳覺以私憾奏泰州刺史褚仁規貪殘；泰州，漢時吳國之海陵倉地；東晉分廣陵置海陵郡；唐初置吳州，更海陵縣爲吳陵縣；武德七年廢吳州，復爲海陵縣；南唐升爲泰州。丙午，罷仁規爲扈駕都部署，覺始用事。爲陳覺亂唐政張本。庚戌，唐主發金陵；甲寅，至江都。

31 閩王曦因商人奉表自理；言己未嘗稱大號。稱大號者，王昶之爲也。十一月，甲申，以曦爲威武節度使，兼中書令，封閩國王。

32唐主欲遂居江都，以水凍，漕運不給，乃還；還，從宣翻，又如字。十二月，丙申，至金陵。

33唐右僕射兼門下侍郎、同平章事張延翰卒。

34是歲，漢門下侍郎、同平章事趙損卒；以寧遠節度使南昌王定保爲中書侍郎、同平章事，不踰年亦卒。

35初，帝割鴈門之北以賂契丹，見二百八十卷元年。由是吐谷渾皆屬契丹，苦其貪虐，思歸中國；成德節度使安重榮復誘之，復，扶又翻。誘，音酉。於是吐谷渾帥部落千餘帳自五臺來奔。歐陽修曰：吐谷渾本居青海，唐至德中爲吐蕃所攻，部族分散，其內附者唐處之河西。唐末，其首領有赫連鐸爲大同節度使，爲晉王克用所破，部族益微，散處蔚州界中。余按唐高宗之時，吐谷渾爲吐蕃所破，棄青海而內徙，至至德中，青海不復有吐谷渾。而吐蕃東呑河、隴，吐谷渾復東徙，居雲、蔚之間。自五臺來奔，蓋取飛狐道奔鎭州也。宋白曰：吐谷渾謂之退渾，蓋語急而然。聖曆後，吐蕃陷安樂州，其衆東徙，散在朔方。赫連鐸以開成元年將本部三千帳來投豐州，文宗命振武節度使劉沔以善地處之。及沔移鎭河東，遂散居川界，音訛謂之退渾。其後吐谷渾白姓皆赫連之部落。赫連鐸爲李克用所逐，歸幽州李匡儔，遂居蔚州界，部落代建，其氏不常。白承福自莊宗後爲都督，依北山北石門爲柵，賜其額爲寧朔府，以都督爲節度使。契丹大怒，遣使讓帝以招納叛人。爲契丹誚讓不已，帝憂悒而殂張本。

六年（辛丑、九四一）

1春，正月，丙寅，帝遣供奉官張澄將兵二千索吐谷渾在并、鎮、忻、代四州山谷者，逐之使還故土。索，山客翻。吐谷渾既仇視契丹，雖逐之不去，其後劉知遠遂殺之以爲資。

2王延政城建州，周二十里，請於閩王曦，欲以建州爲威武軍，自爲節度使。曦以威武軍福州也，乃以建州爲鎮安軍，以延政爲節度使，封富沙王；建州本漢冶縣地，後分冶地南部曰建安；唐置建州。州有古富沙驛。又南劍州管內有富沙里。延政改鎮安曰鎮武而稱之。

3二月，壬辰，作浮梁於德勝口。是爲澶州河橋。

4彰義節度使張彥澤欲殺其子，掌書記張式素爲彥澤所厚，諫止之。彥澤怒，射之；左右素惡式，從而讒之。射，而亦翻。惡，烏路翻。式懼，謝病去，彥澤遣兵追之。式至邠州，靜難節度使李周以聞，帝以彥澤故，流式商州。彥澤遣行軍司馬鄭元昭詣闕求之，且曰：「彥澤不得張式，恐致不測。」以反脅上。帝不得已，與之。癸未，【嚴：「未」改「巳」。】式至涇州，彥澤命決口、剖心，斷其四支。斷，音短。父子之道天性也，張彥澤欲殺其子，其於天性何有！張式，其所親者也，以諫而殺之，極其慘酷，其於所親亦何有！晉祖欲以君臣之分柔服之，難矣，此其所以貽負義侯之禍也。

5涼州軍亂，留後李文謙閉門自焚死。趙珣聚米圖經：涼州東至會州六百里，西至甘州五百里，南至鄯州三百六十里，北至故突厥界三百里。宋白續通典四至同而里數之遠近異。

6蜀自建國以來，唐清泰元年，蜀建國。節度使多領禁兵，或以他職留成都，委僚佐知留務，專事聚斂，政事不治。斂，力贍翻。治，直之翻。民無所訴。蜀主知其弊，丙辰，加衛聖馬步都指揮使、武德節度使兼中書令趙廷隱、蜀以東川爲武德軍，以定董璋，克梓州，取武有七德以爲軍號。樞密使、武信節度使、同平章事王處回、捧聖控鶴都指揮使、保寧節度使、同平章事張公鐸檢校官，並罷其節度使。三月，甲戌，以翰林學士承旨李昊知武寧【章：十二行本「寧」作「德」；乙十一行本同；孔本同。】軍，散騎常侍劉英圖知保寧軍，諫議大夫崔鑾知武信軍，給事中謝從志知武泰軍，將作監張讚知寧江軍。使之各知節度事，非正帥也。

7夏，四月，閩王曦以其子亞澄同平章事、判六軍諸衛。曦疑其弟汀州刺史延喜與延政通謀，汀、建接壤，故疑之。遣將軍許仁欽以兵三千如汀州，執延喜以歸。

8唐主以陳覺及萬年常夢錫爲宣徽副使。

9辛巳，北京留守李德玧遣牙校以吐谷渾酋長白承福入朝。既遣張澄逐吐谷渾之在四州山谷者矣，而又容其酋長入朝，豈非容其大而逐其細歟！晉高祖之與契丹主，以術相遇者也。玧，昌中翻。

10唐主遣通事舍人歐陽遇求假道以通契丹，帝不許。契丹求假道以通淮、浙，晉無所不可；至唐求假道以通契丹，則不許之，隨其所輕重而應之也。

11自黄巢犯長安以來，唐僖宗廣明元年黄巢入長安。天下血戰數十年，然後諸國各有分土，分，扶問翻。兵革稍息。及唐主即位，江、淮比年豐稔，兵食有餘，羣臣爭言「陛下中興，今北方多難，宜出兵恢復舊疆。」比，毗至翻。難，乃旦翻。舊疆，謂盛唐時疆土也。此豈易恢復邪？宜唐主之不從之也。唐主曰：「吾少長軍旅，少，詩照翻。長，知兩翻。見兵之爲民害深矣，不忍復言。復，扶又翻。使彼民安，則吾民亦安矣，又何求焉！」漢主遣使如唐，謀共取楚，分其地；唐主不許。史言唐主能保境息民。

12山南東道節度使安從進謀反，遣使奉表詣蜀，請出師金、商以爲聲援；自金、商取道均、房則至襄陽。丁亥，使者至成都。蜀主與羣臣謀之，皆曰：「金、商險遠，少出師則不足制敵，多則漕輓不繼。」水運曰漕，陸運曰輓。輓，音晚。蜀主乃辭之。又求援於荆南，高從誨遺從進書，遺，唯季翻。諭以禍福；從進怒，反誣奏從誨。荆南行軍司馬王保義勸從誨具奏其狀，且請發兵助朝廷討之；從誨從之。

13成德節度使安重榮恥臣契丹，見契丹使者，必箕踞慢罵，使過其境，或潛遣人殺之；契丹以讓帝，帝爲之遜謝。使，並疏吏翻。爲，于僞翻。六月，戊午，重榮執契丹使拽剌，拽，戶結翻。剌，來達翻。遣騎掠幽州南境，軍於博野，博野縣屬定州，宋雍熙四年以其地置寧邊軍，景德元年改永定軍，天聖七年改永寧軍；金陞爲蠡州，其疆域圖云：北至燕京四百九十里。上表稱：「吐谷渾、兩突厥、渾、契苾、沙陀各帥部衆歸附；兩突厥，東突厥、西突厥也。帥，讀曰率。党項等亦遣使納契丹告身職牒，言爲虜所陵暴，党，底朗翻。又言自二月以來，令各具精甲壯馬，將以上秋南寇，上秋，謂七月。

恐天命不佑，與之俱滅，願自備十萬衆，與晉共擊契丹。又朔州節度副使趙崇已逐契丹節度使劉山，朔州舊非節鎮，蓋契丹所置也。求歸命朝廷。臣相繼以聞。陛下屢敕臣承奉契丹，勿自起釁端；其如天道人心，難以違拒，機不可失，時不再來。諸節度使沒於虜庭者，此謂趙德鈞、董溫琪、沙彥珣、翟璋等。皆延頸企踵以待王師，企，去智翻，舉踵不至地也。良可哀閔。願早決計。」表數千言，大抵斥帝父事契丹，竭中國以媚無厭之虜。厭，於鹽翻。又以此意爲書遺朝貴，遺，唯季翻。及移藩鎮，云已勒兵，必與契丹決戰。帝以重榮方握強兵，不能制，甚患之。

時鄴都留守、侍衛馬步都指揮使劉知遠在大梁；去年劉知遠自魏來朝，時尚留大梁。泰寧節度使桑維翰知重榮已蓄姦謀，又慮朝廷重違其意，重，難也。密上疏曰：「陛下免於晉陽之難而有天下，難，乃旦翻。皆契丹之功也，不可負之。今重榮恃勇輕敵，吐渾假手報仇，皆非國家之利，不可聽也。臣竊觀契丹數年以來，士馬精強，吞噬四鄰，戰必勝，攻必取，割中國之土地，收中國之器械；此謂降楊光遠、虜趙德鈞時也。其君智勇過人，其臣上下輯睦，牛羊蕃息，蕃，音煩。國無天災，此未可與爲敵也。且中國新敗，謂張敬達晉安之敗，趙德鈞團柏之敗。士氣彫沮，以當契丹乘勝之威，其勢相去甚遠。又，和親既絕，則當發兵守塞，兵少則不足以待寇，兵多則饋運無以繼之。我出則彼歸，我歸則彼至，臣恐禁衛之士疲於奔命，鎮、定之地無復遺民。幽、涿、瀛、莫既屬契丹，鎮、定、滄、景悉爲邊鎮。滄、景之地近海卑下，又多塘濼，虜騎不可得而入；

其入寇多依山而趨鎮定，故其地爲虜衝。今天下粗安，粗，坐五翻。瘡痍未復，府庫虛竭，蒸民困弊，蒸，衆也。靜而守之，猶懼不濟，其可妄動乎！契丹與國家恩義非輕，信誓甚著，彼無間隙間，古莧翻。而自啓釁端，就使克之，後患愈重；萬一不克，大事去矣。議者以歲輸繒帛謂之耗蠹，有所卑遜謂之屈辱。殊不知兵連而不休，禍結而不解，財力將匱，耗蠹孰甚焉！用兵則武吏功臣過求姑息，邊藩遠郡得以驕矜，下陵上替，屈辱孰大焉！桑維翰權利害之輕重而言之，一時之論也。臣願陛下訓農習戰，養兵息民，俟國無內憂，民有餘力，然後觀釁而動，則動必有成矣。又，鄴都富盛，國家藩屛，今主帥赴闕，屛，必郢翻。主帥赴闕，謂劉知遠來朝。帥，所類翻。軍府無人，臣竊思慢藏誨盜之言，勇夫重閉之義，慢藏誨盜，易大傳之言。勇夫重閉，左傳中公巫臣之言。藏，徂浪翻。重，直龍翻。乞陛下略加巡幸，以杜姦謀。」帝謂使者曰：「朕比日以來，煩懣不決，今見卿奏，如醉醒矣，比，毗至翻。懣，音悶。醒，先梃翻，醉寤也。卿勿以爲憂。」

14 閩王曦聞王延政以書招泉州刺史王繼業，召繼業還，賜死於郊外，福州之郊外也。城外三十里爲郊，蓋殺之於野。殺其子於泉州。初，繼業爲汀州刺史，司徒兼門下侍郎、同平章事楊沂豐爲士曹參軍，與之親善；或告沂豐與繼業同謀，沂豐方侍宴，卽收下獄，下，戶嫁翻。明日斬之，夷其族。沂豐，涉之從弟也，楊涉爲相於唐、梁禪代之際。從，才用翻。時年八十餘，國人哀之。自是宗族勳舊相繼被誅，人不自保，諫議大夫黃峻舁櫬詣朝堂極諫，曦曰：「老物狂發

矣！」貶章州司戶。被，皮義翻。舁，音余，又羊茹翻。櫬，初覲翻。「章州」當作「漳州」。【章：乙十一行本正作「漳」。】

曦淫侈無度，資用不給，謀於國計使南安陳匡範，南安縣，隋置，唐屬泉州。九域志：在州北四十七里。匡範請日進萬金；曦悅，加匡範禮部侍郎，匡範增算商賈數倍。曦宴羣臣，舉酒屬匡範曰：賈，音古。屬，之欲翻。「明珠美玉，求之可得；如匡範人中之寶，不可得也。」未幾，商賈之算不能足日進，貸諸省務錢以足之，恐事覺，憂悸而卒，幾，居豈翻。悸，其季翻。曦祭贈甚厚。諸省務以匡範貸帖聞，貸帖，貸錢之文書也。曦大怒，斲棺，斷其尸棄水中，斷，音短。以連江人黃紹頗代爲國計使。唐武德元年，分閩縣置溫麻縣，尋改曰連江，屬福州。九域志：在州東北一百六十里。紹頗請「令欲仕者，自非蔭補，皆聽輸錢即授之，以資望高下及州縣戶口多寡定其直，自百緡至千緡。」從之。

15 唐主自以專權取吳，尤忌宰相權重，此王莽、隋文帝之故知也。姦雄事成與不成，有幸不幸耳。以右僕射兼中書侍郎、同平章事李建勳執政歲久，欲罷之。會建勳上疏言事，意其留中；既而唐主下有司施行。下，戶嫁翻。建勳自知事挾愛憎，密取所奏改之；秋，七月，戊辰，罷建勳歸私第。

16 帝憂安重榮跋扈，己巳，以劉知遠爲北京留守、河東節度使，復以遼、沁隸河東；去年以遼、沁隸昭義軍。沁，午鴆翻。以北京留守李德珫爲鄴都留守。知遠微時，爲晉陽李氏贅壻，嘗牧馬，犯僧田，僧執而笞之。知遠至晉陽，首召其僧，命之坐，慰諭贈遺，衆心大悅。遺，唯季翻。不念舊怨，故衆心大悅。爲劉知遠自河東成大業張本。

17吳越府署火，宮室府庫幾盡。幾，居依翻。吳越王元瓘驚懼，發狂疾，唐人爭勸唐主乘弊取之，唐主曰：「柰何利人之災！」遣使唁之，且賙其乏。唁，魚戰翻，弔生曰唁。賙，音周，振贍之也。

18閩主曦自稱大閩皇，領威武節度使，既稱皇矣，又領威武節度使，古之私立名字者無此比也。與王延政治兵相攻，治，直之翻。互有勝負，福、建之間，暴骨如莽。鎭武節度判官晉江潘承祐屢請息兵脩好，唐開元八年分南安縣置晉江縣，後遂爲泉州治所。好，呼到翻。延政不從。閩主使者至，延政大陳甲卒以示之，對使者語甚悖慢；悖，蒲妹翻，又蒲沒翻。承祐長跪切諫，延政怒，顧左右曰：「判官之肉可食乎！」承祐不顧，聲色愈厲。閩主曦惡泉州刺史王繼嚴得衆心，罷歸，酖殺之。惡，烏路翻。

19八月，戊子朔，以開封尹鄭王重貴爲東京留守。

20馮道、李崧屢薦天平節度使兼侍衛親軍馬步副都指揮使、同平章事杜重威之能，此希上指而薦之也。以爲都指揮使，充隨駕御營使，代劉知遠，知遠由是恨二相。爲馮道不用於漢，李崧見殺張本。重威所至黷貨，民多逃亡，嘗出過市，謂左右曰：「人言我驅盡百姓，何市人之多也！」

21 壬辰，帝發大梁；己亥，至鄴都；壬寅，大赦。帝以詔諭安重榮曰：「爾身爲大臣，家有老母，忿不思難，棄君與親。吾因契丹得天下，爾因吾致富貴，謂重榮降帝於晉陽，從此得富貴。吾不敢忘德，爾乃忘之，何邪？今吾以天下臣之，爾欲以一鎮抗之，不亦難乎！宜審思之，無取後悔！」重榮得詔愈驕，聞山南東道節度使安從進有異志，陰遣使與之通謀。安從進反而重榮亦反矣。

22 吳越文穆王元瓘寢疾，察內都監章德安忠厚，能斷大事，欲屬以後事，語之曰：「弘佐尚少，當擇宗人長者立之。」監，古銜翻。斷，丁亂翻。屬，之欲翻。語，牛倨翻。少，詩照翻。長，知兩翻。德安曰：「弘佐雖少，羣下伏其英敏，願王勿以爲念！」王曰：「汝善輔之，吾無憂矣。」德安，處州人也。辛亥，元瓘卒。年五十五。

初，內牙指揮使戴惲，爲元瓘所親任，悉以軍事委之。元瓘養子弘侑乳母，惲妻之親也，惲，於粉翻。或告惲謀立弘侑。德安祕不發喪，與諸將謀，伏甲士於幕下；壬子，惲入府，執而殺之，廢弘侑爲庶人，復姓孫，幽之明州。是日，將吏以元瓘遺命，承制以鎮海、鎮東副大使弘佐爲節度使，時年十四。歐史曰，年十三。九月，庚申，弘佐卽王位，命丞相曹仲達攝政。軍中言賜與不均，舉仗不受，諸將不能制；仲達親諭之，皆釋仗而拜。

弘佐溫恭，好書，禮士，躬勤政務，發擿姦伏，人不能欺。擿，他狄翻。民有獻嘉禾者，弘佐問倉吏：「今蓄積幾何？」對曰：「十年。」王曰：「然則軍食足矣，可以寬吾民。」乃命復其境內稅三年。復，方目翻，除免也。史言弘佐雖少而敏於政。

23辛酉，滑州言河決。考異曰：薛史紀載九月辛酉滑州河決而不載庚午濮州決；高祖實錄載庚午濮州奏河決而不載辛酉滑州決。五代會要及志皆云，「天福六年九月決滑州，兗、濮州界皆爲水漂溺」，史匡翰傳亦云，「天福六年白馬河決。」按辛酉滑州河已決，則下流皆涸，濮州無庚午再決之理，蓋滑州河決，漂浸及濮州耳。

24帝以安重榮殺契丹使者，恐其犯塞，乙亥，遣安國節度使楊彥詢使于契丹。彥詢至其帳，契丹【章：十二行本「丹」下有「主」字；乙十一行本同；孔本同。】責以使者死狀，彥詢曰：「譬如人家有惡子，父母所不能制，將如之何？」契丹主怒乃解。

25閩主曦以其子琅邪王亞澄爲威武節度使、兼中書令，改號長樂王。樂，音洛。

26劉知遠遣親將郭威以詔指說吐谷渾酋長白承福，時朝廷陽爲逐吐谷渾而陰撫納之，又懼契丹知之而怒之也，不敢明降詔書，故劉知遠承帝密指，使郭威稱詔指以說之。將，即亮翻。說，式芮翻。酋，慈秋翻。長，知兩翻。令去安重榮歸朝廷，許以節鉞。威還，謂知遠曰：「虜惟利是嗜，安鐵胡止以袍袴賂之；還，從宣翻，又如字。安重榮，小字鐵胡。今欲其來，莫若重賂乃可致耳。」知遠從之，且使謂承福曰：「朝廷已割爾曹隸契丹，爾曹當自安部落；今乃南來助安重榮爲逆，重榮已爲天下所棄，朝夕敗亡，爾曹宜早從化，勿俟臨之以兵，南北無歸，悔無及矣。」言吐谷渾若助安重榮，重榮敗亡之後，吐谷渾南不可歸晉，北不可歸契丹。承福懼，冬，十月，帥其衆歸于知遠。知遠處之太原東山及嵐、石之間，帥，讀曰率。處，昌呂翻。嵐，盧含翻。表承福領大同節度使，雲州大同軍，時已屬契丹。收其精騎以隸麾下。爲劉知遠殺白承福張本。

始，安重榮移檄諸道，云與吐谷渾、達靼、契苾同起兵，既而承福降知遠，達靼、契苾亦莫之赴，靼，當割翻。重榮勢大沮。沮，在呂翻。

27 閩主曦即皇帝位；王延政自稱兵馬元帥。閩同平章事李敏卒。書閩同平章事，以別他國之相。

28 帝之發大梁也，和凝請曰：「車駕已行，安從進若反，何以備之？」帝曰：「卿意如何？」凝請密留空名宣敕十數通，宣出於樞密院，敕出於中書門下；時并樞密院於中書。空，苦貢翻。付留守鄭王，聞變則書諸將名，遣擊之；帝從之。

十一月，從進舉兵攻鄧州，唐州刺史武延翰以聞。九域志：襄陽北至鄧州一百七十八里，東北至唐州一百五十里。鄭王遣宣徽南院使張從恩、武德使焦繼勳、護聖都指揮使郭金海、作坊使陳思讓將大梁兵就申州刺史李建崇兵於葉縣以討之。漢有葉縣，中廢；隋復置葉縣；唐屬汝州。九域志：在州東南一百四十里。葉，式涉翻。金海，本突厥；思讓，幽州人也。厥，九勿翻。丁丑，以西京留守高行周爲南面軍前都部署，前同州節度使宋彥筠副之，張從恩監焉；又以郭金海爲先鋒使，陳思讓監焉。監，古銜翻。彥筠，滑州人也。

庚辰，以鄴都留守李德珫權東京留守，召鄭王重貴如鄴都。

安從進攻鄧州，威勝節度使安審暉據牙城拒之，鄧州牙城也。從進不能克而退。癸未，從進至花山，九域志：唐州湖陽縣有花山銀場。今按花山在湖陽北。遇張從恩兵，不意其至之速，合戰，大敗，從恩獲其子牙內都指揮使弘義，從進以數十騎奔還襄州，嬰城自守。

29 唐主性節儉，常躡蒲屨，盥頮用鐵盎，躡，尼輒翻。織蒲爲屨，江、淮之人多能之。頮，呼內翻。澡手爲盥，滌面爲頮。暑則寢於青葛帷，左右使令惟老醜宮人，服飾粗略。粗，讀曰麤。死國事者【章：十二行本「者」下有「雖士卒」三字；乙十一行本同；孔本同。】皆給祿三年。分遣使者按行民田，以肥瘠定其稅，行，下孟翻。民間稱其平允。自是江、淮調兵興役及他賦斂，皆以稅錢爲率，調，徒釣翻。斂，力贍翻。至今用之。唐主勤於聽政，以夜繼晝，還自江都，不復宴樂；頗傷躁急，復，扶又翻。樂，音洛。躁，則到翻。內侍王紹顏上書，以爲「今春以來，羣臣獲罪者衆，中外疑懼。」唐主手詔釋其所以然，令紹顏告諭中外。

30 十二月，丙戌朔，徙鄭王重貴爲齊王，充鄴都留守；以李德珫爲東都留守。

31 丁亥，以高行周知襄州行府事。詔荆南、湖南共討襄州。高從誨遣都指揮使李端將水軍數千至南津，漢水南津也。楚王希範遣天策都軍使張少敵將戰艦百五十艘入漢江助行周，仍各運糧以饋之。少敵，佶之子也。張佶，與楚王馬殷同起事者也。少，詩沼翻。艦，戶黯翻。艘，蘇遭翻。佶，其吉翻。

32 安重榮聞安從進舉兵反，謀遂決，大集境內飢民，衆至數萬，南向鄴都，聲言入朝。初，重榮與深州人趙彥之俱爲散指揮使，相得歡甚。散，悉亶翻。重榮鎮成德，二年安重榮始帥鎮州。彥之自關西歸之，重榮待遇甚厚，使彥之招募黨衆；然心實忌之，及舉兵，止用爲排陳使，陳，讀曰陣。彥之恨之。

帝聞重榮反，壬辰，遣護聖等馬步三十九指揮擊之。以天平節度使杜重威爲招討使，安國節度使馬全節副之，前永清節度使王清【章：十二行本「清」作「周」；乙十一行本同；退齋校同。】爲馬步都虞候。

33 安從進遣其弟從貴將兵逆均州刺史蔡行遇，行遇者，安從進巡內刺史。時蓋以兵援襄陽，故遣弟逆之。焦繼勳邀擊，敗之，獲從貴，斷其足而歸之。敗，補邁翻。斷，音短。

34 戊戌，杜重威與安重榮遇於宗城西南，九域志：宗城縣在魏州之西北一百七十里。重榮爲偃月陳，官軍再擊之，不動；重威懼，欲退。指揮使宛丘王重胤曰：「兵家忌退。退則敵得而乘之，或士卒因退而潰亂，故忌之。陳，讀曰陣。鎮之精兵盡在中軍，請公分銳士擊其左右翼，重胤爲公以契丹直衝其中軍，爲，于僞翻。彼必狼狽。」重威從之。鎮人陳稍卻，趙彥之卷旗策馬來降。彥之以銀飾鎧胄及鞍勒，官軍殺而分之。重榮聞彥之叛，大懼，退匿於輜重中。重，直用翻。官軍從而乘之，鎮人大潰，斬首萬五千級。重榮收餘衆，走保宗城，官軍進攻，夜分，拔之。重榮以十餘騎走還鎮州，嬰城自守。會天寒，鎮人戰及凍死者二萬餘人。契丹聞重榮反，乃聽楊彥詢還。是年九月，楊彥詢使契丹。

庚子，冀州刺史張建武等取趙州。冀、趙二州皆安重榮巡屬。

35漢主寢疾，有胡僧謂漢主名龔不利；漢主自造「龑」字名之，義取「飛龍在天」，易曰：飛龍在天，利見大人。讀若儼。

36庚戌，制以錢弘佐爲鎮海、鎮東軍節度使兼中書令、吳越國王。

鄧廣銘標點聶崇岐覆校

資治通鑑卷第二百八十三

端明殿學士兼翰林侍讀學士太中大夫提舉西京嵩山崇福宮上柱國河内郡開國公食邑二千六百户食實封一千户臣 司馬光 奉敕編集

後學天台 胡三省 音註

後晉紀四 起玄黓攝提格(壬寅),盡閼逢執徐(甲辰)正月,凡二年有奇。

高祖聖文章武明德孝皇帝下

天福七年(壬寅、九四二)

1 春,正月,丁巳,鎮州牙將自西郭水碾門導官軍入城,碾,魚蹇翻。水碾,水磑也。殺守陴民二萬人,陴,頻彌翻。執安重榮,斬之。杜重威殺導者,自以爲功。庚申,重榮首至鄴都,帝命漆之,函送契丹。重,直龍翻。

2 癸亥,改鎮州爲恆州,成德軍爲順國軍。鎮州本恆州,唐避穆宗名改焉。今以安重榮反,改州名從舊,又改軍號。恆,胡登翻。

3 丙寅,以門下侍郎、同平章事趙瑩爲侍中,以杜重威爲順國節度使兼侍中。

安重榮私財及恆州府庫，重威盡有之，帝知而不問。又表衞尉少卿范陽王瑜爲副使，瑜爲之重斂於民，恆人不勝其苦。少，詩照翻。爲之，于僞翻。斂，力贍翻。勝，音升。

4 張式父鐸詣闕訟冤。張彥澤殺張式事見上卷上年。壬午，以河陽節度使王周爲彰義節度使，代張彥澤。

5 閩主曦立皇后李氏，同平章事眞之女也；嗜酒剛愎，愎，蒲逼翻。曦寵而憚之。

6 彰武節度使丁審琪，養部曲千人，縱之爲暴於境内；軍校賀行政與諸胡相結爲亂，攻延州，帝遣曹州防禦使何重建將兵救之，同、鄜援兵繼至，乃得免。校，戶教翻。鄜，方無翻。二月，癸巳，以重建爲彰武留後，召審琪歸朝。重建，雲、朔間胡人也。

7 唐左丞相宋齊丘固求豫政事，唐主聽入中書；又求領尚書省，乃罷侍中壽王景遂判尚書省，更領中書、門下省，更，工衡翻。以齊丘知尚書省事；其三省事並取齊王璟參決。所以制宋齊丘。齊丘視事數月，親吏夏昌圖盜官錢三千緡，齊丘判貸其死；唐主大怒，斬昌圖。夏，戶雅翻。齊丘稱疾，請罷省事，從之。

8 涇州奏遣押牙陳延暉持敕書詣涼州，州中將吏請延暉爲節度使。

9 三月，閩主曦立長樂王亞澄爲閩王。樂，音洛。

10 張彥澤在涇州，擅發兵擊諸胡，兵皆敗沒，調民馬千餘匹以補之。調，徒釣翻。還至陝，自涇州代還至陝。還，從宣翻。陝，失冉翻。獲亡將楊洪，乘醉斷其手足而斬之。斷，音短。王周奏彥澤在鎮貪殘不法二十六條，民散亡者五千餘戶。王周代彥澤，故得奏其在鎮事。彥澤既至，帝以其有軍功，又與楊光遠連姻，釋不問。歐史，張彥澤與帝連姻，又討范延光有功。

夏，四月，己未，右諫議大夫鄭受益上言：「楊洪所以被屠，由陛下去歲送張式與彥澤，使之逞志，致彥澤敢肆凶殘，無所忌憚。見聞之人無不切齒，而陛下曾不動心，一無詰讓；淑慝莫辨，詰，去吉翻，問也。讓，責也。慝，吐得翻。賞罰無章。中外皆言陛下受彥澤所獻馬百匹，聽其如是，臣竊爲陛下惜此惡名，爲，于僞翻。受獻而釋有罪，是惡名也。乞正彥澤罪法以湔洗聖德。」湔，則前翻。疏奏，留中。受益，從讜之兄子也。鄭從讜見唐僖宗紀。讜，音黨。

庚申，刑部郎中李濤等伏閤極論彥澤之罪，語甚切至。伏閤者，伏閤門下奏事，閤門使以聞。辛酉，敕：「張彥澤削一階，降爵一級。階，武散階。爵級，封爵之級。張式父及子弟皆拜官。涇州民復業者，減其徭賦。」癸亥，李濤復與兩省及御史臺官伏閤復，扶又翻。兩省官，中書、門下省官也。奏彥澤罰太輕，請論如法。帝召濤面諭之。濤端笏前迫殿陛，聲【章：十二行本「聲」上有「論辨」二字；乙十一行本同；孔本同；張校同；退齋校同。】色俱厲。帝怒，連叱之，濤不退。帝曰：「朕已許彥澤不死。」濤曰：「陛下許彥澤不死，不可負；不知范延光鐵券安在！」謂許范延光以不死，而楊光遠殺之也，事見上卷五年。帝拂衣起，入禁中。丙寅，以彥澤爲左龍武大將軍。爲張彥澤爲契丹用以殘滅晉國，李濤詣彥澤而不懼張本。

11漢高祖寢疾，以其子秦王弘度、晉王弘熙皆驕恣，少子越王弘昌孝謹有智識，少，詩照翻。與右僕射兼西御院使王翻謀出弘度鎭邕州，弘熙鎭容州，而立弘昌。爲弘熙殺弘昌及翻張本。翻，求仁翻。制命將行，會崇文使蕭益入問疾，以其事訪之。益曰：「立嫡以長，違之必亂。」乃止。蕭益引經義以沮立弘昌之義。長，知兩翻。

丁丑，高祖殂。年五十四。高祖爲人辯察，多權數，好自矜大，常謂中國天子爲「洛州刺史」。好，呼到翻。以中國天子都洛陽，洛陽之地，蓋本洛州刺史所治也。言其政令不能及遠，特昔時洛州刺史之任耳。嶺南珍異所聚，每窮奢極麗，宮殿悉以金玉珠翠爲飾。用刑慘酷，有灌鼻、割舌、支解、刳剔、炮炙、烹蒸之法；或聚毒蛇水中，以罪人投之，謂之水獄。同平章事楊洞潛諫，不聽。末年尤猜忌；以士人多爲子孫計，故專任宦官，由是其國中宦者大盛。自劉龑之後，專任宦者，謂百官爲門外人，傳至於鋹而國亡矣。

秦王弘度卽皇帝位，更名玢；更，工衡翻。玢，府巾翻。以弘熙輔政，改元光天；尊母趙昭儀曰皇太妃。

12契丹以晉招納吐谷渾，遣使來讓。帝憂悒不知爲計；五月，己亥，始有疾。悒，乙及翻。

13 乙巳，尊太妃劉氏爲皇太后。太后，帝之庶母也。徐無黨曰：帝所生母也。

14 唐丞相、太保宋齊丘既罷尚書省，不復朝謁。復，扶又翻。朝，直遙翻；下同。唐主遣壽王景遂勞問，勞，力到翻。許鎮洪州，始入朝。

唐主與之宴，酒酣，齊丘曰：「陛下中興，臣之力也，柰何忘之！」唐主怒曰：「公以遊客干朕，事見二百六十六卷梁太祖乾化二年。今爲三公，亦足矣。乃與人言朕鳥喙如句踐，難與共安樂，有之乎？」越范蠡遺文種書，言越王爲人，長頸鳥喙，可與同患難，不可與同安樂。句，讀如鉤。樂，讀如洛。齊丘曰：「臣實有此言。臣爲遊客時，陛下乃偏裨耳。今日殺臣可矣。」明日，唐主手詔謝之曰：「朕之褊性，褊，補典翻。子嵩平昔所知。少相親，老相怨，可乎！」少，詩照翻。自古君臣之間，豈無親故，未有如宋齊丘之挾舊矜功，唐主之啓寵納侮者也。

丙午，以齊丘爲鎮南節度使。踐洪州之約。宋齊丘本洪州進士，寵之以衣錦也。

15 帝寢疾，一旦，馮道獨對。帝命幼子重睿出拜之，又令宦者抱重睿置道懷中，其意蓋欲道輔立之。重，直龍翻。考異曰：漢高祖實錄：「晉高祖大漸，召近臣屬之曰：『此天下，明宗之天下，寡人竊而處之久矣。寡人既謝，當歸許王，寡人之願也。』」此說難信。今從薛史。

六月，乙丑，帝殂。年五十一。五代會要，殂於鄴都大內之保昌殿。道與天平節度使、侍衞馬步都虞候景延廣議，以國家多難，宜立長君，乃奉廣晉尹齊王重貴爲嗣。晉高祖託孤於馮道，與吳主孫休託孤於濮陽興、張布之事略同。難，乃旦翻。是日，齊王卽皇帝位。延廣以爲己功，始用事，禁都下人無得偶語。以防姦人謀爲變。

初，高祖疾亟，有旨召河東節度使劉知遠入輔政，齊王寢之；知遠由是怨齊王。爲劉知遠不入援張本。

16 丁卯，尊皇太后曰太皇太后，高祖之庶母劉氏也。皇后曰皇太后。高祖之后李氏也。

17 閩富沙王延政圍汀州，閩主曦發漳、泉兵五千救之。九域志：泉州西至漳州二百九十五里，漳州西至汀州五百四十里。宋白曰：梁山有漳浦水，一名漳溪水，唐垂拱二年，析泉州之西南置漳州。垂拱之泉州，今之福州也。又遣其將林守亮入尤溪，大明宮使黄敬忠屯尤口，九域志：尤溪縣在南劍州南一百五十五里，蓋王氏初置縣也。尤口，尤溪口也。欲乘虛襲建州；國計使黄紹頗將步卒八千爲二軍聲援。

18 秋，七月，壬辰，太皇太后劉氏殂。

19 閩富沙王延政攻汀州，四十二戰，不克而歸。其將包洪實、陳望，將水軍以禦福州之師；丁酉，遇於尤口。尤溪口。黄敬忠將戰，占者言時刻未利，按兵不動；洪實等引兵登岸，水陸夾攻之，殺敬忠，俘斬二千級，林守亮、黄紹頗皆遁歸。

20 庚子，大赦。

21癸卯，加景延廣同平章事，兼侍衛馬步都指揮使。賞其定策之功也。爲景延廣挾權制上、搆契丹之隙張本。

22勳舊皆欲復置樞密使，罷樞密使見上卷上年。馮道等三奏，請以樞密舊職讓之；幷樞密於中書，故謂樞密院舊所典之職爲舊職。帝不許。

23有神降於博羅縣民家，博羅，漢古縣，唐屬循州，時爲漢土。郡國志：循州有博羅山，浮海而來，傅著羅山，故名博羅。宋朝博羅縣屬惠州。九域志：在州北四十五里。宋白曰：博羅縣接境於羅山，故曰博羅；東接龍州，南接西平，西接增城界。與人言而不見其形，閭閻人往占吉凶，多驗，縣吏張遇賢事之甚謹。時循州盜賊羣起，莫相統一，賊帥共禱于神，神大言曰：「張遇賢當爲汝主。」於是【章：十二行本「是」下有「羣帥」二字；乙十一行本同；孔本同。】共奉遇賢，稱中天八國王，改元永樂，樂，音洛。置百官，攻掠海隅。循州東南距潮、惠二州，皆海隅之地。遇賢年少，少，詩照翻。無他方略，諸將但告進退而已。

漢主以越王弘昌爲都統，循王弘杲爲副以討之，戰于錢帛館。漢兵不利，二王皆爲賊所圍；指揮使陳道庠等力戰救之，得免。東方州縣多爲遇賢所陷。東方州縣，謂番禺以東州縣也，卽惠、潮之地。九域志：廣州東至惠州三百一十五里，又自惠州東至潮州八百一十里。道庠，端州人也。

24高行周圍襄州踰年，不下。去年十一月，高行周圍襄州，事始見上卷。城中食盡，奉國軍都虞候曲周王清言於行周曰：曲周縣，屬洺州。宋熙寧三年，省曲周縣爲鎮，入雞澤縣。「賊城已危，我師已老，民力已困，不早迫之，尚何俟乎！」與奉國都指揮使元城劉詞帥衆先登。元城縣帶魏州。帥，讀曰率。八月，拔之。安從進舉族自焚。

25 甲子，以趙瑩爲中書令。

26 閩主曦遣使以手詔及金器九百、錢萬緡、將吏敕告六百四十通，求和於富沙王延政，延政不受。

丙寅，閩主曦宴羣臣於九龍殿。從子繼柔不能飲，強之。從，才用翻。強，其兩翻。繼柔私減其酒，曦怒，并客將斬之。王曦之酗虐，孫晧之流也。將，卽亮翻。

27 閩人鑄永隆通寶大鐵錢，一當鉛錢百。

28 漢葬天皇大帝于康陵，廟號高祖。

29 唐主自爲吳相，興利除害，變更舊法甚多。梁均王之貞明四年，唐主始得吳政，吳王隆演之十五年也。及卽位，命法官及尚書删定爲昇元條三十卷；時唐以昇元紀元。庚寅，行之。

30 閩主曦以同平章事侯官余廷英爲泉州刺史。廷英貪穢，掠人女子，詐稱受詔采擇以備後宮。事覺，曦遣御史按之。廷英懼，詣福州自歸，曦詰責，將以屬吏；詰，去吉翻。屬，之欲翻。廷英退，獻買宴錢萬緡。曦悅，明日召見，謂曰：「宴已買矣，皇后貢物安在？」廷英復獻錢於李后，乃遣歸泉州；自是諸州皆別貢皇后物。未幾，復召廷英爲相。見，賢遍翻。復，扶又翻。幾，居豈翻。史言閩主曦之好貨甚於昶。

31 冬，十月，丙子，張遇賢陷循州，殺漢刺史劉傳。

32 楚王希範作天策府，王舉天下大定錄曰：希範建天策府於州城西北，造天策、光政等一十六樓，又造天策、勤政等五堂。極棟宇之盛；戶牖欄檻皆飾以金玉，塗壁用丹砂數十萬斤；丹砂出辰、溪、溆、錦等州及諸溪峒，皆楚之境內也。本草圖經曰：丹砂生深山石崖間，土人穴地數十尺，始見其苗，乃白石也，謂之丹砂床。砂生石上，其塊大者如雞子，小者如石榴顆，狀若芙蓉頭、箭鏃連床者；紫黯若鐵色，而光明瑩澈，碎之，嶄巖作牆壁，又似雲母片可析者，無石彌佳。過此則淘土石中得之。地衣，春夏用角簟，角簟，剖竹爲細篾，織之，藏節去筠，瑩滑可愛；南蠻或以白藤爲之。秋冬用木綿。木綿，今南方多有焉。於春中作畦種之，至夏秋之交結實，至秋半，其實之外皮四裂，中踊出，白如綿。土人取而紡之，織以爲布，細密厚暖，宜以御冬。與子弟僚屬遊宴其間。

33 十一月，庚寅，葬聖文章武明德孝皇帝于顯陵，陵在河南府壽安縣。廟號高祖。

34 先是河南、北諸州官自賣海鹽，歲收緡錢十七萬；又散蠶鹽斂民錢。蠶鹽所以裛繭。唐天成二年，敕：每年二月內一度俵散蠶鹽，依夏稅限納錢。宋白曰：周顯德三年，敕齊州蠶鹽於秋苗上俵配，謂之查頭，每一石徵錢三千文；滄、棣、濱、淄、青，每石徵絹一匹。後齊州減徵一半，五州所徵絹加倍。先，悉薦翻。言事者稱民坐私販鹽抵罪者衆，不若聽自販，而歲以官所賣錢直斂於民，謂之食鹽錢；高祖從之。俄而鹽價頓賤，每斤至十錢。

至是，三司使董遇欲增求羨利，羨，延面翻。而難於驟變前法，乃重征鹽商，過者七錢，留賣者十錢。由是鹽商殆絕，而官復自賣。復，扶又翻。其食鹽錢，至今斂之如故。五代會要：時言事者請將食鹽錢於諸道州府，計戶每戶一貫至二百爲五等配之，然後任人逐便興販，既不虧官，又益百姓。朝廷行之，諸處場務且仍舊。俄而鹽貨頓賤，去出鹽遠處州縣，每斤不過二十。掌事者又難驟改其法，奏請重置稅焉。蓋欲絕興販，歸利於官。場院糶鹽雖多，人戶鹽錢又不放免，民甚苦之。

35 閩鹽鐵使、右僕射李仁遇，敏之子，李敏，閩主昶元妃梁國夫人之父。閩主曦之甥也；年少，美姿容，得幸於曦。有龍陽之寵也。十二月，以仁遇爲左僕射兼中書侍郎，翰林學士、吏部侍郎李光準爲中書侍郎兼戶部尚書，並同平章事。

曦荒淫無度，嘗夜宴，光準醉忤旨，忤，五故翻。命執送都市斬之；吏不敢殺，繫獄中。明日，視朝，朝，直遙翻。召復其位。是夕，又宴，收翰林學士周維岳下獄。下，戶嫁翻。吏拂榻待之，曰：「相公昨夜宿此，尚書勿憂。」醒而釋之。他日，又宴，侍臣皆以醉去，獨維岳在。曦曰：「維岳身甚小，何飲酒之多？」左右或曰：「酒有別腸，此俚俗之常語。不必長大。」曦欣然，命捽維岳下殿，捽，昨沒翻。欲剖視其酒腸。或曰：「殺維岳，無人【章：十二行本「人」下有「復能」二字；乙十一行本同；孔本同；張校同。】侍陛下劇飲者。」乃捨之。

36帝之初卽位也，大臣議奉表稱臣告哀於契丹，景延廣請致書稱孫而不稱臣。景延廣之議，因三年契丹主令高祖稱兒皇帝，用家人之禮致書也。李崧曰：「屈身以爲社稷，何恥之有！爲，于僞翻。陛下如此，他日必躬擐甲胄，擐，音宦。與契丹戰，於時悔無益矣。」於時者，於其時也。延廣固爭，馮道依違其間。帝卒從延廣議。卒，子恤翻。契丹大怒，遣使來責讓，且言：「何得不先承稟，遽卽帝位？」延廣復以不遜語答之。

契丹盧龍節度使趙延壽欲代晉帝中國，趙延壽父子欲帝中國之心，已見於屯團柏之時。屢說契丹擊晉，契丹主頗然之。說，式芮翻。爲契丹入寇張本。

齊王上諱重貴，高祖兄敬儒之子。

天福八年（癸卯、九四三）

1春，正月，癸卯，蜀主以宣徽使兼宮苑使田敬全領永平節度使；敬全，宦者也，引前蜀王承休爲比而命之，前蜀主王衍使宦者王承休帥秦州，事見二百七十三卷唐莊宗同光二年。詩云：殷鑒不遠，在夏后之世。孟昶不能以前蜀之亡國爲鑒，乃引王承休爲比以崇秩宦官，其國至宋而亡，晚矣！國人非之。

2帝聞契丹將入寇，二月，己未，發鄴都；乙丑，至東京。帝卽位於鄴都保昌殿柩前，至是始還汴。然猶與契丹問遺相往來，無虚月。遺，唯季翻。

3唐宣城王景達，剛毅開爽，烈祖愛之，屢欲以爲嗣；烈祖，即謂唐主。唐主崩，廟號烈祖，通鑑因其國史成文書之。宋齊丘亟稱其才，亟，去吏翻。唐主以齊王璟年長而止。長，知兩翻。璟以是怨齊丘。既以贊奪嫡之謀怨之，又以爭權誤國怒之，宋齊丘於是不得免矣。

唐主幼子景逷，母种氏有寵，齊王璟母宋皇后稀得進見。唐主如璟宮，遇璟親調樂器，大怒，誚讓者數日。种氏乘間言，景逷雖幼而慧，可以爲嗣。逷，他歷翻。种，直中翻。見，賢遍翻。誚，才笑翻。間，古莧翻。唐主怒曰：「子有過，父訓之，常事也。國家大計，女子何得預知！」即命嫁之。史言唐主明斷，不牽於女寵。

唐主嘗夢吞靈丹，旦而方士史守沖獻丹方，以爲神而餌之，浸成躁急。自叔孫豹以來，踐妖夢以自禍者多矣。左右諫，不聽。嘗以藥賜李建勳，建勳曰：「臣餌之數日，已覺躁熱，況多餌乎！」唐主曰：「朕服之久矣。」羣臣奏事，往往暴怒；然或有正色論辯中理者，中，竹仲翻。亦斂容慰謝而從之。

唐主問道士王栖霞：「何道可致太平？」對曰：「王者治心治身，乃治家國。今陛下尚未能去飢嗔、飽喜，治，直之翻。去，羌呂翻。嗔，昌眞翻。何論太平！」宋后自簾中稱歎，以爲至言。凡唐主所賜予，予，讀曰與。栖霞皆不受。栖霞常爲人奏章，唐主欲爲之築壇。爲，于僞翻。辭曰：「國用方乏，何暇及此！俟焚章不化，乃當奏請耳。」道士率奏章，自謂上達於天。史言王棲霞異乎挾術以干寵利者。

駕部郎中馮延己，爲齊王元帥府掌書記，性傾巧，與宋齊丘及宣徽副使陳覺相結；同府在己上者，延己稍以計逐之。延己嘗戲謂中書侍郎孫晟曰：「公有何能，爲中書郎？」晟曰：「晟，山東鄙儒，孫晟，密州高密縣人，奔南，見二百七十六卷唐明宗天成二年。文章不如公，談諧不如公，諂詐不如公。然主上使公與齊王遊處，處，昌呂翻。蓋欲以仁義輔導之也，豈但爲聲色狗馬之友邪！晟誠無能；【章：十二行本「能」下有「如」字；乙十一行本同；孔本同。】公之能，適足爲國家之禍耳。」延己，歙州人也。歙，書涉翻。

又有魏岑者，亦在齊王府。給事中常夢錫屢言陳覺、馮延己、魏岑皆佞邪小人，不宜侍東宮；司門郎中判大理寺蕭儼表稱陳覺姦回亂政；唐主頗感悟，未及去。去，羌呂翻。

會疽發背，祕不令人知，密令醫治之，聽政如故。庚午，疾亟，太醫吳廷裕【嚴：「裕」改「紹」。】遣親信召齊王璟入侍疾。唐主密令醫治疾，猶可曰欲以鎮安人心。至於危殆召嫡長入侍，乃出於醫師之意，此可以爲法乎！治，直之翻。唐主謂璟曰：「吾餌金石，始欲益壽，乃更傷生，汝宜戒之！」是夕，殂。年五十六。祕不發喪，下制：「以齊王監國，大赦。」

孫晟恐馮延己等用事，欲稱遺詔令太后臨朝稱制。翰林學士李貽業曰：「先帝嘗云：

『婦人預政，亂之本也，』安肯自爲厲階！此必近習姦人之詐也。且嗣君春秋已長，明德著聞，長，知兩翻。聞，音問。公何得遽爲亡國之言！若果宣行，吾必對百官毁之。」晟懼而止。貽業，蔚之從曾孫也。李蔚，唐僖宗乾符中爲相。蔚，紆勿翻。從，才用翻。

丙子，始宣遺制。庚午至丙子七日始發喪。烈祖末年卞急，近臣多罹譴罰。陳覺稱疾，累月不入，及宣遺詔，乃出。蕭儼劾奏：劾，戶槩翻，又戶得翻。「覺端居私室，以俟升遐，請按其罪。」齊王不許。

自烈祖相吳，禁壓良爲賤，買良人子女爲奴婢，謂之壓良爲賤，律之所禁也。令買奴婢者通官作券。馮延己及弟禮部員外郎延魯，俱在元帥府，草遺詔聽民賣男女；意欲自買姬妾，蕭儼駮曰：駮，北角翻。「此必延己等所爲，非大行之命也。自漢以來，天子升遐，梓宮在殯，稱曰大行皇帝。昔延魯爲東都判官，東都留守判官也。唐以江都爲東都。已有此請；先帝訪臣，臣對曰：『陛下昔爲吳相，民有鬻男女者，爲出府金，贖而歸之，爲出，于僞翻。府金，藏府之金也。故遠近歸心。今卽位而反之，使貧人之子爲富人廝役，可乎？』先帝以爲然，將治延魯罪。治，直之翻。臣以爲延魯愚，無足責。先帝斜封延魯章，抹三筆，持入宮。請求諸宮中，必尚在。」齊王命取先帝時留中章奏千餘道，皆斜封一抹，凡章奏留中不下者，皆當時不行者也；若其言可行者，則付外施行。果得延魯疏。然以遺詔已行，竟不之改。聲馮延魯以己私傳益遺制之罪，明底其罰而改之，不亦可乎！史言唐烈祖尚儒，故當國有大故之時，猶有能持正以斷國論者。

4 閩富沙王延政稱帝於建州，國號大殷，大赦，改元天德。以將樂縣爲鏞州，唐武德五年，分邵武置將樂縣，時屬建州，宋屬南劍州。九域志：在州南二百四十里。宋白曰：其地在越已有將樂之名。按後漢書云：永安三年，析建安之校鄉，置將樂縣。按漢無永安年號，獨吳孫休改元永安耳。樂，音洛。延平鎮爲鐔州。鐔州，今之南劍州是也。吳分建安置南平縣，晉改爲延平縣。閩王審知立延平鎮，王延政置鐔州；南唐改劍州，取寶劍化龍於延平津以立州也。宋朝混一，始加南字，以別蜀之劍州。鐔，徐林翻，又讀如覃。立皇后張氏。以節度判官潘承祐爲吏部尚書，節度巡官建陽楊思恭爲兵部尚書。唐武德四年，置建陽縣，屬建州。九域志：在州西二百四十里。宋白曰：漢建安元年，割建安縣地爲桐鄉；十年，會稽南部都尉賀齊，分上饒之地兼舊桐鄉置建平縣；晉太元四年，改建平爲建陽縣，因山之陽爲名。未幾，以承祐同平章事，潘承祐能諫王延政之日尋干戈，而不能諫其舉大號，又俛眉而爲之相，亦復何也！思恭遷僕射，錄軍國事。

延政服赭袍視事，然牙參及接鄰國使者，猶如藩鎮禮。

殷國小民貧，軍旅不息。楊思恭以善聚斂得幸，斂，力贍翻。增田畝山澤之稅，至於魚鹽蔬果，無不倍征，征之倍其常數。國人謂之「楊剝皮」。

5 三月，己卯朔，以中書令趙瑩爲晉昌節度使兼中書令；以晉昌節度使兼侍中桑維翰爲侍中。桑維翰始者居藩鎮而兼侍中，今入朝，正爲門下省長官。

6唐元宗卽位，本名景通，改名璟，後又改名景。大赦，改元保大。祕書郎韓熙載請俟踰年改元，不從。古者人君卽位，踰年而後改元，不忍遽改父之道也。尊皇后曰皇太后，唐烈祖后宋氏。立妃鍾氏爲皇后。

唐主未聽政，以居喪，未御正朝聽政。馮延己屢入白事，一日至數四。唐主曰：「書記有常職，何爲如是其煩也！」馮延己時爲齊王掌書記。

唐主爲人謙謹，初卽位，不名大臣，數延公卿論政體，數，所角翻。李建勳謂人曰：「主上寬仁大度，優於先帝；但性習未定，苟旁無正人，但恐不能守先帝之業耳。」後果如李建勳之言，其僅保江南者幸也。

唐主以鎭南節度使宋齊丘爲太保兼中書令，奉化節度使周宗爲侍中。九域志：南唐置奉化軍節度於江州。唐主以齊丘、宗先朝勳舊，故順人望召爲相，政事皆自決之。

徙壽王景遂爲燕王，宣城王景達爲鄂王。

初，唐主爲齊王，知政事，晉天福三年，唐烈祖徙吳王璟爲齊王；若其輔政，則始於後唐潞王清泰元年，吳睿皇之大和六年也。此蓋言知唐政事時。每有過失，常夢錫常直言規正；始雖忿懟，懟，直類翻。終以諒直多之。及卽位，許以爲翰林學士，齊丘之黨疾之，坐封駮制書，貶池州判官。池州多遷客，以罪遷降於外州者，其州人謂之爲遷客。節度使上蔡王彥儔，防制過甚，幾不聊生，幾，居依翻。惟事夢錫如在朝廷。王彥儔豈知敬常夢錫哉，以其事唐主於齊府，貶非其罪，必將復召用，故敬之耳。宋齊丘待陳覺素厚，唐主亦以覺爲有才，遂委任之。馮延已、延魯、魏岑，雖齊邸舊僚，皆依附覺，與休寧查文徽吳分歙縣置休陽縣，後改曰海陽，晉武帝改曰海寧，隋改曰休寧；唐屬歙州。九域志：在州西六十六里。查，鉏加翻，姓也。何承天姓苑已有此姓，則江南之有查姓舊矣。更相汲引，侵蠹政事，更，工衡翻。唐人謂覺等爲「五鬼」。延魯自禮部員外郎遷中書舍人、勤政殿學士，江州觀察使杜昌業聞之，歎曰：「國家所以驅駕羣臣，在官爵而已。若一言稱旨，遽躋通顯，勤政殿學士，蓋唐烈祖所置，猶中朝之端明殿學士也。稱，尺證翻。後有立功者，何以賞之！」未幾，唐主以岑及文徽皆爲樞密副使。幾，居豈翻。岑既得志，會覺遭母喪，岑卽暴揚覺過惡，暴，顯也。擯斥之。

7 唐置定遠軍於濠州。

8 漢殤帝驕奢，不親政事。高祖在殯，作樂酣飲；夜與倡婦微行，倮男女而觀之。倡，音昌。倮，魯果翻。左右忤意輒死，無敢諫者；忤，五故翻。惟越王弘昌及內常侍番禺吳懷恩屢諫，不聽。番，音潘。常猜忌諸弟，每宴集，令宦者守門，羣臣、宗室，皆露索，然後入。露體而搜索之，恐其挾懷兵刃也。索，山客翻。

晉王弘熙欲圖之，乃盛飾聲伎，娱悅其意，以成其惡。伎，巨綺翻。漢主好手搏，弘熙令指揮使陳道庠引力士劉思潮、譚令禋、林少強、林少良、何昌廷等五人習手搏於晉府，好，呼到翻。少，詩照翻。晉府，弘熙所居第也。漢主聞而悅之。丙戌，與諸王宴於長春宮，觀手搏，至夕罷宴，漢主大醉。弘熙使道庠、思潮等掖漢主，因拉殺之，年二十四。因扶掖而拉其脅殺之。拉，盧合翻。盡殺其左右。

明旦，百官諸王莫敢入宮，越王弘昌帥諸弟臨於寢殿，帥，讀曰率。臨，力鴆翻。迎弘熙即皇帝位，更名晟，晟，漢主玢之弟也。更，工衡翻。改元應乾。以弘昌爲太尉兼中書令、諸道兵馬都元帥，知政事，循王弘杲爲副元帥，參預政事。陳道庠及劉思潮等皆受賞賜甚厚。

9閩主曦納金吾使尚保殷之女，考異曰：閩錄作「尚可殷」。今從十國紀年。立爲賢妃。妃有殊色，曦嬖之；醉中，妃所欲殺則殺之，所欲宥則宥之。沈酗于酒，惟婦言是用，商紂所以亡也。嬖，卑義翻，又博計翻。

10夏，四月，戊申朔，日有食之。

11唐以中書侍郎、同平章事李建勳爲昭武節度使，鎭撫州。九域志：吳置昭武節度於撫州。

12殷將陳望等攻閩福州，是年二月，王延政建國於建州，號曰殷。入其西郛，既而敗歸。

13五月，殷吏部尚書、同平章事潘承祐上書陳十事，大指言：「兄弟相攻，逆傷天理，一也。賦斂煩重，力役無節，二也。斂，力贍翻。發民爲兵，羈旅愁怨，三也。民爲兵則疲於征戍，羈旅異鄉，不得反其桑梓，故愁怨。楊思恭奪民衣食，使歸怨於上，羣臣莫敢言，四也。楊思恭事見上二月。疆土狹隘，多置州縣，增吏困民，五也。謂置鏞州、鐔州也。除道裹糧，將攻臨汀，臨汀，汀州也。唐開撫、福二州山洞，置汀州，因長汀爲名，初治新羅，後移治長汀白石村；天寶改爲臨汀郡，乾元復爲州。九域志：延平西至臨汀八百里。曾不憂金陵、錢塘乘虛相襲，六也。唐都金陵，吳越都錢塘。唐兵自撫、信可以襲建州，吳越兵自婺、衢可以襲建州。括高貲戶，財多者補官，逋負者被刑，七也。被，皮義翻。延平諸津，征果菜魚米，獲利至微，斂怨甚大，八也。與唐、吳越爲鄰，卽位以來，未嘗通使，九也。宮室臺榭，崇飾無度，十也。」殷王延政大怒，「殷王」當作「殷主」。削承祐官爵，勒歸私第。

14 漢中宗旣立，國中議論訩訩。言其弒兄自立也。訩，許拱翻。循王弘杲請斬劉思潮等以謝中外，漢主不從。思潮等聞之，譖弘杲謀反，漢主令思潮等伺之。弘杲方宴客，思潮與譚令禋帥衞兵突入，伺，相吏翻，候也，察也。帥，讀曰率。突入，掩不備。斬弘杲。於是漢主謀盡誅諸弟，以越王弘昌賢而得衆，尤忌之。弘昌見忌事始上年四月。雄武節度使齊王弘弼，詳考本末，「雄武」當作「建武」；建武軍邕州。自以居大鎮，懼禍，求入朝；許之。

15 初，閩主曦侍康宗宴，閩主昶廟號康宗。會新羅獻寶劍，新羅國之於閩國，其地在海東，通使於閩。康宗舉以示同平章事王倓曰：「此何所施？」倓對曰：「斬爲臣不忠者。」時曦已蓄異志，凜然變色。至是宴羣臣，復有獻劍者，曦命發倓冢，斬其尸。倓，徒甘翻，又徒濫翻，徒敢翻。復，扶又翻。

校書郎陳光逸謂其友曰：「主上失德，亡無日矣；吾欲死諫。」其友止之，不從，上書諫【章：十二行本「諫」作「陳」；乙十一行本同；張校同。】曦大惡五十事。曦怒，命衞士鞭之數百，不死；以繩繫其頸，懸諸庭樹，久之乃絕。

16 秋，七月，己丑，詔以年饑，國用不足，分遣使者六十餘人於諸道括民穀。

17 吳越王弘佐初立，上統軍使闞璠強戾，闞，苦鑑翻，姓也。璠，音煩。排斥異己，弘佐不能制；內牙上都監使章德安數與之爭，數，所角翻。右都監使李文慶不附於璠，乙巳，貶德安於處州，章德安受託孤之寄，而爲闞璠所制，其才不足稱也。文慶于睦州。璠與右統軍使胡進思益專橫。爲吳越誅闞璠張本。橫，戶孟翻。璠，明州人；今明州猶祀闞璠，謂之闞相公廟。文慶，睦州人；進思，湖州人也。

18 唐主緣烈祖意，緣，因也，由也。以天雄節度使兼中書令、金陵尹燕王景遂爲諸道兵馬元帥，徙封齊王，居東宮；天平節度使、守侍中、東都留守鄂王景達爲副元帥，徙封燕王；宣告中外，約以傳位。立長子弘冀爲南昌王。景遂、景達固辭，不許。景遂自誓必不敢爲嗣，更其字曰退身。更，工衡翻。爲弘冀毒景遂張本。

19 漢指揮使萬景忻敗張遇賢於循州。敗，補邁翻。遇賢告于神，神曰：「取虔州，則大事可成。」遇賢帥衆踰嶺，趣虔州。唐百勝節度使賈匡浩不爲備，梁以百勝節度使命盧光稠；淮南楊氏既幷虔州，因而不改。宋朝紹興初，改虔州爲贛州，取章、貢二水以名州也。帥，讀曰率。趣，七喻翻。遇賢衆十餘萬攻陷諸縣，再敗州兵，敗，補邁翻。城門晝閉。遇賢作宮室營署于白雲洞，遣將四出剽掠。剽，匹妙翻。匡浩，公鐸之子也。賈公鐸見二百六十卷唐昭宗乾寧三年。

20 八月，乙卯，唐主立弟景遏爲保寧王。宋太后怨种夫人，屢欲害景遏，种夫人欲立景遏見是年二月。唐主力保全之。

21 夏州牙內指揮使拓跋崇斌謀作亂，綏州刺史李彝敏將助之，事覺；辛未，彝敏棄州，與其弟彝俊等五人奔延州。趙珣聚米圖經：綏州南至延州界三百四十里。宋白曰：綏州北至夏州三百六十里。

22 九月，尊帝母秦國夫人安氏爲皇太妃。妃，代北人也。帝既繼大宗，則帝父敬儒爲皇伯。今尊生母安氏爲皇太妃，將以爲誰之妃乎！帝事太后、太妃甚謹，【章：十二行本「謹」下有「多侍食於其宮」六字；乙十一行本同；孔本同；張校同；退齋校同。】待諸弟亦友愛。高祖七子，此時惟重睿在耳。帝，敬儒之子也，亦無兄弟見於史。

23 初，河陽牙將喬榮考異曰：漢隱帝實錄作「喬熒」，陷蕃記作「喬瑩」。今從晉少帝、漢高祖實錄、薛史景延廣傳、契丹傳。從趙延壽入契丹，契丹以爲回圖使，凡外國與中國貿易者，置回圖務，猶今之回易場也。往來販易於晉，置邸大梁。及契丹與晉有隙，景延廣說帝囚榮於獄，說，式芮翻。悉取邸中之貨。凡契丹之人販易在晉境者，皆殺之，奪其貨。大臣皆言契丹有大功，謂救解晉陽之圍，高祖遂以得中原。不可負。戊子，釋榮，慰賜而歸之。

榮辭延廣，延廣大言曰：「歸語而主，語，牛倨翻。而，汝也。先帝爲北朝所立，故稱臣奉表。今上乃中國所立，所以降志於北朝者，正以不敢忘先帝盟約故耳。爲鄰稱孫，足矣，無稱臣之理。北朝皇帝勿信趙延壽誑誘，誑，居況翻。誘，以久翻。輕侮中國。中國士馬，爾所目睹。翁怒則來戰，孫有十萬橫磨劍，足以相待。他日爲孫所敗，敗，補邁翻。取笑天下，毋悔也！」榮自以亡失貨財，恐歸獲罪，且欲爲異時據驗，乃曰：「公所言頗多，懼有遺忘，忘，巫放翻。願記之紙墨。」延廣命吏書其語以授之，榮具以白契丹主。契丹主大怒，入寇之志始決。景延廣建議稱孫不稱臣，猶可曰爲國體也；因其邸吏而取其貨財，則誤國之罪無所逃矣。晉使如契丹，皆縶之幽州，不得見。

桑維翰屢請遜辭以謝契丹，每爲延廣所沮。沮，在呂翻。帝以延廣有定策功，故寵冠羣臣；冠，古玩翻。又總宿衞兵，故大臣莫能與之爭。河東節度使劉知遠，知延廣必致寇，而畏其方用事，不敢言，劉知遠非不敢言，蓋亦有憾於帝而不欲言，將坐觀成敗，因而利之也。但益募兵，奏置興捷、武節等十餘軍以備契丹。

24 甲午，定難節度使李彝殷奏李彝敏作亂之狀，難，乃旦翻。詔執彝敏送夏州，斬之。

25 冬，十月，戊申，立吳國夫人馮氏爲皇后。

初，高祖愛少弟重胤，養以爲子；歐史：重胤，高祖弟也，不知其爲親疏，高祖愛之，養以爲子，故於名加重而下齒諸子。少，詩照翻。重，直龍翻。及留守鄴都，娶副留守安喜馮濛女爲其婦。安喜縣屬定州。劉昫曰：安喜，漢中山之盧奴縣也；慕容垂改爲不連，北齊改曰安喜，隋改爲鮮虞，唐武德復爲安喜；定州所治也。重胤早卒，馮夫人寡居，有美色，帝見而悅之；高祖崩，梓宮在殯，帝遂納之。羣臣皆賀，帝謂馮道等曰：「皇太后之命，與卿等不任大慶。」羣臣出，帝與夫人酣飲，過梓宮前，醊而告曰：「皇太后之命，與先帝不任大慶。」任，音壬。醊，陟衛翻，祭而以酒酹地也。斬焉衰絰之中，觸情縱欲以亂大倫，又從而狎侮其先，何以能久！左右失笑，不覺發笑爲失笑。帝亦自笑，顧謂左右曰：「我今日作新壻，何如？」夫人與左右皆大笑。太后雖恚，而無如之何。恚，於避翻。魯昭公在慼而有嘉容，終以失國。帝與夫人淪於異域，非不幸也。

既正位中宮，頗預政事。后兄玉，時爲禮部郎中、鹽鐵判官，帝驟擢用至端明殿學士、戶部侍郎，與議政事。

26 漢主命韶王弘雅致仕。

27 唐主遣洪州營屯都虞候嚴恩將兵討張遇賢，以通事舍人金陵邊鎬爲監軍。鎬用虔州人白昌裕爲謀主，擊張遇賢，屢破之。遇賢禱於神，神不復言，復，扶又翻。其徒大懼。昌裕勸鎬伐木開道，出其營後襲之，遇賢棄衆奔別將李台。台知神無驗，執遇賢以降，斬於金陵市。去年七月，張遇賢作亂於漢境，入唐境而亡。史言依託怪妄之禍敗。降，戶江翻。

28 十一月，丁亥，漢主祀南郊，大赦，改元乾和。

29 戊子，吳越王弘佐納妃仰氏，仁詮之女也。仰仁詮見任於吳越王元瓘。詮，且緣翻。

30 初，高祖以馬三百借平盧節度使楊光遠，景延廣以詔命取之。光遠怒曰：「是疑我也。」密召其子單州刺史承祚，唐末，以宋州之碭山縣，梁太祖鄉里也，爲置輝州，已而徙治單父縣；後唐滅梁，改爲單州。薛居正五代史：唐莊宗同光二年六月，改輝州爲單州。單，音善。戊戌，承祚稱母病，夜，開門奔青州。庚子，以左飛龍使金城何超權知單州。此應州之金城縣也。遣內班賜光遠玉帶、御馬，【章：十二行本「馬」下有「金帛」二字；乙十一行本同；孔本同。】以安其意。內班，蓋宦者也。

壬寅，遣侍衛步軍都指揮使郭謹將兵戍鄆州。以防河津，使楊光遠不得與契丹交通也。

31 唐葬光文肅武孝高皇帝于永陵，廟號烈祖。

32 十二月，乙巳朔，遣左領軍衛將軍蔡行遇將兵戍鄆州。楊光遠遣騎兵入淄州，劫刺史翟進宗歸于青州。九域志：青州西南至淄州一百二十里。翟，萇伯翻。甲寅，徙楊承祚爲登州刺史以從其便。登州，平盧巡屬也。

光遠益驕，密告契丹，以晉主負德違盟，境內大饑，公私困竭，乘此際攻之，一舉可取；

趙延壽亦勸之。契丹主乃集山後及盧龍兵合五萬人，使延壽將之，山後，卽嬀、檀、雲、應諸州。盧龍，幽州軍號。此皆天福之初割與契丹之土地人民也。契丹用中國之將，將中國之兵以攻晉；藉寇兵而齎盜糧，中國自此胥爲夷矣。將，卽亮翻。委延壽經略中國，曰：「若得之，當立汝爲帝。」又常指延壽謂晉人曰：「此汝主也。」延壽信之，由是爲契丹盡力，畫取中國之策。趙延壽爲契丹主愚弄鼓舞，至死不悟，嗜欲深者天機淺也。是爲，于僞翻。

朝廷頗聞其謀，丙辰，遣使城南樂及德清軍，時置德清軍於澶州清豐縣，在州北六十里。宋白曰：德清軍本舊澶州地，晉天福三年，移澶州於德勝寨，乃於舊澶州置頓丘鎮，取縣爲名；至四年，改鎮爲德清軍。開運元年，移德清軍於陸家店，在新澶州之北七十里。徵近道兵以備之。

33 唐侍中周宗年老，恭謹自守，中書令宋齊丘廣樹朋黨，百計傾之。宋齊丘之嫌隙，開於吳、唐禪代之間，權利啓人爭心有如此者。事見二百八十卷。宗泣訴於唐主，唐主由是薄齊丘。既而陳覺被疏，乃出齊丘爲鎭海節度使。陳覺者，宋齊丘之黨，唐主所親任者也；覺疏，則齊丘無君側之助，乃出。被，皮義翻。齊丘忿懟，表乞歸九華舊隱，懟，直類翻。齊丘隱九華見二百七十七卷唐明宗長興二年。唐主知其詐，一表，卽從之，賜書曰：「明日之行，昔時相許。朕實知公，故不奪公志。」仍賜號九華先生，封青陽公，食一縣租稅。

齊丘乃治大第於青陽，宋白曰：青陽縣本吳臨城縣地，赤烏中置。隋平陳，廢臨城縣爲南陵縣。唐天寶元年，分涇、南陵、秋浦，置青陽縣，屬池州，以其地在青山之陽也。九域志：在州東南一百里。治，直之翻。服御將吏，皆如王公，而憒邑尤甚。

34寧州酋長莫彥殊以所部溫那等十八州附于楚；寧州，即唐之南寧州也，天寶末，沒于蠻；唐末，復置寧州于清溪鎮，去黔州二十九日行。酋，慈由翻。長，知兩翻。其州無官府，惟立牌於岡阜，略以恩威羈縻而已。

35是歲，春夏旱，秋冬水，蝗大起，東自海壖，西距隴坻，壖，而宣翻。坻，丁禮翻。南踰江、淮，【章：十二行本「淮」作「湖」；乙十一行本同。】北抵幽薊，原野、山谷、城郭、廬舍皆滿，竹木葉俱盡。重以官括民穀，薊，音計。重，直用翻。是年秋七月，以年饑，用不足，括民穀。使者督責嚴急，至封碓磑，不留其食，有坐匿穀抵死者。縣令往往以督趣不辦，納印自劾去。民餒死者數十萬口，流亡不可勝數。碓，都內翻，舂也。磑，五對翻，磨也。趣，讀曰促。劾，戶概翻，又戶得翻。勝，音升。於是留守、節度使下至將軍，各獻馬、金帛、芻粟以助國。

朝廷以恆、定饑甚，獨不括民穀。順國節度使杜威奏稱軍食不足，請如諸州例，許之。杜重威平安重榮，即用爲恆帥。帝即位，避帝名，去「重」字，止稱「威」。順國軍號亦新改。恆，戶登翻。威用判官王緒謀，檢索殆盡，索，山客翻。得百萬斛。威止奏三十萬斛，餘皆入其家；又令判官李沼稱貸於民，復滿百萬斛，來春糶之，稱，蚩陵翻，舉也。復，扶又翻。糶，他弔翻。得緡錢二百萬，闔境苦之。定州吏欲援例爲奏，援恆州例。援，于元翻。義武節度使馬全節不許，曰：「吾爲觀察使，職在養民，豈忍效彼所爲乎！」唐節度使率兼觀察使，節度之職掌兵，觀察之職掌民。馬全節之不效杜威，是矣。鄉於善，民之望也。杜威曾念及此乎！

36楚地多產金銀，茶利尤厚，由是財貨豐殖。而楚王希範，奢欲無厭，喜自誇大。厭，於鹽翻。喜，許記翻。爲長槍大槊，飾之以金，可執而不可用。募富民年少肥澤者八千人，爲銀槍都。少，詩照翻。宮室、園囿，服用之物，務窮侈靡。作九龍殿，刻沈香爲八龍，沈，持林翻。飾以金寶，長十餘丈，長，直亮翻；下同。抱柱相向；希範居其中，自爲一龍，其襆頭腳長丈餘，以象龍角。襆，防玉翻。後周武帝製襆頭，裁幅巾，出四腳，至今人服用之。唐人其脚向上，至宋太祖始爲放腳。長，直亮翻。

用度不足，重爲賦斂。斂，力贍翻；下同。每遣使者行田，專以增頃畝爲功，民不勝租賦而逃。行，下孟翻。勝，音升。王曰：「但令田在，何憂無穀！」民逃則有不耕之土，何從得穀乎！史言馬希範不知稼穡之艱難。命營田使鄧懿文籍逃田，募民耕藝出租。藝，種也。民捨故從新，僅能自存，自西徂東，各失其業。民無安生樂業之心，安能親其上而死其長乎！又聽人入財拜官，以財多少爲官高卑之差。富商大賈，賈，音古。布在列位。外官還者，必責貢獻。還，從宣翻，又如字。民有罪，則富者輸財，強者爲兵，惟貧弱受刑。又置函，使人投匿名書相告訐，訐，居謁翻。

至有滅族者。

是歲，用孔目官周陟議，令常稅之外，大縣貢米二千斛，中千斛，小七百斛；無米者輸布帛。天策學士拓跋恆上書曰：「殿下長深宮之中，藉已成之業，長，知兩翻。藉，慈夜翻。身不知稼穡之勞，耳不聞鼓鼙之音，鼙，部迷翻。馳騁遨遊，雕牆玉食。張晏曰：玉食，珍食也。韋昭曰：諸侯備珍異之食。府庫盡矣，而浮費益甚；百姓困矣，而厚斂不息。今淮南爲仇讎之國，番禺懷吞噬之志，荊渚日圖窺伺，溪洞待我姑息。淮南，謂唐；番禺，謂漢；荊渚，謂高氏；溪洞，彭、莫諸族。伺，相吏翻。諺曰：『足寒傷心，民怨傷國。』願罷輸米之令，誅周陟以謝郡縣，去不急之務，減興作之役，無令一旦禍敗，爲四方所笑。」王大怒。他日，恆請見，去，羌呂翻。見，賢遍翻。辭以晝寢。恆謂客將區弘練曰：將，卽亮翻。區，豈俱翻，又音歐；今湖南多此姓。「王逞欲而愎諫，愎，蒲逼翻。吾見其千口飄零無日矣。」人多謂闔家之人曰百口；今曰千口者，以其諸侯，盛言之。王益怒，遂終身不復見之。復，扶又翻。

37 閩主曦嫁其女，取班簿閱視之；班簿者，簿記朝參名員。朝士有不賀者十二人，皆杖之於朝堂。以御史中丞劉贊不舉劾，劾，戶概翻，又戶得翻。亦將杖之，贊義不受辱，欲自殺。諫議大夫鄭元弼諫曰：「古者刑不上大夫。記曲禮之言。上，時掌翻。中丞儀刑百僚，豈宜加之箠楚！」箠，止橤翻。曦正色曰：「卿欲效魏徵邪？」元弼曰：「臣以陛下爲唐太宗，故敢效魏徵。」曦怒稍解，乃釋贇，贇竟以憂卒。

開運元年（甲辰、九四四）是年七月方改元。

1 春，正月，乙亥，邊藩馳告：「契丹前鋒將趙延壽、趙延照將兵五萬入寇，逼貝州。」邊藩，猶言邊鎮也。延照，思溫之子也。趙思溫本中國人，沒於契丹。

先是朝廷以貝州水陸要衝，先，悉薦翻。多聚芻粟，爲大軍數年之儲，以備契丹。軍校邵珂，性凶悖，校，戶教翻。珂，丘何翻。悖，蒲妹翻，又蒲沒翻。永清節度使王令溫黜之。時置永清軍於貝州。珂怨望，密遣人亡入契丹，言「貝州粟多而兵弱，易取也。」易，以豉翻。會令溫入朝，執政以前復州防禦使吳巒權知州事，天福初，吳巒堅守雲州以拒契丹，故朝廷用之。巒至，推誠撫士；會契丹入寇，巒書生，無爪牙，珂自請，願效死，巒使將兵守南門，巒自守東門。契丹主自攻貝州，巒悉力拒之，燒其攻具殆盡。己卯，契丹復攻城，復，扶又翻。珂引契丹自南門入，巒赴井死。契丹遂陷貝州，所殺且萬人。

庚辰，以歸德節度使高行周爲北面行營都部署，以河陽節度使苻彥卿爲馬軍左廂排陳使，「苻」，當作「符」。鄭樵氏族略曰：魯頃公爲楚所滅，頃公之孫公雅爲秦符節令，因以爲氏。後漢有符融，皇朝有符彥卿。望出琅邪，非苻秦之苻也。陳，讀曰陣，下同。以右神武統軍皇甫遇爲馬軍右廂排陳使，以陝府節度使王周爲步軍左廂排陳使，以左羽林將軍潘環爲步軍右廂排陳使。陝，失冉翻。

2太原奏契丹入鴈門關。鴈門關即陘嶺關。恆、邢、滄皆奏契丹入寇。恆，戶登翻。

3成德節度使杜威自安重榮反死，晉改成德軍爲順國軍，史以舊軍名書之耳。遣幕僚曹光裔詣楊光遠，爲陳禍福，爲，于僞翻。光遠遣光裔入奏，稱：「承祚逃歸，母疾故爾。去年十一月，楊承祚自單州逃歸青州。既蒙恩宥，闔族荷恩。」荷，下可翻。朝廷信其言，遣使與光裔復往慰諭之。復，扶又翻。

4唐以侍中周宗爲鎭南節度使，左僕射兼門下侍郎、同平章事張居詠爲鎭海節度使。

5唐主決欲傳位於齊、燕二王。傳位之議，始於去年七月。燕，於賢翻。翰林學士馮延己等因之欲隔絕中外以擅權。辛巳，敕：「齊王景遂參決庶政，百官惟樞密副使魏岑、查文徽得白事，查，鉏加翻。餘非召對不得見。」國人大駭。給事中蕭儼上疏極論，不報。考異曰：江南錄，此敕在去年十二月；今從十國紀年。紀年云宋齊丘上疏；今從江南錄。侍衞都虞候賈崇叩閤求見，見，賢遍翻。曰：「臣事先帝三十年，觀其延接疏遠，孜孜不怠，下情猶有不通者。陛下新即位，所任者何人，而頓與羣臣謝絕？臣老矣，不復得奉顏色。」因涕泗嗚咽。詩：涕泗滂沱。註云：自目曰涕，自鼻曰泗。唐主感悟，遽收前敕。

唐主於宮中作高樓，召侍臣觀之，衆皆歎美。蕭儼曰：「恨樓下無井。」唐主問其故。對曰：「以此不及景陽樓耳。」陳後主起景陽樓，隋兵至，自投於樓下井中。蕭儼引亡國以諫也。唐主怒，貶於舒州，觀察使孫晟遣兵防之，儼曰：「儼以諫諍得罪，非有他志。昔顧命之際，君幾危社稷，謂孫晟欲使太后臨朝也。幾，居依翻。其罪顧不重於儼乎？今日反見防邪！」晟慙懼，遽罷之。

6 帝遣使持書遺契丹，遺，唯季翻。契丹已屯鄴都，時契丹屯於鄴都城外。不得通而返。

壬午，以侍衞馬步都指揮使景延廣爲御營使，前靜難節度使李周爲東京留守。難，乃旦翻。是日，高行周以前軍先發。時用兵方略號令皆出延廣，宰相以下皆無所預；延廣乘勢使氣，陵侮諸將，雖天子亦不能制。爲罷景延廣張本。

乙酉，帝發東京。丁亥，滑州奏契丹至黎陽。黎陽在滑州西岸，隔大河耳，故奏其事。戊子，帝至澶州。澶州時據德勝津。

契丹主屯元城，劉昫曰：魏州元城，隋縣，治古殷城。唐貞觀十七年，併入貴鄉；聖曆二年，分貴鄉、莘縣，置元城縣，治王莽城；開元十三年，移治郭下。古殷城，在朝城東北十二里。時契丹主蓋屯古殷城也。趙延壽屯南樂；南樂，卽唐魏州之昌樂縣，後唐避其祖李國昌諱，改曰南樂。九域志：南樂縣在魏州南四十四里。樂，音洛。以延壽爲魏博節度使，封魏王。此契丹主所命也。

契丹寇太原，劉知遠與白承福合兵二萬擊之。甲午，以知遠爲幽州道行營招討使，杜威爲副使，馬全節爲都虞候。丙申，遣右武衞上將軍張彥澤等將兵拒契丹於黎陽。

7 戊戌，蜀主復以將相遙領節度使。蜀罷將相領節見二百八十二卷高祖天福六年，蜀主之廣政五年也。

8 帝復遣譯者孟守忠致書於契丹，求脩舊好。復，扶又翻。好，呼到翻。契丹主復書曰：「已成之勢，不可改也。」

辛丑，太原奏破契丹偉王於秀容，秀容，漢汾陽縣地，隋自秀容故城移於此，因更縣名；唐帶忻州。斬首三千級。契丹自鴉鳴谷遁去。自鴉鳴谷出潞州，東與契丹主大軍合。

9 殷鑄天德通寶大鐵錢，一當百。

10 唐主遣使遺閩主曦及殷主延政書，責以兄弟尋戈。遺，唯季翻。左傳：鄭子產曰：「昔高辛氏有二子，伯曰閼伯，季曰實沈，居于曠林，不相能也，日尋干戈以相征討。」曦復書，引周公誅管、蔡，唐□【章：十二行本空格作「太宗」二字；乙十一行本同；孔本同；熊校同。】誅建成、元吉爲比。延政復書，斥唐主奪楊氏國。唐主怒，遂與殷絕。爲唐滅殷張本。

11 天平節度副使、知鄆州顔衎遣觀察判官竇儀奏：「博州刺史周儒以城降契丹，九域志：鄆州西北至博州一百七十里。衎，苦旦翻，又音侃。又與楊光遠通使往還，引契丹自馬家口濟河，擒左武衛將軍蔡行遇。」去年十二月，遣蔡行遇戍鄆州。儀謂景延廣曰：「虜若濟河與光遠合，則河南危矣。」延廣然之。儀，薊州人也。薊，音計。

資治通鑑卷第二百八十四

端明殿學士兼翰林侍讀學士太中大夫提舉西京嵩山崇福宮上柱國河内郡開國公食邑二千六百戶食實封一千戶臣 司馬光 奉敕編集

後 學 天 台 胡三省 音 註

後晉紀五起閼逢執徐（甲辰）二月，盡旃蒙大荒落（乙巳）七月，凡一年有奇。

齊王中

開運元年（甲辰、九四四）

1 二月，甲辰朔，命前保義節度使石贇守麻家口，前威勝節度使何重建守楊劉鎮，護聖都指揮使白再榮守馬家口，西京留守安彦威守河陽。贇，於倫翻。按是時凡緣河津要，皆以兵守之，亦由燕、冀、瀛、莫既入于北，遼人南寇，了無關山塘濼之阻，其兵可以徑造河上，故不得不緣河爲備也。未幾，周儒引契丹將麻荅自馬家口濟河，營於東岸，攻鄆州北津以應楊光遠。麻荅，契丹主之從弟也。幾，居豈翻。從，才用翻。鄆，音運。

乙巳，遣侍衛馬軍都【章：十二行本「都」下有「指」字；乙十一行本同；孔本同；熊校同。】揮使·義成節度使李守貞、神武統軍皇甫遇、陳州防禦使梁漢璋、懷州刺史薛懷讓將兵萬人，緣河水陸俱進。守貞，河陽；漢璋，應州；懷讓，太原人也。丙午，契丹圍高行周、符彥卿及先鋒指揮使石公霸於戚城。春秋時，戚屬衞地，河上邑也。東坡指掌圖以爲衞之戚，今在博州界。按是時晉與契丹相拒於澶、衞之間，此戚城當在澶州之北，魏州之南，疑不在博州之界也。先是景延廣令諸將分地而守，無得相救。行周等告急，延廣徐白帝，帝自將救之。契丹解去，三將泣訴救兵之緩，幾不免。幾，居衣翻。

戊申，李守貞等至馬家口。契丹遣步卒萬人築壘，散騎兵於其外，餘兵數萬屯河西，船數千艘渡兵，未已，艘，蘇遭翻。晉兵薄之，契丹騎兵退走，晉兵進攻其壘，拔之。契丹大敗，乘馬赴河溺死者數千人，俘斬亦數千人。河西之兵慟哭而去，由是不敢復東。楊光遠之援絕矣。復，扶又翻。

2辛亥，定難節度使李彝殷奏將兵四萬自麟州濟河，侵契丹之境。定難軍，夏州。九域志：麟州西北至夏州一百二十里。自麟州東北至府州，又自府州東北行入契丹境。難，乃旦翻。壬子，以彝殷爲契丹西南面招討使。

初，契丹主得貝州、博州，皆撫慰其人，或拜官賜服章。及敗於戚城及馬家口，忿恚，恚，於避翻。所得民，皆殺之，得軍士，燔炙之。由是晉人憤怒，戮力爭奮。

楊光遠將青州兵欲西會契丹；戊午，詔石贇分兵屯鄆州以備之。石贇時屯麻家口。詔劉知遠將部兵自土門出恆州擊契丹，又詔會杜威、馬全節於邢州。知遠引兵屯樂平不進。樂平離太原二百餘里耳。

3 帝居喪期年，即於宮中奏細聲女樂。細聲女樂，欲其不聞於外也。及出師，常令左右奏三絃琵琶，和以羌笛，和，戶臥翻。擊鼓歌舞，曰：「此非樂也。」庚申，百官表請聽樂，詔不許。居喪而納叔母，尚何責乎聽樂！

4 壬戌，楊光遠圍棣州，刺史李瓊出兵擊敗之，楊光遠自青州歷淄州而圍棣州。敗，補賣翻。光遠燒營走還青州。還，從宣翻，又如字。癸亥，以前威勝節度使何重建爲東面馬步都部署，將兵屯鄆州。

5 階、成義軍指揮使王君懷帥所部千餘人叛降蜀，請爲鄉道以取階、成。鄉，讀曰向。階、成，二州名。甲子，蜀人攻階州。

6 契丹僞棄元城去，伏精騎於古頓丘城，頓丘，漢古縣。爾雅：丘一成曰頓丘。後移治所於陰安城。唐頓丘縣，又移治於陰安城之南。天福三年，徙澶州跨德勝津，併頓丘縣徙焉。頓丘凡三徙矣，古城蓋陰安城也。以俟晉軍與恆、定之兵合而擊之。時詔杜威、馬全節以兵來會，契丹欲俟其合而邀擊之。鄴都留守張從恩屢奏虜已遁去；大軍欲進追之，會霖雨而止。契丹設伏旬日，人馬飢疲。趙延壽曰：

「晉軍悉在河上，畏我鋒鋭，必不敢前；不如即其城下，即，就也。四合攻之，奪其浮梁，謂澶州德勝渡之河梁也。則天下定矣。」契丹主從之。三月，癸酉朔，自將兵十餘萬陳於澶州城北，宋白曰：契丹時駐兵澶州鐵丘。陳，讀曰陣；下同。東西横掩城之兩隅，登城望之，不見其際。高行周前軍在戚城之南，與契丹戰，自午至晡，互有勝負。契丹主以精兵當中軍而來，帝亦出陳以待之。契丹主望見晉軍之盛，謂左右曰：「楊光遠言晉兵半已餒死，楊光遠誘契丹入寇見上卷上年。今何其多也！」以精騎左右略陳，晉軍不動，萬弩齊發，飛矢蔽地。契丹稍卻；又攻晉陳之東偏，不克。苦戰至暮，兩軍死者不可勝數。勝，音升。昏後，契丹引去，營於三十里之外。不敢逼城而營，懼晉軍攻劫也。

乙亥，契丹主帳中小校竊其馬亡來，云契丹已傳木書，收軍北去。校，戶教翻。木書者，書之於木以爲信契。景延廣疑其詐，閉壁不敢追。

7漢主命中書令、都元帥越王弘昌謁烈宗陵於海曲，劉龔舉大號，追尊其兄隱爲烈宗。至昌華宮，使盜殺之。

8契丹主自澶州北分爲兩軍，一出滄、德，一出深、冀而歸。所過焚掠，方廣千里，廣，古曠翻。民物殆盡。留趙延照爲貝州留後。麻荅陷德州，擒刺史尹居璠。璠，音煩。

9閩拱宸都指揮使朱文進、閤門使連重遇，既弒康宗，見二百八十二卷天福四年。常懼國人之討，相與結婚以自固。閩主曦果於誅殺，嘗遊西園，因醉殺控鶴指揮使魏從朗。從朗，朱、連之黨也。又嘗酒酣誦白居易詩云：「惟有人心相對間，咫尺之情不能料，」因舉酒屬二人。易，以豉翻。屬，之欲翻。二人起，流涕再拜，曰：「臣子事君父，安有他志！」曦不應。二人大懼。

李后妬尚賢妃之寵，欲弒曦而立其子亞澄，尚賢妃有寵，見上卷天福八年，閩王之永隆四年也。亞澄時封閩王。使人告二人曰：「主上殊不平於二公，柰何？」

會后父李眞有疾，乙酉，曦如眞第問疾。文進、重遇使拱宸馬步使錢達弒曦於馬上，召百官集朝堂，告之曰：「太祖昭武皇帝，光啓閩國，朝，直遙翻。閩主王鏻舉大號，追尊其父審知曰太祖昭武皇帝。今子孫淫虐，荒墜厥緒。天厭王氏，宜更擇有德者立之。」更，工行翻。衆莫敢言。重遇乃推文進升殿，被衮冕，被，皮義翻。帥羣臣北面再拜稱臣。帥，讀曰率。文進自稱閩主，悉收王氏宗族延喜以下少長五十餘人，皆殺之。延喜，閩主之弟也。少，詩照翻。長，知兩翻。葬閩主曦，諡曰睿文廣武明聖元德隆道大孝皇帝，廟號景宗。以重遇總六軍。禮部尚書、判三司鄭元弼抗辭不屈，黜歸田里，將奔建州，欲奔王延政也。文進殺之。文進下令，出宮人，罷營造，以反曦之政。

殷主延政遣統軍使吳成義將兵討文進，不克。

文進加樞密使鮑思潤同平章事，以羽林統軍使黃紹頗爲泉州刺史，左軍使程文緯爲漳州刺史。汀州刺史同安許文稹，舉郡降之。九域志：泉州同安縣在州西一百三十五里，蓋王氏所置也。宋白曰：開元十九年，析泉州南安縣界四鄉置大同場，閩王升爲同安縣。稹，章忍翻。

10 丁亥，詔太原、恆、安【章：十二行本「安」作「定」；乙十一行本同；孔本同；退齋校同。】兵各還本鎮。契丹已退故也。

11 辛卯，馬全節攻契丹泰州，拔之。五代會要：後唐天成三年，升奉化軍爲泰州，以清苑縣爲理所。至晉開運二年九月，移治滿城縣；至周廣順二年二月，廢州，其滿城縣割隸易州。時馬全節自定州攻泰州。

12 敕天下籍鄉兵，每七戶共出兵械資一卒。

13 秦州兵救階州，出黃階嶺，敗蜀兵於西平。敗，補賣翻。

14 漢以戶部侍郎陳偓同平章事。

15 夏，四月，丁未，緣河巡檢使梁進以鄉社兵復取德州。鄉社兵，民兵也。時契丹寇掠，緣河之民，自備兵械，各隨其鄉，團結爲社，以自保衞。契丹陷德州而北歸，梁進乘其去而復取之。己酉，命歸德節度使高行周、保義節度使王周留鎮澶州。庚戌，帝發澶州；甲寅，至大梁。

侍衞馬步都指揮使、天平節度使、同平章事景延廣，既爲上下所惡，上，謂將相大臣；下，謂軍民。惡，烏路翻。帝亦憚其不遜難制；桑維翰引其不救戚城之罪，引，牽也；牽發其罪，猶人收捲衣物於懷袖間，從而牽出之然。辛酉，加延廣兼侍中，出爲西京留守。晉徙都汴，以河南府爲西京。以歸德節度使兼侍中高行周爲侍衛馬步都指揮使。延廣鬱鬱不得志，橛豎小人，得權則驕溢使氣，失權則鬱鬱不得志，乃其常也。見契丹強盛，始憂國破身危，遂日夜縱酒。自知無復全地，苟取朝夕之樂。

朝廷因契丹入寇，國用愈竭，復遣使者三十六人分道括率民財，各封劍以授之。示使專斷斬，此以威脅取民財也，復，扶又翻。使者多從吏卒，攜鎖械、刀杖入民家，小大驚懼，求死無地。州縣吏復因緣爲姦。復，扶又翻；下同。

河南府出緡錢二十萬，此括率合出之數也。景延廣率三十七萬。景延廣增率十七萬，欲以入己。留守判官【章：十二行本「官」下有「河南」二字；乙十一行本同；孔本同；張校同。】盧億言於延廣曰：「公位兼將相，富貴極矣。今國家不幸，府庫空竭，不得已取於民，公何忍復因而求利，爲子孫之累乎！」累，力瑞翻。延廣慙而止。史言景延廣差愈於杜重威。

先是，詔以楊光遠叛，命兗州脩守備。青、兗鄰鎮，故命之爲備。先，昔薦翻。泰寧節度使安審信，以治樓堞爲名，堞，達協翻。率民財以實私藏。藏，徂浪翻；下同。大理卿張仁愿爲括率使，至兗州，賦緡錢十萬。值審信不在，不在者，適不在鎮。拘其守藏吏，指取錢一囷，已滿其數。史言晉之藩鎮，利國有難，浚民以肥家。

16 戊寅，命侍衛馬步軍都虞候、泰寧節度使李守貞將步騎二萬討楊光遠於青州；李守貞蓋代安審信帥泰寧也。又遣神武統軍洛陽潘環及張彥澤等將兵屯澶州，以備契丹。

契丹遣兵救青州，齊州防禦使堂陽薛可言邀擊，敗之。堂陽縣屬冀州，宋皇祐四年，省縣爲鎮，入南宮縣。九域志曰：地在堂水之陽。敗，補賣翻。

17丙戌，詔諸州所籍鄉兵，號武定軍，凡得七萬餘人。時兵荒之餘，復有此擾，民不聊生。異時契丹入汴，武定軍曷嘗能北向發一矢乎！復，扶又翻。

18丁亥，鄴都留守張從恩上言：「趙延照雖據貝州，麾下兵皆久客思歸，宜速進軍攻之。」詔以從恩爲貝州行營都部署，督諸將擊之。辛卯，從恩奏趙延照縱火大掠，棄城而遁，屯於瀛、莫，阻水自固。瀛、莫之間多水濼，故趙延照阻以爲固。瀛、莫相去一百一十里。

19朱文進遣使如唐，唐主囚其使，將伐之，唐主欲討朱文進弒君之罪。會天暑、疾疫而止。

20六月，辛酉，官軍拔淄州，斬其刺史劉翰。淄州，楊光遠之巡屬也。

21太尉、侍中馮道雖爲首相，馮道自唐潞王之時，已正拜三公，晉高祖入洛，用以爲相，位任在執政之右。依違兩可，無所操決。此馮道保身固位之術，一生所受用者也。操，七刀翻。或謂帝曰：「馮道，承平之良相；今艱難之際，譬如使禪僧飛鷹耳。」言禪以靜寂爲宗，僧以慈悲不殺爲教。爲禪僧者，第能機辯無窮，而不能應物，使之飛鷹搏擊，非其任也。癸卯，以道爲匡國節度使，兼侍中。出馮道鎮同州，將別命相也。

22 乙巳，漢主幽齊王弘弼于私第。

23 或謂帝曰：「陛下欲禦北狄，安天下，非桑維翰不可。」請罷馮道，請用桑維翰，蓋出一人之口。前史謂維翰倩人以言於帝，通鑑皆曰「或」者，疑其辭。丙午，復置樞密院，罷樞密院見二百八十二卷高祖天福四年。以維翰爲中書令兼樞密使，事無大小，悉以委之。數月之間，朝廷差治。治，直吏翻。

24 滑州河決，浸汴、曹、單、濮、鄆五州之境，環梁山合于汶。梁山在鄆州壽張縣，汶水自東北來，與濟水會于梁山東北。今決河之水瀰漫，環梁山而合于汶。單，音善。濮，音卜。環，音宦。汶，音問。詔大發數道丁夫塞之。塞，昔則翻。既塞，帝欲刻碑紀其事。中書舍人楊昭儉諫曰：「陛下刻石紀功，不若降哀痛之詔；染翰頌美，不若頒罪己之文。」帝善其言而止。

25 初，高祖割北邊之地以賂契丹，事見二百八十卷高祖天福元年。由是府州刺史折從遠亦北屬。府州領府谷一縣，後唐以麟州東北河濱之地置。宋白曰：府州本河西蕃界府谷鎭。土人折嗣倫，世爲鎭將。後唐莊宗天佑七年，升鎭爲府谷縣；八年，升建府州以扼蕃界，以嗣倫男從遠爲刺史。折，姓；從遠，名。姓氏略：折，常列翻。契丹欲盡徙河西之民以實遼東，州人大恐，從遠因保險拒之。及帝與契丹絕，遣使諭從遠使攻契丹。從遠引兵深入，拔十餘寨。戊午，以從遠爲府州團練使。從遠，雲州人也。歐史曰：折從遠，雲中人，蓋指古雲中郡大界言之。

26 甲子，復置翰林學士。廢翰林學士，見二百八十二卷天福五年。戊辰，以右散騎常侍李愼儀爲兵部侍郎、翰林學士承旨，都官郎中劉溫叟、金部郎中・知制誥武強徐台符、武強縣屬深州。九域志：在州東北六十里。禮部郎中李澣、主客員外郎宗城范質，皆爲學士。溫叟，岳之子也。劉岳見二百五十卷唐明宗天成元年。

27 秋，七月，辛未朔，大赦，改元。改元開運。

28 己丑，以太子太傅劉昫爲司空兼門下侍郎、同平章事。

29 八月，辛丑朔，以河東節度使劉知遠爲北面行營都統，順國節度使杜威爲都招討使，督十三節度以備契丹。

桑維翰兩秉朝政，出楊光遠、景延廣於外，楊光遠、景延廣，先皆嘗總宿衞兵。天福初，桑維翰秉政，出楊光遠；是時再秉政，出景延廣。朝，直遙翻。至是一制指揮，節度使十五人無敢違者，劉知遠、杜威幷十三節度爲十五人。按薛史載十三節度：鄆州張從恩，充馬步都監；西京留守景延廣，充都排陣使；徐州趙在禮，充都虞候；晉州安叔千，充左廂排陣使；前兗帥安審信，充右廂；河中安審琦，充馬步都指揮使；河陽符彥卿，充馬軍左廂；滑州皇甫遇，充右廂；右神武統軍張彥澤，充馬軍排陣使；滄州王廷胤，充步軍左廂都指揮使；陝州宋彥筠，充右廂；前金帥田武，充步軍左廂排陣使；左神武統軍潘環，充右廂。時人服其膽略。朔方節度使馮暉上章自陳未老可用，而制書見遺。維翰詔禁直學士詔禁直學士者，以詔旨詔之也。禁直學士，學士之入直禁地者也。使爲答詔曰：「非制書忽忘，忘，巫放翻。實以朔方重地，非卿無以彈壓。比欲移卿內地，比，毗至翻。受代亦須奇才。」「受」，當作「授」。暉得詔，甚喜。時軍國多事，百司及使者咨請輻湊，維翰隨事裁決，初若不經思慮，人疑其疏略；退而熟議之，亦終不能易也。然爲相頗任愛憎，一飯之恩、睚眦之怨必報，人以此少之。史稱桑維翰之長而併及其短，所以明是非，示勸警。睚，五懈翻。眦，士懈翻。少，詩照翻。

契丹之入寇也，帝再命劉知遠會兵山東，太原以河北之地爲山東。帝初詔劉知遠自土門出恒州，尋又詔會兵邢州，並見上。皆後期不至。帝疑之，謂所親曰：「太原殊不助朕，必有異圖。果有分，何不速爲之！」言若有分爲天子，何不速爲之。怒之之辭也。分，扶問翻。至是雖爲都統，而實無臨制之權，密謀大計，皆不得預。知遠亦自知見疏，但愼事自守而已。郭威見知遠有憂色，謂知遠曰：「河東山川險固，河東治晉陽，東阻太行、常山，西限龍門、西河，南有霍太山、雀鼠谷之隘，北有鴈門、五臺諸山之險，故云然。風俗尙武，土多戰馬，此所謂恃險與馬也。靜則勤稼穡，動則習軍旅，此霸王之資也，王，于況翻。何憂乎！」

30 朱文進自稱威武留後，權知閩國事，遣使奉表稱藩于晉。癸丑，以文進爲威武節度使，知閩國事。

31 癸亥，置鎭寧軍於澶州，以濮州隸焉。割天平巡屬之濮州以隸鎭寧軍。

32 初，吳濠州刺史劉金卒，子仁規代之；仁規卒，子崇俊代之。唐烈祖置定遠軍於濠州，唐置定遠軍於濠州，通鑑書於天福八年三月元宗卽位之後，見上卷。以崇俊爲節度使。會淸淮節度使姚景卒，唐置淸淮軍於壽州。崇俊厚賂權要，求兼領壽州。唐主陽爲不知其意，徙崇俊爲淸淮節度使，以楚州刺史劉彥貞爲濠州觀察使，馳往代之；崇俊悔之。彥貞，信之子也。劉信事吳楊氏，四世有戰功。

33 九月，庚午朔，日有食之。

34 丙子，契丹寇遂城、樂壽，遂城縣，屬易州，宋太平興國六年，置威虜軍，景德元年，改廣信軍，在易州東南八十里，當五迴嶺及狼山之要；金置遂州。樂壽縣屬深州，宋分屬瀛州。九域志：在瀛州之南八十里。深州刺史康彥進擊卻之。

35 冬，十月，丙午，漢主毒殺鎭王弘澤于邕州。

36 殷主延政遣其將陳敬佺以兵三千屯尤溪及古田，唐永泰二年，分侯官、尤溪置古田縣，屬福州。九域志：在州西北一百八十里。尤溪縣在南劍州南一百九十五里。宋白曰：按尤溪縣理，今當延平東南二百四十里，在福州西北八百三十五里，其地與漳州龍巖縣、劍州沙縣及福州侯官縣三處交界，山洞幽深，灘溪險峻，內有千里，諸境逃人多投此洞。開元二十八年，經略使唐脩忠招諭其人，因以名縣。此源先號尤溪，因名。古田縣亦開元二十九年開山洞置。盧進以兵二千屯長溪。唐武德六年，置長溪縣，屬福州。九域志：在州東北三百四十五里。宋白曰：長溪縣本漢閩縣地，唐置溫麻縣，以縣界溫麻溪爲名；天寶九年，改爲長溪縣。

泉州散員指揮使桃林留從效九域志：泉州有桃林溪，蓋留從效所居之地。散，昔亶翻。謂同列王忠順、董思安、張漢思曰：「朱文進屠滅王氏，遣腹心分據諸州。吾屬世受王氏恩，而交臂事賊，一旦富沙王克福州，殷主延政本封富沙王。吾屬死有餘愧！」衆以爲然。十一月，從效等各引軍中所善壯士，夜飲於從效之家，從效紿之曰：「富沙王已平福州，密旨令吾屬討黄紹頗。朱文進時以黄紹頗爲泉州刺史。吾觀諸君狀貌，皆非久處貧賤者。從吾言，富貴可圖；不然，禍且至矣。」衆皆踊躍，操白梃，踰垣而入，執紹頗，斬之。處，昌呂翻。操，七刀翻。梃，大鼎翻。從效持州印詣王繼勳第，請主軍府。從效自稱平賊統軍使，函紹頗首，遣副兵馬使臨淮陳洪進齎詣建州。唐長安四年，分徐城南界兩鄉，於沙熟淮口置臨淮縣。開元二十三年，移治泗州郭下。陳洪進蓋本臨淮人而從軍泉州。

洪進至尤溪，福州戍兵數千遮道。洪進紿之曰：「義師已誅朱福州，朱文進據福州，故以稱之。吾倍道逆嗣君於建州，嗣君，謂殷主延政當嗣有閩國。爾輩尚守此何爲乎？」以紹頗首示之，衆遂潰，大將數人從洪進詣建州。延政以繼勳爲侍中、泉州刺史，從效、忠順、思安、洪進皆爲都指揮使。漳州將程謨聞之，按九域志，泉州西南至漳州三百六十里，鄰郡也。亡【章：乙十一行本「亡」作「立」；孔本作「亦」。】殺刺史程文緯「亡」當作「立」，筆誤也；否則「亦」字。立王繼成權州事。繼勳、繼成，皆延政之從子也，從，才用翻。朱文進之滅王氏，事見上三月。二人以疏遠獲全。

汀州刺史許文稹奉表請降於殷。稹，止忍翻。

37 十二月，癸丑，加朱文進同平章事，封閩國王。癸丑，大梁出命之日也，命未達而文進誅矣。

38 李守貞圍青州經時，是年五月，李守貞圍青州。城中食盡，餓死者太半。契丹援兵不至，楊光遠遥稽首於契丹稽，音啓。曰：「皇帝，皇帝，誤光遠矣！」其子承勳、承祚、承信勸光遠降，冀全其族。光遠不許，曰：「吾昔在代北，嘗以紙錢祭天池而沈，楊光遠本沙陀部人，居代北。天池，卽汾陽縣之天池，時屬嵐州靜樂縣界。沈，持林翻。人皆言當爲天子，姑待之。」丁巳，承勳斬勸光遠反者節度判官丘濤等，送其首於守貞，縱火大譟，劫其父出居私第，上表待罪，開城納官軍。

39 朱文進聞黃紹頗死，大懼，以重賞募兵二萬，遣統軍使林守諒、內客省使李廷鍔將之攻泉州，鉦鼓相聞五百里。福州至泉州不及四百里，史家張大以言其聲勢耳。將，卽亮翻。殷主延政遣大將軍杜進將兵二萬救泉州，留從效開門與福州兵戰，大破之，斬守諒，執廷鍔。延政遣統軍使吳成義帥戰艦千艘攻福州，艦，戶黯翻。艘，疏刀翻。朱文進遣子弟爲質於吳越以求救。質，音致。

初，唐翰林待詔臧循，盛唐之時有翰林待詔，以處伎藝之人。與樞密副使查文徽同鄉里，循常爲賈人，習福建山川，爲文徽畫取建州之策。賈，音古。爲文，于僞翻。文徽表請用兵擊王延政，國人多以爲不可。唐主以文徽爲江西安撫使，循行境上，覘其可否；行，下孟翻。覘，丑廉翻，又丑豔翻。文徽至信州，奏言攻之必克。唐主以洪州營屯都虞候邊鎬爲行營招討諸軍都虞候，將兵從文徽伐殷。文徽自建陽進屯蓋竹，唐武德四年，分建安縣置建陽縣，屬建州。建陽在建州西一百三十里。建陽縣之南二十五里，有地名蓋竹。聞漳、泉、汀三州皆降于殷，殷將張漢卿【章：十二行本「卿」作「眞」；乙十一行本同；孔本同。】自鏞州將兵八千將至，文徽懼，退保建陽。臧循屯邵武，邵武亦本漢冶縣之地，吳於此立昭武鎮；晉平吳，更昭武鎮曰邵武縣；隋廢而復置，唐屬建州。九域志：在州西南二百七十里。宋白曰：邵武縣本東候官縣之北鄉也，孫策置南平縣。吳景帝三年，置昭武縣；晉太康三年，改爲邵武。邵武民導殷兵襲破循軍，執循送建州斬之。

40 朝廷以楊光遠罪大，而諸子歸命，難於顯誅，命李守貞以便宜從事。閏月，癸酉，守貞入青州，遣人拉殺光遠於別第，以病死聞。拉，盧合翻。丙戌，起復楊承勳，除汝州防禦使。昔楚令尹子南以罪誅，其子棄疾，以不忍棄父事讎而死。李懷光之反，河中既破，唐德宗欲活其子璀而不可得。彼二子者，以父子之親，居君臣之變，審義安命，以死殉親，夫豈不樂生，義不可也。若楊承勳兄弟，出於蕃落，梟獍其心，因父歸命，以希苟活；晉朝以不殺降爲說，於理且未安，又從而錄用之，宜異時契丹得假大義以洩其憤也。

41 殷吳成義聞有唐兵，詐使人告福州吏民曰：「唐助我討賊臣，大兵今至矣。」福人益懼。

乙未，朱文進遣同平章事李光準等奉國寶于殷。

丁酉，福州南廊承旨林仁翰南廊承旨，閩所置官，蓋亦侍衞武臣之職也。謂其徒曰：「吾曹世事王氏，今受制賊臣，富沙王至，何面見之！」帥其徒三十人被甲趣連重遇第，帥，讀曰率。被，皮義翻。趣，七喻翻。重遇方嚴兵自衞，三十人者望之，稍稍遁去。仁翰執槊直前刺重遇，殺之，刺，七亦翻。斬其首以示衆曰：「富沙王且至，汝輩族矣！今重遇已死，何不亟取文進以贖罪！」衆踴躍從之，遂斬文進，迎吳成義入城，函二首送建州。

42 契丹復大舉入寇，復，扶又翻。盧龍節度使趙延壽引兵先進。契丹復以趙延壽爲軍鋒。契丹前鋒至邢州，順國節度使杜威遣使間道告急。契丹前鋒已至邢州，恆州信使路絕，故間道而來。間，古莧翻。帝欲自將拒之，會有疾，將，即亮翻。命天平節度使張從恩、鄴都留守馬全節、護國節度使安審琦會諸道兵屯邢州，武寧節度使趙在禮屯鄴都。馬全節自鄴都進屯邢州，令趙在禮自徐州進屯鄴都爲後鎭。

契丹主以大兵繼至，建牙於元氏。元氏縣屬恆州。九域志：在州南九十八里。朝廷憚契丹之盛，詔從恩等引兵稍卻，於是諸軍恟懼，無復部伍，恟，許拱翻。復，扶又翻；下同。委棄器甲，所過焚掠，比至相州，不復能整。比，毗至翻。

二年（乙巳、九四五）

1 春，正月，詔趙在禮還屯澶州，馬全節還鄴都；還，從宣翻。又遣右神武統軍張彥澤屯黎陽，西京留守景延廣自滑州引兵守胡梁渡。庚子，張從恩奏契丹逼邢州，詔滑州、鄴都復進軍拒之。義成節度使皇甫遇將兵趣邢州。皇甫遇奉詔自滑州進兵。趣，七喻翻。契丹寇邢、洺、磁三州，殺掠殆盡，入鄴都境。九域志：鄴都之境，西距磁州五十五里，西北距洺州五十里。磁，牆之翻。

壬子，張從恩、馬全節、安審琦悉以行營兵數萬，陳於相州安陽水之南。陳，讀曰陣。相，息亮翻。皇甫遇與濮州刺史慕容彥超將數千騎前覘契丹，覘，丑廉翻，又丑豔翻。至鄴縣，鄴，漢古縣，唐屬相州，在州東北。劉昫曰：鄴，魏相州治所；隋文輔政，尉遲迥舉兵，既討平之，乃焚鄴城，徙其居人南遷四十五里，以安陽城爲相州治所。隋煬帝於鄴故都大慈寺置鄴縣。唐貞觀八年，始築今治所小城。余按，此皆言鄴縣也。若五代唐、晉之所謂鄴都，則今魏州大名府是也，非鄴縣也。夷考此時契丹與晉兵相距本末，前所謂入鄴都境，當作入相州境。一說，虜騎散漫，大勢兵馬向相州，遊騎亦有入鄴都境者。將渡漳水，遇契丹數萬，遇等且戰且卻；至榆林店，契丹大至，二將謀曰：「吾屬今走，死無遺矣！」乃止，布陳，陳，讀曰陣；下同。自午至未，力戰百餘合，相殺傷甚衆。遇馬斃，因步戰；其僕杜知敏以所乘馬授之，遇乘馬復戰。復，扶又翻。久之，稍解；顧知敏已爲契丹所擒，遇曰：「知敏義士，不可棄也。」與彥超躍馬入契丹陳，取知敏而還。還，從宣翻；下同。俄而契丹繼出新兵來戰，二將曰：「吾屬勢不可走，以死報國耳。」

日且暮，安陽諸將怪覘兵不還，安審琦曰：「皇甫太師寂無音問，必爲虜所困。」語未卒，卒，子恤翻。有一騎白遇等爲虜數萬所圍；審琦卽引騎兵出，將救之，張從恩曰：「此言未足信。必若虜衆猥至，猥，雜也；雜然而至，言其數多不可勝計也。盡吾軍，恐未足以當之，公往何益！」審琦曰：「成敗，天也，萬一不濟，當共受之。借使虜不南來，坐失皇甫太師，按皇甫遇未必加官至太師也，而安審琦以太師稱之，蓋五季之亂，官賞無章，當時相稱謂，不復論其品秩，就人臣極品而稱之。吾屬何顏以見天子！」遂踰水而進。契丹望見塵起，卽解去。知援兵來，故解而去。遇等乃得還，與諸將俱歸相州，軍中皆服二將之勇。彥超本吐谷渾也，與劉知遠同母。吐谷渾，慕容涉歸之庶長子，故其種姓慕容氏。

契丹亦引軍退，其衆自相驚曰：「晉軍悉至矣！」時契丹主在邯鄲，聞之，卽時北遁，不再宿，至鼓城。邯鄲縣屬磁州，在州東北七十里。鼓城縣屬恆州，宋端拱二年，以鼓城隸祁州，在州西南一百里。自邯鄲至鼓城約三百餘里。

是夕，張從恩等議曰：「契丹傾國而來，吾兵不多，城中糧不支一旬，萬一姦人往告吾虛實，虜悉衆圍我，死無日矣。不若引軍就黎陽倉，南倚大河以拒之，可以萬全。」議未決，從恩引兵先發，諸軍繼之；擾亂失亡，復如發邢州之時。復，扶又翻。

從恩留步兵五百守安陽橋，夜四鼓，知相州事符彥倫謂將佐曰：「此夕紛紜，人無固志，五百弊卒，安能守橋！」卽召入，乘城爲備。至曙，望之，契丹數萬騎已陳於安陽水北，契丹主雖先北遁，而趙延壽與惕隱諸軍猶南向而不去。陳，讀曰陣；下同。彥倫命城上揚旌鼓譟約束，約束者，申嚴號令也。契丹不測。日加辰，趙延壽與契丹惕隱帥衆踰水，環相州而南，帥，讀曰率。環，音宦。詔右神武統軍張彥澤將兵趣相州。延壽等至湯陰，聞之，湯陰本漢蕩陰，後并入安陽。唐武德四年，分安陽置湯源縣，貞觀元年，改爲湯陰，屬相州。九域志：在州南四十里。甲寅，引還；還，從宣翻，又如字。馬全節等擁大軍在黎陽，不敢追。延壽悉陳甲騎於相州城下，若將攻城狀，符彥倫曰：「此虜將走耳。」出甲卒五百，陳於城北以待之；契丹果引去。

以天平節度使張從恩權東京留守。

庚申，振武節度使折從遠擊契丹，圍勝州，遂攻朔州。時折從遠守府州，命領振武節度使。勝州不係天福初所割十六州之數。契丹乘勢併取之也。匈奴須知：朔州東至燕京一千里。宋白曰：勝州正東至黃河四十里，去朔州四百二十里。

帝疾小愈，河北相繼告急。帝曰：「此非安寢之時！」乃部分諸將爲行計。分，扶問翻。

2 更命武定軍曰天威軍。去年夏，籍諸州鄉兵爲武定軍。更，工行翻。

3 北面副招討使馬全節等奏：「據降者言，虜衆不多，宜乘其散歸種落，種，章勇翻。大舉徑襲幽州。」帝以爲然，徵兵諸道。壬戌，下詔親征；乙丑，帝發大梁。

4 閩之故臣共迎殷主延政，請歸福州，改國號曰閩。延政以方有唐兵，未暇徙都，以從子門下侍郎、同平章事繼昌都督南都內外諸軍事，鎮福州；殷主居建州，故以福州爲南都。以飛捷指揮使黄仁諷爲鎮遏使，將兵衛之。

林仁翰至福州，林仁翰既誅朱、連，故自福州至建州見王延政。「福州」當作「建州」。閩主賞之甚薄；仁翰未嘗自言其功。

發南都侍衛及兩軍甲士萬五千人，詣建州以拒唐。福州侍衛之外，有左、右軍，置軍使以領之。或曰：兩軍，謂拱宸、控鶴兩都也。

二月，壬辰朔，帝至滑州，【章：十二行本「州」下有「壬申」二字；乙十一行本同；孔本同；退齋校同。】命安審琦屯鄴都。甲戌，帝發滑州；乙亥，至澶州。己卯，馬全節等諸軍以次北上。上，時兩翻。劉知遠聞之曰：「中國疲弊，自守恐不足；乃横挑强胡，挑，徒了翻。勝之猶有後患，況不勝乎！」

契丹自恆州還，還，從宣翻，又如字。以羸兵驅牛羊羸，倫爲翻。過祁州城下，以誘城中也。刺史下邳沈斌出兵擊之；斌，悲巾翻。契丹以精騎奪其城門，州兵不得還。還，從宣翻。趙延壽知城中無餘兵，引契丹急攻之；斌在上，「在」字之下，當逸「城」字。延壽語之曰：「沈使君，吾之故人。『擇禍莫若輕』，語，牛倨翻。「擇禍莫若輕」，引文子之言。何不早降！」斌曰：「侍中父子失計陷身虜庭，言趙延壽與其父德鈞，不能救張敬達，邀契丹求帝中國，玩寇致禍，並爲俘虜也。趙延壽聞斌言，尚欲復求帝乎？陷身事見二百八十卷高祖天福元年。趙延壽在唐時加侍中，沈斌稱其舊官。忍帥犬羊以殘父母之邦；帥，讀曰率。不自愧恥，更有驕色，何哉！沈斌弓折矢盡，寧爲國家死耳，折，而設翻。爲，于僞翻。終不效公所爲！」明日，城陷，斌自殺。

6 丙戌，詔北面行營都招討使杜威以本道兵會馬全節等進軍。

7 端明殿學士、戶部侍郎馮玉，宣徽北院使、權侍衞馬步都虞候太原李彥韜，皆挾恩用事，惡中書令桑維翰，數毀之。惡，烏路翻。數，所角翻。帝欲罷維翰政事，李崧、劉昫固諫而止。維翰知之，請以玉爲樞密副使，玉殊不平。丙申，中旨以玉爲戶部尚書、樞密使，以分維翰之權。馮玉以后兄進，故旨由中出。詩云：婦有長舌，維厲之階，信矣！

彥韜少事閻寶，少，詩照翻。爲僕夫，後隸高祖帳下。高祖自太原南下，留彥韜侍帝，爲腹心，高祖留帝守太原，見二百八十卷天福元年。由是有寵。性纖巧，與嬖幸相結，以蔽帝耳目；帝委信之，至於升黜將相，亦得預議。常謂人曰：「吾不知朝廷設文官何所用，且欲澄汰，徐當盡去之。」去，音羌呂翻。嗚呼！此等氣習，自唐劉蕡已爲文宗言之。李彥韜、史弘肇，當右武之世，張其氣而奮其舌，以其人品，夫何足責，然非有國者之福也。雖然，吾黨亦有過焉，盍亦反其本矣！

8 唐查文徽表求益兵，唐主以天威都虞候何敬洙爲建州行營招討馬步都指揮使，將軍祖全恩爲應援使，姚鳳爲都監，監，工銜翻。將兵數千會攻建州，自崇安進屯赤嶺。九域志：建州有崇安縣，在州北二百五十里，亦王氏所置也。宋白曰：崇安場本建陽縣東北三里，南唐保大九年割爲場，蓋宋方置縣也。

閩主延政遣僕射楊思恭、統軍使陳望將兵萬人拒之，列栅水南，旬餘不戰，唐人不敢逼。思恭以延政之命督望戰。望曰：「江、淮兵精，其將習武事。國之安危，繫此一舉，不可不萬全而後動。」思恭怒曰：「唐兵深侵，陛下寢不交睫，睫，卽涉翻。委之將軍。今唐兵不出數千，將軍擁衆萬餘，不乘其未定而擊之，有如唐兵懼而自退，將軍何面目以見陛下乎！」楊思恭急於破敵以爲功，不知一跌而危國也。望不得已，引兵涉水與唐戰。全恩等以大兵當其前，使奇兵出其後，大破之。望死，思恭僅以身免。亡閩者，楊思恭也；然其所以亡閩者，不在於此戰，而在於得楊剝皮之名。

延政大懼，嬰城自守，召董思安、王忠順，使將泉州兵五千詣建州，分守要害。

9 初，高祖置德清軍於故澶州城，澶州本治頓丘，天福三年，徙澶州於德勝，并頓丘徙焉。九域志：澶州清豐縣有舊州鎮，卽置德清軍之地。置德清軍，將以接澶、魏聲援，然城池未固也。及契丹入寇，澶州、鄴都之間，城戍俱陷。議者以爲澶州、鄴都相去百五十里，宜於中塗築城以應接南北，從之。三月，戊戌，更築德清軍城，合德清、南樂之民以實之。樂，音洛。

10 初，光州人李仁達，仕閩爲元從指揮使，王潮兄弟本光州人，乘唐末之亂，割據閩中；其後兵多光州人。今福州人多能自言其上世出於浮光者。從，才用翻。十五年不遷職。閩主曦之世，叛奔建州，閩主延政以爲將。是時王延政國號殷。及朱文進弒曦，事見去年三月。復叛奔福州，陳取建州之策。文進惡其反覆，黜居福清。九域志：福州有福清縣，在州東南一百七十七里，王氏所置也。宋白曰：福清本閩縣地，唐聖曆元年，析閩縣東南之地置萬安縣，天寶元年，改爲福唐縣，朱梁改永昌縣，晉天福初改南臺縣，尋改爲福清縣。浦【張：「浦」上脱「先是」二字。】城人陳繼珣，新唐書地理志：浦城縣，本名吳興，唐武德初，改爲唐興，天寶元年，更名浦城，屬建州。九域志：浦城縣在建州東北三百三十里。宋白曰：城臨柘浦，故曰浦城。亦叛閩主延政奔福州，爲曦畫策取建州，爲，于僞翻。曦以爲著作郎。及延政得福州，二人皆不自安。

王繼昌闇弱嗜酒，不恤將士，將士多怨。仁達潛入福州，【章：十二行本「州」下有「與繼珣」三字；乙十一行本同；孔本同；張校同。】說黄仁諷曰：說，式芮翻。「今唐兵乘勝，建州孤危。富沙王不能保建州，安能保福州！昔王潮兄弟，光山布衣耳，取福建如反掌。事見唐紀。況吾輩乘此機會，自圖富貴，何患不如彼乎！」仁諷然之。是夕，仁達等引甲士突入府舍，殺繼昌及吳成義。考異曰：閩中實錄、閩王列傳、九國志，皆云四月殺繼昌。今從十國紀年。

仁達欲自立，恐衆心未服，以雪峯寺僧卓巖明素爲衆所重，雪峯在福州候官縣西百餘里。乃言：「此僧目重瞳子，手垂過膝，重，直龍翻。瞳，音同。過，音戈。眞天子也。」相與迎之。己亥，立爲帝，考異曰：閩錄、啓運圖、啓國實錄、江南錄作「巖明」，閩中實錄、閩王列傳、九國志、薛史、唐餘錄、王審知傳、吳越備史作「儼明」。按啓運圖，巖明本名偃，爲僧名體明，卽位改巖明；今從之。江南錄云：「繼昌爲裨將王延諷所殺，旬日，故內臣李義殺諷，立巖明爲主。」今從十國紀年。解去衲衣，被以袞冕，去，羌呂翻。衲，奴答翻。

被，皮義翻。帥將吏北面拜之。帥，讀曰率。然猶稱天福十年，遣使奉表稱藩于晉。

延政聞之，族黃仁諷家，命統軍使張漢眞將水軍五千，會漳、泉兵討巖明。

11 乙巳，杜威等諸軍會于定州，以供奉官蕭處鈞權知祁州事。庚戌，諸軍攻契丹，泰州刺史晉廷謙舉州降。晉，姓也，以國爲氏。甲寅，取滿城，按五代會要，是年九月，徙泰州治滿城。是時泰州猶治清苑。宋白曰：滿城本漢北平縣，後魏置永樂縣，天寶元年，改滿城縣。獲契丹酋長沒刺，酋，慈秋翻。長，知兩翻。刺，來達翻。及其兵二千人。乙卯，取遂城。趙延壽部曲有降者言：「契丹主還至虎北口，太原汾水之北，亦有地名虎北口。時契丹兵自祁、易北去，非其路也，此乃幽、檀以北之古北口。宋人使遼行程記云：自檀州北行八十里，又八十里至虎北口館。則檀州之古北口亦名虎北口也。聞晉取泰州，復擁衆南向，復，扶又翻。約八萬餘騎，計來夕當至，宜速爲備。」杜威等懼，丙辰，退保泰州。

戊午，契丹至泰州。己未，晉軍南行，契丹踵之。晉軍至陽城，續漢志：中山蒲陰縣有陽城。水經註：博水出中山望都縣，東逕陽城縣，散爲澤渚，世謂之陽城澱。陽城在蒲陰縣東南三十里。庚申，契丹大至。晉軍與戰，逐北十餘里，契丹踰白溝而去。此南白溝也；水經註所謂淇水北出爲白溝者也。北白溝在涿州新城縣南六十里。宋人北使行程記曰：雄州之北，界河之南，有白溝驛。又范成大北使錄曰：自安肅軍出北門十五里，至白溝河，又一百五里至涿州。此言北白溝也。

壬戌，晉軍結陳而南，陳，讀曰陣。胡騎四合如山，諸軍力戰拒之。是日，纔行十餘里，人馬飢乏。

癸亥，晉軍至白團衞村，考異曰：漢高祖實録作「白檀」。今從晉少帝實錄。埋鹿角爲行寨。契丹圍之數重，奇兵出寨後斷糧道。重，直龍翻。斷，音短。是夕，東北風大起，破屋折樹；折，而設翻。營中掘井，方及水輒崩，士卒取其泥，帛絞而飲之，人馬俱渴。至曙，風尤甚。契丹主坐大奚車中，沈括曰：奚人業伐山，陸種，斲車；契丹之車皆資於奚。其輜車之制如中國，後廣前殺而無般，材儉易敗，不能任重而利於行山。長轂廣輪，輪之牙，其厚不能四寸，而軫之材不能五寸。其乘車駕之以駝，上施㡛，惟富者加氈幰文繡之飾。蜀本「奚車」之上無「大」字。令其衆曰：「晉軍止此耳，當盡擒之，然後南取大梁！」命鐵鷂四面下馬，拔鹿角而入，奮短兵以擊晉軍，契丹謂精騎爲鐵鷂，謂其身被鐵甲，而馳突輕疾，如鷂之搏鳥雀也。鷂，弋召翻。又順風縱火揚塵以助其勢。

軍士皆憤怒，大呼呼，火故翻。曰：「都招討使何不用兵，令士卒徒死！」諸將請出戰，杜威曰：「俟風稍緩，徐觀可否。」馬步都監李守貞曰：「彼衆我寡，風沙之内，莫測多少，惟力鬬者勝，此風乃助我也；若俟風止，吾屬無類矣。」卽呼曰：「諸軍齊擊賊！」又謂威曰：「令公善守禦，杜威時帶中書令，故稱之。守貞以中軍決死矣！」馬軍左廂都排陳使張彥澤召諸將問計，皆曰：「虜得風勢，宜俟風回與戰。」彥澤亦以爲然。諸將退，馬軍右廂副排陳使太原藥元福獨留，謂彥澤曰：「今軍中飢渴已甚，若俟風回，吾屬已爲虜矣。敵謂我不能逆風以戰，宜出其不意急擊之，此兵之詭道也。」矢不逆風，此古法也。若用短兵薄戰，則逆風而勝者多矣。馬步左右廂都排陳使符彥卿曰：「與其束首就擒，【章：十二行本「首」作「手」；乙十一行本同；孔本同。】曷若以身殉國！」乃與彥澤、元福及左廂都排陳使皇甫遇引精騎出西門擊之，行寨之西門也。風從東北來，出西門接戰，亦順風勢也。諸將繼至。契丹卻數百步。彥卿等謂守貞曰：「且曳隊往來乎？曳，讀爲拽，音羊列翻。直前奮擊，以勝爲度乎？」守貞曰：「事勢如此，安可迴鞚！鞚，苦貢翻，馬勒也。宜長驅取勝耳。」彥卿等躍馬而去，風勢益甚，昏晦如夜。彥卿等擁萬餘騎橫擊契丹，呼聲動天地，呼，火故翻。契丹大敗而走，勢如崩山。李守貞亦令步兵盡拔鹿角出鬭，步騎俱進，逐北二十餘里。鐵鷂既下馬，蒼皇不能復上，復，扶又翻；下同。上，時掌翻。皆委棄馬及鎧仗蔽地。契丹散卒至陽城東南水上，稍復布列。杜威曰：「賊已破膽，不宜更令成列！」遣精騎擊之，皆渡水去。契丹主乘奚車走十餘里，追兵急，獲一橐駝，乘之而走。諸將請急追之。杜威揚言曰：「逢賊幸不死，更索衣囊邪？」言逢賊被劫而幸不死，而更從賊求衣囊，則必將怒而殺之。索，山客翻。李守貞曰：「兩日人馬渴甚，今得水飲之，皆足重，難以追寇，不若全軍而還。」還，從宣翻，又如字。乃退保定州。

契丹主至幽州，散兵稍集；以軍失利，杖其酋長各數百，唯趙延壽得免。

乙丑，諸軍自定州引歸。詔以泰州隸定州。隸定州義武軍。

12 夏，四月，辛巳，帝發澶州；甲申，還大梁。是年正月，下詔親征，二月至澶州。今諸軍以勝歸，故復還大梁。

13 己丑，復以鄴都爲天雄軍。唐莊宗同光元年，以魏州爲東京興唐府，罷天雄節鎭。三年，罷東京以爲鄴都。晉興，因之，改興唐府爲廣晉府；今復爲天雄軍。

14 閩張漢眞至福州，攻其東關。黃仁諷聞家夷滅，開門力戰，大破閩兵，執漢眞，入城，斬之。

卓巖明無他方略，但於殿上噀水散豆，作諸法事而已。噀，蘇困翻。含水而噴之爲噀，作諸佛事以爲厭勝。又遣使迎其父於莆田，唐武德初，分南安縣，置莆田縣，屬泉州。宋太平興國四年，分置興化軍，在泉州東北二百六十里。尊爲太上皇。

李仁達既立巖明，自判六軍諸衞事，使黃仁諷屯西門，陳繼珣屯北門。仁諷從容謂繼珣曰：從，千容翻。「人之所以爲人者，以有忠、信、仁、義也。吾頃嘗有功於富沙，中間叛之，非忠也；人以從子託我而與人殺之，非信也；王繼昌，閩主延政從子也。從，才用翻。屬者與建兵戰，屬，之欲翻。屬者，猶言頃者也。所殺皆鄉曲故人，非仁也；棄妻子，使人魚肉之，非義也。此身十沈九浮，沈，持林翻。死有餘愧！」因拊膺慟哭。繼珣曰：「大丈夫徇功名，何顧妻子！

宜置此事，勿以取禍。」仁達聞之，使人告仁諷、繼珣謀反，皆殺之。由是兵權盡歸仁達。

15 五月，丙申朔，大赦。

16 順國節度使杜威，久鎭恆州，高祖天福七年，杜威始鎭恆州，見二百八十三卷。恆，戶登翻。性貪殘，自恃貴戚，杜威尚高祖妹宋國長公主。多不法。每以備邊爲名，斂吏民錢帛以充私藏。藏，徂浪翻。富室有珍貨或名姝、駿馬，皆虜取之；姝，逡須翻。或誣以罪殺之，籍沒其家。又畏懦過甚，每契丹數十騎入境，威已閉門登陴，或數騎驅所掠華人千百過城下，威但瞋目延頸望之，無意邀取。陴，頻眉翻。瞋，昌眞翻。由是虜無所忌憚，屬城多爲所屠，威竟不出一卒救之，千里之間，暴骨如莽，「暴骨如莽」，左傳語。如莽者，如草之生於廣野莽莽然。暴，步卜翻。村落殆盡。威見所部殘弊，爲衆所怨，又畏契丹之強，累表請入朝，帝不許；威不俟報，遽委鎭入朝，朝廷聞之，驚駭。桑維翰言於帝曰：「威固違朝命，擅離邊鎭。離，力智翻。居常憑恃勳舊，邀求姑息，及疆埸多事，埸，音亦。曾無守禦之意；宜因此時廢之，庶無後患。」帝不悅。維翰曰：「陛下不忍廢之，宜授以近京小鎭，勿復委以雄藩。」復，扶又翻。帝曰：「威，朕之密親，必無異志；言其無他志。但宋國長公主切欲相見耳，長，知兩翻。公勿以爲疑！」維翰自是不敢復言國事，以足疾辭位。杜威不可去而桑維翰求去，晉殆矣。復，扶又翻。丙辰，威至大梁。

17 丁巳，李仁達大閱戰士，請卓巖明臨視。仁達陰教軍士突前登階，刺殺巖明。刺，七亦翻。仁達陽驚，狼狽而走；軍士共執仁達，使居巖明之坐。坐，徂臥翻。仁達乃自稱威武留後，用保大年號，是年，南唐保大三年。奉表稱藩于唐，亦遣使入貢于晉；并殺巖明之父。唐以仁達爲威武節度使、同平章事，賜名弘義，編之屬籍。以其同姓也，編之屬籍而賜名弘義，齒於諸子之列。弘義又遣使脩好於吳越。爲李仁達背唐而附吳越張本。好，呼到翻。

18 己未，杜威獻部曲步騎合四千人并鎧仗，庚申，又獻粟十萬斛，芻二十萬束，云皆在本道。言皆在恆州也。使誠有之，皆虐取於民，倉皇離鎮，不可運而實私家，故獻之耳。帝以其所獻騎兵隸扈聖，步兵隸護國，威復請以爲衙隊，而稟賜皆仰縣官。杜威之愚弄朝廷如此，而帝不能察其姦，所以成恆州中渡之變。復，扶又翻。稟，筆錦翻，給也。仰，牛向翻。威又令公主白帝，求天雄節鉞，帝許之。

19 唐兵圍建州，屢破泉州兵。泉州兵，董思安、王忠順所將以救建州者也。許文稹敗唐兵于汀州，稹，止忍翻。敗，補賣翻。執其將時厚卿。

20 六月，癸酉，以杜威爲天雄節度使。

21 契丹連歲入寇，契丹入寇，自去年正月陷貝州始。中國疲於奔命，左傳：申公巫臣遺子重、子反書曰：吾必使爾疲於奔命而死。奔命者，邊境有急，奔而赴救。邊民塗地；契丹人畜亦多死，國人厭苦之。述律太后謂契丹主曰：「使漢人爲胡主，可乎？」曰：「不可。」太后曰：「然則汝何故欲爲漢主？」曰：「石氏負恩，不可容。」太后曰：「汝今雖得漢地，不能居也；後卒如述律后之言。萬一蹉跌，蹉，七何翻。跌，徒結翻。悔何所及！」又謂其羣下曰：「漢兒何得一向眠！人寢不安席，則輾轉反側而不成寐；一向眠，則其眠安矣。自古但聞漢和蕃，未聞蕃和漢。漢兒果能回意，我亦何惜與和！」

桑維翰屢勸帝復請和於契丹以紓國患，復，扶又翻。紓，音舒，緩也。帝假開封軍將張暉供奉官，開封軍將，開封府之軍將也。使奉表稱臣詣契丹，卑辭謝過。契丹主曰：「使景延廣、桑維翰自來，仍割鎮、定兩道隸我，則可和。」朝廷以契丹語忿，謂其無和意，乃止。及契丹主入大梁，謂李崧等曰：「曏使晉使再來，則南北不戰矣。」史言契丹通國上下本自厭兵。

22秋，七月，閩人或告福州援兵謀叛，是年正月，閩主發福州兵赴建州以拒唐。閩主延政收其鎧仗，遣還，伏兵於隘，還，從宣翻。隘，烏戒翻，險狹之道也。盡殺之，死者八千餘人，脯其肉以歸爲食。

唐邊鎬拔鐔州，鐔州東至建州一百八十里。查文徽之黨魏岑、馮延己、延魯以師出有功，皆踴躍贊成之。徵求供億，府庫爲之耗竭，爲，于僞翻。洪、饒、撫、信之民尤苦之。

延政遣使奉表稱臣於吳越，請爲附庸以求救。

23楚王希範疑靜江節度使兼侍中、知朗州希杲得人心，遣人伺之。希杲懼，稱疾求歸，不許；遣醫往視疾，因毒殺之。希範忌希杲事始二百八十卷高祖天福元年。

章錫琛標點聶崇岐覆校